BERLINER GEOGRAPHISCHE ARBEITEN 101

Herausgegeben vom Geographischen Institut der Humboldt-Universität zu Berlin

H. Jahnke

Der italienische Mezzogiorno auf dem Weg in die europäische Wissensgesellschaft -
Eine Untersuchung der Erwerbssituation und der regionalen Mobilität junger Akademiker am Beispiel Siziliens

Berlin 2005

Berliner Geographische Arbeiten -

Der italienische Mezzogiorno auf dem Weg in die europäische Wissensgesellschaft - Eine Untersuchung der Erwerbssituation und der regionalen Mobilität junger Akademiker am Beispiel Siziliens

H. Jahnke

Berlin 2005, Heft 101

ISBN: 3 – 98 06 807 – 8 – 9

ISSN: 1430 – 4775

© 2005 Geographisches Institut der Humboldt-Universität zu Berlin

Für den Inhalt dieser Veröffentlichung sind ausschließlich die Autoren verantwortlich. Alle Abbildungen, Tabellen, Fotos usw. stammen, soweit nicht anders beschriftet, von den Autoren.

Zusammenfassung

Der italienische Mezzogiorno auf dem Weg in die europäische Wissensgesellschaft. Eine Untersuchung der Erwerbssituation und der regionalen Mobilität junger Akademiker am Beispiel Siziliens

Holger Jahnke

Der Übergang Europas in die Wissensgesellschaft ist durch die massive Ausbreitung wissenschaftlichen Wissens und dessen Eindringen in den ökonomischen Produktionsprozess gekennzeichnet. Für die Teilnahme von Regionen an der Wissensgesellschaft ist die Ausbildung junger Akademiker und deren Integration in den regionalen Arbeitsmarkt von entscheidender Bedeutung. In dieser Perspektive wird in der vorliegenden Arbeit die Erwerbssituation und die regionale Mobilität italienischer Hochschulabsolventen aus dem Mezzogiorno betrachtet. Die Untersuchung erfolgt anhand von zwei methodischen Ansätzen.

Im ersten empirischen Teil wird umfangreiches Datenmaterial, u.a. die Hochschulabsolventenbefragung des italienischen Statistikamts Istat, ausgewertet. Hierbei zeigt sich, dass der italienische Mezzogiorno trotz vergleichsweise niedriger Absolventenzahlen von einer extremen Jungakademikerarbeitslosigkeit gekennzeichnet ist: Zudem verlassen viele junge Süditaliener vor Studienbeginn oder nach Studienende ihre Heimat, um in Nord- oder Mittelitalien eine Arbeit zu finden, so dass von einem regelrechten Brain drain gesprochen werden kann.

Im zweiten empirischen Teil der Arbeit werden in einer hermeneutischen Perspektive sowohl die Erwerbssituation als auch die Mobilitätsbereitschaft von Hochschulabsolventen in Sizilien untersucht. Mit Hilfe von biographisch orientierten, themenzentrierten qualitativen Interviews wird der Versuch unternommen, die Handlungsrationalitäten zu verstehen, die sich hinter den hohen Arbeitslosenzahlen verbergen. Es wird gezeigt, dass die sozialen, kulturellen und institutionellen Rahmenbedingungen die Entstehung komplexer Aktivitätsnetze begünstigen, die den Verbleib in Sizilien auch bei einer unbefriedigenden Erwerbssituation ermöglichen und zu einem permanenten Hinausschieben der Wanderungsentscheidung beitragen.

Für die regionale Entwicklung Siziliens, wie auch der übrigen Regionen des Mezzogiorno, kann sich aber gerade der Verbleib junger Hochschulabsolventen in der Unterbeschäftigung als Standortvorteil für wissensorientierte Unternehmen und somit als Entwicklungspotential erweisen.

Abstract

The Italian Mezzogiorno on track towards the European Knowledge Society: an analysis of employment and the regional mobility of young academics in Sicily.

Holger Jahnke

Europe's transition towards the Knowledge Society is characterised by major advances in scientific knowledge and its infiltration of the economic production process. To fulfil their role in the Knowledge Society, regions must ensure that young academics can be educated and integrated into the regional labour market. In this perspective the book analyses the employment situation and the regional mobility of young academics in the Italian Mezzogiorno using two different empirical approaches.

The first part of this paper investigates the employment situation and regional mobility of young Italian academics using data sources provided by the Italian statistical office, Istat. Despite its comparatively small academic population, the Italian Mezzogiorno is marked by extremely high unemployment levels among young academics. Furthermore, a large number of young Italians from the South leave their home region before starting university or after graduation in order to find jobs in Northern or Central Italy.

The second section of this paper draws on empirical evidence to analyse the employment outlook and high level of emigration among young Sicilian graduates from a hermeneutic perspective. With the help of biographical, problem-oriented qualitative interviews, the author attempts to understand the culturally embedded rationalities that inform statistical evidence. Sicily's social, cultural and institutional framework is shown to promote the growth of highly complex networks of activity that encourage young unemployed graduates to remain in unsatisfactory work environments and constantly postpone their decision to migrate.

On a more positive note, the continued presence of young underemployed university graduates may be considered beneficial to the regional development of Sicily, as well as other parts of the Mezzogiorno, if interpreted as a regional advantage for knowledge-intensive industries in their search for new locations.

Danksagung

Mein Dank gilt zunächst Herrn Prof. Dr. Bodo Freund, der mit viel Vertrauen und wohlwollender Geduld das Werden dieser Arbeit begleitet hat und mir die notwendige Freiheit ließ, während meiner Zeit als Mitarbeiter seines Lehrstuhls an der Humboldt-Universität eigene wissenschaftliche Interessen zu entwickeln. Hierzu haben auch Herr Prof. Dr. Hans-Dietrich Schultz und Herr Prof. Dr. Franz-Josef Kemper beigetragen, die mir bei meiner Arbeit am Geographischen Institut wertvolle Berater und anregende Gesprächspartner bei der Entwicklung eigener Ideen gewesen sind. Ihnen möchte ich auch dafür danken, dass sie sich bereit erklärt haben, als Prüfungsvorsitzender bzw. Gutachter an der Vollendung dieses Projekts mitzuwirken.

Jenseits der Grenzen Berlins hat vor allem Herr Prof. Dr. Peter Meusburger einen Einfluss auf die Entwicklung dieser Arbeit gehabt. Schon während meiner Studienzeit in Heidelberg hat er mich zur Bildungsgeographie geführt, deren Gedankengebäude meine Forschungen bis heute wesentlich mitbestimmt. Für sein Vertrauen, seine uneingeschränkte Hilfsbereitschaft, Ermutigungen und immer wieder anregenden Kritiken möchte ich ihm an dieser Stelle herzlich danken.

Danken möchte ich auch der Deutschen Forschungsgemeinschaft (DFG) für die finanzielle Unterstützung des von mir bearbeiteten Forschungsprojekts zum Mobilitätsverhalten sizilianischer Hochschulabsolventen. In diesem Zusammenhang möchte ich auch Kristine Müller für ihre tatkräftige Mitarbeit als wissenschaftliche Hilfskraft danken.

Meine Feldforschungen und Datenrecherchen in Italien wären ohne die Hilfsbereitschaft und Gastfreundlichkeit der von mir interviewten Experten und Hochschulabsolventen unmöglich gewesen. Stellvertretend für die vielen Menschen, die mich bei meinen Forschungsaufenthalten in Rom und Sizilien herzlich aufgenommen und unterstützt haben, möchte ich Herrn Prof. Vincenzo Guarrasi von der Universität Palermo und Herrn Dott. Giovanni Seri vom ISTAT in Rom meinen Dank aussprechen. Beide haben mir bei wissenschaftlichen Fragen und Schwierigkeiten immer mit Rat und Tat zur Seite gestanden.

Für die geduldige Unterstützung bei der Fertigstellung dieser Arbeit in Form von inhaltlichen Anregungen, hilfreichen Korrekturen und organisatorischen Hilfestellungen danke ich insbesondere Tim Freytag, Eva Nöthen, Frederik Bombosch und Jana Lahmer.

Nicht zuletzt gilt mein Dank allen Kolleginnen und Kollegen, die mich in meiner Arbeit am Geographischen Institut der Humboldt Universität begleitet haben, sowie den vielen interessierten Studierenden, die mich durch ihre Fragen, Zweifel und kritischen Beiträge immer wieder bei meiner wissenschaftlichen Arbeit in der Kulturgeographie motiviert haben.

Inhaltsverzeichnis

VERZEICHNIS DER ABBILDUNGEN V
VERZEICHNIS DER KARTEN VII
VERZEICHNIS DER TABELLEN VIII

THEMENEINFÜHRUNG UND AUFBAU DER ARBEIT   **1**

1 REGIONALENTWICKLUNG WIRTSCHAFTSPERIPHERER REGIONEN IN DER EUROPÄISCHEN WISSENSGESELLSCHAFT   8

1.1 Der gesellschaftspolitische Rahmen der Wissensgesellschaft   10
1.1.1 Theorie der Wissensgesellschaft 12
    1.1.1.1 Paradoxa des Konzepts der Wissensgesellschaft 14
    1.1.1.2 Der funktionale Wandel wissenschaftlichen Wissens in historischer Perspektive ... 16
1.1.2 Die Ökonomie der Wissensgesellschaft 18
1.1.3 Implikationen des Übergangs in die Wissensgesellschaft für die Entwicklung in peripheren Regionen 21

1.2 Operationalisierung von Wissen als Ressource   23
1.2.1 Aspekt der Brain production 24
1.2.2 Aspekt der Brain application 26
1.2.3 Aspekt der Brain mobility 27
    1.2.3.1 Die interdisziplinäre Skilled Migration-Forschung 28
    1.2.3.2 Brain drain, Brain gain und Brain exchange 29
    1.2.3.3 Probleme der empirischen Untersuchung von Brain drain und Brain waste ... 33
1.2.4 Fazit: Wissen und Regionalentwicklung in peripheren Regionen 35

1.3 Arbeitsmarkt und Wanderungsgeschehen in Italien in den 1990er Jahren   36
1.3.1 Wachsende regionale Disparitäten in den 1990er Jahren 37
1.3.2 Entwicklungen des italienischen Arbeitsmarktes seit dem Zweiten Weltkrieg 38
1.3.3 Allgemeines Wanderungsgeschehen in Italien 41
    1.3.3.1 Internationale Wanderungen 42
    1.3.3.2 Binnenwanderungen 43
1.3.4 Wanderungen von Akademikern 44
    1.3.4.1 Fuga di cervelli aus Italien 45
    1.3.4.2 Fuga di cervelli aus dem Mezzogiorno? 47

1.4 Zu den Untersuchungsmethoden und den verwendeten Datenquellen   49
1.4.1 Methodenmix quantitativer und qualitativer Methoden 49
1.4.2 Datenquellen zur Erwerbsituation und räumlichen Mobilität von Akademikern und Jungakademikern in Italien 51
    1.4.2.1 OECD-Statistiken für internationale Vergleiche 52
    1.4.2.2 Censimento della popolazione - Volkszählung 53
    1.4.2.3 Forze di lavoro - Erwerbspersonenzählung 53
    1.4.2.4 Movimento migratorio della popolazione residente - Migrationsstatistiken ... 54
    1.4.2.5 Inserimento professionale dei laureati - Hochschulabsolventenbefragungen ... 54
    1.4.2.6 Sonstige benutzte unveröffentlichte Datenquellen 55

1.4.3	Erhebung qualitativer Daten	56
1.4.3.1	*Experteninterviews*	*56*
1.4.3.2	*Absolventeninterviews*	*57*

2 REGIONALE DISPARITÄTEN DER BILDUNGSEXPANSION, DES AKADEMISCHEN ARBEITSMARKTES UND DER AKADEMIKERMIGRATION IN ITALIEN — 60

2.1 Regionale Muster der Bildungsexpansion im italienischen Hochschulwesen — 60

2.1.1	Das Ausbildungsniveau der italienischen Bevölkerung im europäischen Vergleich	61
2.1.2	Historische Entwicklung des Universitätsnetzes	64
2.1.3	Regionale Muster des Anstiegs der Absolventenzahlen in den 1990er Jahren	67
2.1.4	Der Prozess der Akademisierung der Bevölkerung in den italienischen Regionen	71
2.1.5	Zusammenfassung	72

2.2 Die Erwerbssituation von Akademikern in Italien in den 1990er Jahren — 73

2.2.1	Zur Erwerbssituation italienischer Akademiker im europäischen Vergleich	74
2.2.1.1	*Statistische Arbeitslosigkeit von Akademikern in Italien*	*74*
2.2.1.2	*Integration junger Akademiker in den Arbeitsmarkt*	*77*
2.2.2	Die Akademisierung der Erwerbsbevölkerung in den 1990er Jahren	78
2.2.2.1	*Zu den Spezifika der Erwerbsbeteiligung von Akademikern in Italien*	*79*
2.2.2.2	*Entwicklungen in den 1990er Jahren*	*80*
2.2.3	Regionale Muster des Akademikerarbeitsmarktes in Italien	83
2.2.4	Spezifika der Erwerbssituation von Universitätsabsolventen in Italien	86
2.2.4.1	*Entwicklung der Erwerbssituation der Universitätsabsolventen in den 1990er Jahren*	*87*
2.2.4.2	*Unterschiede zwischen den Geschlechtern*	*88*
2.2.4.3	*Unterschiede zwischen den Fachbereichen*	*89*
2.2.4.4	*Regionale Disparitäten der Beschäftigung von Hochschulabsolventen*	*91*
2.2.4.5	*Qualitative Merkmale der Erwerbsunterschiede zwischen den drei Landesteilen*	*92*
2.2.5	Zusammenfassung	95

2.3 Regionale Muster der räumlichen Mobilität italienischer Akademiker in den 1990er Jahren — 96

2.3.1	Zur Verlässlichkeit italienischer Migrationsstatistiken	96
2.3.2	Regionale Muster der jüngeren Außen- und Binnenmigration von Akademikern in Italien	100
2.3.2.1	*Internationale Akademikermigration*	*101*
2.3.2.2	*Interregionale Migrationsmuster von Akademikern*	*104*
2.3.3	Regionale Muster der Außen- und Binnenmigration italienischer Universitätsabsolventen	108
2.3.3.1	*Vorbemerkungen zum Analysepotential der Absolventenbefragungen*	*108*
2.3.3.2	*Internationale Mobilität von Hochschulabsolventen*	*110*
2.3.3.3	*Interregionale Mobilität von Hochschulabsolventen*	*112*
2.3.4	Zusammenfassung	124

2.4 Die Nutzung endogener Humanressourcenpotentiale in den Regionen des Mezzogiorno — 126

2.4.1	Klassifikation der Ressourcenpotentiale nach dem Mobilitätsverlauf	127

2.4.2	Ausnutzungsgrad endogener Humanressourcenpotentiale in den Landesteilen und Regionen	128
2.4.3	Brain waste als Kernproblem des Mezzogiorno	133
2.4.4	Brain drain oder Brain overflow?	134
2.4.5	Einschätzung der zukünftigen Entwicklungen	135
2.4.6	Räumliche Konzentration der Ressourcen der Wissensgesellschaft in den italienischen Regionen	136
2.4.7	Zusammenfassung	137

3 ERWERBSTÄTIGKEIT UND MOBILITÄTSVERHALTEN JUNGER AKADEMIKER IN SIZILIEN AUS DER PERSPEKTIVE DER BETROFFENEN — 139

3.1 Sizilien als Hochschulregion — 140

3.1.1	Historische Entwicklung und jüngerer Hochschulausbau	140
3.1.2	Interregionale Vernetzung durch Studienmobilität	145
3.1.3	Räumliche Muster der Akademisierung der sizilianischen Bevölkerung	147
3.1.4	Zur soziokulturellen Dimension des Hochschulabschlusses	151
3.1.4.1	*Junge Hochschulabsolventen als Privilegierte*	*151*
3.1.4.2	*Mangelndes Bewusstsein für den Studienabschluss als Humankapital*	*152*
3.1.5	Zusammenfassung	154

3.2 Erwerbsrealitäten von Hochschulabsolventen in Sizilien — 154

3.2.1	Der akademische Arbeitsmarkt in Sizilien in den 1990er Jahren	156
3.2.2	Erwerbssituation sizilianischer Hochschulabsolventen zwischen Beschäftigung und Arbeitslosigkeit	158
3.2.3	Langsamer Übergang vom Studium ins Arbeitsleben	160
3.2.4	Hybride Beschäftigungsformen zwischen Arbeit und Familie	162
3.2.5	Zusammenfassung	164

3.3 Institutionelle Rahmenbedingungen der Erwerbsarbeit junger Hochschulabsolventen — 164

3.3.1	Posto und *concorso*	165
3.3.2	Uffici di collocamento	167
3.3.3	Articolo 23, lsu und lpu	170
3.3.4	Weiterbildungsmaßnahmen	174
3.3.5	Piani d'inserimento professionale (pip)	176
3.3.6	Contratti di formazione lavoro	177
3.3.7	Zusammenfassung	178

3.4 Rationalitäten der Sesshaftigkeit sizilianischer Hochschulabsolventen — 180

3.4.1	Soziokulturelle Dimensionen räumlicher Mobilität in Sizilien	181
3.4.1.1	*Räumliche Mobilität der Unterprivilegierten: Emigration*	*182*
3.4.1.2	*Räumliche Mobilität der Privilegierten: Studienreisen*	*185*
3.4.1.3	*Die Mobilitätsentscheidung als rationales Kostenkalkül*	*186*
3.4.2	Die Rolle von Familie und sozialen Netzen	188
3.4.2.1	*Familie als Wohngemeinschaft*	*188*
3.4.2.2	*Familie als Lebensgemeinschaft*	*190*
3.4.2.3	*Feste Partnerschaft als eigene Familie*	*191*

3.4.2.4 Lokal gebundenes Sozialkapital *192*
3.4.3 Imaginierte und erfahrene Geographien - Der eigene und der fremde Raum 193
3.4.3.1 Raumkategorien des „Hier" *193*
3.4.3.2 Raumkategorien des „Draussen" *197*
3.4.3.3 Geographien der Arbeit und Geographien der Lebensqualität in Italien *199*
3.4.4 Rationalität des Wartens 201
3.4.5 Zusammenfassung 202

3.5 Sizilianische Hochschulabsolventen in der europäischen Wissensgesellschaft   **203**

ZUSAMMENFASSUNG UND AUSBLICK   **207**

LITERATURVERZEICHNIS   **214**

ANHANG   **227**

ÜBERSICHTSKARTE DER DREI ITALIENISCHEN LANDESTEILE	I
ÜBERSICHTSKARTE DER ITALIENISCHEN REGIONEN	II
ÜBERSICHTSKARTE DER ITALIENISCHEN PROVINZEN	III
ÜBERSICHTSKARTE DER ITALIENISCHEN UNIVERSITÄTSSTANDORTE	IV
PRESSESPIEGEL ZUR "FUGA DI CERVELLI" AUS DEM MEZZOGIORNO	V
LISTE DER INTERVIEWTEN ABSOLVENTEN	VI
LISTE DER INTERVIEWTEN EXPERTEN	VII
TABELLE: BESCHÄFTIGUNGSENTWICKLUNG IN ITALIEN 1995 BIS 2001	IX
TABELLE: ENTWICKLUNG DER AKADEMIKERZAHLEN 1993 BIS 1999	X
TABELLE: STANDORTE DER SIZILIANISCHEN UNIVERSITÄTEN 2000	XI
BEISPIELINTERVIEW 1	XII
BEISPIELINTERVIEW 2	XX
BEISPIELINTERVIEW 3	XXV
LEBENSLAUF	XXXI
EIDESSTATTLICHE ERKLÄRUNG	XXXIII

Verzeichnis der Abbildungen

Abbildung 1: Räumliche Dimensionen des Übergangs von der Agrar- bzw. Industrie-gesellschaft zur Wissensgesellschaft 22

Abbildung 2: Entwicklung wichtiger Arbeitsmarktindikatoren in Italien und in den drei italienischen Landesteilen zwischen 1995 und 2001 41

Abbildung 3: Anteil der Personen mit tertiärem Bildungsabschluss an der Bevölkerung zwischen 25 und 64 Jahren in den europäischen OECD-Staaten 1999 61

Abbildung 4: Anteil der Personen mit tertiärem Bildungsabschluss nach Altersgruppen in ausgewählten OECD-Staaten 1999 (in Prozent der jeweiligen Alterskohorte) 63

Abbildung 5: Anzahl der Universitätsabsolventen in den drei italienischen Landesteilen 1990 bis 1999 69

Abbildung 6: Anzahl der Universitätsabsolventen in den italienischen Regionen 1990 und 1999 (nur laureati) 70

Abbildung 7: Erwerbsquoten und Arbeitslosenquoten in Italien 1999 nach Bildungsabschluss und Geschlecht 75

Abbildung 8: Erwerbspersonenkonzept für die italienische Bevölkerung über 14 Jahren (1998) 79

Abbildung 9: Entwicklung der Erwerbspersonen-, Beschäftigten- und Arbeitslosenzahlen zwischen 1993 und 1999 in Italien (Gesamtbevölkerung und Akademiker) 81

Abbildung 10: Entwicklung der Beschäftigtenzahlen in den drei Landesteilen zwischen 1993 und 1999- Akademiker und Gesamtbevölkerung (Index 1993=100) 82

Abbildung 11: Entwicklung der Arbeitslosenquoten in den drei italienischen Landesteilen zwischen 1993 und 1999 (Gesamtbevölkerung und Akademiker) 84

Abbildung 12: Arbeitslosenquoten, Erwerbstätigenquoten und ‚Stille Reserve' junger italienischer Universitätsabsolventen in den Jahren 1988 bis 1998 88

Abbildung 13: Regionale Unterschiede der Arbeitslosenquoten 1998 italienischer Hochschulabsolventen des Jahres 1995 nach Fachbereichen 90

Abbildung 14: Außenwanderungen der Akademiker zwischen 1990 und 1999* 102

Abbildung 15: Regionale Muster der Außenwanderungen von Akademikern in den 1990er Jahren 103

Abbildung 16: Regionale Muster der Binnenwanderungen von Akademikern in den 1990er Jahren 106

Abbildung 17: Regionale Zuordnung der Absolventen des Jahres 1995 zu unterschiedlichen Zeitpunkten 108

Abbildung 18: Ausnutzung des Humanressourcenpotentials des Mezzogiorno nach Fachbereichen 132

Abbildung 19: Angemessenheit des Hochschulabschlusses für die Ausübung der aktuellen Tätigkeit der beschäftigten Absolventen des Jahres 1995 aus dem Mezzogiorno 133

Abbildung 20: Abschlussnoten der Absolventen des Jahres 1995 aus dem Mezzogiorno nach Mobilitätstypen 135

Abbildung 21: Entwicklung der Studienanfänger-, Studierenden- und Absolventenzahlen an den drei sizilianischen Universitäten und in Kalabrien in den 1990er Jahren 142

Abbildung 22: Erwerbstätigenquoten und Arbeitslosenquoten der Absolventen mit Wohnsitz in Sizilien und im Mezzogiorno jeweils drei Jahre nach Studienende 157

Abbildung 23: Beschreibungskategorien des Arbeitsmarktmodells des „mobilen Kontinuums" 158

Abbildung 24: Erwerbssituation sizilianischer Hochschulabsolventen des Jahres 1995 im Jahr 1998 nach dem dichotomen Arbeitsmarktmodell und nach dem Modell des mobilen Kontinuums 159

Abbildung 25: Übergang vom Studium in das Arbeitsleben – Modell und Realität sizilianischer Absolventen 161

Verzeichnis der Karten

Karte 1: Historische Entwicklung des italienischen Hochschulnetzes 66

Karte 2: „Produktivität" der italienischen Hochschulregionen und regionale Herkunft der Absolventen des Jahres 1995 68

Karte 3: Anteil der Akademiker an der Gesamtbevölkerung über 14 Jahren in den italienischen Regionen und Landesteilen 1999 72

Karte 4: Allgemeine Arbeitslosenquoten und Akademikerarbeitslosenquoten in ausgewählten italienischen Regionen 85

Karte 5: Arbeitslosigkeit und Erwerbstätigkeit der italienischen Hochschulabsolventen des Jahres 1995 im Jahr 1998* (Prozentwerte) 92

Karte 6: Beschäftigungsverhältnisse der italienischen Hochschulabsolventen des Jahres 1995 im Jahr 1998 in den drei Landesteilen 94

Karte 7: Interareale Studienmobilität der Absolventen des Jahres 1995 – Hochschulorte der Absolventen des Jahres 1995 nach Herkunftsregion 114

Karte 8: Interareale Arbeitsmobilität zwischen der Region des Hochschulabschlusses 1995 und der Arbeitsregion im Jahr 1998 (nur Beschäftigte) 118

Karte 9: Interareale Mobilität zwischen der Herkunftsregion und der Arbeitsregion im Jahr 1998 (nur Erwerbstätige) 121

Karte 10: Humanressourcenausnutzung in den italienischen Landesteilen und Regionen 1998* 130

Karte 11: Anzahl der eingeschriebenen Studierenden der Universitäten des italienischen Mezzogiorno im Studienjahr 1999-2000 nach Geschlecht 141

Karte 12: Sizilianische Hochschullandschaft im Jahr 2000 – Hochschulstandorte und Anzahl der eingeschriebenen Studierenden 1999 143

Karte 13: Hochschulstandorte der sizilianischen Absolventen des Jahres 1995 147

Karte 14: Akademikeranteil an der Wohnbevölkerung in den sizilianischen Gemeinden in den Jahren 1961 und 1991 150

Verzeichnis der Tabellen

Tabelle 1: Entwicklung der Akademikerzahlen zwischen 1993 und 1999 nach Landesteil und Geschlecht 71

Tabelle 2: Anteil der Universitätsabsolventen an den Erwerbspersonen und Beschäftigungssituation von Universitätsabsolventen in ausgewählten europäischen Ländern 1999 (in Prozent) 76

Tabelle 3: Spezifische Arbeitslosenquoten nach Bildungsabschluss und Alterskohorten in ausgewählten OECD-Ländern (1998) 77

Tabelle 4: Erwerbssituation der Universitätsabsolventen des Jahres 1995 im Jahr 1998 nach Geschlecht 89

Tabelle 5: Faktische und „administrative" Mobilität der italienischen Hochschulabsolventen des Jahres 1995 zwischen der Herkunftsregion und der Region des Arbeitsplatzes im Jahr 1998* 99

Tabelle 6: Mobilitätsziffern der italienischen Bevölkerung zwischen 1996 und 1999 (Akademiker und Gesamtbevölkerung) 100

Tabelle 7: Hochschulabsolventen der Jahre 1986, 1988, 1992 und 1995, die drei Jahre nach Studienabschluss im Ausland arbeiten 110

Tabelle 8: Abwanderung italienischer Hochschulabsolventen des Jahres 1995 in das Ausland nach Herkunftsregion, Geschlecht und Fachbereichen 111

Tabelle 9: Absolventen des Jahres 1995 nach der Region des Hochschulabschlusses 116

Tabelle 10: Arbeitsregionen der Hochschulabsolventen aus dem Mezzogiorno nach Fachbereichen 122

Tabelle 11: Verteilung der Absolventen des Jahres 1995 aus den drei Landesteilen nach Mobilitätstypen 129

Tabelle 12: Entwicklung des Ausbildungsniveaus der sizilianischen Wohnbevölkerung zwischen 1961 und 2001 148

Tabelle 13: Entwicklung des Akademikeranteils in den sizilianischen Gemeinden zwischen 1961 und 1991 nach Gemeindegrößenklassen 149

Tabelle 14: Entwicklung der Erwerbssituation sizilianischer Akademiker zwischen 1993 und 2000 156

Abkürzungsverzeichnis

BIP	Bruttoinlandsprodukt
CENSIS	Centri Studi Investimenti Sociali (wörtl. Studienzentrum für soziale Investitionen), sozialwissenschaftliches Forschungszentrum in Italien
EU	Europäische Union
HRST	Human resources in science and technology (OECD-Terminologie für hochqualifizierte Wissenschaftler)
HSP	Highly skilled professionals – übliche angelsächsische Abkürzung für Hochqualifizierte
IOM	International Organisation for Migration
ISTAT	Istituto nazionale di statistica
MIUR	Ministero dell'Istruzione, dell'Università e della Ricerca (Italienisches Bildungs-, Universitäts- und Forschungsministerium, als Nachfolger des MURST)
MNC	Multinational Company
MURST	Ministero dell'Università e della Ricerca Scientifica e Tecnologica (Italienisches Universitäts-, Wissenschafts- und Technologieministerium, abgelöst durch das MIUR)
OECD	Organisation for Economic Co-Operation and Development
SVIMEZ	Associazione per lo sviluppo dell'industria nel Mezzogiorno
UNESCO	United Nations Educational, Scientific and Cultural Organization

Themeneinführung und Aufbau der Arbeit

Beim Gipfel des Europäischen Rates in Lissabon im März 2000 steckte sich die Europäische Union ein neues strategisches Ziel für die zukünftige Entwicklung des Gemeinschaftsraums. Bis zum Jahr 2010 solle Europa „die wettbewerbsfähigste und dynamischste wissensbasierte Wirtschaft der Welt" werden. Damit trugen die Regierungschefs der Mitgliedsstaaten einer sozioökonomischen Entwicklung Rechnung, die sich bereits seit einigen Jahrzehnten in den meisten Industriestaaten abgezeichnet hatte: der Übergang von der Industriegesellschaft zur postindustriellen Wissensgesellschaft.

Als Erklärungsvariable für die Wirtschaftsentwicklung europäischer Regionen haben im Zusammenhang mit dem Begriff der Wissensgesellschaft auch auf politischer Ebene Qualifikation und Wissen als Produktionsfaktoren an Bedeutung gewonnen. In der postindustriellen Gesellschaft sei nicht – wie noch zu Zeiten der Industriegesellschaft - die Quantität vorhandener Arbeitskräfte, sondern vielmehr deren Qualifikation der entscheidende Faktor der Regionalentwicklung. „Wettbewerbsfähigkeit hängt [...] in wachsendem Maße auch von Humankapital bzw. dem Qualifikationsniveau der Erwerbsbevölkerung"[1] ab, wie die Europäische Kommission in ihrem sechsten Bericht über die sozioökonomische Lage und Entwicklung der Regionen feststellt. Die Produktionsstätten der Wissensgesellschaften seien folglich nicht mehr Industriezentren sondern Hochschulen, Forschungseinrichtungen und Technologieparks. „Wissen" und „Qualifikation" heißen die Humanressourcen, welche in den Regionen den Pendelschlag zwischen Wachstum und Stagnation beeinflussen sollen.

Wie alle Transitionsphasen eröffnet auch der angenommene Übergang in die Wissensgesellschaft erweiterte Denkhorizonte in Richtung einer Destabilisierung bestehender räumlicher Ordnungen. Für die wirtschaftsperipheren Gebiete Europas ergeben sich neue Möglichkeiten, aus historisch gewachsenen Zentrum-Peripherie-Strukturen auszubrechen und sich im Europa der Regionen neu zu positionieren. Insbesondere agrarisch geprägte, periphere Regionen könnten dabei im Transformationsprozess zur Wissensgesellschaft Startvorteile besitzen, insbesondere dann, wenn sie nicht unter den Altlasten des Industriezeitalters zu leiden haben. Aufgrund der wachsenden Bedeutung qualifizierter Arbeitskräfte sowie angesichts sektoral bereits verkündeter „Qualifikationsengpässe"[2] in der Europäischen Union gibt es schon heute einen steigenden Wettbewerb um die besten Köpfe, der sich in der Zukunft noch verstärken könnte. Folgt man der Annahme, dass in der Wissensgesellschaft und der wissensbasierten Ökonomie das Qualifikationsniveau der

---

[1] Vgl. KOMMISSION DER EUROPÄISCHEN GEMEINSCHAFTEN 2000: 121.

[2] Vgl. KOMMISSION DER EUROPÄISCHEN GEMEINSCHAFTEN 2001: 14.

Erwerbsbevölkerung über die Wettbewerbsfähigkeit von Regionen und deren zukünftige Entwicklung entscheidet, so rücken Akademiker und insbesondere junge Hochschulabsolventen ins Zentrum der Regionalforschung.

Vor diesem Hintergrund wird in der vorliegenden Arbeit die Erwerbssituation und die regionale Mobilität von Akademikern im italienischen Mezzogiorno untersucht. Denn gerade in den strukturschwachen, wirtschaftsperipheren Regionen stellt sich für die zukünftige Entwicklung die Frage, inwieweit die heranwachsende Bevölkerung für die Teilnahme an der Wissensgesellschaft ausgebildet und daran anschließend in den regionalwirtschaftlichen Produktionsprozess integriert wird. Gelingt dies nicht, drohen gerade qualifizierte junge Menschen, periphere Regionen zu verlassen, wodurch Letztere nicht nur ihre endogenen Potentiale, sondern gleichzeitig ihre Attraktivität als Investitionsstandorte wissensbasierter Unternehmen verlieren würden.

Die Gefahr der Abwanderung der „besten" Köpfe ist für die peripheren Gebiete Europas durchaus real, wie MARTIN und TYLOR (2000) bei ihrer Untersuchung zur Beschäftigungsentwicklung in den europäischen Regionen gezeigt haben:

> „The slow growing regions also suffer from sustained outward migration of their youngest and often most able people which tends to perpetuate their underlying problems" (MARTIN/TYLOR 2000: 615).

Insbesondere die Regionen des italienischen Mezzogiorno sind von dieser Form negativer Entwicklungsdynamik bedroht. Paradigmatisch spricht der Hamburger Wirtschaftswissenschaftler STRAUBHAAR sogar von einem „Mezzogiorno effect":

> „Less developed regions have a lack of skilled people, who allow higher capital profitability to be achieved. This means that capital stays away. Therefore average productivity is low. This provides a bigger incentive for the highly skilled to leave, and the 'Brain drain' is intensified. Thus, a 'vicious circle' develops: Southern Italy provides a vivid example of this (i.e. the so called 'Mezzogiorno' effect)" (STRAUBHAAR 2000: 16).

Eine Untersuchung der Nutzung der Humanressourcen im Mezzogiorno unter besonderer Berücksichtigung der Erwerbssituation junger Hochschulabsolventen und deren räumlicher Mobilität erweist sich unter verschiedenen Gesichtspunkten als relevant. Denn vor dem Hintergrund der lauter werdenden politischen Debatten um die *internationale* Migration von Hochqualifizierten ist deren *interregionale* Ausprägung bislang vernachlässigt worden. Zudem ist in diesem Forschungsfeld eine Konzentration auf die Zielgebiete dieser Migration und weniger auf deren Quellgebiete zu beobachten. Dabei sind innerhalb der Europäischen Union weniger ganze Staaten von der Abwanderung von Hochqualifizierten bedroht, als vielmehr periphere Regionen innerhalb einzelner Nationalstaaten.

Zudem stellt die Europäische Kommission in ihrem Zweiten Kohäsionsbericht von 2001 zwar einerseits mit Zufriedenheit eine Konvergenz der Wirtschaftsentwicklung der Mitgliedsstaaten in den 1990er Jahren fest (KOMMISSION DER EUROPÄISCHEN GEMEINSCHAFTEN 2001). Andererseits weist sie fast zeitgleich in ihrem Raumordnungsbericht auf die bedenkliche Zunahme der regionalen Disparitäten zwischen den wirtschaftsstarken Zentren und den wirtschaftsschwächeren Peripherien innerhalb einzelner Mitgliedsstaaten hin (vgl. EUROPÄISCHE KOMMISSION 1999). In diesem Zusammenhang verweist auch die Kommission auf die besondere Bedeutung des Humankapitals:

> „Für die Annäherung der Regionen an den EU-Durchschnitt des Pro-Kopf-BIP ist von entscheidender Bedeutung, dass die Disparitäten hinsichtlich der Humankapitalausstattung (d.h. hinsichtlich der Qualifikation der Erwerbsbevölkerung) beseitigt oder zumindest beträchtlich reduziert werden" (KOMMISSION DER EUROPÄISCHEN GEMEINSCHAFTEN 2001: 10).

Trotz der auf politischer Ebene erkannten Bedeutung qualifizierter Arbeitskräfte für die Entwicklung peripherer Regionen gibt es hierzu bislang kaum empirische Untersuchungen. Die Ansätze der Wirtschaftswissenschaften bewegen sich auf der Untersuchungsebene der Nationalstaaten und versuchen, die Mobilität von Hochschulabsolventen bzw. Highly skilled migrants mit Hilfe von makroanalytischen Methoden zu erklären, oder sie unterstreichen die Bedeutung einzelner großer Unternehmen für die Migrationsprozesse. Tatsächliche Erklärungen oder Modelle, warum in bestimmten bestimmte Regionen eine stärkere Hochschulabsolventenmobilität aufweisen als andere, bzw. warum in bestimmten Regionen ein höheres Ausbildungsniveau der Bevölkerung nicht zum erhofften und von Politikern und Wirtschaftswissenschaftlern angenommen Wirtschaftswachstum führt, vermögen diese Ansätze jedoch nicht zu liefern.

Die Sozialgeographie, und dabei in besonderem Maße die von GEIPEL begründete und heute v.a. von MEUSBURGER vertretene „Geographie des Bildungs- und Qualifikationswesens", beschäftigt sich traditionell mit selektiver Mobilität von Höherqualifizierten im allgemeinen und sozialer Erosion oder Brain drain im besonderen. Hierbei spielt der „mismatch" zwischen regionalem Ausbildungsniveau und regionalen Arbeitsmarktstrukturen eine zunehmend wichtige Rolle (vgl. auch FASSMANN/MEUSBURGER 1997; ROLFES 1996). Für die Integration mikro- und makrotheoretischer Ansätze, wie sie von anderen Disziplinen erarbeitet wurden, bietet die Bildungsgeographie einen geeigneten Rahmen. Mobilitätsentscheidungen von Individuen werden auf der Basis von Informationen über die Prozesse auf der Meso- und Makroebene getroffen, die ihrerseits stark von den Informationskanälen beeinflusst werden. Gleichzeitig verändert das handelnde Individuum die Verhältnisse vor Ort, so dass sich Makro- und Mikroebene wechselseitig bedingen und beeinflussen, wie ROLFES in seiner Dissertation über Akademikermobilität und deren Arbeitsmarkt dargelegt hat (ROLFES 1996: 39).

Diese durch neue Migrationen veränderten lokalen sozialgeographischen Verhältnisse in der Herkunfts- und Zielregion, von KING (1993b) und WHITE (1993) als „Geography of departure" und „Geography of arrival" bezeichnet, haben bislang nur wenig Interesse in der geographischen Forschung gefunden. Zwar mehrten sich in den vergangenen Jahren die Studien zu den räumlichen Auswirkungen dieser neuen Wanderungen an den Zielorten (vgl. die Arbeiten von WHITE (1988; 1989; 1993), FREUND (1997; 1998) und GLEBE (1997), die Betrachtung der Herkunftsgebiete blieb jedoch weitgehend ausgeblendet. Lediglich die von SHUTTLEWORTH (KING/SHUTTLEWORTH 1995; SHUTTLEWORTH 1991; 1993; SHUTTLEWORTH/SHIRLOW 1997) durchgeführten Studien über die Abwanderung von Hochschulabsolventen aus Irland und die dadurch verursachten Veränderungen auf dem westirischen Arbeitsmarkt sowie die Dissertation von SCHMIDT (1998) über regionale Mobilität von Hochqualifizierten aus Vorarlberg befassen sich mit den Auswirkungen auf sowie den Prozessen in peripheren Regionen mit Abwanderung von „highly skilled".

Irland war in den 1990er Jahren in starkem Maße von einem mismatch-Problem der Arbeitsmarktstrukturen gekennzeichnet: Einer hohen „Produktion" von Hochschulabsolventen stand eine geringe Nachfrage qualifizierter Arbeitskräfte auf dem regionalen Arbeitsmarkt gegenüber. Shuttleworth konnte in Irland feststellen, dass eine unternehmensinterne grenzüberschreitende Arbeitskräftewanderung, wie sie für die Skilled migration zwischen den Zentren kennzeichnend sind, für das dortige Migrationsgeschehen eine untergeordnete Rolle spielt. Dennoch bezeichnete er auch irische Absolventen als „transients", da sie häufig nach zeitlich begrenzten Aufenthalten oder zwischen zwei Auslandsaufenthalten wieder in ihre Heimat zurückkehren. Die Befürchtungen eines durch einen europäischen Arbeitsmarkt beschleunigten Brain drain teilt der Autor nicht. Vielmehr ordnet er diese Art der neuen Migration in die lange irische Emigrationstradition ein, die er als „part of the collective psyche of Ireland" und „collective inevitability" (SHUTTLEWORTH 1993, 324) charakterisiert.

Untersuchungen, wie sie von Shuttleworth in Irland durchgeführt wurden, lassen sich im italienischen Kontext bislang nicht finden. Da innerhalb der italienischen Geographie noch keine Bildungsgeographie betrieben wird und auch Fragen regionaler Arbeitsmärkte nicht Teil der Disziplintradition sind, gibt es trotz einer ausgezeichneten Datenbasis aus den Volkszählungen kaum Arbeiten, die sich mit der räumlichen Konzentration und Mobilität von Hochschulabsolventen befassen. Innerhalb der italienischen Geographie hat sich bislang lediglich MONTANARI (1993) mit der Frage des Brain drain bzw. der skilled migration in Italien auseinandergesetzt. Seine quantitativen Analysen bleiben jedoch auf der makroanalytischen Untersuchungsebene und vernachlässigen regionale Disparitäten und Faktoren. Ansonsten werden Fragestellungen zur Situation von Hochschulabsolventen in Italien in erster Linie vom Statistischen Zentralamt (ISTAT) bzw. dessen regionalen Abteilungen durchgeführt. Die Ergebnisse werden dann im Anschluss an die Untersuchung publiziert und auf einer nationalen Ebene ausgewertet. Regionale Disparitäten der Eingliederung von Hochschulabsolventen in den Arbeitsmarkt werden allenfalls anhand der „klassischen" Dreigliederung Italiens (Norden-Mitte-Süden) vorgenommen. Trotz umfangreichen Datenmaterials können diese Daten und Analysen lediglich als Basis einer geographisch orientierten regionalen Wirkungsanalyse fungieren.

Die vorliegende Arbeit beschäftigt sich aus einer geographischen Perspektive mit der Hochschulexpansion, der Erwerbssituation und der räumlichen Mobilität von Akademikern und insbesondere von jungen Hochschulabsolventen in den italienischen Regionen.

Zunächst wird im ersten Kapitel der theoretische Hintergrund der Entwicklungspotentiale wirtschaftsperipherer Regionen in einer europäischen

Wissensgesellschaft erarbeitet. Nach einem kurzen Einführung zum Begriff der Wissensgesellschaft und dessen Verwendung in aktuellen politischen Debatten wird in Anlehnung an die Arbeiten von Gernot Böhme und Nico Stehr ein Verständnis von Wissensgesellschaft entwickelt, welches inkorporiertes Wissen als Ausbildungs- und Qualifikationsniveau der Bevölkerung in den Vordergrund rückt. Aufgrund des in diesen Arbeiten beschriebenen Eindringens akademischen Wissens in alle Lebensbereiche richtet sich der Fokus der vorliegenden empirischen Arbeit auf die Gruppe der Akademiker.

Die Operationalisierung für eine regional orientierte Untersuchung des Übergangs in die Wissensgesellschaft erfolgt anhand der drei Konzepte „Brain production", „Brain application" und „Brain mobility", deren theoretische Forschungshintergründe aus unterschiedlichen Disziplinen knapp aufgearbeitet werden. „Brain production" erfasst in einer ökonomischen Perspektive das steigende Ausbildungsniveau der Bevölkerung, „Brain application" die Umsetzung des erworbenen Wissens durch eine qualifikationsadäquate Erwerbsbeschäftigung und „Brain mobility" die räumliche Mobilität von Akademikern. Mit der Zusammenführung dieser drei Aspekte wird der Versuch unternommen, den Übergang der italienischen Regionen in die Wissensgesellschaft operationalisierbar und damit auch quantitativ erfassbar zu machen.

Als Hintergrund der anschließenden Analysen der spezifischen Erwerbsituation und der regionalen Mobilität von Akademikern in Italien wird zunächst die Entwicklung der regionalen Disparitäten in Italien in den 1990er Jahren geschildert (Kapitel 1.3). Hierbei werden die Disparitäten des italienischen Arbeitsmarktes sowie das Wanderungsgeschehen in Italien knapp dargestellt und die aktuelle Diskussion um die „Fuga di cervelli" (wörtl. Flucht der Gehirne) zusammengefasst.

Im methodischen Kapitel 1.4 werden die angewendeten Untersuchungsmethoden beschrieben und das breite Spektrum der verwendeten Datenquellen für den empirischen Teil der Untersuchung in Hinblick auf ihre Stärken und Schwächen kritisch evaluiert.

Die Darstellung der empirischen Untersuchungsergebnisse erfolgt in zwei Schritten, die sich sowohl von der Maßstabsebene der Betrachtung als auch theoretisch und methodisch voneinander unterscheiden. Die Vorgehensweise orientiert sich am sogenannten Trichterprinzip, welches von der Makroperspektive der Staaten und Regionen zur Mikroperspektive einzelner Individuen voranschreitet.

Der erste empirische Teil (Kapitel 2) beinhaltet eine makroperspektivische Untersuchung der Hochschulexpansion sowie der Erwerbssituation und der räumlichen Mobilität von Akademikern in Italien in ihren regionalen Disparitäten. In diesem Kapitel wird das akademische Wissen im Sinne wirtschaftswissenschaftlicher Untersuchungen als Humankapital verstanden und sukzessive dessen „Produktion", „Umsetzung" und „räumliche Mobilität" untersucht. Nach einer knappen Einordnung der italienischen Situation in den europäischen Vergleichskontext werden für alle drei Prozesse die Entwicklungen der regionalen Disparitäten in den 1990er Jahren analysiert. Da dem Autor trotz ausgezeichneter Datenlage in den italienischen Statistiken keine vergleichbaren Arbeiten zur Bildungsexpansion, zur Erwerbssituation und zur räumlichen Mobilität italienischer Akademiker bekannt sind, erfolgt eine ausführliche Darstellung dieser Entwicklungen.

Unterkapitel 2.1 beschäftigt sich mit dem Prozess der Produktion von Humankapital (Brain production), welcher sich anhand des Akademikeranteils an der Bevölkerung in den drei italienischen Landesteilen vergleichen lässt. Dabei steht die Frage im Vordergrund, inwieweit die Bildungsexpansion im italienischen Mezzogiorno zum erhofften Anstieg des Akademikeranteils in der Region geführt hat. Welche räumlichen Muster des Akademikeranteils an der Bevölkerung lassen sich erkennen und wie haben sich diese in den 1990er Jahren entwickelt?

In Kapitel 2.2 steht die Nutzung bzw. Inwertsetzung des aufgebauten Humankapitals (Brain application/Brain waste) im Vordergrund. Hierbei wird untersucht, wie sich der Akademikerarbeitsmarkt in den 1990er Jahren in den drei italienischen Landesteilen entwickelt hat. Spiegeln sich die regionalen Disparitäten auf dem italienischen Arbeitsmarkt auch im Segment des Akademikerarbeitsmarktes wider? Welche Erwerbssituation finden junge Hochschulabsolventen in den jeweiligen Regionen vor? Ist der Arbeitsmarkt des Mezzogiorno in der Lage, die wachsende Zahl von Hochschulabsolventen aufzunehmen? Welche Unterschiede ergeben sich zwischen den Fachbereichen?

Das dritte Unterkapitel (2.3) beschäftigt sich mit der räumlichen Mobilität von Akademikern in Italien (Brain mobility). Hier wird der Frage nachgegangen, welchen regionalen Mustern die statistisch erfassbare Akademikermobilität folgt. Welche Regionen verlieren durch Mobilität Teile ihrer endogenen Ressourcen und welche profitieren von dieser Mobilität. Ist eine Selektivität der Abwanderung nach qualitativen Merkmalen wie Fachbereich oder Notendurchschnitt zu beobachten?

In Kapitel 2.4 wird der Versuch unternommen, die Ausnutzung des endogenen Ressourcenpotentials in den einzelnen Regionen zu bilanzieren. Dazu werden die drei Aspekte der Produktion, der Inwertsetzung und der räumlichen Mobilität von jungen Akademikern zusammengeführt. Im Mittelpunkt steht die Frage: Inwieweit kommen die endogenen Ressourcen der Wissensgesellschaft tatsächlich der eigenen Region zugute bzw. in welchen Regionen konzentrieren sich die Absolventen bestimmter Fachbereiche?. Anhand dieser Ergebnisse erfolgt eine erste Bewertung der festgestellten Übergangs des italienischen Mezzogiorno in die Wissensgesellschaft.

Der zweite empirische Teil der Arbeit (Kapitel 3) befasst sich mit der Unternutzung vorhandener Humanressourcen am Beispiel der Region Sizilien. In einer hermeneutischen Perspektive wird in diesem Kapitel der Prozess des Übergangs junger sizilianischer Hochschulabsolventen vom Studium in das Erwerbsleben genauer untersucht. Während Kapitel 2 der deskriptiven quantitativen Analyse regional aggregierter Daten verhaftet bleibt, stützen sich die Aussagen von Kapitel 3 neben Auswertungen der Individualdaten einer Hochschulabsolventenbefragung des Jahres 1998 auf Expertengespräche und narrative Interviews mit ausgewählten Betroffenen. Ziel dieses Kapitels ist es, mit Hilfe narrativer Rekonstruktionen der

Handlungsrationalitäten sizilianischer Hochschulabsolventen den Übergang vom Studium in das Erwerbsleben und die damit in Zusammenhang stehende Entscheidung für oder gegen eine Abwanderung aus Sicht der Betroffenen zu verstehen und zu einer kulturadäquaten Bewertung zu gelangen.

Unterkapitel 3.1 beschreibt die regionalspezifischen Bedingungen der jüngeren sizilianischen Bildungsexpansion in ihren institutionellen und räumlichen Dimensionen, wobei die intraregionalen Disparitäten dieses „Akademisierungsprozesses" im Vordergrund stehen. In Analogie zum vorherigen Kapitel 2 werden in diesem Abschnitt die Spezifika des Akademikerarbeitsmarktes in Sizilien herausgearbeitet.

Das folgende Kapitel 3.2 beschäftigt sich mit den Erwerbsrealitäten junger sizilianischer Hochschulabsolventen, die sich hinter den makrostatistischen Standardindikatoren wie Arbeitslosenquote oder Erwerbstätigenquote verbergen. Mit Hilfe von Individualdaten und den Ergebnissen qualitativer Interviews wird hier gezeigt, dass die dichotome Unterscheidung zwischen arbeitslos und erwerbstätig die komplexen Tätigkeitsnetze junger sizilianischer Hochschulabsolventen insbesondere im ländlichen Sizilien nur unzureichend abbildet, so dass in der Folge Arbeitslosenquoten weder Rückschlüsse auf die Beschäftigungssituation noch auf das erwartete Mobilitätsverhalten zulassen.

In Abschnitt 3.3 wird auf der Basis von Expertengesprächen und Interviews mit Betroffenen untersucht, inwieweit die spezifischen institutionellen Rahmenbedingungen die Erwerbsaktivitäten und das Mobilitätsverhalten junger Hochschulabsolventen beeinflussen.

Darüber hinaus vermitteln die geführten biographischen Interviews Einblicke in das Spektrum der unterschiedlichen Rationalitäten des Erwerbs- und Mobilitätsverhaltens der Interviewpartner (Kapitel 3.4). Hierbei steht die Frage im Vordergrund, welche Handlungsrationalitäten der verbreiteten Kombination von Arbeitslosigkeit und Sesshaftigkeit zugrunde liegen.

1 Regionalentwicklung wirtschaftsperipherer Regionen in der europäischen Wissensgesellschaft

> „What Knowledge? It isn't knowledge as a product or commodity that we need; nor is it a matter of remedying the situation by having bigger libraries, a greater number of terminals, computers and so forth, but a qualitatively different knowledge based on understanding rather than on authority, uncritical repetition, mechanical reproduction. It is not facts, but how facts are connected to other facts, how they are constructed, whether they relate to hypothesis or theory, how one is to judge the relationship between truth and interest, how to understand reality as history. These are only some of the critical issues we face, which can be summed up in the phrase/question, how to think?"
>
> (Edward Said (1935-2003), zit. nach UNDP 2003: 35)

Die wachsende Bedeutung, die dem ‚Wissen' in sogenannten postindustriellen Gesellschaften zugeschrieben wird, hat im Begriff der Wissensgesellschaft einen Ausdruck gefunden, der in politischen Diskursen immer häufiger in Erscheinung tritt. Für viele internationale Organisationen ist diese sogar zu einem Leitbild der zukünftigen Gesellschaftsentwicklung geworden. Die Vorstellung der Wissensgesellschaft beruht auf der Annahme, dass Wissen zu einer ökonomischen Ressource geworden ist, deren Vermehrung zu einem verstärkten Wirtschaftswachstum beiträgt. Die Entwicklung von Regionen hängt folglich in starkem Maße vom Bildungsniveau der Bevölkerung ab, so dass umgekehrt eine Bildungsexpansion im Hochschulbereich zu einem verstärkten wirtschaftlichen Wachstum führt.

Wenngleich der angenommene Zusammenhang zwischen einem höheren Bildungsniveau der Bevölkerung und einer positiven regionalen Entwicklung nahezu unumstritten ist, wissen Ökonomen wenig über das ‚Wie?' dieses angenommenen Mechanismus. Empirische Untersuchungen aus dem Bereich der Bildungsökonomie kamen zu dem Ergebnis, dass Bildungsexpansion und Wirtschaftswachstum nicht zwangsläufig kausal miteinander verbunden sind. Beispielsweise konnte gerade in Italien die positive Auswirkung einer wachsenden Zahl von Akademikern auf die wirtschaftliche Entwicklung statistisch nicht nachgewiesen werden. Warum dieser Zusammenhang in einzelnen Ländern ausbleibt, lässt sich jedoch mit ökonometrischen Methoden nicht herausfinden (vgl. MEULEMEESTER/ROCHAT 1995).

Für eine Erklärung des Zusammenhangs zwischen Ausbildung und Wirtschaftsentwicklung bieten die Überlegungen zur Wissensgesellschaft des Philosophen Gernot Böhme und des Sozialwissenschaftlers Nico Stehr ein geeignetes theoretisches Fundament. Die Autoren versuchen theoretisch zu erklären, warum es in den zurückliegenden Jahrzehnten eine gesteigerte Nachfrage nach wissenschaftlich ausgebildeten Experten gegeben hat. Dies gilt nicht nur für Vertreter der technischen Wissenschaften und der Naturwissenschaften, sondern auch für die eher theorieorientierten Wirtschafts-, Sozial-, und Geisteswissenschaften. Im Unterschied zur Humankapitaltheorie betonen Böhme und Stehr die kulturelle Bedingtheit wissenschaftlichen Wissens. Damit ordnen sie sich in ein poststrukturalistisches Wissensverständnis ein, welches den sozial und kulturell konstruierten Charakter wissenschaftlicher Erkenntnis betont. Folglich ist auch der Gebrauchswert wissenschaftlichen Wissens nicht universell, sondern zunächst an die soziokulturellen und ökonomischen Rahmenbedingungen seines Entstehungsortes gebunden.

In der Konsequenz bekommt das wissenschaftliche Wissen eine kulturräumliche Dimension, die für das Verständnis des Übergangs von peripheren Regionen in die Wissensgesellschaft von entscheidender Bedeutung ist. Denn die Teilnahme der Peripherien an der Wissensgesellschaft, deren Kriterien in den Zentren definiert werden, wird in entscheidendem Maße vom Ausbildungsniveau der Bevölkerung abhängen. Erst wenn eine kritische Masse akademisch ausgebildeter Experten aller Fachbereiche vor Ort tätig ist, kann die Region am wirtschaftlichen Produktionsprozess der internationalen Wissensgesellschaft teilnehmen.

Die Aufmerksamkeit dieser Studie richtet sich folglich auf die akademische Bevölkerung in den Untersuchungsregionen. Akademiker und vor allem junge Akademiker werden zur zentralen Ressource der Regionalökonomien der Wissensgesellschaft, deren Produktion, Nutzung und Distribution es zu untersuchen gilt. Es geht also um die Frage, ob die Bildungsexpansion zu einer Angleichung des Akademikeranteils der Bevölkerung in den peripheren Gebieten an denjenigen des Zentrums geführt hat. Werden die ausgebildeten Akademiker mittels ausbildungsadäquater Erwerbstätigkeit in den regionalen Produktionsprozess integriert? In welchem Ausmaß kommt ihr Wissen den Regionen des Zentrums zugute, weil sie dorthin abwandern?

Hinter den drei Begriffen der Produktion, Nutzung und Distribution von Wissen verbergen sich drei Prozesse, die in anderen Forschungskontexten als Bildungsexpansion, akademischer Arbeitsmarkt und Brain drain bzw. Akademikerabwanderung bezeichnet werden. Um den Zusammenhang dieser drei Prozesse für die empirische Arbeit zu operationalisieren, wurde hier die inzwischen auch im deutschen Sprachgebrauch verbreitete Terminologie gewählt, die sich sukzessive um den Kernbegriff des Brain drain entwickelt hat. In Analogie zu Brain drain wurden auch in der deutschen Wissenschaftssprache weitere Begriffe wie Brain gain, Brain exchange, Brain waste oder Brain overflow geprägt. Unter dem Dach dieser „Brain"-Begrifflichkeiten werden im zweiten Teil dieses Kapitels drei unterschiedliche Prozesse zusammengeführt, die bislang in den Nachbarwissenschaften isoliert betrachtet wurden, etwa in der Bildungsökonomie, in der Bildungssoziologie, in den Wirtschaftswissenschaften, in der Bildungsgeographie, in der Arbeitsmarkt- und Berufsforschung sowie im interdisziplinären Forschungsfeld der Wanderung von Hochqualifizierten. Hierbei handelt es sich um den Aufbau, die Nutzung und die Mobilität von Humankapital.

1.1 Der gesellschaftspolitische Rahmen der Wissensgesellschaft

Die Jahrtausendwende ist von vielen internationalen Organisationen zum Anlass genommen worden, die Weichen für den Übergang zur Wissensgesellschaft in den kommenden Jahrzehnten zu stellen. Die Europäische Union legte auf dem Gipfel des Europäischen Rates im März 2000 in Lissabon als strategisches Ziel für das kommende Jahrzehnt fest, die Union bis zum Jahr 2010

> „zum wettbewerbsfähigsten und dynamischsten wissensbasierten Wirtschaftsraum der Welt zu machen – einem Wirtschaftsraum, der fähig ist, ein dauerhaftes Wirtschaftswachstum mit mehr und besseren Arbeitsplätzen und einem größeren sozialen Zusammenhalt zu erzielen"[3].

Die Europäische Union ist jedoch nicht die einzige Organisation, welche die Wissensgesellschaft als politisches Leitbild für die zukünftige Entwicklung festgeschrieben hat. Vielmehr findet sich der Begriff in den programmatischen Schriften vieler internationaler Organisationen wieder.

Die OECD stellt im Kommuniqué des Treffens der OECD-Bildungsminister am 3. und 4. April 2000 in Paris mit dem Thema: „Investing in Competencies for All" die Themen Wissensgesellschaft und wissensbasierte Ökonomie in den Vordergrund. Für den Rahmenplan der Periode 2002-2006 wird die „Knowledge society" als strategisches Ziel definiert.[4]

Die UNESCO veranstaltete am 28. Juni 2000 einen runden Tisch unter dem Thema „From the Information Society to the Knowledge Society", dessen Ergebnisse in das Strategiekonzept der Organisation für den Zeitraum 2002-2007 Eingang fand. Unter dem übergreifenden Titel *Contributing to peace and human development in an era of globalization through education, the sciences, culture and communication* wurden zwölf strategische Ziele formuliert, von denen eines auf den Ausbau der Humanressourcen in den entstehenden Wissensgesellschaften abzielt: „Enhancing scientific, technical and human capacities to participate in the emerging knowledge societies"[5].

Auch die Weltbank setzt in der Entwicklungspolitik zunehmend auf Wissen als wichtigste Entwicklungsressource, wie sich in der Programmbezeichnung des World Bank Institute „Knowledge for development – A learning program"[6] und einer jüngeren Publikation mit dem Titel *Constructing Knowledge Societies: New Challenges for tertiary Education*[7] zeigt.

Die Vorstellung einer Wissensgesellschaft beschränkt sich jedoch nicht auf den Kulturraum westlicher Industrienationen, sondern findet auch in der arabischen Welt

---

[3] www.eu.int.org vom Juli 2002.

[4] Vgl. www.oecd.org vom Juli 2002.

[5] Vgl. UNESCO 2001 bzw. www.unesco.org vom Juli 2002.

[6] Vgl. www.worldbank.org/wbi/knowledgefordevelopment/ vom Juli 2002.

[7] Vgl. WORLDBANK 2002.

Eingang in politische Debatten. Der jüngst von der UNDP (2003) herausgegebene *Arab Human Development Report* widmet sich unter dem Titel *Building a Knowledge Society* den Herausforderungen des Übergangs in die Wissensgesellschaft für die arabische Welt.

Wenngleich die Begriffe Wissensgesellschaft und wissensbasierte Ökonomie erst in den letzten Jahren in den Mittelpunkt internationaler und nationaler wirtschaftspolitischer Diskurse gerückt sind, besteht Uneinigkeit darüber, was die Wissensgesellschaft eigentlich ausmacht bzw. in welchem Stadium der Transitionsphase sich die spät- oder postindustriellen Staaten derzeit befinden.

Gleichwohl gehören die Begrifflichkeiten des semantischen Feldes „Wissen" mittlerweile zum Standardvokabular des (wirtschafts-)politischen Diskurses ohne jedoch einer konkreten Definition oder Präzisierung zu folgen. Beispielsweise gibt es nach mündlicher Auskunft von Dr. Achilleos Mitsos, dem Vorsitzenden der europäischen Bildungskommission der EU, ganz bewusst keinerlei Bemühungen in Richtung einer Definition des Begriffs „knowledge society" bzw. „Wissensgesellschaft". Denn im politischen Diskurs fungiert das semantische Feld des Wissensbegriffs gewissermaßen als strategisches Leitbild, das aufgrund der unumstritten positiven Konnotation des Begriffs Wissen eine politische Konsensbühne darstellt, die durch jegliche definitorische Präzisierung gefährdet würde.

Auch in wissenschaftlichen Debatten, insbesondere in den Fachkreisen der Wirtschaftsgeographie und der Wirtschaftswissenschaften hat die Proliferation des Wissensbegriffs vor allem in der englischsprachigen Variante des Begriffs „knowledge" zu dessen Verwässerung geführt. Es mutet ironisch an, dass analog zur wachsenden Gewissheit über die wirtschaftliche Bedeutung von Wissen die Ungewissheit darüber wächst, was Wissen eigentlich ist. Nach Sichtung der Fachliteratur zu diesem Themenkomplex stellt beispielsweise BRYSON fest, dass „knowledge" zu einem „very slippery concept" geworden sei (BRYSON et al. 2000: 2).

Eine grundsätzliche Unterscheidung stellt hierbei diejenige zwischen den Begriffen Wissen und Information dar, die irrtümlicherweise von manchen Autoren synonym verwendet werden. MEUSBURGER (1998: 69-75) erklärt die Tragweite dieser Unterscheidung anhand einer Analyse des Kommunikationsprozesses. Information ist hierbei eine „Vorstufe oder ein Rohstoff des Wissens", wohingegen das Wissen auf Informationen basiert, „die verarbeitet oder reflektiert worden sind" (S.70). Umgekehrt stellt das (Vor)wissen eine notwendige Bedingung für die kognitive Rezeption von Informationen dar.

Eine sehr viel genauere Differenzierung des Begriffsfeldes um Wissen wurde in der geographischen Literatur von MALECKI (2000: 335) unternommen, der den Begriff "knowledge" in Abgrenzung zu "data" und "information" auf der einen Seite sowie "competence", "creativity" und "wisdom or nirvana" auf der anderen zu positionieren bzw. einzugrenzen versucht. "Knowledge" ist nach MALECKI "Structurally ordered information. Includes reflection, synthesis, and context. Information laden with experience, truth, judgment, intuition and values. Concepts, ideas and patterns are subsets of knowledge. Often tacit, hard to transfer" (2000: 335).

Darüber hinaus gibt es eine unüberschaubare Vielfalt von Versuchen, den Begriff Wissen zu kategorisieren, deren wichtigste Versuche von MEUSBURGER (1998: 59-81) zusammengestellt wurden. An anderer Stelle unterscheidet MEUSBURGER (2000: 357) selbst zwischen 1. öffentlichen Nachrichten, die nahezu von jeder Person verstanden werden können, 2.

kodiertem Wissen, beispielsweise wissenschaftliches Wissen, für dessen Verständnis ein bestimmtes Vorwissen beim Empfänger vorausgesetzt werden muss und 3. hochwertiges Geheimwissen, welches einen Wettbewerbsvorteil vespricht und daher möglichst lange geheim gehalten wird. Dieses Wissen ist räumlich am stärksten konzentriert.

Eine grundsätzliche Tendenz der semantischen Verschiebung des Wissensbegriffs beschreibt Jean-Francois LYOTARD in seinem einflussreichen Bericht *Das postmoderne Wissen*, wo er die Vermutung äußert, „daß das Wissen in derselben Zeit, in der die Gesellschaften in das sogenannte postindustrielle und die Kulturen in das sogenannte postmoderne Zeitalter eintreten, sein Statut wechselt" (LYOTARD 1979: 19). Wissen, so lautet seine Annahme im Jahr 1979, wird fortan weniger als menschliche Eigenschaft, sondern vielmehr als ökonomische Ware begriffen werden. Wissen ist demnach nicht mehr die „Bildung des Geistes", sondern vielmehr das Produkt desselben, welches sich über seinen Tauschwert bestimmen lässt. Der Tauschwert wird zudem ganz wesentlich dadurch bestimmt werden, ob dieses Wissen über die neuen Informationstechnologien kommunizierbar sein wird.

Demgegenüber wird Wissen in der vorliegenden Arbeit als inkorporiertes, also personengebundenes Wissen verstanden, welches sich statistisch als formales Qualifikationsniveau einer Person fassen lässt[8]. Diese zugegebenermaßen vereinfachte Gleichsetzung von Wissen und höchstem formalen Schulabschluss deckt sich mit den Vorstellungen der Humankapitaltheorie in den Wirtschaftswissenschaften, denen zufolge das Humankapital als höchstes Ausbildungsniveau einer Person verstanden wird.

1.1.1 Theorie der Wissensgesellschaft

Von einer Wissensgesellschaft spricht erstmalig im Jahre 1966 Robert E. LANE in seinem Artikel *The Decline of Politics and Ideology in a Knowledgable Society*. Nach seiner Definition lässt sich dann von einer „knowledgable society" sprechen, wenn die Gesellschaftsmitglieder

> „(a) inquire into the basis of their beliefs about man, nature, and society; (b) are guided (perhaps unconsciously) by objective standards of veridical truth, and, at the upper levels of education, follow scientific rules of evidence and inference in inquiry; (c) devote considerable resources to this inquiry and thus have a large store of knowledge; (d) collect, organize, and interpret their knowledge in a constant effort to extract further meaning from it for the purposes at hand; (e) employ this knowledge to illuminate (and perhaps modify) their values and goals as well as to advance them."[9]

Schon vor Lane hatten andere Autoren den Weg zum Begriff der *Knowledge society* geebnet. Bereits 1940 reflektierte beispielsweise der Soziologe Florian Znaniecki in *The*

---

[8] Dieses Verständnis lehnt sich an das Konzept des inkorporierten Kulturkapitals nach BOURDIEU (1983) an. Demzufolge ist Kulturkapital als Resultat eines Verinnerlichungsprozesses körpergebunden. Voraussetzung für diesen Prozess ist die Investition von Zeit, welche vom Investor persönlich aufgebracht werden muss. In ontologischen Kategorien lässt sich der Aufbau kulturellen Kapitals als Transformation vom "Haben" zum "Sein" beschreiben. Durch die Vergabe von Titeln (Abitur, Diplom, Magister, Doktor) kann inkorporiertes Kulturkapital in einem Verfahren der Objektivierung in institutionelles Kulturkapital transformiert werden.

[9] LANE 1966: 650, zit. bei. BÖHME/STEHR 1986: 23f.; s.a. BELL 1973: 176.

social role of the man of knowledge über unterschiedliche Wissenssysteme und deren Ausbreitung sowie das Verhältnis von Wissenschaftlern und Gesellschaft, ohne jedoch den Gedanken eines gesellschaftlichen Transformationsprozesses in Richtung einer Wissensgesellschaft zu entwickeln (vgl. ZNANIECKI 1986 [1940]).

Auch der Managementtheoretiker Peter F. Drucker sprach 1959 in seinem Buch *Landmarks of Tomorrow* von „knowledge workers" (Wissensarbeitern); der Begriff der Wissensgesellschaft (knowledge society) taucht bei ihm jedoch erst 1969 in *Age of Discontinuity* auf. Demnach seien in der neuen sozioökonomischen Ordnung nicht mehr Arbeit, Rohstoffe oder Kapital die zentralen Quellen von Produktivität, Wachstum und sozialen Ungleichheiten, sondern vielmehr das Wissen (vgl. STEHR 1994: 5 und HEIDENREICH 2001: 6f.). Auch 1994 vertritt Drucker den Standpunkt, dass wir uns auf dem Weg zu einer post-kapitalistischen Wissensgesellschaft befinden, in der

> „die zentralen Wertschöpfungsaktivitäten weder die Verwendung von Kapital für produktive Zwecke noch 'Arbeit' sein werden [...]. Wert wird nunmehr durch 'Produktivität' und 'Innovation' geschaffen, also zwei Anwendungen des Wissens auf den Arbeitsprozeß" (Drucker 1994: 8 zit. nach EVERS 1999: 7).

In den Sozialwissenschaften war wohl Daniel BELL (1973) der Erste, der sich umfassend mit dem wachsenden Einfluss der Wissensproduktion auf die gesamtgesellschaftliche Entwicklung befasst hat. In seinem Buch *The Coming of Post-Industrial Society* kam er zu zwei grundsätzlichen Aussagen:

> 1. „the sources of innovation are increasingly derivative from research and development, and more directly, there is a new relation between science and technology because of the centrality of theoretical knowledge",
>
> 2. „the weight of the society - measured by a larger proportion of Gross National Product and a larger share of employment - is increasingly in the knowledge field". [10]

Nach BELL konstituiert sich eine Gesellschaft aus den Elementen Politik, Kultur und der Sozialstruktur („social structure"), welche sich ihrerseits aus den Teilbereichen Wirtschaft, Technologie und Beschäftigungssystem zusammensetzt. Veränderungen seien heute weniger durch technische Erfindungen ausgelöst, sondern vielmehr durch theoretisches Wissen, das die zentrale Ressource für Innovation und Politik darstellt[11]. Nicht das empirische Erfahrungswissen, sondern vielmehr die Entwicklung universell anwendbarer Theorien werden zu Axiomen postindustrieller Gesellschaften:

> „What has become decisive for the organization of decisions and the direction of change is the centrality of theoretical knowledge - the primacy of theory over empiricism and the codification of knowledge into abstract systems of symbols that, as in any axiomatic system, can be used to illuminate any different and varied areas of experience [...] In effect, theoretical knowledge increasingly becomes the strategic resource, the axial principle, of a society. And the university, research organizations, and intellectual institutions, where theoretical knowledge is codified and enriched, become the axial structures of the emergent society" (BELL 1973: 20, 26).

---

[10] Vgl. BELL 1973, zit. bei BÖHME/STEHR 1986: 9.

[11] "the centrality of theoretical knowledge as the source of innovation and of policy formulation for the society", zit. bei BÖHME/STEHR 1986: 12.

Folglich sei das wissenschaftliche Personal die „wichtigste Ressource der postindustriellen Gesellschaft", dessen Potentiale es auszubauen gelte[12]. Bei der Benennung dieser neuen postindustriellen Gesellschaft entscheidet sich Bell für den Begriff der knowledge society: „The post-industrial society, it is clear, is a knowledge society" (BELL 1973: 212), ohne jedoch der Abgrenzung von alternativen Begriffen wie etwa „intellectual society" größere Bedeutung beizumessen.

Eine erneute, ausführliche Auseinandersetzung mit dem Konzept der „Knowledge society" wird auf einer internationalen und interdisziplinären Konferenz zu diesem Thema im Herbst 1984 an der Technischen Hochschule Darmstadt geführt, deren Ergebnisse zwei Jahre später unter dem Titel *The Knowledge Society* veröffentlicht wurden. Nach Ansicht der Herausgeber Gernot BÖHME (Philosoph) und Nico STEHR (Soziologe) verändert sich die Gesellschaft dahin, dass Wissenschaft einen Bedeutungszuwachs erlangt und zu einem zentralen Definitionsmerkmal der Gesellschaftsmitglieder wird:

> „a gradual process during which the defining characteristic of society changes and a new one emerges. Modern society was until recently conceived primarily in terms of property and labor. On the basis of these attributes individuals and groups were able or even constrained to define their membership in society. While these features have not disappeared, a new principle has been added that, to an extent, challenges property and labor as the constitutive mechanisms of society. In its course, an itself highly differentiated sector of society, namely science, has begun to acquire particular significance" (BÖHME/STEHR 1986: 7).

1.1.1.1 Paradoxa des Konzepts der Wissensgesellschaft

Den genannten Autoren gemeinsam ist die - explizite oder implizite - Gleichsetzung des Begriffs ‚Wissen' mit wissenschaftlichem Wissen. Im Gegensatz zum wirtschaftswissenschaftlichen Traditionsstrang der Humankapital- oder Humanressourcen-Debatte diskutieren Böhme und Stehr die Problematik der Reduktion des Wissensbegriffs auf dessen institutionell vermittelten, wissenschaftlichen Typus. Denn schließlich erinnern die beiden Autoren daran, dass Wissen in seiner allgemeinen Definition schon immer von gesellschaftlicher Relevanz gewesen sei: „Knowledge has always had a function in social life" (BÖHME/STEHR 1986: 7). STEHR führt dies später noch aus, indem er sogar von einer anthropologischen Konstante spricht:

> „Knowledge has always had a function in social life; as a matter of fact, one could justifiably speak of an anthropological constant: human action is knowledge based. Social groups of all types depend on and are mediated by, knowledge. [...] Similarly, power has frequently been based on advantages in knowledge and not only on physical strength. And, last not least, societal reproduction is not merely physical reproduction but, in the case of humans, always cultural, i.e. the reproduction of knowledge" (STEHR 1994: 8f.).

Das erste Paradoxon der Wissensgesellschaft liegt folglich darin begründet, dass streng genommen vermutlich jede Gesellschaft eine Wissensgesellschaft ist und sich

---

[12] Vgl. Bell 1973: 221, zit. bei BÖHME/STEHR 1986, 12; siehe auch STEHR 1994: 47.

restrospektiv beispielsweise auch das alte Israel oder das alte Ägypten als Wissensgesellschaften bezeichnen ließen (vgl. STEHR 1994: 9).

Auch dieser Gedanke findet sich schon zwanzig Jahre zuvor bei Daniel BELL, der betont, dass nicht *das* Wissen an Bedeutung gewonnen habe, sondern bestimmte Formen des Wissens:

> „[...] knowledge has of course been necessary in the functioning of any society. What is distinctive about the post-industrial society is the change in the character of knowledge itself" (BELL 1973: 20).

Das Neue und Andere der zeitgenössischen Gesellschaft sei vielmehr das Eindringen des wissenschaftlichen Wissens in alle Lebensbereiche. „Contemporary society may be described as a knowledge society based on the penetration of all its spheres of life by scientific knowledge" (STEHR 1994: 9). Dieser Prozess findet jedoch nicht in einem „Wissensvakuum" statt, sondern verläuft häufig zu Lasten anderer Formen des Wissens, die durch wissenschaftliches Wissen verdrängt werden (vgl. BÖHME/STEHR 1986: 8, bzw. BÖHME 1993).

Bei dem Versuch, den Begriff der Wissensgesellschaft als einzig adäquaten Beschreibungsmodus für die zeitgenössische Gesellschaft gegen die Flut von konkurrierenden Begriffen zu verteidigen, wehren sich die Autoren gegen den zunächst angemessener erscheinenden Begriff der „science society". Die Begründung gegen die Bezeichnung „Wissenschaftsgesellschaft" leiten Böhme und Stehr daraus ab, dass es weniger um das wissenschaftliche Wissen selbst ginge, als vielmehr um das Verhältnis von wissenschaftlichem Wissen zu anderen Wissensformen, wie „everyday knowledge, declarative and procedural knowledge, knowledge and non-knowledge" (BÖHME/STEHR 1986: 9).

Doch selbst bei einer Reduktion des Wissensbegriffs auf das wissenschaftliche Wissen, ergibt sich ein weiteres Paradoxon der Wissensgesellschaft, nämlich die Tatsache, dass sich mit dem (wissenschaftlichen) Wissen auch das Nichtwissen mehrt. EVERS beschreibt dies sogar als logische Folge der Grundstruktur von Forschungsförderung, die von den Antragstellern neben dem Füllen einer Forschungslücke auch die Generierung mehrerer neuer Forschungsfragen verlangt:

> „Mit jeder wissenschaftlichen Erkenntnis werden in der Regel neue Forschungsfragen aufgeworfen, d.h. eine Erkenntnis bringt eine Vielzahl von ungelösten Problemen mit sich. Erkanntes Nichtwissen nimmt tendenziell schneller zu als Wissen. Während wir auf der einen Seite tatsächlich dahin steuern, eine 'Wissensgesellschaft' zu werden, werden wir gleichzeitig unwissender" (EVERS 1999: 9).

Ein weiteres Kriterium für die (historische) Abgrenzung des Begriffs der Wissensgesellschaft von vorangegangenen Gesellschaften findet sich in dem Wandel, den die gesellschaftliche Funktion wissenschaftlichen Wissens seit der Aufklärung durchlaufen hat.

1.1.1.2 Der funktionale Wandel wissenschaftlichen Wissens in historischer Perspektive

BÖHME und STEHR (1986: 17) unterscheiden drei unterschiedliche Entwicklungsstufen der sozialen Funktion von Wissen, die das sukzessive Eindringen von wissenschaftlichem Wissen in weitere Lebensbereiche beschreiben.

Während der Aufklärung diente das Wissen vor allem der Produktion von Bedeutung und sozialem Bewusstsein. Bedeutungszuweisung war mit der Begründung der modernen Wissenschaft und dem Siegeszug des Verstandes fortan nicht mehr das Privileg von Geistlichen oder Machthabern, sondern konnte nach bestimmten methodischen Vorgaben von jedem (gebildeten) Individuum vollzogen werden. Das individuelle Bewusstsein von der Selbstbestimmbarkeit des eigenen gesellschaftlichen Schicksals ist somit auch als eine Funktion des Wissens in dieser Epoche zu verstehen.

Mit der Industrialisierung wurde die Wissenschaft zu einer Produktivkraft („productive force"), welche der Aneignung der Natur („appropriation of nature") diente. Die Weiterentwicklung von und der Zugang zu wissenschaftlichen Erkenntnissen ermöglichte somit eine stärkere Emanzipation des Menschen von den Naturbedingungen, denen er ausgeliefert war. Das wissenschaftliche Wissen hatte vor allem eine Katalysatorwirkung für die Produktion, da ein höheres Maß an Wissen in der Regel zu einer Steigerung der Produktivität durch eine effizientere Nutzung der Ressourcen Eigentum und Arbeit führte. Wissen besaß somit keinen Eigenwert, sondern der Wert des Wissens wurde an seinem Beitrag zur effizienten Produktion von Gütern gemessen.

Im 20. Jahrhundert entwickelt sich die Wissenschaft schließlich zu einer unmittelbaren Produktivkraft („immediate productive force"). Nachdem der Prozess der Aneignung der Natur durch den Menschen an seine Grenzen gestoßen war, findet nunmehr ein erheblicher Anteil der volkswirtschaftlichen Produktion auf einer Metaebene statt, die fast vollständig von der Wissenschaft kontrolliert wird. In dieser postindustriellen Gesellschaft dringen die Wissenschaft und ihre Produkte in weitere Lebensbereiche ein, wodurch sie ihre zentrale gesellschaftliche Stellung erhalten. Dadurch entwickeln sich neue wissenschaftliche Disziplinen, die ihrerseits wieder eine Nachfrage nach anderen Metawissenschaften generieren:

> „science absorbs increasingly certain functions in society [...] by generating new purposes or by taking them on [...] the production of knowledge now also becomes immediate social production unmediated by labor. In contemporary society a secondary structure on the basis of already appropriated nature is established. A considerable part of the total work within a knowledge society takes place at a meta-level, at a second level of production to which science contributes centrally. Production [...] presupposes that nature is already appropriated. This kind of production consists of re-arranging appropriated nature according to certain designs and programs. The rules that govern 'secondary production' are social constructs rather than the laws of nature. The consequence is that new disciplines emerge whose output serves as an immediate productive force, e.g. operation research, theories of planning, decision theory, cybernetics, computer sciences etc. [...] Scientific knowledge in the sense of an immediate productive force becomes a societal resource with functions comparable to those of labor in the productive process" (BÖHME/STEHR 1986: 18f.).

In diesem - als Wissensgesellschaft bezeichneten – Stadium operiert die Wissenschaft also weniger auf der Ebene der materiellen Produktion (i.S.v. „appropriation of nature"), sondern vielmehr auf der Bedeutungs- oder Symbolebene, also auf der Ebene der immateriellen Produktion.

Auf diese Weise wird die vom wissenschaftlichen Wissen durchdrungene Wissensgesellschaft in einem zuvor ungekannten Maße das Produkt ihres eigenen Handelns, da die Bedeutungsebene durch die Wissenschaft produziert, reproduziert, manipuliert und verändert wird. Die Produktion neuen Wissens bezieht sich folglich immer weniger auf neue (materielle) Produktionsmethoden, sondern in wachsendem Maße auf die Manipulation bestehender und Produktion neuer Symbolsysteme. Die Wissensgesellschaft wird zum Produkt ihrer Selbst, ein autopoietisches System, das sich selbst erhalten, wandeln und erneuern kann. Dies erklärt auch die Bedeutungszunahme von theoretischem Wissen, welches vor allem in den Wirtschafts-, Sozial- und Geisteswissenschaften erzeugt wird:

> „What distinguishes a knowledge society above all else from its historical predecessors is that it is a society which is to an unprecedented degree the product of its own action. The balance of nature and society [...] has shifted more and more towards capacities which are socially constructed and allow society to operate on itself.[...] The horizon of human action and potential social action considerably expands in a knowledge society. [...] knowledge society [is] a society in which science has extensively increased the capacities of society to act upon itself, its institutions and its relation to the natural environment" (BÖHME /STEHR 1986: 19).

Diesem Gedankengang liegt ein konstruktivistisches Wirklichkeitsverständnis zugrunde, demzufolge dem Menschen der unmittelbare Zugang zu den Dingen verwehrt bleibt und diese erst durch sprachliche und außersprachliche Symbolsysteme für den Menschen konstituiert werden. Da allen Sprachsystemen gleichzeitig auch Ordnungsprinzipien und somit Sinnstrukturen inhärent sind, ist die Aufdeckung von Sinnstrukturen jenseits sprachlicher Systeme ein Unterfangen, das von vornherein zum Scheitern verurteilt erscheint. STEHR selbst formuliert das folgendermaßen:

> „There is an immense stock of objectified knowledge which mediates our relation to nature and to ourselves. In a general sense this advancement has been called, in other contexts, modernization and rationalization. This secondary nature is overgrowing the primary nature of humans. The real and the fictional merge and become indistinguishable; theories become facts and not vice versa, that is, facts do not police theories" (STEHR 1994: 14).

Eine solche Sichtweise der Wissensgesellschaft bleibt schließlich nicht ohne Auswirkung auf das Verständnis von Wissenschaft selbst, welches dann in die Nähe des Projekts des amerikanischen Philosophen Richard Rorty rückt, der in seinem Buch *Contingency, Irony, and Solidarity* versucht zu zeigen,

> „wie die Erkenntnis dieser Kontingenz [der Sprache] zum Erkennen auch der Kontingenz des Bewußtseins führt und solches Erkennen dann weiterführt zu einem Bild von der Geschichte der Wissenschaft, Kultur und Politik als einer Geschichte von Metaphern, nicht von Entdeckungen" (RORTY 1989: 31).

Aus wissenschaftlicher Sicht ist das Konzept der Wissensgesellschaft somit von erheblicher Tragweite, da es nicht nur die sozial konstruierte Wirklichkeit als solche anerkennt, sondern die Wissenschaftler selbst als Teil dieses Konstruktionsprozesses betrachtet. Die Figur des Wissenschaftlers – insbesondere des Sozialwissenschaftlers und Geographen - vollzieht gewissermaßen einen Statuswechsel vom neutralen Beobachter, der die Realität von außen betrachtet, zum Untersuchungssubjekt-Objekt, der gleichermaßen als Akteur im Sinne von Realitätskonstrukteur wie auch als vermeintlich außenstehender Beobachter auftritt.

Zusammenfassend ist die Wissensgesellschaft nach BÖHME und STEHR durch die folgenden Merkmale gekennzeichnet[13]:

„1. 'penetration of most spheres of social action by scientific knowledge („scientization")

2. 'replacement of forms of knowledge by scientific knowledge (e.g. professionalization)'

3. 'emergence of science as an immediately productive force'

4. 'differentiation of new forms of political action (e.g. science and education policy)'

5. 'development of a new sector of production (the production of knowledge)'

6. 'change of structures of power (technocracy debate)'

7. 'emergence of intellectuals as a new social class.'" (BÖHME/STEHR 1986: 8).

In der Konsequenz werden Wissenschaftler als Produzenten und Manipulatoren einer Symbol- oder Bedeutungsebene gesehen, die als Produktionsort der wissensbasierten Ökonomie betrachtet werden muss. Selbstverständlich bedeutet der angenommene Übergang in die Wissensgesellschaft nicht, dass die Wirtschaftsbereiche, die nicht der wissensbasierten Ökonomie zuzuordnen sind, verschwinden würden. Das Charakteristikum der Ökonomie der Wissensgesellschaft ist vielmehr ein gradueller Bedeutungsverlust der Produktion materieller Güter (der Industriegesellschaft), während immaterielle Güter die Volkswirtschaft zunehmend prägen. Da deren Werte maßgeblich über die Symbolebene ausgehandelt werden, sprechen machen Autoren von der Ökonomie der Wissensgesellschaft als Symbolökonomie. Diese soll im folgenden beschrieben werden.

1.1.2 DIE ÖKONOMIE DER WISSENSGESELLSCHAFT

Mit der angenommen Transition von der Industrie- zur postindustriellen Wissensgesellschaft ergeben sich nicht nur gesellschaftliche sondern vor allem wirtschaftliche Veränderungen, deren wichtigstes Kennzeichen die Schwerpunktverschiebung von der Produktion materieller zur Produktion immaterieller Güter darstellt. Die Produkte der Wissensgesellschaft bewegen sich also auf einer immateriellen Produktionsebene, die von den Wissenschaften selbst geschaffen wird.

---

[13] Dieser Katalog wurde von STEHR in einzelnen Punkten überarbeitet und verändert. Insbesondere Punkt 2 „replacement of forms of knowledge" wurde durch „displacement, although by no means the elimination, of other forms of knowledge" (STEHR 1999: 10f.) ersetzt und damit die implizite Kritik am hegemonialen Charakter des wissenschaftlichen Wissens deutlich abgeschwächt. Weiterhin baut STEHR die letzten Punkte, welche die Bedeutung von Wissen als Merkmal sozialer Ungleichheit und als Ursache neuer sozialer Konflikte betreffen, weiter aus. Da diese Veränderungen für die vorliegende Arbeit ohne Relevanz sind, hat sich der Autor entschlossen, bei der Originalversion zu bleiben, zumal diese auch sehr deutlich die Handschrift von Gernot BÖHME trägt.

Der Wert dieser Produkte ist stark an den kulturellen Kontext ihrer Entstehung gekoppelt. BÖHME und STEHR sprechen in diesem Zusammenhang von einer „Metaebene", bzw. einer „zweiten Produktionsebene", welche die bereits vollzogene Aneignung der Natur voraussetzt. Produktion in der Wissensgesellschaft bedeutet dann die Neuordnung der materiellen Natur auf der Symbolebene. Diese wird in zunehmendem Maße auf der Basis wissenschaftlicher Theorien und Konzepte gestaltet, so dass der wissenschaftlich ausgebildete Mensch in den Mittelpunkt des Produktionsprozesses rückt.

Die Betonung des Faktors Mensch findet sich auch in der Theorie des Kognitiven Kapitalismus bzw. der Kognitiven Ökonomie des Franzosen Yann MOULIER-BOUTANG, die der Theorie der Wissensgesellschaft nahe steht. Unter Kognitivem Kapitalismus versteht der Autor einen Kapitalismus,

> „der in starkem Maße auf den geistigen Fähigkeiten der Menschen - auf Wissen – beruht [...] Wissen ist die Hauptressource des Wertes und wird die wichtigste Ressource im Prozess der Wertschöpfung" (MOULIER-BOUTANG 2001: 29f.),

wobei der Autor ebenfalls den Aspekt der fundamentalen (geistigen) Umstrukturierung der materiellen Produktion heraushebt:

> „Dieser Kapitalismus, der in einem noch nie da gewesenen Ausmaß produktiv ist, gestaltet die Welt der materiellen Produktion neu, organisiert sie um, modifiziert ihre Nervenzentren" (MOULIER-BOUTANG 2001: 29).

Von anderen Autoren wurden innerhalb des semantischen Feldes der Symbolwirtschaft noch weitere Begriffe für die Wirtschaftsstruktur der Wissensgesellschaft geprägt. Robert B. Reich spricht von den Berufen der Wissensgesellschaft als „Symbolanalysten" und Jeremy RIFKIN (1993: 178) von „symbolverarbeitenden Nomaden", wobei sich diese Bezeichnungen auf jene Gruppe von Fachkräften beziehen,

> „die in den diversen Arbeitsfeldern ihre Qualifikation als Experten oder Gegenexperten in die Aushandlungs- und Abstimmungserfordernisse sozialer und ökonomischer Kommunikation sowie in die real-stoffliche Produktion einbringen können" (POLTERMANN 2001: 3).

> „Symbolic analysts solve, identify, and broker problems by manipulating symbols. They simplify reality into abstract images that can be rearranged, juggled, experimented with, communicated to other specialists, and then, eventually, transformed back into reality. The manipulations are done with analytic tools, sharpened by experience. The tools may be mathematical algorithms, legal arguments, financial gimmicks, scientific principles, psychological insights about how to persuade or to amuse, systems of induction or deduction, or any other set of techniques for doing conceptual puzzles" (RIFKIN 1993: 178, zit. nach ALLEN 2000: 23).

Die Annahme, dass die Produktion der immateriellen Güter der Wissensgesellschaft auf der Ebene der sozialen Konstruktion, bzw. auf einer symbolischen Metaebene stattfindet, ist für die Verbreitung der ‚symbolischen Waren' von höchster Relevanz, da der Nutzen dieser Produkte, also ihr (materieller) Gebrauchswert, hinter ihren (sozial konstruierten) Tauschwert zurücktritt. Der Wert symbolischer Güter wird somit in besonderem Maße durch den kulturellen Produktions- bzw. Verwendungskontext bestimmt:

> „the identity and utility of the symbolic items are often highly context sensitive and cannot be ‚understood' or estimated separate from the context in which they originated and were consumed. The proximity of the content of production and utilization of symbolic commodities is often quite close […]
>
> Symbolic commodities of a non-monetary nature are, for example, data ('sets of numbers'), technological trajectories, statistics, fashion regimes, programs, product marketing and organizational 'knowledge' as well as the growing flow of information within and across national boundaries" (STEHR 1994: 151f.).

LASH und URRY (1994) betonen in *Economies of signs and space* ebenfalls die wachsende ökonomische Bedeutung des symbolischen Wertes bzw. des „Zeichenwertes"[14] von Gütern gegenüber ihrem materiellen Inhalt. Sie identifizieren „postindustrielle" und „postmoderne" Güter, die sich wie folgt in den Wertschöpfungsprozess der „Ökonomie der Zeichen" einfügen:

> „[The objects] are progressively emptied of material content. What is increasingly produced are not material objects, but signs. These signs are of two types. Either they have a primarily cognitive content and are post-industrial or informational goods. Or they have primarily an asthetic content and are what can be termed postmodern goods. The development of the latter can be seen not only in the proliferation of objects which possess a substantial aesthetic component […], but also in the increasing component of sign-value or image embodied in material objects. This aestheticization of material objects takes place in the production, the circulation or the consumption of such goods" (LASH/URRY 1994: 4).

In Anlehnung an Lash und Urry folgt ALLEN sogar in abgemilderter Form der semiotischen Argumentation des Kulturwissenschaftlers Baudrillard, der die Saussur'sche Vorstellung von der Arbitrarität des sprachlichen Zeichens auf die Produkte der Symbolwirtschaft in der Wissensgesellschaft überträgt:

> „the fundamental ambiguity of representational systems has been realized to the extent that, in a symbolically saturated environment, we no longer expect signs to represent anything in particular. The arbitrary nature of the sign has itself become the site of playful representation where economic meaning is now produced in such a knowingly contrived manner that its very inauthenticity is anticipated and understood" (ALLEN 2000: 24).

In der Praxis der räumlichen Verbreitung von Gütern bedeutet dies, dass es sowohl für die Produktion als auch für den Konsum symbolischer Güter der „Symbolanalysten" bedarf, welche die Fähigkeit besitzen, die Produkte der Symbolökonomie zu kodieren und zu dekodieren und damit ihren Tauschwert in der internationalen Wissensgesellschaft zu beeinflussen. Da das Wissen der Wissensgesellschaft ganz wesentlich von den Wissenschaften geprägt wird, fällt Akademikern die zentrale Rolle in der Gestaltung des Übergangsprozesses zu.

---

[14] In Anlehnung an die Zeichentheorie der Semiotik.

1.1.3 Implikationen des Übergangs in die Wissensgesellschaft für die Entwicklung in peripheren Regionen

In Bezug auf die Entwicklungsperspektiven peripherer Regionen ergeben sich aus den Überlegungen zur Wissensgesellschaft zunächst widersprüchliche Schlussfolgerungen. Auf der einen Seite unterliegen die immateriellen Produkte der Wissensgesellschaft, nämlich das „kodifizierte Wissen", mit der Verbreitung des Internet[15] nicht mehr den physischen Distanzbarrieren der räumlichen Verteilung wie die materiellen Produkte der Agrar- oder Industriegesellschaften. Auf der anderen Seite ist ihr Wert jedoch in einem viel stärkeren Maße kontextsensitiv, so dass ihre räumliche Verbreitung weniger durch die Barriere der physischen Distanz als vielmehr durch kulturell determinierte Rezeptionsbarrieren limitiert wird. Die Teilnahme von Regionen an der Ökonomie der Wissensgesellschaft, im Sinne einer von den Wissenschaften geprägten Gesellschaft, ist somit an das Vorhandensein von akademisch ausgebildeten Erwerbspersonen gebunden, welche gewissermaßen als kulturelle Mittler zwischen den Produktionsorten der Zentren und der Peripherien fungieren.

Die angenommene Transition von der Agrar- oder Industriegesellschaft zur Wissensgesellschaft hat somit für die Wirtschaftsgeographie der europäischen Regionen weitreichende Konsequenzen. Gerade für wirtschaftsperiphere Gebiete wie den italienischen Mezzogiorno entstehen in der aktuellen Transformationsphase Möglichkeiten einer Neupositionierung innerhalb der wissensbasierten, europäischen Wirtschaftslandschaft. Aus dem Blickwinkel der Regionalentwicklung betrachtet werden nämlich den traditionellen Determinanten der regionalen Wirtschaftsentwicklung in der Wissensgesellschaft neue Entwicklungsfaktoren hinzugefügt, deren Ausbau und Förderung zumindest theoretisch einen Ausweg aus der historisch gewachsenen und im Industriezeitalter gefestigten Position der Peripheralität eröffnen.

Für die Wissensproduktion ist weniger die physische Distanz von den Zentren entscheidend, sondern vielmehr deren kulturelle Distanz, welche sich im Zeitalter einer gesamteuropäischen Forschungs- und Bildungslandschaft vor allem im Ausbildungsniveau der Erwerbsbevölkerung ausdrückt. Für die Verteilung der Wissensprodukte ist zudem die „Infostrukturausstattung" häufig von größerer Bedeutung als die klassische infrastrukturelle Anbindung einer Region. Diese bleibt jedoch als notwendige Bedingung auch in der wissensbasierten Wirtschaft bzw. als indirekter Produktionsfaktor relevant.

Zwar ist die Ressourcenausstattung mit Bodenschätzen, die das Schicksal von Regionen in der Industriegesellschaft maßgeblich beeinflusst hatte, für die Produktion symbolischer Güter zunächst nicht relevant. Dennoch spielt die Naturraumausstattung

---

[15] Der im Zusammenhang mit der Verbreitung neuer Kommunikationsmedien häufig verwendete Begriff der „death of distance" ist jedoch mit größter Vorsicht zu genießen: Zwar stellt STEHR (1994: 152) eine "growing irrelevance of time and place (and therefore distance) as a constraint for production" fest, die OECD warnt jedoch vor einem überschwänglichen Optimismus, demzufolge eine ausreichende Infostrukturausstattung allein Wohlstand bringen würde:
"Visions of a global knowledge-based economy and universal electronic commerce, characterised by the 'death of distance' must be tempered by the reality that half the world's population has never made a telephone call, much less accessed the Internet" (OECD 2001a: 5).

im Sinne eines Vorstellungsbildes für die Attraktivität der Orte als Ziel touristischer Reisen oder unternehmerischer Investitionen eine wichtige Rolle. Diesen Akt der symbolischen Repräsentation leisten in einer internationalisierten Wissensgesellschaft, die von Wissenschaftlern produziert ist, akademisch ausgebildete Personen, beispielsweise im Bereich von Werbung und Marketing.

Agrar-/Industriegesellschaft	Wissensgesellschaft
Materielle Produktion	Immaterielle Produktion
Physische Distanz	Kulturelle Distanz von Wissenssystemen
Infrastruktur	Infostruktur
Natürliche Ressourcen	Humanressourcen

Abbildung 1: Räumliche Dimensionen des Übergangs von der Agrar- bzw. Industriegesellschaft zur Wissensgesellschaft

Entwurf: Jahnke 2004

In einem Raum, der von der Informations- und Kommunikationstechnologie vollkommen erschlossen ist, verliert die physische Distanz zwischen den alten Produktionszentren und den heutigen Peripherien an Bedeutung, da Raum und Zeit innerhalb dieser Kommunikationssysteme entkoppelt sind. Während in der Vergangenheit eine gewisse Kongruenz zwischen räumlicher und kultureller Distanz zu beobachten war, hat sich diese Verknüpfung mit dem Ausbau moderner Transportmittel und insbesondere durch das Internet gelöst. Bis vor wenigen Jahrzehnten konnten räumliche Distanzen zwischen Zentren und Peripherien mit Hilfe von Infrastrukturmaßnahmen in ihren zeitlichen (und damit auch finanziellen) Wirkungen verkürzt werden, während ein effektiver Infostrukturausbau sowohl den Zeit- als auch den Kostenfaktor heutzutage weitgehend zu neutralisieren vermag. Angesichts der Tatsache, dass durch das Internet innerhalb eines Moments jegliche Information an jedem beliebigen Ort der Erde ankommen kann, wird neben der technischen Ausstattung die kulturelle Distanz zwischen Sender und Empfänger zum entscheidenden Kriterium. Durch die stärkere Vernetzung werden diese kulturellen Distanzen unmittelbarer und deutlicher erkennbar.

Physische und kulturelle Distanzen einer peripheren Region P zu einem Zentrum Z, die hier als ‚Raumeigenschaften' angenommen werden sollen, weisen jedoch ganz erhebliche Unterschiede auf, die für die Entwicklungspotentiale der Regionen beim Übergang zur Wissensgesellschaft von entscheidender Bedeutung sind. Die physische Ausstattung und die geometrische Distanz stellen natürliche Eigenschaften von Räumen dar, die lediglich innerhalb enger Grenzen durch technische Eingriffe verändert werden können. Dagegen beruhen die kulturellen Distanzen auf den Eigenschaften von Individuen und Institutionen, die in dem gegebenen Raum leben und handeln. In diesem Sinne drückt sich die kulturelle Distanz zwischen Peripherie und Zentrum in der Distanz zwischen ihren Wissenssystemen aus. Akademikern und insbesondere jungen

Hochschulabsolventen fällt in diesem Zusammenhang eine Schlüsselrolle zu, da sie eine wichtige Vermittlungsfunktion zwischen den Zentren und den Peripherien einnehmen. Durch die Expansion der Hochschulbildung im Sinne einer ‚Akademisierung' der Erwerbsbevölkerung kann diese Distanz überwunden werden.

Mit Hilfe gut ausgebildeter Humanressourcen würden traditionell benachteiligte Regionen in die Lage versetzt, sich dem sozioökonomischen Niveau der prosperierenden Zentren zumindest anzunähern. Diese Vorstellung liegt auch der Politik der Europäischen Union zugrunde:

> „Wissen, Bildung und Ausbildung werden eine immer wichtigere Basis für wirtschaftliche Teilhabe und Erfolg. Regionen mit eingeschränktem und unbefriedigendem Zugang zu Information und Wissen aufgrund fehlender höherer Schulen, Forschungseinrichtungen, Ausbildungsangebote usw. werden wahrscheinlich Probleme bekommen, ihre Bevölkerungszahl zu erhalten und dabei besonders Menschen mit höherer Ausbildung und größeren Fähigkeiten an die Region zu binden. Dies kann Bevölkerungsverschiebungen in Gebiete, die bereits über gute Infrastruktur verfügen, noch verstärken, den Druck auf diese Gebiete erhöhen und gleichzeitig die Aussicht auf höheren Lebensstandard für wirtschaftlich schwächere Regionen verringern."
> (EUROPÄISCHE KOMMISSION 1999: 77)

Mit einer optimalen „Infostruktur", gepaart mit einem hohen Qualifikationsniveau, könnte es den Peripherien gelingen, aus der Position physischer Isolation zu entkommen. Gerade in Hinblick auf die Region Sizilien bieten sich hier neue Entwicklungspotentiale, deren Wirksamkeit zum einen vom Aufbau dieses Humankapitals, zum anderen aber auch von deren regionalem Verbleib und Integration in den Produktionsprozess abhängig sein wird. Andernfalls droht die Gefahr, dass die Bildungsexpansion lediglich zur Abwanderung der Bestqualifizierten führt und die peripheren Regionen ihr Zukunftspotential verlieren.

1.2 OPERATIONALISIERUNG VON WISSEN ALS RESSOURCE

> „A knowledge-based society is one where knowledge diffusion, production and application become the organising principle in all aspects of human activity: culture, society, the economy, politics, and private life." (UNDP 2003: 2)

Die regionalwirtschaftliche Bedeutung der Bildungsexpansion, der Nutzung von inkorporiertem Wissen sowie von dessen räumlicher Mobilität wird in seinen einzelnen Aspekten in unterschiedlichen Forschungskontexten untersucht. Für das Ziel dieser Arbeit lassen sich diese drei regionalwirtschaftlichen relevanten Teilprozesse unter dem Begriffsfeld der Forschung über Hochqualifizierte bzw. Akademiker abstrahierend zusammenführen. In Erweiterung des bereits vorhandenen ‚Brain'-Vokabulars, welches im wesentlichen der wirtschaftswissenschaftlichen Forschung entliehen ist, lassen sich drei Aspekte unterscheiden: die Bildungsexpansion als ‚Brain production', die Integration von Akademikern in den Arbeitsmarkt als ‚Brain application' und die räumliche Mobilität von Akademikern als ‚Brain mobility'. Als ‚Brains' werden im empirischen Teil der Arbeit Akademiker verstanden, wobei der Schwerpunkt der Untersuchung auf der Gruppe der jungen Hochschulabsolventen liegt.

1.2.1 ASPEKT DER BRAIN PRODUCTION

> „Man weiß, daß das Wissen in den letzten Dezennien zur prinzipiellen Produktivkraft wurde" (LYOTARD 1986 [1979]: 24).

Die paradigmatische Grundannahme der Wissensgesellschaft, dass Wissen eine eigenständige wirtschaftliche Bedeutung erlangt hat, ist keineswegs neu, sondern lässt sich schon bei einer Reihe von wirtschaftswissenschaftlichen Klassikern finden[16]. In den aktuellen Wirtschaftswissenschaften wird inkorporiertes Wissen als Humankapital konzeptionalisiert: „Human capital is the familiar notion that knowledge and skills, derived from education, training and experience, represent some of our most valuable resources" (OECD 2001b: 3). Dessen volkswirtschaftlicher Nutzen gilt heutzutage als unumstritten, wie der Titel des im Jahr 2001 veröffentlichten Berichts der OECD über *The Well-Being of Nations: The role of human capital and social capital* exemplarisch belegt.

Der theoretische Zusammenhang zwischen dem Ausbildungsniveau einer Bevölkerung und dem Wirtschaftswachstum wurde zu Beginn der 1960er Jahre vor allem durch die Arbeiten von T.W. SCHULTZ entwickelt, der in *The Economic Value of Education* (1963) den ökonomischen Wert von Bildung und Ausbildung herausarbeitet. Mit den theoretischen Implikationen eines Humankapitalansatzes beschäftigt sich in der Folgezeit G.S. BECKER in *Human Capital* (1964).

Verschiedentlich wurde jedoch darauf hingewiesen, dass einzelne Wirtschaftswissenschaftler die Bedeutung von Wissen für die gesellschaftliche und wirtschaftliche Entwicklung schon sehr viel früher erkannt hatten. MEUSBURGER (1998: 81f.) findet bereits bei Adam Smith (1776), John Stuart Mill (1848) und anderen wirtschaftstheoretischen Klassikern den Gedanken der ökonomischen Bedeutung einer gut ausgebildeten Bevölkerung.

Lyotard hingegen verweist vor allem auf Karl Marx, der in den *Grundrissen zur Kritik der politischen Ökonomie* im Jahr 1857 anmerkt, dass „das allgemeine gesellschaftliche Wissen, *knowledge*, zur unmittelbaren Produktivkraft geworden ist", denn die Maschinen seien „von der menschlichen Hand geschaffene Organe des menschlichen Hirns; vergegenständlichte Wissenskraft" (zit. nach LYOTARD 1986 [1979]: 24f.). Auf einen ähnlichen Textausschnitt bei Marx, der sich mit dem Bedeutungszuwachs von wissenschaftlichem Wissen auseinandersetzt, bezieht sich der französische Kulturwissenschaftler André GORZ:

> „Die unmittelbare Arbeit und ihre Quantität (werden) als das bestimmende Prinzip der Produktion verschwinden"

und sie werden

> „herabgesetzt als ein zwar unentbehrliches aber subalternes Moment (gegenüber der) allgemeinen wissenschaftlichen Arbeit"(GR, S.587 zitiert in GORZ 2001: 7).

Im Jahr 1920 hatte auch der Ökonom A. MARSHALL die besondere Bedeutung des Wissens für die Kapitalbildung herausgestellt. Für ihn waren Begriffe wie technischer

---

[16] Für den Zusammenhang von Wissen und wirtschaftlicher Entwicklung bzw. die Bedeutung von Wissen in wirtschaftstheoretischer Perspektive vgl. ausführlicher MEUSBURGER 1998: 20-58, 81-96.

Fortschritt, Wissen und Entscheidungsfindung Schlüsselfaktoren für die Entwicklung eines Unternehmens:

> „Capital consists in a great part of knowledge and organization [...]. Knowledge is our most powerful engine of production; it enables us to subdue Nature and force her to satisfy our wants" (1920: 115, zit. bei MEUSBURGER 1998: 82).

Während der grundsätzliche Zusammenhang zwischen Wissen und wirtschaftlicher Entwicklung als unumstritten gilt, erweist sich eine Quantifizierung in der empirischen Praxis als äußerst problematisch. Die Messung der Rentabilität von Investitionen in Bildung und Ausbildung wird in den Wirtschaftswissenschaften auf zwei unterschiedlichen Ebenen vorgenommen: zum einen auf der Ebene des Individuums („private rate of return") zum anderen auf der Ebene der Gesamtgesellschaft („social rate of return"). Während die individuelle Rentabilität von Humankapitalinvestitionen generell als unumstritten gilt, konnte deren volkswirtschaftlicher Nutzen statistisch bislang nicht nachgewiesen werden (vgl. PSACHAROPOULOS 1995):

> „Human capital includes knowledge, skills and attributes such as perseverance. For individuals, investment in human capital provides an economic return, increasing both employment rates and earnings. [...] In addition to the benefits captured by individuals, investment in human capital may yield benefits to the economy at large. The collective economic impact should, in principle, be identifiable in the rate of economic growth, but in practice the impact has been difficult to confirm and quantify" (OECD 2001b: 3f.).

Auch bildungsökonomisch angelegte Ländervergleiche konnten zwar einen statistischen Zusammenhang von Ausbildung und Wirtschaftswachstum belegen, die Versuche, eine Kausalität zwischen erhöhtem Ausbildungsniveau der Bevölkerung und wirtschaftlicher Entwicklung nachzuweisen und auf diese Weise die volkswirtschaftliche Rentabilität von Bildungsinvestitionen zu messen, haben jedoch insbesondere im tertiären Bildungssektor zu widersprüchlichen Ergebnissen geführt. PSACHAROPOULOS und WOODHALL kommen Mitte der 1980er Jahre nach einer Untersuchung in Entwicklungsländern zu folgendem Ergebnis:

> „There is ample evidence that education makes both a direct and an indirect contribution to economic growth, but the chicken-and-egg relationship between education and growth can never be fully established" (PSACHAROPOULOS/WOODHALL 1985: 20f.).

MEULEMEESTER und ROCHAT (1995) legten zehn Jahre später eine weitere umfangreiche, international vergleichende, ökonometrisch angelegte Vergleichsstudie zu den Auswirkungen der Bildungsexpansion im Hochschulbereich auf das Wirtschaftswachstum vor. Ein ursächlicher Zusammenhang zwischen dem Ausbau des tertiären Bildungssektors und der wirtschaftlichen Entwicklung dieser Länder konnte jedoch nur in vier von sechs untersuchten Ländern nachgewiesen werden. Neben Australien war Italien das Land, wo die erhöhte Anzahl von Hochschulabsolventen ohne messbaren Einfluss auf die jeweilige Volkswirtschaft blieb, woraus die beiden Autoren einen weiteren Forschungsbedarf ableiten:

> „the absence of causality in the Italian and Australian cases suggests that the relationship between higher education and economic development is not linearly mechanistic [...] this complex relationship deserves further investigation both on theoretical and empirical levels" (MEULEMEESTER/ROCHAT 1995: 358).

Wenngleich es bislang nicht gelungen ist, den quantitativen Nachweis des kausalen Zusammenhangs zwischen dem erhöhten Ausbildungsniveau einer Bevölkerung und der wirtschaftlichen Entwicklung zu erbringen, so halten Wissenschaftler und Politiker an dieser Grundannahme fest. Dies ist auch der entscheidende Grund dafür, dass die internationale Mobilität von Hochqualifizierten oder zumindest von bestimmten Gruppen von Hochqualifizierten in den 1990er Jahre eine verstärkte Aufmerksamkeit von Seiten der Forschung und der Politik erhalten haben.

Grundsätzlich bedarf es jedoch zweier Voraussetzungen, damit die Umsetzung von Wissen in wirtschaftliche Produktivität überhaupt ermöglicht werden kann: zum einen darf es keine Abwanderung der betroffenen Personengruppe geben, zum anderen müssen diese als Erwerbstätige in den Produktionsprozess integriert sein.

1.2.2 Aspekt der Brain application

In der Perspektive der Regionalentwicklung kann bezüglich der akademischen Ausbildung nur dann von einer optimalen Ausnutzung der aufgebauten Humanressourcen gesprochen werden, wenn junge Hochschulabsolventen einer Region unmittelbar nach Ende ihres Studiums eine Erwerbstätigkeit aufnehmen, die ihrem erworbenen Qualifikationsniveau entspricht. Mündet der Hochschulabschluss jedoch zunächst in die Arbeitslosigkeit oder in eine Tätigkeit, die unterhalb des erworbenen Qualifikationsniveaus liegt, so wird das aufgebaute Humankapital nicht oder nur teilweise genutzt.

Bezogen auf Räume und Regionen erscheint es gerade vor dem Hintergrund der Wissensgesellschaft sinnvoll, von zwei unterschiedlichen Arbeitsmärkten auszugehen, die sich nach dem geforderten formalen Qualifikationsniveau der Arbeitsplätze unterscheiden. Wenngleich diese Einteilung in zwei oder mehr isolierte Arbeitsmärkte zunächst lediglich modellhaft sein kann und durchaus schematisch erscheint (vgl. FASSMANN/MEUSBURGER 1997: 71), so verlangen in der Praxis die meisten Erwerbspositionen ein bestimmtes Qualifikationsniveau. Dies gilt sowohl für die Privatwirtschaft als auch für Stellen im öffentlichen Dienst. Die Grenze zwischen dem Arbeitsplatzangebot für qualifizierte Mitarbeiter und unqualifizierte weist jedoch einen osmotischen Charakter auf, der auf der einen Seite die Stellenbesetzung mit einem niedriger Qualifizierten - wenn überhaupt - nur in den allerseltensten Fällen zulässt, auf der anderen Seite aber ermöglicht, dass Erwerbstätige im Sinne eines Brain waste unterhalb ihres formalen Ausbildungsniveaus beschäftigt sind.

REYNERI (1996: 171f.) betont in diesem Zusammenhang, dass die massive Bildungsexpansion im universitären Bereich in den meisten Ländern zu einem Ungleichgewicht zwischen dem Angebot von Akademikern und deren Nachfrage geführt hat. Er unterscheidet zwei unterschiedliche Modelle des Umgangs mit diesem Phänomen: nach dem US-amerikanischen Modell führt das geschilderte Überangebot an Qualifizierten zu einer Verdrängung von Niedrigqualifizierten vom Arbeitsmarkt. Demgegenüber steht das Modell des „alten Europa" („*la vecchia Europa*"), insbesondere

Italiens, demzufolge ein Überangebot von Akademikern ohne Auswirkungen auf die Beschäftigungssituation der niedrig Qualifizierten bleibt, sondern vielmehr zu einer erhöhten Akademikerarbeitslosigkeit (*disoccupazione intellettuale*) führt. In den Ländern der zweiten Gruppe, der auch Italien zuzurechnen ist, findet folglich keine Verdrängung niedrig qualifizierter Arbeitskräfte durch höher qualifizierte Arbeitskräfte statt.

Verbleiben die Betroffenen hingegen in der Arbeitslosigkeit oder akzeptieren eine Beschäftigung unterhalb ihres formalen Qualifikationsniveaus, so spricht man häufig von *Brain waste*. Dieser Begriff wurde nach RHODE (1991) von Münz geprägt und später von FASSMANN et al. (1995) für ausländische Zuwanderer in Wien verwendet, die dort unterhalb ihres Qualifikationsniveaus beschäftigt sind[17]. Von Brain waste (wörtlich: Verschwendung von Gehirn) lässt sich aus wirtschaftlicher Perspektive immer dann sprechen, wenn erworbene Qualifikationen nicht in einer qualifikationsadäquaten Erwerbsarbeit produktiv umgesetzt werden. Beispielsweise beobachtete RHODE (1993) dieses Phänomen zu Beginn der 1990er Jahre bei osteuropäischen Wissenschaftlern auf dem westeuropäischen Arbeitsmarkt.

1.2.3 ASPEKT DER BRAIN MOBILITY

Aufgrund des angenommenen Übergangs in die Wissensgesellschaft und der damit verbundenen Knappheit von Hochqualifizierten auf einem globalisierten Weltmarkt des Wissens genießt die internationale Mobilität von Hochqualifizierten sowohl von politischer als auch von wissenschaftlicher Seite gesteigerte Aufmerksamkeit.

Auf politischer Ebene ist der Verbleib von Hochqualifizierten längst Thema breiter Diskussionen. Bereits 1992 ging das IRDAC[18] in seinem Bericht *Skill shortages in Europe* von einem Mangel an Hochqualifizierten in den Ländern der Gemeinschaft aus, der sich im Laufe der 1990er Jahre noch gesteigert hat. Dem *Zweiten Bericht über den wirtschaftlichen und sozialen Zusammenhalt* zu Folge blieben im Jahr 2000 etwa 500.000 Arbeitsplätze innerhalb der EU aus Mangel an qualifizierten Arbeitskräften unbesetzt. Aufgrund des demographischen Wandels, der einen weiteren Rückgang der jungen Bevölkerung erwarten lässt, wird sogar von einer zukünftigen Verschärfung des bereits bestehenden Mangels an Hochqualifizierten ausgegangen (KOMMISSION DER EUROPÄISCHEN GEMEINSCHAFTEN 2001: 14).

Im Jahr 2001 widmete die IOM[19] dem Thema ein Sonderheft der Fachzeitschrift ‚International Migration' mit dem Titel *International Migration of the Highly skilled* (vgl. die Einleitung von IREDALE/APPLEYARD 2001) und die OECD veröffentlichte im gleichen Jahr einen Sammelband mit dem Titel *Innovative people : Mobility of skilled personnel in national*

---

[17] SALT/FORD (1993: 293) bezeichnen die Abwertung von in Osteuropa erworbenen Qualifikationen durch den Grenzübertritt und die daraus resultierende Beschäftigung unterhalb des formalen Qualifikationsniveaus auch als „deskilling".

[18] International Research and Development Advisory Committee of the Commission of the European Communities.

[19] International Organization of Migration in Genf.

innovation systems (OECD 2001f); bereits im Folgejahr erschien ein weiterer Band unter dem Titel *International Mobility of the Highly skilled* (vgl. OECD 2002a).

Aufgrund des befürchteten Mangels an Hochqualifizierten wurden in den letzten Jahren in den Parlamenten mehrerer Industrieländer neue Gesetze zur Rückholung eigener oder Anwerbung ausländischer Forscher und Spezialisten verabschiedet (vgl. z.B. MAHROUM 2001). Die in Deutschland kontrovers diskutierte Einführung der Green Card zur geplanten Anwerbung von 20.000 ausländischen IT-Spezialisten scheint im Vergleich mit anderen Ländern geradezu bescheiden. Beispielsweise wurde im gleichen Jahr vom US-Congress die Erhöhung der jährlichen Quote von H1B Visa für „Highly skilled professionals" von 115.000 auf 195.000 bis zum Jahr 2003 beschlossen (vgl. CERVANTES/GUELLEC 2002).

1.2.3.1 Die interdisziplinäre Skilled Migration-Forschung

Von Seiten der interdisziplinären Migrationsforschung werden seit den 1980er Jahren internationale Wanderungen von Fach- und Führungskräften vor allem aus dem Blickwinkel der „skilled migration" untersucht. Mit diesem Begriff wird eine unternehmensinduzierte internationale Mobilität von Hochqualifizierten bezeichnet, deren Motor grenzübergreifend agierende Unternehmen (‚Multinational companies', MNCs) darstellen. Aufgrund der oftmals zeitlich begrenzten Aufenthaltsdauer am Zielort der Wanderung sprechen einzelne Autoren auch von „skilled transients" (vgl. FINDLAY 1988) und grenzen sich damit vom Begriff Brain drain (s.u.) ab, der eine dauerhafte Abwanderung impliziert. ‚Skilled migration' wird im Gegensatz zu ‚Brain drain' als Begleiterscheinung der Ausdehnung der Multinational Companies (MNCs) sowie der fortschreitenden internationalen Arbeitsteilung (New International division of labour, NIDL) verstanden (vgl. z.B. GOULD 1988; WOLBURG 1996; WOLTER 1997).

Im Zuge dieser Studien hat sich im angelsächsischen Sprachraum ein umfangreiches Vokabular zur Beschreibung der temporären internationalen Mobilität von Hochqualifizierten herausgebildet, deren Begrifflichkeiten in ihrer Verwendung jedoch nicht eindeutig voneinander abgegrenzt werden. Die Begriffe reichen von *skilled transients* (FINDLAY 1988), *skilled international migration* (SIM) (z.B. FINDLAY/GOULD 1989), *skill exchanges* (FINDLAY 1990), *high level labour movements* (FINDLAY 1993) oder *highly skilled professionals* (HSP) (CAO 1996) bis hin zu *human ressources in science and technology* (HRST)(OECD 2002). Gemeinsam ist diesen Konzepten die besondere Aufmerksamkeit für Fachkräfte aus der technologieorientierten und naturwissenschaftlichen Forschung.

In der Forschungspraxis werden zudem unter den Begriffen der „skilled migration" so unterschiedliche Phänomene wie die Emigration von Ingenieuren von Europa in die USA in den 1960er Jahren, von Naturwissenschaftlern aus Osteuropa nach Westeuropa nach der Wende, unternehmensinterne temporärere Wanderungen qualifizierter Firmenmitarbeiter, Wanderung von Krankenschwestern aus der Dritten Welt nach Europa und den USA, studentische Migration und Auslandsstudien und sogar Geschäftsreisen von qualifizierten Mitarbeitern verstanden (vgl. OECD 2002). Hierbei wird nicht immer deutlich, ob sich das Kriterium der „skills" oder „qualifications" über formale Bildungsabschlüsse bzw. deren Antizipation (Studenten), das faktische Einkommen, oder einfach über die Nachfrage einer bestimmten Qualifikation auf dem Arbeitsmarkt der Zielländer (z.B. Krankenschwestern) bestimmt.

Die betreffenden Forschungsarbeiten sind aufgrund der schwierigen Datenlage in der Mehrzahl der untersuchten Länder vor allem um eine Quantifizierung der räumlichen Mobilität einzelner Gruppen von Qualifizierten bemüht. In diesen oft volkswirtschaftlich ausgerichteten Studien wird das Phänomen internationaler Mobilität von Fach- und Führungskräften überwiegend auf der Makroebene behandelt, indem grenzüberschreitende Migrationen nach den Qualifikationen der Migranten selektiert und anschließend quantifiziert werden. Dabei wird in den meisten Studien davon ausgegangen, dass in der Bewertung sowohl für das Herkunftsland als auch für das Zielland die Vorteile des mit der *mobility of highly skilled* verbundenen Wissenstransfers gegenüber den möglichen Nachteilen überwiegen, solange es sich um einen Austausch von Hochqualifizierten handelt (vgl. z.B. GUELLEC/CERVANTES 2002: 86).

Dies ist jedoch gerade aus der Perspektive betroffener Entwicklungsländer keineswegs unumstritten, da nach KÖRNER (1998: 26) die unternehmensinternen Arbeitsmärkte der dort investierenden Multinationalen Unternehmen (MNCs) häufig vollkommen isoliert sind von den regionalen Arbeitsmärkten der betroffenen Gebiete und deswegen nicht von einer gleichwertigen Austauschbewegung von skills gesprochen werden könne. Das Argument, dass die selektive Abwanderung von Akademikern aus der Dritten Welt durch die skilled transients aus den Industrieländern ausgeglichen würden, verliert dadurch seine Gültigkeit.

In der interdisziplinären skilled migration-Forschung wird jedoch der Aspekt des Zusammenhangs zwischen dieser Form räumlicher Mobilität und den daraus resultierenden Konsequenzen für die betroffenen Ziel- und Quellgebiete der Wanderung auf der analytischen Ebene vernachlässigt. Dabei wurde in den Sozialwissenschaften häufig auf die nachteiligen ‚Nebenwirkungen' einer Bildungsexpansion im tertiären Bildungssektor hingewiesen. Vor allem die Bildungssoziologie versucht, den Akzent von der auf Wirtschaftswachstum ausgerichteten Perspektive auf die gesamtgesellschaftlichen Auswirkungen von Bildung zu erweitern. Deren Argument lautet, dass ein erhöhtes Bildungsniveau der Bevölkerung einer Region zwar einerseits zu mehr Modernität führt, andererseits aber zu einer stärkeren individuellen Wanderungsbereitschaft und damit sozialer Instabilität. Demzufolge kann sich ein erhöhtes Bildungsniveau in schwach entwickelten Gebieten nachteilig auf die regionale Entwicklung auswirken, da die Gefahr der selektiven Abwanderung der Bestqualifizierten zunimmt (vgl. FÄGERLIND/SAHA 1983; HUSÉN/POSTLETHWAITE 1994; SÜNKER/TIMMERMANN/KOLBE 1995).

1.2.3.2 Brain drain, Brain gain und Brain exchange

Der Prozess der selektiven Abwanderung qualifizierter Personen wird üblicherweise mit dem Begriff des *Brain drain* beschrieben. Im Gegensatz zur Skilled migration beinhaltet Brain drain einen expliziten regionalen Bezug zu den Quellgebieten der Wanderung von wissenschaftlich ausgebildeten Fachkräften, so dass dieses Konzept für eine geographische Fragestellung von größerer Relevanz ist. Innerhalb der geographischen Disziplin ist Brain drain Teil der Bildungsgeographie und

> „impliziert, dass die Abwanderung von Hochqualifizierten im Herkunftsgebiet einen Mangel an Humanressourcen auslöst und dem Auswanderungsland schadet. Erstens gehen die Investitionen für die Ausbildung der Auswanderer verloren und zweitens nehmen diese Wissen und Innovationspotential mit, das die Herkunftsländer selbst dringend benötigen würden" (MEUSBURGER in BRUNOTTE et al. 2002: 201).

Erstmalig verwendet wurde der Begriff im Jahr 1962 in einem Bericht der British Royal Society zur Benennung der negativen Konsequenzen, welche sich aus der Abwanderung von wissenschaftlich ausgebildeten Fachkräften für Großbritannien ergeben könnten (vgl. MEUSBURGER in BRUNOTTE et al. 2002: 201). Nach der dann folgenden ausführlichen Untersuchung von ADAMS (1968) unter dem Titel *The Brain drain* sowie von CHORAFAS (1968) über *The Knowledge Revolution* konzentrierte sich die Brain drain-Forschung sehr schnell auf die Wanderung von Wissenschaftlern aus Entwicklungsländern in Industrieländer. In der Folgezeit wurde das Phänomen vorrangig in Entwicklungsländern untersucht, da auch hier die beiden genannten Prämissen zuzutreffen schienen. Die Diskussion wurde insbesondere von Politikern und Wirtschaftswissenschaftlern geführt, da es um die Frage ging, welche wirtschaftlichen und politischen Konsequenzen für die betroffenen Herkunftsgebiete mit dem Brain drain verbunden waren.

Während die Brain drain-Debatte um die Entwicklungsländer in den 1980er Jahren stark abflaute (vgl. KÖRNER 1998), ist der Begriff in den ehemaligen Ostblockstaaten nach dem Fall dem Zerfall der Sowjetunion wieder in das Zentrum der wissenschaftlichen Aufmerksamkeit und politischen Diskussionen gerückt (vgl. CHESNAIS 1991; TCHALAKOV 1992; HRYNIEWICZ et al. 1992; RHODE 1993; VALIOUKOV/SIMANOVSKI 1993; WITHOL DE WENDEN 1995; DOLGIKH 1995; GRECIC 1995; MALACIC 1995; GYARFASOVA/KUSKA 1997). In den westeuropäischen Industrienationen hingegen ist als Folge der massiven Hochschulexpansion und der damit einhergehenden Akademikerarbeitslosigkeit der Begriff Brain *drain* zunächst von den politischen und wissenschaftlichen Agenden verschwunden. Denn dessen Entstehung war an die historische Mangelsituation von Akademikern in den westlichen Industrienationen in den 1960er Jahren gebunden, die nun nicht länger gegeben war (vgl. RHODE 1993). TODISCO hält folglich den Begriff angesichts einer global integrierten Wirtschaft in den 1990er Jahren grundsätzlich für unangemessen: „it is preferable to avoid making use of the term ‚Brain drain', since it is historically associated with one-way directional flows" (1993: 586).

Gerade in jüngster Zeit ist jedoch auch in der EU eine Rückkehr des Brain drain-Diskussion zu beobachten, welcher sich inzwischen weniger auf die Emigration von Akademikern aus Entwicklungsländern bezieht, als vielmehr auf die Abwanderung von hochkarätigen Forschern aus den westeuropäischen Ländern in die USA. Als Folge des Anstiegs des allgemeinen Bildungsniveaus der Bevölkerungen in diesen Ländern hat sich somit auch die empirische Messlatte der Brain drain-Untersuchungen um eine formale

Ausbildungsstufe nach oben verschoben: Nicht mehr Akademiker sondern promovierte und habilitierte Wissenschaftler drohen angesichts der genannten Prognosen zu einer knappen Ressource der europäischen Wissensgesellschaft zu werden. Die hierzu jüngst durchgeführten empirischen Untersuchungen konnten jedoch weder für Deutschland (vgl. ENDERS/BORNMANN 2002a, 2002b) noch für Frankreich (MARTINELLI 2002) oder Italien (vgl. CENSIS 2002b; FRANCOVICH 2002) die angenommene Befürchtung eines quantitativ gewichtigen Brain drain von Forschern bestätigen, da die meisten Befragten nach einem zeitlich begrenzten Forschungsaufenthalt in den USA wieder nach Europa zurückkehren. Dennoch wird in allen Studien die qualitative Bedeutung des Phänomens hervorgehoben.

Über den klassischen Kernbegriff des Brain drain hinaus hat sich in den Regional- und Wirtschaftswissenschaften inzwischen ein differenziertes Vokabular zur Beschreibung der räumlichen Mobilität von Hochqualifizierten und zu deren Nutzung auf dem Arbeitsmarkt herausgebildet, welches vor allem durch die Verwendung des Begriffs „Brain" gekennzeichnet ist. Zu den gebräuchlichsten gehören hierbei neben Brain drain die Begriffe Brain gain, Brain exchange und Brain overflow, die im folgenden kurz erläutert und abgegrenzt werden sollen.

Während der Begriff Brain drain einen Mangel der untersuchten Qualifikation im Herkunftsgebiet impliziert, beschreibt der Begriff des *Brain overflow* die Abwanderung von Qualifizierten in einer Situation des (statistischen) Überhangs von Hochqualifizierten im Quellgebiet. In der Perspektive der Abwandernden ist Brain overflow zu verstehen als Konsequenz aus einer Situation von *overeducation*[20], wenn junge Menschen aufgrund ihres erhöhten Qualifikationsniveaus keine adäquate Arbeit finden und als Reaktion darauf ein Land oder eine Region verlassen (BÜCHEL/WITTE 1997: 32). Die Situation der overeducation wird statistisch üblicherweise durch eine hohe Akademikerarbeitslosigkeit festgestellt, wobei dieser Indikator nicht unumstritten ist. Vielmehr hat sich gezeigt, dass die Phase der Bildungsexpansion im Hochschulsektor grundsätzlich mit einer vorübergehend erhöhten Akademikerarbeitslosigkeit einhergeht, da die jungen Universitätsabsolventen schon nach kurzer Zeit nicht mehr vergleichbar gute Stellen finden wie ihre Vorgänger und folglich länger in der Phase der Sucharbeitslosigkeit verhaftet bleiben (FIELDS 1994: 3179). Zudem impliziert der Begriff *Over*education eine normative Wertigkeit, nach der eine Gesellschaft ein höheres Ausbildungsniveau hat, als es notwendig oder wünschenswert wäre:

> "'Overeducation' is a term which implies a judgement that a society (or an individual) has more education than is required or desirable [...] Whether a society is 'undereducated', 'overeducated,' or neither of the above depends, of course, upon the standard used to define required or desirable" (BISHOP 1994: 4249).

Diese statische Sichtweise vernachlässigt jedoch den Aspekt, dass die Inkongruenz zwischen angebotenen und nachgefragten Qualifikationen auf dem Arbeitsmarkt ein strukturelles Charakteristikum desselben ist und zudem nicht als statisches Moment

---

[20] „Overeducation occurs when workers with skills, particularly younger workers who have recently finished their education, are unable to find employment that makes use of their skills." (BÜCHEL/WITTE 1997: 32)

sondern als dynamischer Prozess zu verstehen ist. Daher ist dem Begriff overeducation der neutralere Begriff des *mismatch* vorzuziehen, welcher der Arbeitsmarkt- und Berufsforschung entliehen ist (vgl. z.B. SZYDLIK 1997). Dieser bezeichnet eine empirisch beobachtete Inkongruenz zwischen den Qualifikationen der Arbeitskräfte eines Raumes und denjenigen der angebotenen Arbeitsplätze, ohne hierbei eine normative Wertung vorzunehmen.

Ein statistisch betrachtet identischer Migrationsstrom von Personen mit bestimmten akademischen Abschlüssen mag je nach Arbeitsmarktsituation im Herkunftsgebiet der Migranten in einem Falle als Brain drain, im anderen Falle als Brain overflow bezeichnet werden.

Brain gain wird als Komplementärbegriff zu Brain drain verwendet. Brain gain bezeichnet die Zuwanderung von Hochqualifizierten in bestimmte Länder oder Regionen. Aufgrund der positiven Nettowanderungsbilanz in Bezug auf die untersuchte Gruppe profitieren die entsprechenden Gebiete von den Humanressourcen anderer Regionen oder Länder. Von Brain gain kann aber auch gesprochen werden, wenn beispielsweise Studierende nach einem Auslandsstudium in ihr Heimatland zurückkehren (vgl. RHODE 1993; STARK et al. 1997; STRAUBHAAR 2000; WOLBURG 2001), oder Hochqualifizierte nach einem qualifizierenden Arbeits- oder Forschungsaufenthalt in ihrem Heimatland oder ihrer Heimatregion eine Beschäftigung finden.

Brain exchange bezeichnet die „internationale Migration von Hochqualifizierten zwischen Betrieben eines transnationalen Konzerns" (MEUSBURGER in BRUNOTTE et al 2002: 201) und ist damit synonym mit Skilled migration oder verwandten Begriffen (s.o.) zu verwenden. Andere Autoren verwenden den Begriff unabhängig vom Kanal, durch den die Wanderung stattgefunden hat, für alle Formen des Austauschs von Hochqualifizierten zwischen zwei Gebietseinheiten (vgl. STRAUBHAAR 2000, WOLBURG 2001). CAO (1996: 269) spricht in diesem Zusammenhang auch von *Brain circulation*, wobei er hierunter nicht nur die zirkuläre Mobilität von Hochqualifizierten sondern auch die Zirkulation von kodifiziertem, also personenungebundenem Wissen versteht. JÖNS (2003: 46-63) unterstreicht in ihrer Dissertation über die grenzüberschreitende Mobilität US-amerikanischer Humboldt-Preisträger die besondere Bedeutung der zirkulären akademischen Mobilität für die Entstehung regionaler Disparitäten des Wissens.

Über die Bewertung von Brain drain, Brain gain und Brain exchange in Bezug auf die Wirtschaft der betroffenen Gebiete herrscht in der Literatur nach wie vor Uneinigkeit. Auf der einen Seite bringt der Brain drain den Herkunftsländern zunächst überwiegend Nachteile, da diesen wichtige Humanressourcen und Bildungsinvestitionen verloren gehen, die sowohl für die wirtschaftliche als auch die soziale und politische Entwicklung dieser Länder wichtig sind (vgl. LOGAN 1992; RHODE 1993; GRUBEL 1994: 557). Auf der anderen Seite erfolgt durch die Rücküberweisungen der Abwanderer (sog. Rimessen) ein Kapitalstrom in die Quellgebiete der Wanderung. Vor allem Wirtschaftswissenschaftler neoklassischer Prägung betonen darüber hinaus die indirekten und langfristigen Vorteile für die Herkunftsländer, da sich zum einen der Brain drain positiv auf das Lohnniveau und die Bildungsbeteiligung im Heimatland auswirken kann (vgl. STARK et al. 1997 bzw. STARK 2002[21]) und zum anderen davon ausgegangen wird, dass ein Brain drain nur die erste Stufe auf dem Wege zu einer Teilnahme am internationalen Brain exchange darstelle (vgl. IREDALE/APPLEYARD 2001), der schließlich Vorteile für die beteiligten Länder bringt.

Im Gegensatz zu Deutschland, wo die Begriffe Brain drain und Brain gain in die Wissenschaftssprache eingegangen ist, wird die räumliche Mobilität von Akademikern und Hochschulabsolventen in Italien in der Regel mit eigenen sprachlichen Begriffen bezeichnet. Die Begriffe für räumliche Mobilität von Hochqualifizierten sind „fuga di cervelli" (wörtl. Flucht der Gehirne), „migrazione del talento" (wörtl. Wanderung von Talenten) oder „migrazione intellettuale" (wörtl. Intellektuellenwanderung), welche jedoch erst in jüngster Zeit aufgetaucht sind. Hierunter werden sowohl Migrationen von bereits Hochqualifizierten verstanden, als auch räumliche Bewegungen von Personen, die sich noch in der universitären oder postuniversitären Ausbildung befinden (vgl. CENSIS 2002b, Kap. 2).

1.2.3.3 Probleme der empirischen Untersuchung von Brain drain und Brain waste

Im Forschungskontext von skilled migration und Brain drain hat es in den letzten Jahren eine Reihe von empirischen Untersuchungen zur internationalen Mobilität von Hochqualifizierten gegeben (s.o.). Vergleichbare Untersuchungen auf der regionalen Ebene einzelner Staaten gibt es bislang kaum:

> „Bisher wurde vorwiegend der brain drain zwischen Staaten (von Entwicklungsländern in Industrieländer) erforscht. Forschungen zum brain drain zwischen Regionen desselben Staats sind noch relativ selten" (MEUSBURGER in BRUNOTTE et al. 2002: 201).

Für die vorliegende empirische Untersuchung der Nutzung der endogenen Humanressourcen von peripheren Gebieten im Übergang zur Wissensgesellschaft sind vor allem die Aspekte der Nutzung endogener Ressourcen und deren Integration in den regionalen Produktionsprozess von Bedeutung. Negativ ausgedrückt gilt es, die Problematik der Ab- und Rückwanderung von Qualifizierten (Brain drain bzw. Brain overflow oder Brain exchange) sowie der Unternutzung dieser Ressourcen (Brain waste) zu untersuchen.

Bei der empirischen Messung sowohl der Umsetzung als auch der Abwanderung der Humanressourcen stellen sich eine Reihe von Problemen, die beispielsweise schon CHORAFAS (1968) unter Verweis auf den „hidden brain drain" hervorgehoben hat: „One of the dangers of brain drain is that it is immeasurable" (CHORAFAS 1968: 43).

Unter „hidden brain drain" verstand CHORAFAS (1968: 43ff.) vor allem Ingenieure, Techniker, Wissenschaftler und Manager, die in ihrem Heimatland für ein ausländisches Unternehmen arbeiten. Als Beispiele führt er Produkte an, die von deutschen und französischen Mitarbeitern

---

[21] Im Gegensatz hierzu vertritt STARK die These, dass Brain drain grundsätzlich für das Senderland Vorteile bringt. In seinem Artikel *The Economics of Brain Drain Turned on its Head* (2002) argumentiert er, dass sich die Abwanderung der am besten Qualifizierten positiv auf das Bildungsverhalten der Zurückgebliebenen auswirkt und auch diese Weise das Niveau der Humankapitalinvestitionen ansteigt, was wiederum den Verlust von Humankapital überkompensiert (STARK 2002; vgl. auch STARK et al. 1997)

für die amerikanische Firma IBM entwickelt wurden. Seine Forderung danach, auch diese Formen des Brain drain zu berücksichtigen, begründet er damit, dass diese Firmen nicht nur die besten Arbeitskräfte für sich rekrutieren, sondern diese gleichzeitig auch für die Nutzung durch landeseigene Firmen unzugänglich machen. Aus heutiger Perspektive erscheint eine solche Interpretation der Aktivitäten von MNCs (multinational companies) gewiss sehr ungewöhnlich und politisch inopportun. Chorafas weist auch selber darauf hin, dass im Vergleich zum „sichtbaren" Brain drain der ‚hidden brain drain' als das „kleinere Übel" zu erachten sei (CHORAFAS 1968: 45f.).

Zunächst gibt es keine sinnvollen Schwellenwerte, die eine Brain drain-Diagnose bzw. die Abgrenzung zwischen Brain drain und Brain overflow eindeutig festlegen würden. Gleiches gilt für den Brain waste, der lediglich in einem statistischen Kontinuum begreifbar erscheint, welches sich zwischen einer perfekten Allokation[22] der Erwerbsperson und einer vollkommenen Erwerbslosigkeit bewegt.

Sowohl bei Brain waste als auch bei Brain drain stellt sich die Frage nach der statistischen Referenzregion[23]. Im Falle der hier untersuchten Hochschulabsolventen ergeben sich – wie noch gezeigt wird – sehr unterschiedliche räumliche Muster, je nachdem ob die Bewegungen in Bezug auf die Hochschulregion oder in Bezug auf die ursprüngliche Heimatregion bilanziert werden. Angesichts der sich verstärkenden demographischen Probleme in vielen europäischen Ländern und insbesondere in Italien scheint es angemessen, die Konzentration stärker auf die Herkunftsregion zu richten.

Beispielsweise untersucht MOHR (2002) die räumliche Mobilität von Hochschulabsolventen in Deutschland und stellt neben einer deutlichen Ost-West Wanderung auch eine West-Ost-Wanderung fest, so dass Ostdeutschland im Saldo ‚nur' 4% der eigenen Absolventen verliert. Auch BÜCHEL/FRICK/WITTE (2002) kommen bei ihrer Untersuchung der innerdeutschen Umzüge von Akademikern zu ähnlichen Ergebnissen, weisen aber gleichzeitig auf den möglichen Einfluss von ostdeutschen Rückkehrern hin.

Ungelöst ist in diesem Zusammenhang auch die Frage nach der Rolle studentischer Migration. Einzelne Autoren haben betont, dass schon die studentische Migration für sich genommen als Brain drain gewertet werden könne (vgl. CAO 1996; SALT 1997). Dies erscheint jedoch problematisch, da viele Studierende nach Ende ihres Studiums in ihre Heimatregion zurückkehren und somit von einem Brain gain für die entsprechende Quellregion gesprochen werden muss. Verbleiben die Absolventen jedoch in einer anderen Region, so traten sie bereits bei der Wahl des Hochschulstandorts in den Brain drain ein.

TEICHLER/MAIWORM (1997: 147ff.) fanden bei einer Untersuchung der Erasmus-Studierenden heraus, dass fünf Jahre nach dem Erasmus-Studium etwa jeder sechste

---

[22] Die Allokationstheorie beschäftigt sich mit der Frage, inwieweit eine Arbeitskraft entsprechend ihrem tatsächlichen Qualifikationsniveau eingesetzt wird, also eine ausbildungsadäquate Stelle hat (vgl. z.B. BÜCHEL/WITTE 1997: 33).

[23] Das Problem der „räumlichen Zuordnung" der befragten Individuen stellt sich bei Untersuchungen der interregionalen Mobilität in ganz anderer Art und Weise als dies beim internationalen Brain drain der Fall ist. Die Zuordnung erfolgt bei internationalen Wanderungen üblicherweise nach dem Prinzip der Staatsangehörigkeit der Abgewanderten, wie sie in den Wanderungsstatistiken geführt werden. Somit lässt sich beispielsweise herausfinden, wie viele Akademiker mit einer Nationalität X in einem Land Y leben. Diese Möglichkeit der Bestandsstatistiken gibt es bei Binnenwanderungen nicht, da beispielsweise Sizilianer, die in die Lombardei umziehen, nach erfolgtem Umzug statistisch nicht mehr als Sizilianer erkennbar sind.

ehemalige Erasmus-Student außerhalb seines Herkunftslandes arbeitet. Der Untersuchung zufolge steigt die Wahrscheinlichkeit des Brain drain mit der Größe des Ziellandes der studentischen Migration und damit auch der Größe des dortigen Arbeitsmarktes.

Die genannten Fragen verweisen zudem auf den prozessualen Charakter des Brain drain, denn jegliche Brain drain-Diagnose stellt immer nur eine Momentaufnahme in einem Prozess dar, dessen späterer Verlauf nur mit Unsicherheit vorhergesagt werden kann. Absichtsbekundungen einer zukünftigen Mobilität bzw. einer Rückkehr in die Herkunftsregion sind hierbei mit großer Vorsicht zu interpretieren.

Abschließend stellt sich – wiederum in einer prozesshaft gedachten Perspektive – die Frage nach der Bewertung von Brain drain und Brain waste in Hinblick auf die zukünftige regionale Entwicklung. In jedem Brain drain steckt gleichzeitig das Potential eines zukünftigen Brain gain durch Rückwanderung. Jeder Brain waste – im Sinne einer hohen Arbeitslosigkeit von jungen Akademikern – stellt gleichzeitig eine wichtige regionale Ressource der wissensbasierten Ökonomie dar, die im Wettbewerb um Investoren als Gewicht in die Waagschale geworfen werden kann.

MEUSBURGER weist in seiner Bildungsgeographie auf das Kräftefeld zwischen hochqualifizierten Arbeitsplätzen und hochqualifizierten Arbeitskräften hin:

> „Innerhalb einer Arbeitsmarktregion stimmen bei den einzelnen Ausbildungsebenen das Angebot an Arbeitsplätzen und die Nachfrage nach Arbeitsplätzen in den seltensten Fällen überein. Dieses Spannungsverhältnis zwischen Bildungsnachfrage und Bildungsangebot kann in der räumlichen Dimension entweder durch Migration der Erwerbstätigen oder durch Verlagerung von Arbeitsplätzen gelöst werden" (MEUSBURGER 1998: 210).

1.2.4 FAZIT: WISSEN UND REGIONALENTWICKLUNG IN PERIPHEREN REGIONEN

Angesichts eines bereits existierenden Mangels an Hochqualifizierten innerhalb der Europäischen Union, der sich aufgrund der demografischen Entwicklung einer alternden Bevölkerung in der Zukunft noch verschärfen wird, ist in der europäischen Wissensgesellschaft der Aufbau von Humanressourcen sowie deren Umsetzung und Verbleib von entscheidender Bedeutung für die Entwicklungschancen der Peripherien. Gelingt es den Peripherien nicht, die eigenen Ressourcen in den Produktionsprozess einzubinden, so drohen sie in die Zentren abzuwandern und auf diese Weise die bestehenden Disparitäten weiter zu verstärken:

> „Wenn die sozialen Aufsteiger einer peripheren Region zum größten Teil abwandern und dieser Verlust nicht durch entsprechende Zuwanderung kompensiert wird, verliert die Region einen Teil ihrer Humanressourcen, die für eine endogene Entwicklung notwendig wären. Außerdem kommt dann ein beträchtlicher Teil der in der Abwanderungsregion getätigten Bildungsinvestitionen anderen Regionen zugute. Im umgekehrten Fall schöpfen wichtige Zentren einen großen Teil der Humanressourcen aus den peripheren Gebieten und aus kleineren Zentren ab. Auf allen Maßstabsebenen (von der lokalen bis zur globalen) profitieren die „Zentren" in der Regel davon, dass ein Großteil der dort erwerbstätigen hochrangigen Entscheidungsträger, Spezialisten und kreativen Akteure zugewandert ist" (MEUSBURGER 1998: 377f.).

Der Wirtschaftswissenschaftler Straubhaar befürchtet eine Verstärkung der regionalen Disparitäten zwischen europäischen Zentren und Peripherien durch die Mobilität der Humanressourcen:

> „As a result, a 'core-periphery' divide develops, such that there are dynamic highly developed 'core' regions and underdeveloped 'periphery' regions. Thus the highly skilled gravitate towards the 'core', which gains from a more than proportional increase in income. A 'vicious cycle' develops; the poor regions become poorer and the rich regions become richer and the 'Brain Gain/Brain Drain' effect is intensified" (STRAUBHAAR 2000: 20).

Bestehende Ungleichgewichte zwischen den europäischen Regionen würden hierdurch ganz im Sinne der Polarisationstheorie verstärkt, anstatt zu einem Ausgleich zu gelangen, wie es neoklassische Gleichgewichtsmodelle postulieren (vgl. FASSMANN/MEUSBURGER 1997: 66-69). Gerade im Hinblick auf den Übergang von der Industrie in die postindustrielle Wissensgesellschaft wäre hiermit eine große Chance vertan, die Entwicklung der Peripherien derjenigen der Zentren anzunähern.

1.3 ARBEITSMARKT UND WANDERUNGSGESCHEHEN IN ITALIEN IN DEN 1990ER JAHREN

In Italien gab es bis vor wenigen Jahren noch kein ausgeprägtes Bewusstsein für die regionalwirtschaftliche Bedeutung von Wissen und Humanressourcen. Während das Thema der Wissensgesellschaft bzw. der wissensbasierten Ökonomie auf der europäischen Ebene für die Politik als strategisches Ziel handlungsleitend geworden ist, und beispielsweise in Deutschland inzwischen zum politischen Alltagsvokabular gehört, findet der Begriff in Italien wenig Verwendung. Vielmehr hat der Autor bei einer Vortragsreise im Jahr 2001 in Italien feststellen können, dass die offizielle italienische Übersetzung „società della conoscenza" selbst in Akademikerkreisen kaum bekannt war, und allenfalls als „knowledge society" Eingang in wirtschaftswissenschaftliche Diskurse fand[24].

Dessen ungeachtet hat die Veröffentlichung von Teilergebnissen der vorliegenden Untersuchung in der *Rivista economica del Mezzogiorno* (JAHNKE 2001b) sowie als Auszug im viel beachteten *Rapporto 2001 sull'economia del Mezzogiorno* (SVIMEZ 2001: 825-830) ein breites Echo in der italienischen Öffentlichkeit ausgelöst. So berichteten als Folge einer Pressemeldung durch das SVIMEZ am 3. April 2002 mehrere überregionale Zeitungen in Italien über die Abwanderung junger Hochschulabsolventen aus dem Mezzogiorno[25]. Das bislang schwache Bewusstsein für junge Akademiker als endogene Humanressource der regionalen Wirtschaftsentwicklung könnte somit aus dieser öffentlichen Debatte gestärkt hervorgehen.

---

[24] Der Ausdruck "società della conoscenza" wurde folgerichtig von den Lektoraten zweier unterschiedlicher Zeitschriften in zwei italienischsprachigen Artikeln des Autors durch das englischsprachige Original "knowledge society" ersetzt.

[25] Vgl. Anhang: Presseecho: Fuga di Cervelli.

1.3.1 Wachsende regionale Disparitäten in den 1990er Jahren

Der italienische Mezzogiorno ist geradezu das Musterbeispiel einer europäischen Peripherie. Wenngleich Italien zwischen 1861 und 1870 politisch-administrativ zum Nationalstaat vereinigt wurde, ist die soziale und wirtschaftliche Einigung des Landes bis heute nicht gelungen. Bis heute haben sich die sechs süditalienischen Regionen Molise, Abruzzen, Kampanien, Apulien, Basilikata und Kalabrien sowie die beiden zugehörigen Inseln Sizilien und Sardinien nicht aus der wirtschaftlichen Abhängigkeit von Nord- und Mittelitalien befreit. Noch immer spricht die Europäische Kommission von der italienischen Volkswirtschaft als einer „divided economy". Diese wirtschaftliche Spaltung zwischen Nordmittelitalien (Centro-Nord) und dem Mezzogiorno konnte weder durch den staatlich gesteuerten Infrastrukturausbau noch durch die Industrialisierungsmaßnahmen oder die massiven Ausgleichzahlungen der Cassa per il Mezzogiorno überwunden werden. Noch heute bleibt der italienische Mezzogiorno bezüglich der beiden statistischen Indikatoren ‚Bruttoinlandsprodukt pro Kopf' und ‚Beschäftigung' weit hinter dem „Centro-Nord" zurück, wie ein Blick auf die Statistiken zeigt:

- In sechs der acht Regionen des Mezzogiorno liegt das BIP pro Kopf unterhalb des 75%-Grenzwertes der Europäischen Union, so dass diese nach wie vor zum Ziel 1-Fördergebiet der Europäischen Union gehören (vgl. KOMMISSION DER EUROPÄISCHEN GEMEINSCHAFTEN 2003, Anhang).

- Sechs der acht Regionen des Mezzogiorno gehören zu den zehn Regionen mit den niedrigsten Beschäftigungsquoten innerhalb der EU (vgl. KOMMISSION DER EUROPÄISCHEN GEMEINSCHAFTEN 2003, Anhang).

- Zudem blicken die Einwohner des italienischen Mezzogiorno auf eine lange Emigrationsgeschichte zurück (vgl. ROTHER/TICHY 2000: 132-151). Regionale Beschäftigungsprobleme werden traditionell durch Auswanderung abgebaut. Im öffentlichen Bewusstsein ist dieser Mechanismus verinnerlicht.

Gerade das Bevölkerungssegment junger italienischer Hochschulabsolventen aus dem Mezzogiorno lässt ein besonders hohes Migrationspotential erwarten. Hierfür sprechen die folgenden Gründe:

- Die regionalen Disparitäten zwischen dem italienischen Mezzogiorno und Norditalien sind in den 1990er Jahren weiter angestiegen. Dies betrifft sowohl die Wirtschaftskraft der Regionen als auch die Arbeitsmärkte (vgl. KOMMISSION DER EUROPÄISCHEN GEMEINSCHAFTEN 2003, Anhang). Die gesteigerte Nachfrage nach hochqualifizierten Arbeitskräften in den Zentren der Wissensgesellschaft könnte zu einer Abwerbung der Besten aus den Peripherien führen.

- Aufgrund ihres Bildungsniveaus ist gerade bei Hochschulabsolventen eine überdurchschnittliche Mobilitätsbereitschaft zu erwarten (ROLFES 1996: 21). Hochschulabsolventen befinden sich bei Studienende in einer Übergangssituation zwischen zwei Lebensphasen, so dass ihre Mobilitätswahrscheinlichkeit besonders hoch ist.

Gleichwohl mangelt es bislang an einer geographischen Untersuchung, die sich mit der räumlichen Mobilität und der Erwerbssituation von Akademikern in Italien und insbesondere im italienischen Mezzogiorno beschäftigt. Das ist vielleicht darauf zurückzuführen, dass die Bildungsgeographie – wie in Deutschland vor allem von MEUSBURGER (1998) vertreten - in Italien als Forschungszweig nicht etabliert ist.

Dabei genießt die Arbeitsmarktintegration junger Hochschulabsolventen seit der breiteren Debatte um die „disoccupazione intellettuale" (wörtlich: Intellektuellenarbeitslosigkeit) in den 1980er Jahren (vgl. etwa BARBAGLI 1974, 1982; FRANCESCO 1988a) zunehmende Aufmerksamkeit. Das nationale italienische Statistikamt ISTAT erfasst seither die Entwicklung der Erwerbssituation junger Absolventen in Form von regelmäßigen Befragungen.

Darüber hinaus hat sich in den 1990er Jahren an der Universität Bologna ein Zusammenschluss von mehreren Universitäten unter dem Namen *AlmaLaurea* gegründet, der sich die aktive Vermittlung junger italienischer Hochschulabsolventen auf dem Arbeitsmarkt zum Ziel gesetzt hat. Unter anderem pflegt diese Institution eine Datenbank mit den Daten junger Hochschulabsolventen, die durch regelmäßige Befragungen und durch „Tracer Studies" jährlich aktualisiert wird. Auf diese Weise werden auch hier zuverlässige Zahlen zur Beschäftigungssituation der Absolventen der beteiligten Universitäten erhoben und in Form von kleinen statistischen Berichten veröffentlicht [26]. Da die Teilnahme der Universitäten freiwillig und mit Kosten verbunden ist, ist die Auswahl – im Gegensatz zu den ISTAT-Befragungen - nicht repräsentativ, sondern wird von den Universitäten selbst festgelegt.

Bevor jedoch die Untersuchung der Erwerbssituation und der räumlichen Mobilität junger Hochschulabsolventen in ihren regionalen Disparitäten erfolgt, wird zunächst der italienische Arbeitsmarkt und das italienische Wanderungsgeschehen, deren regionale Muster und wechselseitige Beeinflussung dargestellt.

1.3.2 Entwicklungen des italienischen Arbeitsmarktes seit dem Zweiten Weltkrieg

Ähnlich wie in Deutschland waren die Jahrzehnte nach Ende des Zweiten Weltkriegs zunächst durch den Wiederaufbau und anschließend durch eine starke Wachstumsphase gekennzeichnet. Nach der Phase der „ricostruzione" (Wiederaufbau), die ungefähr von 1945 bis 1959 andauerte, folgte in den 1960er Jahren das italienische Wirtschaftswunder, das bis zur Ölkrise 1973 andauerte. Obwohl während des „miracolo economico" die Zahl der Beschäftigten in Italien über den gesamten Zeitraum betrachtet rückläufig war, blieb die Arbeitslosenquote in dieser Zeit aufgrund der sinkenden Erwerbspersonenzahlen stabil. Der Grund für die rückläufigen Erwerbspersonenzahlen lag in der weiter anhaltenden Arbeitskräfteauswanderung nach Mitteleuropa und Übersee, welche zeitweilig einen regelrechten Arbeitskräftemangel auf dem italienischen Arbeitsmarkt mit sich brachte. 1963 erreichte die Arbeitslosenquote in Italien ihr

---

[26] z.B. „Elaborazione a tre anni dalla laurea", vgl. www.almalaurea.it.

historisches Rekordtief von 3,9%, und selbst im Jahr 1971 lag sie mit 6,4% noch unterhalb des Niveaus von 1959 (7,0%) (vgl. REYNERI 1996: 57-61).

Die als Folge der Ölkrise von 1972 einsetzende Rezession traf Italien besonders schwer, da es als Ölimportland in starker Weise von Entwicklungen auf dem Weltmarkt abhängig war. Der einsetzenden Wirtschaftskrise folgte eine Phase hoher Inflation und wirtschaftlicher Stagnation während der 1980er Jahre, die schließlich am Ende der 1980er Jahre in eine weitere Rezession mündete: „Seit 1989 befand sich die Wirtschaft in freiem Fall und 1993 verzeichnete das BIP zum ersten Mal seit 18 Jahren einen Rückgang um 0,7%" (DRÜKE 2000: 32). Zeitgleich mit dieser bedrohlichen zweiten Wirtschaftskrise setzte Anfang der 1990er Jahre die politische Krise um die Parteienkorruption und die Verflechtung von Politik und Mafia ein. Zudem erfüllte Italien zu diesem Zeitpunkt noch nicht die Beitrittskriterien für die Währungsunion. Ab 1992 wurden darum massive wirtschaftliche und gesellschaftliche Reformen durchgeführt, die auch den Arbeitsmarkt berührten.

Bis zu dieser grundsätzlichen Umstrukturierung Anfang der 1990er Jahre gab es in Italien eine zwanzigjährige Phase des Anstiegs der Arbeitslosenquote von 6,4% (1972) auf 10,9% (1992), welche nach dem erstmaligen Überschreiten der 10%-Marke im Jahr 1984 in eine Phase der Massenarbeitslosigkeit überging, aus der Italien nur kurzzeitig auszubrechen vermochte (vgl. REYNERI 1996: 59). Den Grund für diese Entwicklung sieht NAMUTH (1992: 137 bzw. 45) in der italienischen Arbeitsmarktpolitik, die sich zur Lösung des Arbeitsmarktproblems nicht beschäftigungspolitisch engagiert, sondern sich des einfacheren Weges der Auswanderungspolitik bediene, um mit Hilfe dieses „Ventils" das Problem der hohen Arbeitslosigkeit in erträglichen Maßen zu halten.

Die ausschließliche Betrachtung der Arbeitslosenquoten bildet die tatsächlichen Dynamiken auf dem italienischen Arbeitsmarkt jedoch nur in unzureichendem Maße ab. Hinter den steigenden Arbeitslosenquoten vollzog sich nämlich gleichzeitig zwischen 1972 und 1992 ein stetiger Zuwachs bei den Beschäftigtenzahlen mit durchschnittlichen jährlichen Wachstumsraten von über 0,6%, so dass neben der Arbeitslosenquote auch die Erwerbstätigenquote in dieser Phase kontinuierlich anstieg. Beide Entwicklungen wurden ganz wesentlich von Frauen getragen, deren Erwerbsquoten und Erwerbstätigenquoten nach einer Phase des Rückgangs bis 1972 in den beiden folgenden Jahrzehnten kontinuierlich zunahmen. Die steigende Erwerbstätigkeit der Frauen kompensiert somit sogar den Beschäftigungsrückgang der Männer, der sich gleichermaßen in sinkenden Erwerbs- und Erwerbstätigenquoten zwischen 1972 und 1992 äußert. Obwohl die genannten Zuwachsraten weit über den zentral- und nordeuropäischen (0,25%) sowie auch den gesamteuropäischen (0,35%) Zuwachsraten lagen, blieb die Erwerbstätigenquote Italiens auch 1992 mit 45% (1998: 47,3% s.o.) noch unterhalb des EU-Durchschnitts (50%) (vgl. REYNERI 1996: 66).

Zu Beginn der 1990er Jahre erreichte die Beschäftigtenzahl in Italien einen vorläufigen Höhepunkt, bevor sie im Sog der industriellen Umstrukturierung einbrach. Von den Massenentlassungen in den Jahren 1993 und 1995 war insbesondere das Industriedreieck Nordwestitaliens betroffen, aber auch der Mezzogiorno. Wenngleich die amtlichen

Werte vor und nach 1993 aufgrund der veränderten Zuordnungskriterien von Arbeitslosigkeit und Beschäftigung kaum vergleichbar sind, so ist der dramatische Beschäftigungsrückgang noch zwischen 1993 und 1995 in der Statistik zu verfolgen. Damit verbunden war ein stetiger Anstieg der Arbeitslosenquoten, der bis zum Ende der 1990er Jahre anhielt.

Beachtlich ist hierbei jedoch, dass sich der Beschäftigungsrückgang rechnerisch ausschließlich zu Lasten der männlichen Arbeitnehmer vollzog. Für die Frauen stiegen die Erwerbs- und die Erwerbstätigkeitsquoten auch zu Beginn der 1990er Jahre (vgl. REYNERI 1996: 54-61).

Nach einem Tiefpunkt der Beschäftigtenzahlen im Jahr 1995 hat seitdem jedoch ein regelrechter Beschäftigungsboom eingesetzt, der einen Anstieg der Beschäftigtenzahlen zwischen 1995 und 2001 um fast 1,5 Mio. mit sich brachte. Das entspricht einem Zuwachs von 7,4% in nur sechs Jahren. Mit einem Anstieg der Beschäftigtenzahlen von über einer Million sind vor allem Frauen die Trägerinnen dieser Entwicklung. Aber auch bei den Männern ist seit 1995 wieder ein Wachstum der Beschäftigung um 436.000 bis zum Jahr 2001 (entspricht 3,3%) erkennbar[27].

Auch diese positive Umkehr der Entwicklung bleibt zunächst ohne Auswirkungen auf die Arbeitslosenquote, da die steigende Erwerbsbeteiligung noch bis 1998 zu einem Anstieg bzw. einer Stagnation der Arbeitslosenquote in Italien führt. Erst die stetig rückläufigen Arbeitslosenzahlen seit 1998 lassen die Arbeitslosenquote absinken, so dass Italien im Jahr 2001 wieder unter die 10%-Marke fällt und damit die Periode der Massenarbeitslosigkeit vorläufig beendet ist. Dennoch liegt das Land mit einer Arbeitslosenquote von 9,5% auch im Jahr 2001 innerhalb der EU lediglich auf dem drittletzten Platz vor Spanien (13,0%) und Griechenland (10,2%).

Wenngleich der jüngste Beschäftigungsboom inzwischen das ganze Land erfasst hat, so ergeben sich doch deutliche Unterschiede zwischen den einzelnen Landesteilen, und zwar sowohl im Verlauf als auch in den Ausmaßen der Beschäftigungszunahme. Denn die Trendumkehr der Beschäftigung, die in Nord- und Mittelitalien bereits seit 1995 deutlich erkennbar ist, setzt im Mezzogiorno mit einer zeitlichen Verzögerung ein. Zudem bleibt die Zuwachsrate der Beschäftigung trotz einer deutlich schlechteren Ausgangssituation im Mezzogiorno mit +6,7% zwischen 1995 und 2001 hinter den anderen beiden Landesteilen (Norditalien +7,7 bzw. Mittelitalien +7,8%) zurück, was die bestehenden regionalen Disparitäten zusätzlich verstärkt[28].

Auffällige Unterschiede zeigen sich darüber hinaus in der Entwicklung der Arbeitslosenzahlen, die in Nord- und Mittelitalien seit 1995 kontinuierlich und sogar mit immer schnelleren Rhythmen zurückgehen. Im Mezzogiorno ist hingegen noch bis 1999 eine steigende Arbeitslosigkeit zu beobachten, so dass die Zahl der Arbeitslosen hier trotz anschließenden Rückgangs bis zum Jahr 2001 lediglich knapp unter das Niveau von

---

[27] Zahlen nach ISTAT, Forze di lavoro, media 1993-1999; eigene Berechnungen.

[28] Zahlen nach ISTAT, Forze di lavoro, media 1993-1999; eigene Berechnungen.

1995 (-0,1%) zurückfällt. Demgegenüber sank die Zahl der Arbeitslosen in Mittelitalien zwischen 1995 und 2001 um 23% (-102.198) und in Norditalien sogar um 37% (-266.868). Somit ist in Norditalien die Arbeitslosenzahl binnen sechs Jahren um mehr als ein Drittel geschrumpft, während der Arbeitsmarkt im Mezzogiorno trotz Beschäftigungszuwachs (+383.825) keinen wesentlichen Abbau der Arbeitslosigkeit verbuchen konnte.

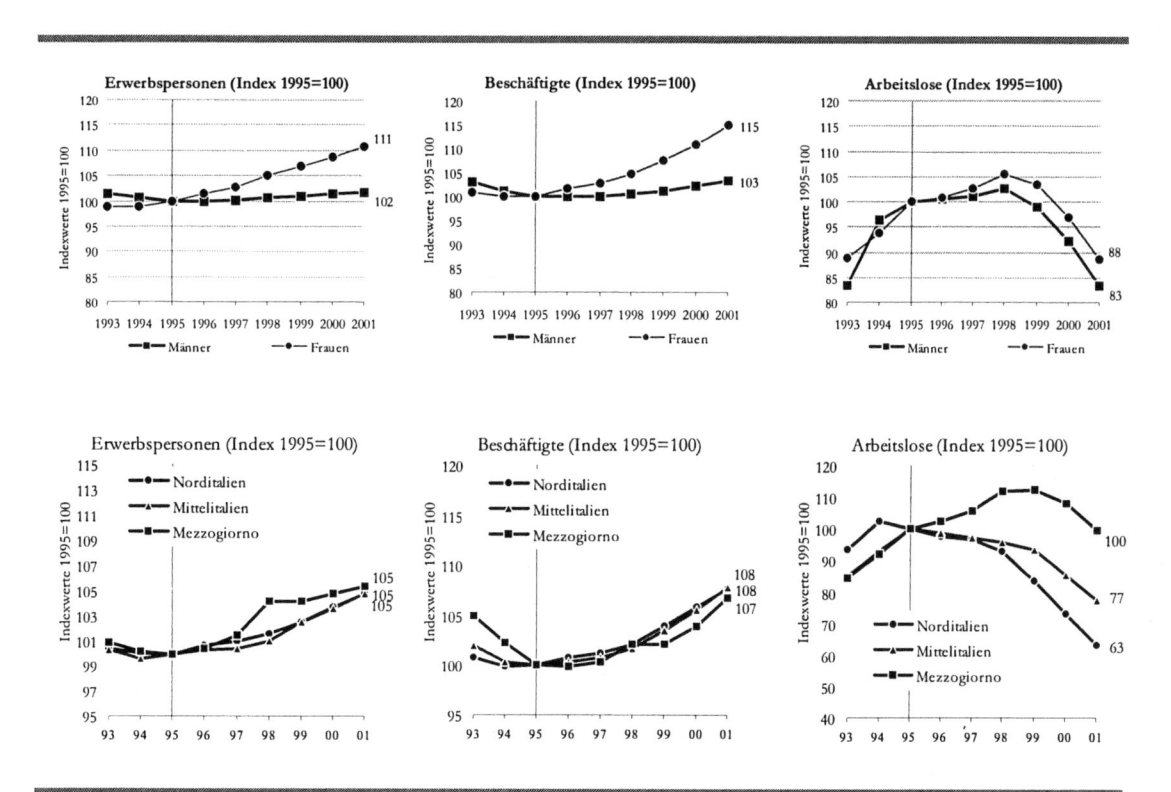

Abbildung 2: Entwicklung wichtiger Arbeitsmarktindikatoren in Italien und in den drei italienischen Landesteilen zwischen 1995 und 2001

Daten: ISTAT - Forze di lavoro Media 1993-2001; Berechnung und Darstellung: H. Jahnke 2004

Die massive Arbeitslosigkeit bleibt aber auch nach der Unterschreitung der formalstatistischen 10%-Schwelle ein Problem der italienischer Beschäftigungspolitik Besonders fällt ins Gewicht, dass sich das allgemeine Problem hoher Arbeitslosigkeit in den Teilsegmenten der Frauenarbeitslosigkeit, der Langzeitarbeitslosigkeit sowie der Jugend- und Integrationsarbeitslosigkeit zuspitzt (vgl. GROßE/TRAUTMANN 1997: 142-145; DRÜKE 2000: 136-146). Im direkten Vergleich treten zudem die ausgeprägten interregionalen Disparitäten zutage. Verglichen mit dem wohlhabenden Norden erscheint die Situation in einzelnen Regionen, Provinzen und Gemeinden des Mezzogiorno besonders dramatisch.

1.3.3 Allgemeines Wanderungsgeschehen in Italien

Das Wanderungsgeschehen in Italien stand bereits in den Phasen der großen Auswanderungen in engem Zusammenhang mit der Erwerbssituation der einzelnen

Personen, Orte oder Regionen. Seit der nationalen Einigung in den Jahren ab 1861 ist die Erwerbssituation der italienischen Bevölkerung von hoher Arbeitslosigkeit, Unterbeschäftigung und informellen Tätigkeiten gekennzeichnet. Bereits in den ersten Jahrzehnten der Existenz des italienischen Staates reagierten die Arbeitskräfte in vielen Regionen, insbesondere im Mezzogiorno, mit Auswanderung auf die schwierigen sozialen Bedingungen. Die Probleme Arbeitslosigkeit, Armut und Auswanderung waren somit von Anfang an eng miteinander verknüpft, so dass NAMUTH (1992: 58-61) die Periode zwischen 1861 und 1945 mit der Überschrift „Als sich die Arbeitslosen Emigranten nannten" charakterisiert. Ähnliches lässt sich für die zweite Auswanderungswelle nach dem Zweiten Weltkrieg sagen.

1.3.3.1 Internationale Wanderungen

Aufgrund seiner langen Emigrationstradition und der großen Zahl der Auswanderer gilt Italien als das bedeutendste europäische Emigrationsland. Zwischen 1876 und 1968 haben über 25 Mio. Menschen als Arbeitsemigranten das Land verlassen, von denen ca. 12 Mio. in das außereuropäische Ausland abgewandert sind. Während offiziellen Regierungsangaben zufolge Anfang der 1990er Jahre noch fünf Millionen italienische Staatsbürger ihren Wohnsitz außerhalb Italiens haben, gehen Schätzungen davon aus, dass weltweit etwa 130 Mio. Menschen italienischer Abstammung leben. Angesichts einer Bevölkerungszahl in Italien von etwa 57 Mio. legitimieren diese Zahlen in gewisser Weise die Persistenz des Bildes Italiens als Auswanderungsland (vgl. BRÜTTING 1997: 291; MONTANARI 1993b: 21; GROSSE/TRAUTMANN 1997: 111; ROSOLI 1993: 282).

Betrachtet man jedoch die jüngeren Wanderungsstatistiken Italiens, so ist diese Bezeichnung bereits seit über 30 Jahren nicht mehr uneingeschränkt gerechtfertigt, denn das Land verzeichnet seit 1972 einen positiven Wanderungssaldo. Anfänglich war dieser Zuwanderungsüberschuss noch sehr schwach und zu erheblichen Teilen der Rückwanderung italienischer Arbeitskräfte geschuldet, die durch die Ölkrise und anschließende Krise des produzierenden Gewerbes freigesetzt wurden. Seit Mitte der 1980er Jahre wurde er jedoch überwiegend von Zuwanderungen sogenannter „extracomunitari" aus europäischen Nicht-EU-Staaten bzw. außereuropäischen Staaten getragen (vgl. ROTHER/TICHY 1999: 138f.; MONTANARI/CORTESE 1993b: 275). Italien entwickelte sich somit im Verlauf der 1980er Jahre vom Auswanderungsland zum Einwanderungsland. Die Gründe für diese Entwicklung liegen in der Permeabilität der italienischen Außengrenze, dem wachsenden Wohlstand in Italien, der Ausdehnung des unteren Arbeitsmarktsegments im Zuge der postindustriellen Umstrukturierung des italienischen Arbeitsmarktes, dem hohen Bevölkerungsgradienten zwischen mediterraner Süd- und Nordküste sowie den Push-Faktoren in den Herkunftsgebieten (vgl. KING 1993a: 288f.).

Diese grundlegenden Veränderungen brachten auch einen regelrechten Paradigmenwechsel in der italienbezogenen internationalen Wanderungsforschung mit sich. Abgesehen von vereinzelten Studien über die anhaltende Rückwanderung von Italienern (z.B. BONIFAZI/HEINS 1996; SCHULTE 1993), rückte nun die internationale

Zuwanderung von Menschen aus außereuropäischen Staaten ins Blickfeld der Betrachtung. Italiens Schlüsselrolle bei den regulären und irregulären Zuwanderungsströmen nach Europa im Kontext der wachsenden globalen „Süd-Nord-Wanderungen" wurde gleichermaßen von Wissenschaft und Politik betont. Während sich die italienischen Regierungen durch eine Folge von Einwanderungsregularien und Legalisierungsmaßnahmen bemühten, der faktischen Zuwanderung nach Italien mehr Transparenz zu verleihen (vgl. ROSOLI 1993: 283; MONTANARI 1993b: 24-28; BOLAFFI 1994), zog Italien als Brückenkopf im „Rio Grande Europas" (MONTANARI 1993b) bzw. als europäisches „Ellis Island" (HILLMANN 2000) die gesteigerte Aufmerksamkeit der internationalen Migrationsforschung auf sich.

Die frühen Studien der 1990er Jahre stellten hierbei insbesondere strukturelle Analysen der Migrantinnen und Migranten nach Herkunftsländern, Geschlecht, Alter, Wanderungsgründen und Integration in den italienischen Arbeitsmarkt in den Vordergrund (vgl. CAMPANI 1994; BARSOTTI/LECCHINI 1994; BIRINDELLI 1992; KING 1993A; MONTANARI/CORTESE 1993; MONTANARI 1993B; KRINGS 1995). Erst später folgten qualitative Untersuchungen, welche sich mit der Integration spezifischer ethnischer Zuwanderergruppen in einzelnen italienischen Städten und Gemeinden beschäftigten (z.B. HILLMANN/KRINGS 1996). Diesen Arbeiten zur internationalen Zuwanderung wurde nicht zuletzt aufgrund der stark mediatisierten Bilder von Landungen albanischer, jugoslawischer, tunesischer oder marokkanischer Schiffe vor den Küsten Italiens viel öffentliche Aufmerksamkeit gewidmet.

1.3.3.2 Binnenwanderungen

In deren Schatten verschwand das traditionell politisch brisante Thema der inneritalienischen Binnenwanderungen weitgehend von den politischen – und wissenschaftlichen - Agenden. Schließlich waren die Abwanderungen aus dem Mezzogiorno in die prosperierenden Industrieregionen Nord(west)italiens seit den 1970er Jahren bis Mitte der 1990er Jahre kontinuierlich rückläufig gewesen (vgl. z.B. BONAGUIDI/TERRA ABRIMI 1996; FAINI et al. 1997; MENCARINI 1999; SVIMEZ 2001: 23), und auch die im Zuge der Deindustrialisierung einsetzende West-Ost-Wanderung Anfang der 1990er Jahre war nur von kurzer Dauer (vgl. ROTHER/TICHY 1999: 140f.). Damit schienen die großräumigen Wanderungsbewegungen innerhalb Italiens endgültig irrelevant geworden und wurden von der Forschung vernachlässigt. Untersuchungen zur Binnenmigration fokussierten fortan auf das Wechselspiel zwischen intraregionalen Wanderungen und der Neuordnung der Siedlungssysteme. Großräumige Bewegungen zwischen den drei Landesteilen wurden kaum thematisiert (vgl. z.B. BONIFAZI 1999C; BONIFAZI/HEINS 2000).

Seit Mitte der 1990er Jahre ist jedoch bezüglich der Süd-Nord-Wanderung eine bemerkenswerte Trendumkehr zu beobachten, da zwischen 1995 und 1999 die Abwanderung aus dem Mezzogiorno erneut kontinuierlich angestiegen ist. Bei gleichzeitig stagnierenden bzw. rückläufigen Zuwanderungszahlen aus den anderen Landesteilen erreichte der Mezzogiorno im Jahr 1999 negative Binnenwanderungssalden in einem Ausmaß, wie sie seit den 1970er Jahren nicht mehr anzutreffen waren. Kamen 1995 auf 104.200 Abwanderer noch 57.500 Zuwanderer (Saldo -46.700), so standen im Jahr 1999 den 59.674 Zuzügen aus dem Centro-Nord schon über 136.600 Fortzüge gegenüber (Saldo -76.975)[29]. Insgesamt wird davon ausgegangen, dass mindestens 60% der Wanderungsverluste junge Menschen zwischen 20 und 30 Jahren sind (BONIFAZI 1999: 7).

Die sich verstärkenden negativen Binnenwanderungssalden im Mezzogiorno gewinnen in den 1990er Jahren aber auch dadurch an Bedeutung, dass die Binnenwanderungsverluste immer weniger durch den Geburtenüberschuss und den Wanderungsüberschuss aus dem Ausland ausgeglichen werden. Zum einen bringen die rückläufigen Geburtenraten eine Verlangsamung des natürlichen Bevölkerungswachstums mit sich, zum anderen sind die Außenwanderungsbilanzen des Mezzogiorno trotz leichter jährlicher Schwankungen tendenziell ausgeglichen. Das Zusammenspiel dieser Entwicklungen führte seit 1997 zu einem effektiven Bevölkerungsrückgang im Mezzogiorno (z.B. 1999 minus 2,0 pro 1000 Einwohner), wohingegen Nord- und Mittelitalien („Centro-Nord") bei einem deutlichen Sterbeüberschuss sogar ein Bevölkerungswachstum (z.B. 1999 plus 4,9 pro 1000 Einwohner) verbuchen konnten (vgl. SVIMEZ 2001: 1-9).

Wie das Wirtschaftsforschungsinstitut SVIMEZ in seinem Bericht zur wirtschaftlichen Lage des Mezzogiorno im Jahr 2001 feststellt, droht der Mezzogiorno nach einer über zwei Jahrzehnte andauernden Phase der Bevölkerungskonsolidierung nun wieder in die Rolle des „Humanressourcenlieferanten" für den Rest des Landes zurückzufallen:

> „Die wachsenden Verluste des Mezzogiorno im Bevölkerungsaustausch mit dem Rest des Landes, welche in der zweiten Hälfte der 1990er Jahre zu beobachten waren, bestätigen erneut die grundlegend untergeordnete Stellung des Südens im nationalen Migrationssystem" (SVIMEZ 2001: 8)[30].

Nachdem die Phase der wirtschaftlichen Umstrukturierung zu Beginn der 1990er Jahre und die damit verbundene Beschäftigungskrise Rückkehr und Immobilität gefördert haben, führt der Beschäftigungsboom auf den norditalienischen Arbeitsmärkten in der zweiten Hälfte der 1990er Jahre erneut zu einer Mobilisierung der Arbeitskräfte des Mezzogiorno.

1.3.4 Wanderungen von Akademikern

Sowohl in den Untersuchungen zur internationalen Wanderung als auch in denjenigen der Binnenmigration wird das Qualifikationsniveau der Migranten grundsätzlich vernachlässigt. Wenngleich einzelne Autoren punktuell auf das hohe Bildungsniveau der

---

[29] Zahlen vgl. SVIMEZ 2001: 21 und ISTAT 2001: Movimento migratorio della popolazione residente, Iscrizioni e cancellazioni anagrafiche, Anno 1999, Tab. 3.1.

[30] "L'accrescimento della perdita del Mezzogiorno nell'interscambio con il resto del Paese, registratosi nella seconda metà degli anni '90, conferma la persistenza del ruolo di sostanziale subalternità del Sud nel sistema migratorio nazionale [...]" (SVIMEZ 2001: 8)

Zuwanderer aus den Nicht-EU-Ländern bzw. den außereuropäischen Ländern hinweisen (z.B. ROSOLI 1993; CAMPANI 1994; HILLMANN/KRINGS 1996), so mangelt es auch hier an einer systematischen Einordnung in den bestehenden Forschungskontext der Wanderungen von Hochqualifizierten. Dies ist damit zu begründen, dass Zuwanderer aus unterentwickelten Ländern in aller Regel unterhalb ihres formalen Qualifikationsniveaus angestellt werden, beispielsweise als Hausangestellte oder in anderen unterbezahlten, arbeitsintensiven Segmenten des Dienstleistungsbereichs, in denen der eigentliche Bildungsabschluss keine Wertschätzung erfährt (vgl. BARSOTTI/LECCHINI 1994: 89). Weder der mögliche Brain drain aus den Herkunftsländern noch der faktische Brain waste auf dem italienischen Arbeitsmarkt werden im Rahmen dieser Studien eingehend thematisiert.

1.3.4.1 Fuga di cervelli aus Italien

Bezüglich eines möglichen *Brain drain* aus Italien gab es in den 1990er Jahren zwei Untersuchungen, die MONTANARI (1993a, 1995) zu Beginn der 1990er Jahre veröffentlichte. Beide Studien beschäftigten sich mit der Abwanderung von Akademikern und Abiturienten und stützten sich auf die Sekundärstatistiken des ISTAT, welche in der Reihe *Iscrizioni e cancellazioni nei comuni* (wörtl. An- und Abmeldungen in den Gemeinden) veröffentlicht werden.

MONTANARI (1995) konnte zeigen, dass die Abwanderung von Akademikern aus Italien im Gesamtzusammenhang der italienischen Emigrationen von zweitrangiger Bedeutung war. Von den 66.000 Italienern, die im Jahr 1989 ihren Wohnsitz ins Ausland verlagert hatten, verfügten weniger als 5% (etwas über 3.000 Personen) über einen Hochschulabschluss (*laurea*), und weniger als 12% waren im Besitz eines Sekundarschulabschlusses. Damit liegt zwar der Akademikeranteil der Emigranten leicht über demjenigen der italienischen Gesamtbevölkerung, für die Klassifikation eines *Brain drain* im Sinne einer selektiven Abwanderung von Akademikern waren die Werte jedoch eindeutig zu niedrig.

Eine Längsschnittanalyse der Daten des ISTAT für die Jahre 1974 bis 1990 auf der Basis der italienischen Gemeinden unterstrich den Befund eines niedrigen Ausbildungsniveaus der Emigranten. Montanari stellte zwar einen Anstieg des Akademikeranteils der Emigranten im Verlauf der 1980er Jahre fest; dieser spiegelte jedoch lediglich den wachsenden Akademikeranteil der Gesamtbevölkerung wider. Ein interessantes Ergebnis der Studie waren die regionalen Unterschiede der Akademikeranteile bei den Abwanderungen: lag der Akademikeranteil der Emigranten aus Mittelitalien bei 10% und in Norditalien bei 9%, so machte er in Süditalien lediglich 1,7%, auf den Inseln Sardinien und Sizilien sogar nur 0,8% aus (MONTANARI 1993a: 714f. und 1995: 45). Gleichzeitig beobachtete MONTANARI innerhalb des Untersuchungszeitraums eine Verschiebung des Phänomens Akademikeremigration von den nördlichen Grenzregionen zu den Regionen des Mezzogiorno. Dennoch blieb die Akademikeremigration in den Regionen des Mezzogiorno nicht nur hinter denjenigen Norditaliens sondern auch hinter den Zahlen der Migranten mit einem niedrigeren Bildungsabschluss zurück.

Trotz der geringen internationalen Akademikermobilität im Italien der 1980er Jahre prognostizierte MONTANARI für die 1990er Jahre einen Anschluss Italiens an das internationale System der 'skilled migration'. Seine Annahme stützte er einerseits auf die festgestellte wachsende Mobilitätsneigung von Akademikern und andererseits auf die gleichzeitig zunehmende internationale Verflechtung der italienischen Volkswirtschaft. Da es sich bei der unternehmensinternen ‚skilled migration' jedoch oft um zeitlich begrenzte Wanderungen handelt, werden diese neuen Formen der Migration aber nur unzureichend in den Statistiken abgebildet (vgl. MONTANARI 1993a: 725). Dieses methodische Problem trifft sowohl auf die internationale Migration als auch auf die Binnenmigration zu, da die Erhebungswerkzeuge – die Meldungen in den Einwohnermeldeämtern – die gleichen sind.

Nachdem es in den 1990er Jahren zunächst keine weiteren Studien zur Abwanderung von Akademikern aus Italien gegeben hat, ist die *fuga di cervelli* in jüngster Zeit erneut zum Thema öffentlicher politischer Diskussionen geworden. Auslöser dieser Debatte ist die Veröffentlichung des Sammelbandes *Cervelli in fuga. Storie di menti italiane fuggite all'estero*, der im Jahr 2001 von der 'Associazione di dottorandi e dottori di ricerca in Italia' herausgegeben wurde (PALOMBINI 2001)[31]. Der kleine Band ist eine Zusammenstellung von italienischen Forscherbiographien, die aus Unzufriedenheit mit den unzureichenden Forschungsbedingungen und dem mangelnden Meritokratismus die italienische Forschungslandschaft verlassen haben und inzwischen an ausländischen Universitäten und Forschungseinrichtungen arbeiten. Als Folge der anschließenden Diskussion in der italienischen Öffentlichkeit führte das sozialwissenschaftliche Institut CENSIS in Zusammenarbeit mit der Universität Venedig eine umfangreiche wissenschaftliche Untersuchung zum Thema der *fuga di cervelli* durch (CENSIS 2002a; CENSIS 2002b; vgl. auch FRANCOVICH 2002).

Allein für den Bereich der akademischen Forschung und Lehre konnten bei dieser Studie im Jahr 2000 weltweit etwa 2.600 Namen von italienischen Forschern und Professoren in ausländischen öffentlichen Bildungs- und Forschungsstrukturen zusammengetragen werden, von denen wiederum 737 an einer Befragung per E-Mail teilnahmen. Von diesen arbeitete mehr als die Hälfte in einem europäischen Land, mehrheitlich in Großbritannien und Frankreich, ein weiteres Drittel (34,3%) in den Vereinigten Staaten. Die fachlichen Schwerpunkte bilden die Naturwissenschaften und der medizinische Bereich (vgl. CENSIS 2002b). Die Mehrheit der Befragten hat Italien erst nach dem Studium im Rahmen einer Doktorarbeit oder sogar eines Post-Doc verlassen: 87,5% haben den Hochschulabschluss in Italien erworben, wohingegen 61,5% ihre Promotion im Ausland erlangt haben. Die untersuchte *fuga di cervelli* setzte also nicht während des Studiums ein, sondern zu ganz überwiegenden Teilen erst nach Studienende. Die Gründe für die Abwanderung stellen für 87,1% der Befragten die schlechten Forschungs- und Arbeitsbedingungen innerhalb des italienischen Systems dar, was sich

---

[31] Die "Associazione di dottorandi e dottori di ricerca in Italia" ist ein Zusammenschluss italienischer Nachwuchswissenschaftler, der sich um die Verbesserung der Arbeitsbedingungen junger Forscher in Italien einsetzt.

vor allem in der unzureichenden Forschungsfinanzierung und den begrenzten Karrieremöglichkeiten äußert.

Wenngleich aus der Untersuchung eine deutliche Kritik am bestehenden Hochschul- und Forschungssystem in Italien deutlich wird, verweisen die Ergebnisse gleichzeitig auf eine verbreitete Rückkehrbereitschaft der ‚Forscheremigranten', die von fast der Hälfte der Befragten angegeben wird. Diese Zahl variiert in Abhängigkeit vom Alter der Befragten, denn je länger die ‚Emigranten' bereits außerhalb Italiens arbeiten, desto schwächer sind deren Rückkehrabsichten. Als Rückkehrbarrieren werden insbesondere die Forschungsbürokratie, die Unsicherheiten im Karriereverlauf, die schlechtere Bezahlung und familiäre Gründe genannt (CENSIS 2002b: 79f.).

Die Ergebnisse der Studie fanden schließlich in den Jahresbericht des CENSIS (2002a: 72f.) Eingang, was die politische Relevanz der „fuga di cervelli" aus Italien verdeutlicht. Wenngleich in der Untersuchung auf die Unmöglichkeit einer verlässlichen Quantifizierung des Problems hingewiesen wird, so betonen die beteiligten Autoren immer wieder die qualitative Bedeutung einer Abwanderung der ‚Besten'. Dies belegt unter anderem das hohe Niveau der Studienabschlussnoten – 83,7% haben die Höchstpunktzahl 110, insgesamt 71,2% sogar mit Auszeichnung.

Die internationale Wanderung von Hochqualifizierten – *migrazione intellettuale* – ist somit in den letzten Jahren stärker ins Blickfeld der italienischen Öffentlichkeit geraten und hat sogar den bereits seit den 1960er Jahren aus (West)Europa verbannten Begriff des Brain drain auch in Italien wieder salonfähig gemacht.

1.3.4.2 *Fuga di cervelli aus dem Mezzogiorno?*

Demgegenüber fand der Brain drain oder die ‚fuga di cervelli' innerhalb Italiens seit den 1980er Jahren weder in der Wissenschaft, noch in der italienischen Öffentlichkeit weitere Aufmerksamkeit[32]. Lediglich SESTITO (1995: 12f.) verwendet den Begriff bei einer Untersuchung der inneritalienischen regionalen Arbeitsmobilität für die Abwanderung junger Hochschulabsolventen am Ende der 1980er Jahre aus dem Mezzogiorno.

Dabei wäre eigentlich zu erwarten, dass angesichts generell zunehmender Wanderungsverluste des Mezzogiorno und vor dem Hintergrund der verstärkten Bedeutung wissensbasierter Wirtschaftsaktivitäten gerade junge Hochschulabsolventen die Region verlassen. Schon ROLFES hat beispielsweise darauf hingewiesen,

> „daß Hochschulabsolventen am Arbeitsmarkt zu den mobilsten Gruppen gehören [...] Ihre regionale Mobilität wird notwendig aufgrund der regional disparitären Verteilung adäquater Akademikerarbeitsplätze" (ROLFES 1996: 21).

Diese grundlegende Feststellung wurde auch in einer sozialwissenschaftlichen Untersuchung des *Istituto di ricerca sulla popolazione* über das Wohn- und Mobilitätsverhalten junger Italiener bestätigt. Zwar gilt auch für die italienischen

---

[32] Als Teilergebnisse der vorliegenden Arbeit wurden sie im Jahr 2001 bereits der italienischen Öffentlichkeit präsentiert und sind dort auf ein starkes Presseecho gestoßen (JAHNKE 2001a; JAHNKE 2001b; Jahnke in SVIMEZ 2001: 824-830, vgl. auch den Beitrag von BIANCHI 2001).

Hochschulabsolventen, dass sie im europäischen Vergleich betrachtet überdurchschnittlich häufig in der elterlichen Wohnung leben, im Vergleich mit Jugendlichen niedrigerer Ausbildung weisen sie aber ein höheres Maß an Mobilität auf (MENNITI 1999: 14ff.). Den Ergebnissen dieser repräsentativen Studie zufolge lebten 1995 88% der 20 bis 24jährigen, 51% der 25 bis 29jährigen und 20% der 30 bis 34jährigen im Haushalt der Eltern. Der Auszug ist in der Regel nicht an den Moment des Studienendes oder des Berufseintritts gekoppelt, sondern erfolgt oftmals erst nach der Heirat. Nach einzelnen Lebensphasen und Situationen analysiert liegen die italienischen Werte der sogenannten ‚Nesthocker' im internationalen Vergleich bis zu drei mal höher als Vergleichswerte in Deutschland oder Frankreich. Besonders erstaunlich ist hierbei, dass die Sesshaftigkeit der jungen Italiener gegenüber einer Vergleichsstudie aus dem Jahr 1987 sogar noch zugenommen hat, was unter anderem mit dem Anstieg der Arbeitslosigkeit zu Beginn der 1990er Jahre erklärt wird (DECANINI/PALOMBA 1999: 9f.).

Das Phänomen der sogenannten „*mammoni*" (MENNITI 1999: 14ff., deutsch: Nesthocker), also der jungen Italiener, die noch im Erwachsenenalter zu Hause bei „mamma" wohnen, wird von deutscher Seite gerne als „Anomalie" der italienischen Gesellschaft belächelt und zudem von wirtschaftswissenschaftlicher Seite als Entwicklungsproblem behandelt. Die Betroffenen selbst scheinen dies hingegen weniger als Problem zu erachten, denn weder die Mehrheit der befragten italienischen Eltern noch die befragten „Kinder" können in einem Auszug vor der Eheschließung tatsächliche Vorteile erkennen. Vielmehr wird diese Form des Zusammenlebens von beiden beteiligten Parteien mehrheitlich geschätzt (vgl. PALOMBA 1999).

Nach dem formalen Bildungsabschluss betrachtet erweisen sich die Hochschulabsolventen als mobilste Gruppe aller Befragten: immerhin geben fast 50% von ihnen an, mindestens drei Monate außerhalb des Elternhauses gelebt zu haben. Der Grund ist hier mehrheitlich das Studium sowie an zweiter Stelle der Militärdienst. Des weiteren ergeben sich auch signifikante regionale Disparitäten: die jungen Süd- und Inselitaliener weisen ein deutlich höheres Maß an Arbeitsmobilität auf (27% versus 16% im Norden und 20% in Mittelitalien), die sie zudem in fast der Hälfte aller Fälle (45%) in andere Landesteile führt. Die arbeitsbedingten Umzüge der jungen Norditaliener erfolgen hingegen zu 84% innerhalb Norditaliens, bei den Mittelitalienern liegt dieser Wert bei 66% (BONIFAZI 1999: 39f.).

Sehr viel höher als die faktische Mobilität liegt die ausgedrückte intendierte Mobilität bzw. die Bekundung einer grundsätzlichen Mobilitätsbereitschaft. Diese Werte sind jedoch durchaus zweifelhaft, denn obwohl beispielsweise 75% der jungen Italiener ihre Bereitschaft ausdrücken, in einer anderen Gemeinde als der eigenen zu arbeiten (von diesen wiederum fast die Hälfte ganz gleich wo, auch im Ausland), haben faktisch 71% die eigene Familie niemals für mehr als drei Monate verlassen.

Die erklärte Mobilitätsbereitschaft steigt mit dem formalen Bildungsniveau an, wobei auch diese unter Süditalienern höher ist als unter Norditalienern: während im Norden gut 70% ihre Umzugsbereitschaft signalisieren, liegt deren Anteil in Süditalien knapp unter 80%. Signifikante Unterschiede ergeben sich jedoch, wenn konkret nach einzelnen Zielgebieten gefragt wird: 46% der Norditaliener würden ausschließlich innerhalb

Norditaliens umziehen, während bei den Süditalienern nur 13% den potentiellen Mobilitätsradius auf ihren eigenen Landesteil beschränken (BONIFAZI 1993: 44f.).

Diese Zahlen bestätigen in ihrer Grundtendenz die Ergebnisse anderer Studien, denen zufolge die angegebene Mobilitätsbereitschaft süditalienischer Akademiker unter allen Erwerbspersonen Italiens am höchsten ist (vgl. auch REYNERI 1996: 82; FAINI et al. 1997: 575). Im Folgenden wird daher die faktische Mobilität von Akademikern und jungen Hochschulabsolventen untersucht.

1.4 Zu den Untersuchungsmethoden und den verwendeten Datenquellen

Wie im vorangegangen Kapitel gezeigt wurde, sind für den Übergang in die Wissensgesellschaft die Erwerbssituation und das Migrationsverhalten von Akademikern und in besonderem Maße von jungen Hochschulabsolventen die entscheidenden Faktoren. Beide Aspekte werden in der vorliegenden Arbeit von zwei unterschiedlichen Standpunkten, in zwei unterschiedlichen Maßstabsebenen und mit zwei unterschiedlichen Methoden untersucht, woraus sich ein Methodenmix von quantitativen und qualitativen Methoden ergibt.

1.4.1 Methodenmix quantitativer und qualitativer Methoden

Die Betrachtungsebene der Regionen verlangt die Analyse repräsentativer Massendaten, aus denen sich Aussagen über Prozesse in den einzelnen Regionen ableiten lassen. Quantitative Daten ermöglichen die Beschreibung von Entwicklungen und den Vergleich des Ablaufs dieser Prozesse in unterschiedlichen Regionen. Die Ergebnisse der Analysen lassen sich in thematische Karten und Grafiken umsetzen. Regionale Vergleiche auf der Basis von quantitativen Daten sind die Handlungsgrundlage von politischen Institutionen wie beispielsweise für die Raumordnungspolitik der EU. Eine Erklärung der Prozesse und Wirkungszusammenhänge, die sich hinter den Repräsentationen statistischer Aggregate verbergen, leisten ausschließlich quantitative Methoden jedoch nicht.

Diese Problematik wurde hinsichtlich des hier untersuchten Zusammenhangs von Hochschulbildung und wirtschaftlicher Entwicklung einer Region von verschiedenen Autoren betont. Bereits seit Mitte der 1980er Jahre mehren sich auch unter Wirtschaftswissenschaftlern die Forderungen nach einem weniger kausalistischen Blick auf den Zusammenhang zwischen Ausbildungsniveau und wirtschaftlicher Entwicklung eines Landes und einer stärkeren Betonung der kulturellen Rahmenbedingungen. So fordert BLAUG (1985: 25) auch für bildungsökonomische Untersuchungen eine stärkere Berücksichtigung der „institutional and sociological factors in addition to economic factors" und die Ökonomen MEULEMEESTER und ROCHAT (1995: 358) schlagen vor:

> „Economic quantitative analyses should ideally be supplemented by other approaches, which take into account more qualitative, i.e. sociological, institutional and/or related to the curricular content aspects (MEULEMEESTER/ROCHAT 1995: 358)."

MEUSBURGER fasst nach einer Betrachtung unterschiedlicher ökonometrischer Untersuchungen deren Problematik und die daraus resultierenden Forschungsdefizite aus bildungsgeographischer Sicht folgendermaßen zusammen:

> „Ein exakter quantitativer Nachweis des Beitrags von hochqualifizierten Erwerbstätigen zur Wettbewerbsfähigkeit und Leistungskraft einer Organisation ist zumindest mit aggregierten Daten schwer zu erbringen [...]
>
> Trotz des allgemeinen Konsenses über die wirtschaftliche Bedeutung der Humanressourcen weiß man noch sehr wenig über die Fragen, [...] inwieweit ein hohes Ausbildungsniveau der Bevölkerung Ursache oder Folge der wirtschaftlichen Entwicklung ist oder welche wirtschaftlichen Auswirkungen der brain drain für die Ziel- und Herkunftsländer hat" (MEUSBURGER 1998: 34).

Auch ROLFES (1996: 93) schlägt für empirische Untersuchungen zum Zusammenhang von räumlicher Mobilität und akademischem Arbeitsmarkt in Deutschland eine Kombination von quantitativen und qualitativen Methoden vor. Dies gilt umso mehr für eine Untersuchung in einem fremden Kulturraum, die immer einen explorativen Aspekt beinhaltet.

Für die Analyse des Zusammenhangs zwischen Bildungsniveau und wirtschaftlicher Entwicklung, der den Übergang in der Wissensgesellschaft kennzeichnet, werden daher im zweiten empirischen Teil der vorliegenden Arbeit die institutionellen und kulturellen Rahmenbedingungen der Handlungen von Hochschulabsolventen in Sizilien mit qualitativen Methoden untersucht. Dieser Teil folgt dem Paradigma der verstehenden Sozialwissenschaften, deren Ziel es ist,

> „die logische Struktur nicht vertrauter Verhaltensmuster, die dem von aussen kommenden Beobachter im ersten Augenblick als geheimnisvolle, unverständliche, ja sogar manchmal als skurille Emanation ‚verkehrter Welten' erscheinen mögen, aufzuzeigen" (GIORDANO 1992: 500).

Die qualitative Untersuchung dient dazu, die Handlungsmuster, die sich aus der Analyse der aggregierten Daten ergeben, nachvollziehbar zu machen, in dem sie in ihren kulturellen Kontext eingebettet werden. Denn allen Handlungen, auch denjenigen, die aus der Sicht von Außenstehenden zunächst unlogisch oder irrational erscheinen, liegen Rationalitäten zugrunde, die es zu rekonstruieren gilt. Mit dem Anthropologen und Mittelmeerforscher GIORDANO wird davon ausgegangen,

> „dass Handlungsentwürfe und Handlungsvollzüge, aus der Perspektive der Akteure betrachtet, stets einen kognitiven bzw. sinnvoll-rationalen Aufbau zeigen. Man kann also sagen, dass das kollektive Denken und Handeln der Mitglieder mediterraner Gesellschaften immer auch von ‚intelligenten Bewältigungsstrategien' geprägt ist, denen [...] eine ‚soziale Theorie des Wissens' zugrunde liegt" (GIORDANO 1992: 29).

In seiner Arbeit über die Überlagerungsmentalität bzw. Überlagerungsrationalität mediterraner Gesellschaften kommt GIORDANO zu dem Schluss, dass aus Sicht der Mitglieder von Gesellschaften, deren Geschichte von Überlagerungen fremder Kulturen geprägt ist,

„altbewährte Verhaltensmuster, die wohlgemerkt nur dem fremden Beobachter als ‚fatalistisch', ‚immobilistisch', ‚irrational', ‚traditionalistisch' usw. erscheinen, als die besten Rezepte angesehen werden, um auch das zukünftige Überlagerungsschicksal erfolgreich zu überstehen" (GIORDANO 1992: 510).

Nimmt man nun als Forscher den Standpunkt GIORDANOs ein, so ergibt sich daraus die methodische Konsequenz, dass für die Informationsgewinnung lediglich das narrative qualitative Interview in Betracht kommt. Denn das Ziel einer solchen Untersuchung ist der „Nachvollzug des subjektiv gemeinten Sinns" durch die „Rekonstruktion subjektiver Sichtweisen und (Leidens-)Erfahrungen" (LAMNEK 1988: 33).

Das qualitative Methodeninstrumentarium wird in der vorliegenden Arbeit dazu eingesetzt, die kulturellen Rahmenbedingungen der Erwerbstätigkeit und der Mobilität junger sizilianischer Hochschulabsolventen zu verstehen. Mit Hilfe von biographischen narrativen Interviews wird hierbei versucht, die unterschiedlichen Rationalitäten dieser Verhaltensweisen zu rekonstruieren. Eine auf das Verstehen konzentrierte Analyse von Erwerbs- und Mobilitätsbiographien von sizilianischen Hochschulabsolventen ermöglicht eher die Prognose über mögliche Auswirkungen zukünftiger Entwicklungen.

1.4.2 DATENQUELLEN ZUR ERWERBSITUATION UND RÄUMLICHEN MOBILITÄT VON AKADEMIKERN UND JUNGAKADEMIKERN IN ITALIEN

Die detaillierten italienischen Bevölkerungsstatistiken des Statistikamtes ISTAT bieten ein beachtliches Analysepotential für bevölkerungsgeographische Untersuchungen mit bildungsgeographischen Fragestellungen. Denn sowohl die Volkszählungen und deren Fortschreibungen in den statistischen Jahrbüchern als auch die offiziellen Migrationsstatistiken erfassen die Bevölkerung nach ihrem höchsten formalen Bildungsabschluss. Das Gleiche gilt für die regelmäßig stattfindenden Erwerbspersonenzählungen *Forze di lavoro*. Folglich ist eine isolierte Betrachtung des Erwerbs- und Wanderungsverhaltens von Akademikern mit größerer Präzision möglich als in vielen anderen europäischen Ländern, beispielsweise der Bundesrepublik Deutschland, wo sich bisherige Untersuchungen zur ‚Skilled migration' auf Stichproben aus der Datei sozialversicherungspflichtig Beschäftigter stützen (vgl. WOLBURG 1996; WOLBURG 2001).

Die Kategorie der Akademiker in den italienischen Statistiken umfasst alle Personen, die als höchsten Bildungsabschluss mindestens den traditionellen Studienabschluss *laurea*, oder eine *laurea breve* (wörtl. Kurzlaurea) bzw. das *diploma universitario* (wörtl. Universitätsdiplom) besitzen. Somit fallen auch Promovierte mit einem abgeschlossenen Forschungsdoktorat (*dottorato di ricerca*) in diese Kategorie. Da die Kurzlaurea und das Universitätsdiplom erst in den 1990er Jahren eingeführt wurden, spielen sie bislang statistisch eine untergeordnete Rolle. Im allgemeinen Sprachgebrauch werden sie der Einfachheit halber auch als *laureati* bezeichnet, wohingegen man von Hochschulabsolventen, deren Abschluss noch nicht lange zurückliegt, im Italienischen auch als *neolaureati* spricht.

Im Folgenden werden die verwendeten sekundärstatistischen Daten mit ihren Stärken und Schwächen bzw. Potentialen und Grenzen in Bezug auf die Zielsetzung dieser Arbeit vorgestellt. Die Ausführlichkeit der Darstellung ist für das Verständnis der daran anschließenden Auswertungen und Interpretationen unerlässlich und dient zugleich als Grundlage möglicher Folgearbeiten, die sich bildungsgeographischen Themen in Italien widmen.

1.4.2.1 OECD-Statistiken für internationale Vergleiche

Für die Einordnung Italiens in einen internationalen Vergleichsrahmen wurden in der vorliegenden Arbeit die Statitisken der OECD verwendet, die alljährlich in der Reihe *Education at a glance* herausgegeben werden. Die dort angeführten Tabellen geben Auskunft über die Erwerbssituation der Bevölkerungen in den einzelnen OECD-Mitgliedsländern, differenziert nach dem höchsten erreichten Bildungsabschluss.

Da die OECD-Mitgliedsländer unterschiedliche Bildungssysteme aufweisen, sind auch die Bildungsabschlüsse in den jeweiligen Staaten nur mit Einschränkungen vergleichbar. Um diese Hürde zu überwinden, wurde im Jahr 1997 die „International Standard Classification of Education" (ISCED) festgelegt, welche sechs unterschiedliche formale Bildungsniveaus mit mehreren Unterkategorien unterscheidet (ISCED 1-6)[33]. Dem hier relevanten tertiären bzw. postsekundären Bildungsbereich sind von diesen sechs Klassen insgesamt drei zuzuordnen: ISCED 5A, 5B und 6. Bei ISCED 5A und 6 handelt es sich um Universitäts- oder vergleichbare Hochschulabschlüsse mit einem hohen theoretischen Anspruch, welche für die Arbeit in wissenschaftlichen Forschungseinrichtungen oder für Berufe mit höchsten „skill requirements" qualifizieren (ISCED 5A). Während ISCED 6-Abschlüsse auf die eigenständige Durchführung weiterer Studien und origineller Forschung abzielen, haben die postsekundären ISCED 5B-Abschlüsse eine überwiegend praktische, technische oder unmittelbar anwendungsbezogene Ausrichtung. In der deutschen Hochschullandschaft entspricht ein Fachhochschulabschluss dem ISCED 5B, wohingegen ein Universitätsabschluss als ISCED 5A einzustufen ist; ISCED 6 entspräche einer abgeschlossenen Promotion. In Italien gab es - aus Mangel an Fachhochschulen oder ähnlichen praxisorientierten Ausbildungsinstitutionen – zum Zeitpunkt der Untersuchung keine ISCED 5B-Abschlüsse, so dass sämtliche tertiäre Bildungsabschlüsse an den Universitäten erworben werden.

Auch die italienische Definition der Erwerbsbevölkerung deckt sich nicht mit derjenigen in den OECD-Statitisken: Während die OECD die Erwerbsbevölkerung auf die Altersgruppe der 25 bis 64jährigen beschränkt, beziehen sich die italienischen Erwerbsstatistiken des ISTAT auf die Bevölkerung über 15 Jahren. Je nach Datengrundlage ergeben sich somit für einzelne Indikatoren wie Arbeitslosen- oder Erwerbsquoten unterschiedliche Zahlenwerte, welche jedoch die grundlegenden Aussagen nicht in Frage stellen.

---

[33] Zu den Stärken und Schwächen der ISCED-Klassifikation vgl. auch EKEAND 2001: 22f..

1.4.2.2 Censimento della popolazione - Volkszählung

Das italienische Statistikamt ISTAT führt regelmäßig im Abstand von zehn Jahren Volkszählungen durch, die sogenannten *Censimenti della popolazione*, bei denen auch der höchste Bildungsabschluss der Bevölkerung erfasst wird. Die ausgezeichnete Qualität dieser Daten erlauben zum einen Untersuchungen über größere Zeiträume, zum anderen aber auch detaillierte Aussagen über das Ausbildungsniveau der Bevölkerung in den einzelnen Gemeinden. Somit können mit diesen Daten Veränderungen des Ausbildungsniveaus der Bevölkerung, also beispielsweise des Akademikeranteils, nicht nur in ihren langfristigen Entwicklungstrends, sondern auch kleinräumig analysiert werden. Für die Erhebung des Jahres 2001 lagen zum Zeitpunkt der Abgabe lediglich erste Ergebnisse vor, die noch keine Analysen nach dem Ausbildungsniveau ermöglichen, so dass Ergebnisse dieser Arbeit auf der Erhebung von 1991 beruhen.

1.4.2.3 Forze di lavoro - Erwerbspersonenzählung

Wenngleich die Arbeitslosmeldung in Italien in den sogenannten *uffici di collocamento* (s.u.) erfolgt, basieren die offiziellen Daten über den italienischen Arbeitsmarkt auf der repräsentativen Erwerbspersonenerhebung, welche drei mal pro Jahr im Stichprobenverfahren vom ISTAT durchgeführt wird. Die Ergebnisse der drei Befragungen eines Jahres werden als Mittelwerte zusammengefasst und unter dem Titel *Forze di lavoro – Media* veröffentlicht.

Da sowohl der Fragebogen als auch die Zuordnungskriterien erst 1992 den europäischen Standards angeglichen wurden, ist die Erstellung konsistenter Zeitreihen rückblickend nur bis 1993 möglich. Alle älteren Daten sind aufgrund der mangelnden Vergleichbarkeit weder für Längsschnittanalysen noch für international vergleichende Querschnittanalysen geeignet. Somit können lediglich Aussagen über Entwicklungen seit 1993 getroffen werden, die in dieser Arbeit verkürzt als „1990er Jahre" bezeichnet werden. Wenngleich es sich bei der Erwerbspersonenerhebung nicht um eine Vollerhebung handelt, werden auch absolute Zahlen veröffentlicht, die unter Verwendung statistischer Gewichte vom ISTAT berechnet wurden.

Zudem erlauben diese Daten eine Auswertung nach dem höchsten Bildungsabschluss der erfassten Personen auf der Ebene der 20 italienischen Regionen, wobei die regionale Zuordnung im Gegensatz zu den Volkszählungsdaten (s.o.) und den Wanderungsstatistiken (s.u.) nicht nach dem offiziellen Wohnsitz (de jure), sondern nach dem faktischen Wohnort (de facto) erfolgt. Dies macht sie sowohl für Aussagen über regionale Disparitäten der Erwerbssituation der Bevölkerung als auch für die Berechnung des Akademikeranteils in der Bevölkerung geeignet. Die Angabe absoluter Zahlenwerte für einzelne Bildungsgruppen ermöglicht zudem die Berechnung bildungsspezifischer Arbeitslosenquoten, Erwerbsquoten oder Erwerbstätigenquoten, welche für Aussagen über Trends und regionale Vergleiche unerlässlich sind.

1.4.2.4 Movimento migratorio della popolazione residente - Migrationsstatistiken

Die Analysen zur internationalen und interregionalen Mobilität italienischer Akademiker basieren auf den Daten der An- und Abmeldungen in den italienischen Einwohnermeldeämtern (*Uffici di anagrafe*), wie sie alljährlich vom ISTAT in der Reihe *Movimento migratorio della popolazione residente: Iscrizioni e cancellazioni anagrafiche* veröffentlicht werden. Es handelt sich dabei um die gleiche Datenquelle, die bei allen Untersuchungen zum Wanderungsgeschehen in Italien Verwendung findet, was die Ergebnisse der hier analysierten Akademikerwanderungen mit den Wanderungsmustern der Gesamtbevölkerung vergleichbar macht. Da die Zahlen Zusammenfassungen aller An- und Abmeldungen in den italienischen Gemeinden darstellen, handelt es sich um eine Vollerhebung.

Gleichwohl weisen auch diese Daten Defizite auf, die es bei ihrer Interpretation zu berücksichtigen gilt. Zum einen spiegelt die An- bzw. Abmeldung (de jure) des Wohnsitzes nur einen Teil der tatsächlichen (de facto) Mobilität wider, zum anderen gibt es aber auch strategische Wohnsitzverlagerungen, ohne dass zunächst eine faktische Wanderung stattfindet. Zudem erfolgt die Datenauswertung in einzelnen Gemeinden mit zeitlicher Verzögerung, so dass auch die aggregierten Ergebnisse erst drei bis vier Jahre nach dem Erhebungsjahr veröffentlicht werden. Bei der Zusammenstellung von Zeitreihen für die 1990er Jahre stellt sich zusätzlich das Problem der Datenvergleichbarkeit, da bis zum Jahr 1995 nicht zwischen Ausländern und Italienern unterschieden wurde, so dass sich vor allem bei der internationalen Akademikerzuwanderung Sprünge ergeben.

1.4.2.5 Inserimento professionale dei laureati - Hochschulabsolventenbefragungen

Die zentrale Datengrundlage für den quantitativen empirischen Teil der vorliegenden Arbeit stellt die Befragung des Hochschulabsolventenjahrgangs 1995 dar, welche im Jahr 1998 vom italienischen Statistikamt ISTAT durchgeführt wurde. Nach den Absolventenbefragungen in den Jahren 1988, 1991 und 1995 war dies bereits die vierte derartige Erhebung in Italien.[34]

Neben wichtigen Strukturdaten wie dem Geschlecht, der Fachbereichsgruppe oder den Abschlussnoten der Befragten enthält die Datenbank umfangreiche Variablen zur Erwerbssituation der Absolventen sowie zum Prozess des Übergangs vom Studium in das Arbeitsleben. Darüber hinaus bieten die Daten auch ein interessantes Potential für Untersuchungen zur räumlichen Mobilität, da in der Befragung nicht nur die Region des Hochschulabschlusses und des aktuellen (de jure) Wohnsitzes erfasst wird, sondern auch die Region des Wohnsitzes vor der Immatrikulation an der Universität. Zudem wurde –

---

[34] ISTAT (Hg.) (1990): Indagine 1989 sugli sbocchi professionali dei laureati. (= Collana d'informazione ed. 1990 n.17). Roma.

ISTAT (Hg.) (1994): Indagine 1991 sugli sbocchi professionali dei laureati. (= Collana d'informazione ed. 1994 n.1). Roma.

ISTAT (Hg.) (1996): Inserimento professionale dei laureati : Indagine 1995. (= Informazioni speciali n. 10 -1996) Roma.

ISTAT (Hg.) (2000): Inserimento professionale dei laureati : Indagine 1998. (= Informazioni speciali n. 28 -2000) Roma.

im Falle einer Erwerbstätigkeit - die Region des aktuellen Arbeitsplatzes erfragt. Aus der Kombination dieser Angaben ergibt sich die Möglichkeit, unterschiedliche Mobilitätsbiographien zu typisieren und die Absolventen entsprechend zuzuordnen. Das Phänomen der regionalen Mobilität kann dann als biographischer Prozess analysiert werden.

Von den 105.097 *laureati* des Jahres 1995 wurden drei Jahre später 26.716 kontaktiert, von denen insgesamt 17.326 tatsächlich befragt werden konnten. Dies entspricht einer Antwortquote von 67,4% und in der Summe aller Absolventen 16,5% der Grundgesamtheit (vgl. ISTAT 2000: 49). Ein Teil der Datenauswertungen wurde bereits vom ISTAT selbst in dem Band *Indagine sull'inserimento professionale dei laureati* (ISTAT 2000) veröffentlicht, die jedoch dem Faktor der räumlichen Mobilität nur geringe Aufmerksamkeit widmen. Mit Hilfe einer Sondergenehmigung durch den Direktor des ISTAT war es dem Autor möglich, während eines mehrtätigen Rom-Aufenthaltes im Jahr 2001 einzelne Datenabfragen auf der Basis der Individualdaten unter Verwendung der vom ISTAT berechneten statistischen Gewichte durchzuführen. Die Angabe aller absoluten Zahlen erfolgt daher nicht auf der Basis der 17.326 Befragten sondern auf derjenigen der Grundgesamtheit aller Absolventen des Jahres 1995. Diese Vorgabe wurde vom ISTAT während der Datenbearbeitung unter dem Hinweis auf datenschutzrechtliche Bestimmungen gemacht, so dass alle in dieser Arbeit angeführten absoluten Zahlen schon unter Verwendung der statistischen Gewichtungen auf die Grundgesamtheit bezogen wurden. Dadurch können sich in den einzelnen Tabellen geringfügige Differenzen zwischen den berechneten und den angegebenen Zeilen- oder Spaltensummen ergeben[35].

1.4.2.6 *Sonstige benutzte unveröffentlichte Datenquellen*

Neben den genannten Datenquellen, welche die Grundlage für den quantitativen Teil der Untersuchung darstellen, wurde dem Autor von einzelnen Gesprächspartnern der Experteninterviews noch zusätzliches unveröffentlichtes Datenmaterial einzelner Institutionen zur Verfügung gestellt, deren Auswertungsergebnisse in Bezug auf die vorliegende Arbeit an gegebener Stelle als Exkurse oder Fußnoten einfließen.

Vom Universitäts- und Forschungsministerium MURST (heute MIUR) bekam der Autor die Strukturdaten aller Studierenden und Absolventen an den italienischen Universitäten im Jahr 1995. Diese Datenbank enthält neben dem Hochschulstandort auch die Fachbereiche und Herkunftsregion aller Absolventen und Studierenden dieses Jahrgangs. Da es sich um eine Vollerhebung handelt, weisen diese Zahlen für die Analyse der Studienmobilität und der Einzugsbereiche der Universitäten eine größere Zuverlässigkeit auf als die Absolventenbefragung des ISTAT, bei der es sich lediglich um eine Stichprobe handelt.

---

[35] An dieser Stelle sei auch erwähnt, dass die Mobilitätstabelle der Buchveröffentlichung (Tavola 3.20, S. 213-218) fehlerhaft ist; die hier verwendeten Mobilitätsdaten wurden vom Autor der Arbeit berechnet, ihre Richtigkeit aber vom ISTAT bestätigt. Dadurch entstehen jedoch Widersprüche zu den Zahlen in der offiziellen ISTAT-Publikation.

Die Arbeitsamtsverwaltung der Provinz Palermo (*Agenzia per l'impiego*, ehemals *ufficio di collocamento*) überließ dem Autor eine Datenbank mit den Daten von 16.283 im Jahr 1999 als Arbeit suchend gemeldeten Personen der Provinz[36], von denen 2.288 Akademiker waren. Diese Zahlen unterstreichen die Rolle, welche der staatlichen Arbeitsvermittlung noch heute bei der Vermittlung von Akademikern zugeschrieben wird.

Angeschlossen an die ‚Agenzie per l'impiego' gibt es in Palermo eine Aussenstelle der europäischen Arbeitsvermittlung EURES, wo sich Sizilianer einschreiben, die an einer Tätigkeit außerhalb von Italien interessiert sind und somit prinzipiell mobilitätsbereit. Auch diese Daten (Stand 1999) wurden vom Autor ausgewertet und gehen an gegebener Stelle in die Arbeit ein. Von den 2.186 potentiell Mobilitätsbereiten hatten 838 einen Hochschulabschluss.

Eine weitere Quelle zur Erfassung der Mobilität nach Europa sind die Daten über die studentische Mobilität im Rahmen des Erasmus-Mobilitätsprogramms der europäischen Union. Auch diese wurden dem Autor für die Jahre 1994 bis 1998 in regionalisierter Form zur Verfügung gestellt. Diese Daten geben Auskunft über den europäischen Vernetzungsgrad der einzelnen italienischen Hochschulregionen, was wiederum für den Aspekt des internationalen Brain exchange eine Rolle spielt.

1.4.3 ERHEBUNG QUALITATIVER DATEN

Die Erhebung der qualitativen Daten zur Erwerbstätigkeit und zum Mobilitätsverhalten der sizilianischen Hochschulabsolventen erfolgte auf der Basis von zwei Interviewkampagnen, welche der Autor im Frühjahr 1999 und im Frühjahr 2000 durchgeführt hat. Insgesamt wurden hierbei 48 Expertengespräche und 35 Interviews mit jungen sizilianischen Hochschulabsolventen durchgeführt (vgl. Listen im Anhang).

1.4.3.1 Experteninterviews

Die Experteninterviews hatten einen explorativen Charakter und verfolgten die beiden Ziele, zum einen Informationen und statistisches Material über die institutionellen Rahmenbedingungen der Erwerbsarbeit von jungen Hochschulabsolventen in Sizilien zu gewinnen und sich zum anderen ein Bild zu machen, wie die zuständigen Experten die Problematik von Arbeitslosigkeit und Abwanderung junger Hochschulabsolventen einschätzen. Hierzu wurden Repräsentanten relevanter Institutionen auf unterschiedlichen Verwaltungsebenen befragt: die Ebene der Region Sizilien, die Ebene der acht sizilianischen Provinzen und die Ebene einzelner Gemeinden (vgl. Liste im Anhang).

Bei der Durchführung der Interviews stellte sich sehr schnell heraus, dass die formale Zuständigkeit für einen bestimmten Fachbereich – beispielsweise der Leiter des

---

[36] Zum Zeitpunkt der Durchführung dieser Arbeit wurden die Uffici di collocamento in Italien reformiert und dabei sukzessive durch die Agenzie per l'impiego ersetzt. Um die alten Karteibestände zu aktualisieren wurde in den Jahren 1999/2000 in Sizilien eine Vollerhebung aller arbeitslos Gemeldeten durchgeführt. Für die Provinz Palermo wurde dem Autor eine Datei mit den Daten aller bisher Gemeldeten zur Verfügung gestellt, die jedoch lediglich eine Provinz umfasst und zum Zeitpunkt der Auswertung noch nicht vollständig war.

Arbeitsamtes der Provinz Siracusa – nur in seltenen Fällen die Person mit der höchsten Fachkompetenz im jeweiligen Sektor darstellte. Um an möglichst fundierte Informationen zu gelangen, wurde im Laufe der Untersuchung immer stärker von formalen Kriterien abgewichen und die Auswahl der Gesprächspartner nach informellen Kriterien von persönlichen Empfehlungen getroffen. Hierbei wurden sowohl politische oder administrative Repräsentanten – etwa die Bürgermeister einzelner Gemeinden – als auch besonders aussagekräftige Gesprächspartner – etwa der Vertreter der Industrie- und Handelskammer in Ragusa – direkt nach Hinweisen auf kompetente Gesprächspartner gefragt. Dies konnte in einer Gemeinde der Bürgermeister selbst, in einer anderen ein Schuldirektor, der Bibliothekar oder ein Vertreter des Jugendinformationszentrums „Informagiovani" sein.

Die Expertengespräche waren durch einen Interviewleitfaden vorstrukturiert, nach Möglichkeit wurde aber das sogenannte Delphiprinzip angewendet, um ein möglichst breites und somit vollständiges Informations- und Meinungsspektrum zu bestehenden Förderprogrammen zu bekommen. Die Gesprächspartner wurden dann im Gesprächsverlauf mit Aussagen anderer Interviewpartner konfrontiert, um die Wertigkeit einzelner Aussagen zu prüfen und gegebenenfalls andere Einschätzungen zu bekommen. Auf diese Weise wurde Material zur Situation junger Akademiker und zu bestehenden Förder- und Informationsprogrammen zusammengetragen. Sämtliche Informationen wurden protokolliert und fließen als Hintergrundverständnis in die Interpretation der sekundärstatistischen Daten und Absolventeninterviews ein.

1.4.3.2 Absolventeninterviews

Für die Auswahl der Hochschulabsolventen wurde zunächst auf der Basis einer statistischen Analyse des Akademikeranteils in der Wohnbevölkerung im Jahre 1991 und dessen Entwicklung in den Jahren 1961 bis 1991 eine Auswahl von Gemeinden mit besonders hohen oder besonders niedrigen Akademikeranteilen an der Wohnbevölkerung getroffen. Als Beispiele seien hier die Gemeinden Montallegro (Akademikeranteil 0,9%) und Bivona (Akademikeranteil 4,4%) erwähnt. In diesen wurden dann sowohl Gesprächspartner für Expertengespräche (Schlüsselpersonen) für eine Einschätzung der spezifischen Situation des Ortes als auch Gesprächspartner für Absolventeninterviews gesucht. Ein weiterer Teil der Interviews wurde in Palermo und in anderen, nahe gelegenen Orten geführt, beispielsweise im Valle del Belice, das aufgrund eines starken Erdbebens 1968 von der Emigration besonders betroffen war.

Die Auswahl der 35 interviewten Hochschulabsolventen erfolgte nach dem Prinzip der Empfehlung, was für qualitative Interviews in Sizilien eine nahezu unerlässliche Voraussetzung ist. Da in vielen sizilianischen Gemeinden, insbesondere in den öffentlichen Verwaltungen, einem ortsfremden Wissenschaftler häufig zwar mit Neugierde, gleichzeitig aber auch mit Misstrauen begegnet wird, hat sich der Autor darum bemüht, aufgebautes Vertrauen für die Wahl weiterer Interviewpartner zu nutzen. Vereinzelt wurde der Interviewer dann sogleich an weitere Personen vermittelt, wobei der Vermittler gewissermaßen als Garant dafür auftrat, dass man dem Interviewer vertrauen konnte. Darüber hinaus entwickelten manche Gesprächspartner auch ein eigenes Interesse am Thema und schlugen von sich aus weitere Gesprächspartner vor.

Die 35 Interviews mit sizilianischen Hochschulabsolventen wurden nach dem Prinzip des themenzentrierten, biographisch orientierten Interviews durchgeführt (vgl. FLICK 1998: 105-109), um der freien Erzählung möglichst viel Raum zu geben. Als Gesprächsimpuls wurde die „Situation von Hochschulabsolventen" mit den beiden thematischen Schwerpunkten „räumliche Mobilität" und „Erwerbstätigkeit" gegeben. Da eine solche Form des Interviews durch einen Deutschen zunächst meist auf Unverständnis stieß, wurde das Gespräch vom Autor durch eine kurze Darstellung der eigenen Biographie sowie der (daraus resultierenden) Begründung des Forschungsinteresses eingeleitet. Anschließend wurden die Gesprächspartner gebeten, ihre biographischen Verläufe seit Studienabschluss unter Berücksichtigung der beiden Aspekte „räumliche Mobilität" und „Erwerbstätigkeit" zu erzählen. Der Interviewer griff dabei nach Möglichkeit nur in die Erzählung ein, um Verständnisprobleme zu vermeiden oder den Erzählfluss aufrechtzuerhalten.

Narrative Interviews bergen immer den vermeintlichen Mangel der retrospektivischen ‚Glättung' der eigenen Biographie in sich, d.h. dass zurückliegenden Handlungen unter Berücksichtigung der dann nachfolgenden Entwicklung im Rückblick möglicherweise auf dem Wege der Narration in eine andere Sinnstruktur eingebettet werden, als die ursprünglich vorhergesehene. Handlungen erhalten demzufolge im Kontext der biographischen Erzählung eine Rationalität, die im Moment der Handlungsentscheidung (noch) nicht intendiert war. Da aber in Hinblick auf zukünftige Handlungen eben jene narrativ rekonstruierten Sinnkonstrukte handlungsleitend sind, bezieht sich die Kritik also letzten Endes auf den vermeintlichen Wahrheitsgehalt der Aussage. Dieser erscheint aber nicht nur in einem konstruktivistischen Wissenschaftsverständnis für den Zweck der Arbeit irrelevant.

Mit dem Einverständnis der Gesprächspartner wurden die Interviews digital aufgezeichnet, was bei 20 Probanden der Fall war. Nach Abschluss des Interviews wurden die Gesprächspartner zudem gebeten, den vom ISTAT bei der offiziellen Befragung verwendeten Fragebogen auszufüllen, wozu sich 19 Interviewte bereit erklärten[37]. Dieser zweite Schritt diente nicht der quantitativen Erhebung, was angesichts der Fallzahl und der Auswahlkriterien der Probanden ohne Relevanz wäre, sondern vielmehr dem Verständnis der Antwortkategorien, die dem vorangegangenen Teil der Arbeit zugrunde liegen. Auf diese Weise konnten die Ergebnisse der qualitativen Interviews mit den quantitativen Ergebnissen der Erhebung durch das ISTAT verbunden werden, also gewissermaßen eine semantische Brücke hergestellt werden.

Die systematische Auswertung der Interviewaufzeichnungen erfolgte am Ende der Erhebungskampagne, indem zunächst nach wiederholter Lektüre eine Auswahl von

---

[37] Da die Interviewkampagnen zu einem Zeitpunkt durchgeführt wurden, als die hier verwendete Absolventenbefragung des Jahres 1998 noch nicht veröffentlicht worden war, wurde für die Kontrollerhebung der Bogen der Befragung des Jahres 1995 verwendet, der sich aber in allen wesentlichen Punkten mit demjenigen der Befragung von 1998 deckt.

wiederkehrenden Themenkomplexen getroffen wurde und anschließend relevante Äußerungen in einer Tabelle zusammengetragen wurden. Die Auswertung erfolgte unter den Fragestellungen, welchen Erwerbs- oder erwerbsähnlichen Beschäftigungen die Absolventen nachgehen, welche Argumente für oder gegen eine Abwanderung aus Sizilien vorgebracht wurden und in welcher Weise, d.h. in welchen sprachlichen Kategorien über Erwerbsarbeit und Abwanderung gesprochen wurde. Die Ergebnisse wurden schließlich unter Verwendung von Zitaten in Kapiteln zusammengefasst und die Aussagen der Absolventen – sofern möglich – anhand der repräsentativen Befragungsdaten des ISTAT verifiziert.

Die qualitativen Interviews mit sizilianischen Hochschulabsolventen wurden nicht mit der Zielstellung durchgeführt, repräsentative Aussagen treffen zu können, und zwar weder generell über sizilianische Hochschulabsolventen, noch über Hochschulabsolventen bestimmter Orte. Aufgrund der gewählten Methode, der gelenkten Auswahl der Probanden und der geringen Fallzahl wäre dies auch gar nicht möglich. Anstatt bestimmte Handlungsmuster zu quantifizieren, ging es vielmehr darum, das Spektrum unterschiedlicher Rationalitäten vermeintlich irrationaler Handlungsmuster aufzuzeigen und zu systematisieren, um auf diesem Wege mögliche Erklärungsmuster aufzuzeigen. Erklärung bedeutet in diesem Falle weniger die Konstruktion kausalistischer Ursache-Wirkung-Ketten, sondern vielmehr im Sinne von David Harvey (*Explanation in Geography*, 1969) die Auflösung des Konflikts zwischen einer Erwartung (der Abwanderung arbeitsloser Hochschulabsolventen) und der Erfahrung (des Verbleibs): „explanations make unexpected outcomes into expected ones, making a curious event seem natural or normal" (PEET 1998: 27, in Anlehnung an Harvey 1969).

2 Regionale Disparitäten der Bildungsexpansion, des akademischen Arbeitsmarktes und der Akademikermigration in Italien

> „Hohe Studienanfängerzahlen und eine hohe Bildungsbeteiligung im Tertiärbereich tragen dazu bei, die Entwicklung und den Erhalt einer hochqualifizierten Bevölkerung und Erwerbsbevölkerung sicherzustellen. Eine Ausbildung im Tertiärbereich wird mit besseren Beschäftigungsaussichten und höherem Verdienst assoziiert [...]. Die Studienanfängerquoten für den Tertiärbereich sind zum Teil auch ein Anzeichen dafür, inwieweit die Bevölkerung auf einem hohen Niveau Fähigkeiten und Kenntnisse erlangt, die auf dem Arbeitsmarkt einer Wissensgesellschaft von Bedeutung sind." (OECD 2003a: 301)

Das vorliegende Kapitel beschäftigt sich mit den jüngeren Entwicklungen der Bildungsexpansion, des akademischen Arbeitsmarktes und der Akademikermigration in den italienischen Regionen. Damit werden die drei Aspekte des Übergangs in die Wissensgesellschaft - Brain production, Brain application und Brain mobility - sukzessive analysiert. Nach einer knappen Einordnung des Akademisierungsprozesses in Italien in den internationalen Vergleichskontext soll herausgearbeitet werden, wie sich die Entwicklungen der 1990er Jahre auf die bestehenden regionalen Disparitäten des Akademisierungsprozesses der Bevölkerung und des Arbeitsmarktes ausgewirkt haben. Die Aufmerksamkeit richtet sich auf die Rolle der entwicklungsschwachen Regionen Süditaliens und der beiden Inseln Sizilien und Sardinien.

2.1 REGIONALE MUSTER DER BILDUNGSEXPANSION IM ITALIENISCHEN HOCHSCHULWESEN

Der Prozess der Akademisierung der Bevölkerung eines Landes ist im unmittelbaren Zusammenhang mit dem institutionellen Ausbau von Hochschuleinrichtungen zu betrachten, denn der Ausdehnung tertiärer Bildung auf weite Bevölkerungsgruppen geht zunächst ein Ausbau der entsprechenden Infrastruktur voraus. Mit dem Bau neuer Hochschulen wurde seit den 1970er Jahren in peripheren Regionen versucht, die Bildungsbeteiligung im Hochschulbereich auf größere Bevölkerungsgruppen auszudehnen. Die Universitätsausbildung wurde in dieser Zeit auch im Mezzogiorno vom Privileg einer kleinen gesellschaftlichen Gruppe zu einem Massenphänomen.

Der Prozess der institutionellen Ausdehnung der italienischen Universitätslandschaft sowie das ansteigende Bildungsniveau der italienischen Bevölkerung wird im vorliegenden Kapitel in seiner räumlichen Dimension betrachtet. Dabei soll untersucht werden, ob und wie weit die Regionen des Mezzogiorno bereits bei den Akademikerzahlen, also der „Produktion von Humanressourcen", gegenüber den anderen Landesteilen zurückliegen.

Zunächst erfolgt eine kurze Einordnung des Prozesses der Akademisierung Italiens in den internationalen Vergleichskontext.

2.1.1 DAS AUSBILDUNGSNIVEAU DER ITALIENISCHEN BEVÖLKERUNG IM EUROPÄISCHEN VERGLEICH

Unabhängig von den Eigenarten der jeweiligen nationalen Ausbildungssysteme hat in allen OECD-Staaten die Bildungsexpansion der 1970er Jahre den Erwerb eines Hochschulabschlusses vom Privileg einer kleinen Gruppe zu einem erreichbaren Gut breiter Bevölkerungsschichten werden lassen, so dass von einer regelrechten Akademisierung der Bevölkerung vieler entwickelter Länder gesprochen werden kann.

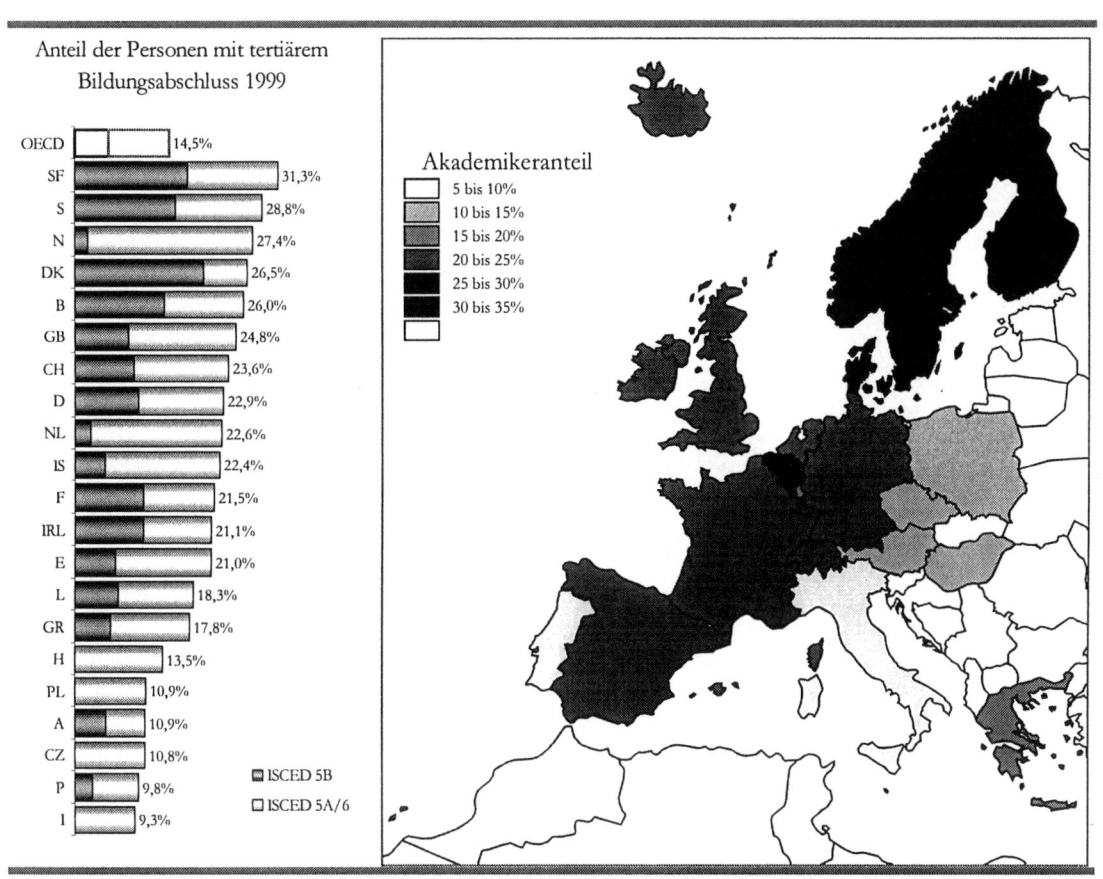

Abbildung 3: Anteil der Personen mit tertiärem Bildungsabschluss an der Bevölkerung zwischen 25 und 64 Jahren in den europäischen OECD-Staaten 1999

Datenquelle: OECD 2001e: Education at a glance. Paris. Tabellen A.2.1 A und B; Berechnung, Entwurf und Kartographie H. Jahnke 2004..

Jedoch weist der Bevölkerungsanteil mit einem tertiären Bildungsabschluss („tertiary education") in den europäischen OECD-Ländern erhebliche Unterschiede auf. Die Spitzenreiter dieser Gruppe stellen die skandinavischen Länder Finnland (31,3%), Schweden (28,8%), Norwegen (27,4%) und Dänemark (26,5%), wo jeweils deutlich mehr als ein Viertel der Bevölkerung in der entsprechenden Altersgruppe einen Hochschulabschluss besitzt. Die großen Industrienationen Großbritannien,

Deutschland, Frankreich und Spanien liegen zusammen mit Belgien, den Niederlanden, Island und Irland im Mittelfeld mit Werten über 20%, wohingegen Luxemburg und Griechenland unter 20%, die osteuropäischen Länder Ungarn, Polen und Tschechische Republik, aber auch Österreich sogar Werte unter 15% aufweisen. Die beiden letzten Plätze belegen Portugal (9,8%) und Italien (9,3%), wo nicht einmal ein Zehntel der erwerbsfähigen Bevölkerung eine Ausbildung im tertiären Bildungsbereich genossen hat.

Innerhalb der Personengruppe mit einem tertiären Bildungsabschluss sind die praxisorientierten Ausbildungsgänge in den einzelnen Ländern von sehr unterschiedlichem Gewicht. Während sie beispielsweise in Dänemark, Finnland und Schweden, aber auch in Belgien, Irland und Frankreich mehr als die Hälfte aller tertiären Abschlüsse ausmachen, gibt es in den drei osteuropäischen Ländern Ungarn, Polen und der Tschechischen Republik, und - als einzigem westeuropäischen Land - Italien bislang gar keine Ausbildungsgänge, welche den Kriterien der ISCED 5B entsprechen. Alle Italiener mit einem tertiären Bildungsabschluss haben somit eine akademische Ausbildung an einer Universität erhalten[38]. Doch selbst bei einem internationalen Vergleich des Akademikeranteils nach Abzug der ISCED 5B-Abschlüsse läge Italien vor Österreich und Portugal immer noch auf dem drittletzten Platz.

Der niedrige Akademikeranteil in der italienischen Bevölkerung ist vor allem der - im Vergleich zu anderen westeuropäischen Ländern – verzögerten Bildungsexpansion in den 1970er Jahren geschuldet. Zwar sind auch an den italienischen Universitäten die Studienanfänger- und Studierendenzahlen in dieser Zeit merklich angestiegen, bezüglich des Akademikeranteils in der Bevölkerung waren die Auswirkungen aufgrund der langen Studienzeiten und der relativ geringen Absolventenzahlen jedoch kaum spürbar. Auch die 1990er Jahre haben diesbezüglich nur geringfügige Veränderungen bewirkt, wie ein Blick auf Abbildung 4 verdeutlicht.

Dargestellt ist hier der Bevölkerungsanteil mit einem tertiären Bildungsabschluss für unterschiedliche Alterskohorten in Italien, Deutschland, Frankreich, Spanien und Großbritannien sowie im Durchschnitt aller OECD-Länder. Aus der Form dieser Alterspyramiden lassen sich Dynamiken der Akademisierung auf der einen Seite und der Feminisierung tertiärer Bildung auf der anderen erkennen. Grundsätzlich ist in der OECD eine zunehmende Akademisierung in der jüngeren Bevölkerung sowie eine parallel stattfindende Feminisierung der akademischen Bevölkerung zu beobachten. Denn jede jüngere Alterskohorte weist einen höheren Hochschulabsolventenanteil auf als die nächst ältere Generation, wobei sich diese Entwicklung bei den Frauen sehr viel dynamischer vollzieht als bei den Männern. Dies führt dazu, dass in der Altersgruppe der 25 bis 34jährigen durchschnittlich mehr Frauen einen Hochschulabschluss haben als Männer, wohingegen dies bei allen älteren Altersgruppen noch umgekehrt gewesen ist.

---

[38] Neben der *laurea*, welches die klassischen Hochschulstudiengänge (*corsi di laurea*) abschließt, gibt es auch Diplomstiudiengänge (*corsi di diploma*), welche mit einem Universitätsdiplom abgeschlossen werden (*diploma universitario*). Im Jahr 1999 gab es an allen italienischen Universitäten 13.133 „*diplomati*", was nicht einmal jedem zehnten Absolventen entspricht. Die Zahl der „*diplomati*" steigt jedoch kontinuierlich an (vgl. ISTAT 2002: 27).

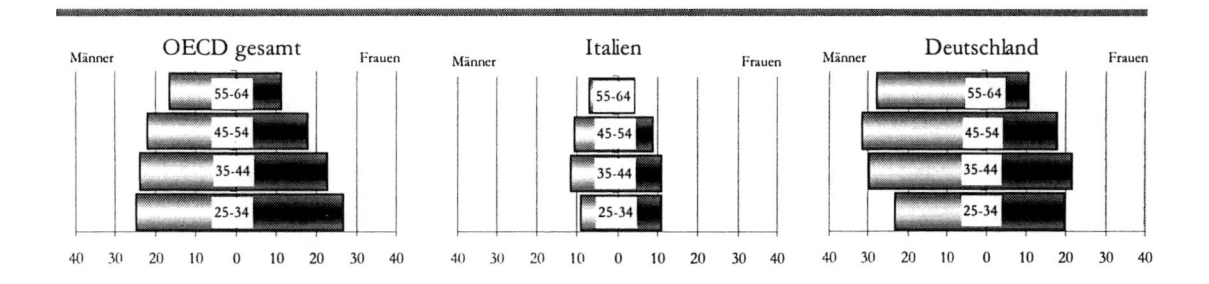

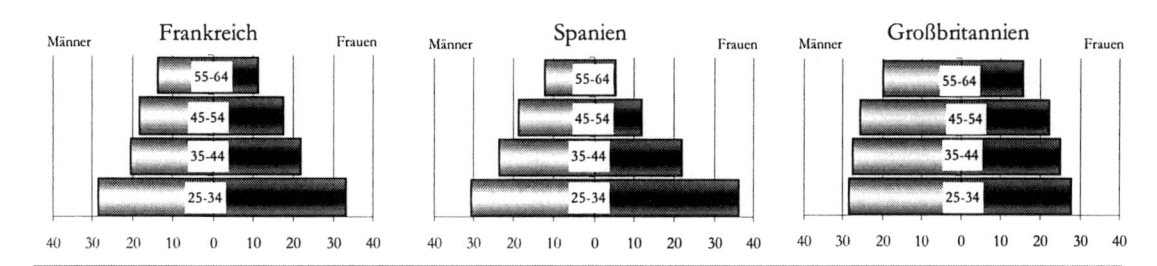

Abbildung 4: Anteil der Personen mit tertiärem Bildungsabschluss nach Altersgruppen in ausgewählten OECD-Staaten 1999 (in Prozent der jeweiligen Alterskohorte)

Datenquelle: OECD (2001e): Education at a glance. Paris. Tabelle A 2.2; Berechnung und Darstellung H. Jahnke 2004.

Ein Blick auf die Graphik Italiens im Vergleich zu den anderen vier großen europäischen Ländern dokumentiert eindrücklich den in Abbildung 4 dargestellten geringen Akademikeranteil in der italienischen Bevölkerung der verschiedenen Altersgruppen. Bereits in der Alterskohorte der 55 bis 64jährigen ist der italienische Bevölkerungsanteil mit einem Hochschulabschluss im Vergleich zu Deutschland und Großbritannien sehr gering, wenngleich nur wenig geringer als in Spanien oder Frankreich. Während diese beiden Länder jedoch durch eine massive Bildungsexpansion den Akademikeranteil auf etwa 30% in der Generation der 25 bis 34jährigen angehoben haben, sind in Italien lediglich vorsichtige Tendenzen einer Akademisierung in den jüngeren Alterskohorten zu erkennen. Diese ist zudem in der Altersgruppe der 25 bis 34jährigen geringer als in der älteren Generation. Eine ähnlich schwache Entwicklung zeigt auch Deutschland, wo bei den Männern schon in der Generation der unter 45jährigen rückläufige Tendenzen erkennbar werden; bei den Frauen weist lediglich die jüngste Alterskohorte einen schwächeren Akademikeranteil auf als die Generation der 35 bis 44jährigen.

Während in Frankreich und Spanien der Anteil der Frauen mit tertiärem Bildungsabschluss in der jüngeren Generation sogar deutlich oberhalb desjenigen der Männer liegt, bleibt in Deutschland und Großbritannien das ‚Übergewicht' der Männer auch unter den 25 bis 34jährigen erhalten. Die offensichtlich stärkere Bildungsbeteiligung bzw. höhere Erfolgsrate der Frauen in den mediterranen Ländern, lässt sich somit für die beiden industriekulturell geprägten Länder Großbritannien und Deutschland bislang nicht feststellen.

Die Bevölkerungsgruppe mit einem tertiären Bildungsabschluss weist in Italien - ähnlich wie in Deutschland - einen im Vergleich zu Frankreich und Spanien relativ hohen Anteil von älteren Akademikern (über 45 Jahre) auf. Der entsprechend geringe

Akademikeranteil in der jüngsten dargestellten Alterskohorte (25 bis 34 Jahre) ist zum einen der geringen Bildungsbeteiligung in diesen beiden Ländern geschuldet, zum anderen aber auch dem überdurchschnittlichen Alter der deutschen und italienischen Hochschulabsolventen. Im Jahr 1997 haben beispielsweise 50% der italienischen Studierenden ihren Laurea-Abschluss im Alter zwischen 25,5 und 28,7 Jahren (arithmetische Mittelwerte) erworben, während in Großbritannien 75% der Universitätsabsolventen bei Studienende nicht älter als 25 Jahre waren (vgl. OECD 2001e).

Italien ist somit nicht nur im Bevölkerungsdurchschnitt, sondern gerade auch in der jüngeren Alterskohorte das westeuropäische Land mit den geringsten Akademikeranteilen, was in der Perspektive einer wissensbasierten Ökonomie als Entwicklungsnachteil gegenüber anderen Ländern zu bewerten ist. Obwohl der Akademikeranteil bereits in der ältesten Alterskohorte extrem niedrig ist, sind in Italien kaum Tendenzen einer nachholenden Bildungsexpansion erkennbar, und zwar weder bei den Männern noch bei den Frauen. Somit fehlen zumindest am Ende der 1990er Jahre die statistischen Anzeichen einer aufholenden Entwicklung.

2.1.2 Historische Entwicklung des Universitätsnetzes

In der Wissensgesellschaft sind Universitäten und andere Hochschulen neben Forschungseinrichtungen die wichtigsten Produktionsstätten von Wissen und Wissenden. Entsprechend ist der institutionelle Auf- und Ausbau von Hochschulen in peripheren Regionen für deren Teilnahme an der Wissensgesellschaft von entscheidender Bedeutung. Die Einrichtung von Hochschulen ist gewissermaßen eine Voraussetzung für die Bildungsexpansion in diesen Regionen.

Die erste Universität Italiens und Europas wurde im Jahr 1088 in Bologna gegründet[39]. Von dort aus breitete sich diese Institution im Laufe der folgenden Jahrhunderte über das heutige italienische Staatsgebiet aus. Dieser Ausbreitungsprozess lässt sich in vier grobe Phasen untergliedern, die innerhalb der heutigen italienischen Staatsgrenzen unterschiedliche regionale Muster aufweisen (Karte 1).

Vom Mittelalter bis zur nationalen Einigung ab 1860 wurden die meisten Universitäten in Mittel- und Norditalien gegründet, deren hoch entwickelte und zudem im internationalen Handel verflochtenen städtischen Gesellschaften einen „wachsenden Bedarf an Qualifikationen wie Schreiben, Lesen, fremden Sprachen, Diplomatie- und Rechtskenntnissen, Länderkunde usw." (BERNING 1988: 15) hervorbrachten. Demgegenüber gab es in der südlichen Landeshälfte zunächst lediglich die Universität Neapel, die 1224 von Friedrich II. ins Leben gerufen wurde und von BERNING (1988: 15) als erste Staatsuniversität bezeichnet wird. Im 15. und 16. Jahrhundert wurden

---

[39] Die folgenden Ausführungen beruhen im wesentlichen auf BERNING (1986: 11-29). Dort findet sich eine umfassendere Darstellung der Entwicklung des italienischen Hochschulnetzes unter Berücksichtigung der historischen Hintergünde, die für den Zweck dieser Arbeit nicht relevant sind.

schließlich auf den beiden Inseln Sizilien (Catania, Messina) und Sardinien (Sassari, Cagliari) vier weitere Universitäten gegründet; erst zu Beginn des 19. Jahrhunderts wurde der Hochschule in Palermo der Universitätstitel verliehen.

Die nächste Universitätsgründung im heutigen Mezzogiorno erfolgte erst in der Zeit des Faschismus mit der Gründung der Universität Bari (Apulien) im Jahr 1924. Somit blieb die Universität Neapel während sieben Jahrunderten die einzige Universität auf dem italienischen Festland südlich von Rom. Denn in der Phase nach der nationalen Einigung konzentrierte sich der Hochschulausbau zunächst auf die großen Städte Norditaliens, wo mit Turin, Mailand (2), Venedig und Triest insgesamt fünf neue Universitäten errichtet wurden. Vier der sechs heutigen süditalienischen Regionen (Abruzzen, Molise, Basilicata und Kalabrien) blieben bis nach dem Zweiten Weltkrieg ohne eigene Universität.

Erst die Phase der sogenannten Bildungsexpansion nach Ende des Zweiten Weltkriegs sollte diesem Mangel Abhilfe schaffen. Zwischen 1956 und 1986 wurden fast drei mal so viele Universitäten gegründet (17) wie in den einhundert Jahren zuvor (6). Hierbei lassen sich zwei deutliche regionale Schwerpunkte des Hochschulausbaus erkennen: zum einen Nordostitalien, wo es bis dato keine Universität gab, und zum anderen die Regionen in der südlichen Landeshälfte. Der institutionelle Ausbau setzte hier in den 1950er Jahren mit der Gründung der Universität Lecce (1956) ein; es folgten in den 1960er Jahren die Universitäten Cassino (1964), Salerno (1967) und Cosenza (1968).

In den 1980er Jahren wurden schließlich die Universitäten L'Aquila und Chieti (1982), Campobasso (1982) und Potenza (1983) sowie die Universität in Reggio Calabria (1983) gegründet, welche aus dem 1969 eröffneten, staatlichen Istituto Universitario Statale di Architettura (I.U.S.A.) hervorging. Am Ende der 1980er Jahre waren somit alle Regionen des Mezzogiorno mit eigenen Universitäten ausgestattet, womit jedoch nicht zwangsläufig ein komplettes Studienangebot verbunden war (vgl. LODA 1986; BERNING 1988: 60-67).

Während die Phase der Bildungsexpansion bis zu den 1980er Jahren zu einer regionalen Ausbalancierung des nationalen Hochschulnetzes in Italien beitrug, verstärkten die Neugründungen der 1990er Jahre das Ungleichgewicht zwischen Norden und Süden. Der Hochschulausbau konzentrierte sich vor allem auf die Ballungsräume Mailand, Rom und Neapel. Insbesondere der Raum Mailand wurde mit insgesamt fünf Gründungen als Hochschulregion am stärksten ausgebaut. In Süditalien gab es außerhalb des Großraums Neapel lediglich drei neue Universitäten in Apulien (Foggia, Bari und Casamassima) sowie die Gründung der Universität Teramo (Abruzzen), die 1993 aus einzelnen Fakultäten der Universität Chieti hervorging (vgl. ISTAT 2000: 14).

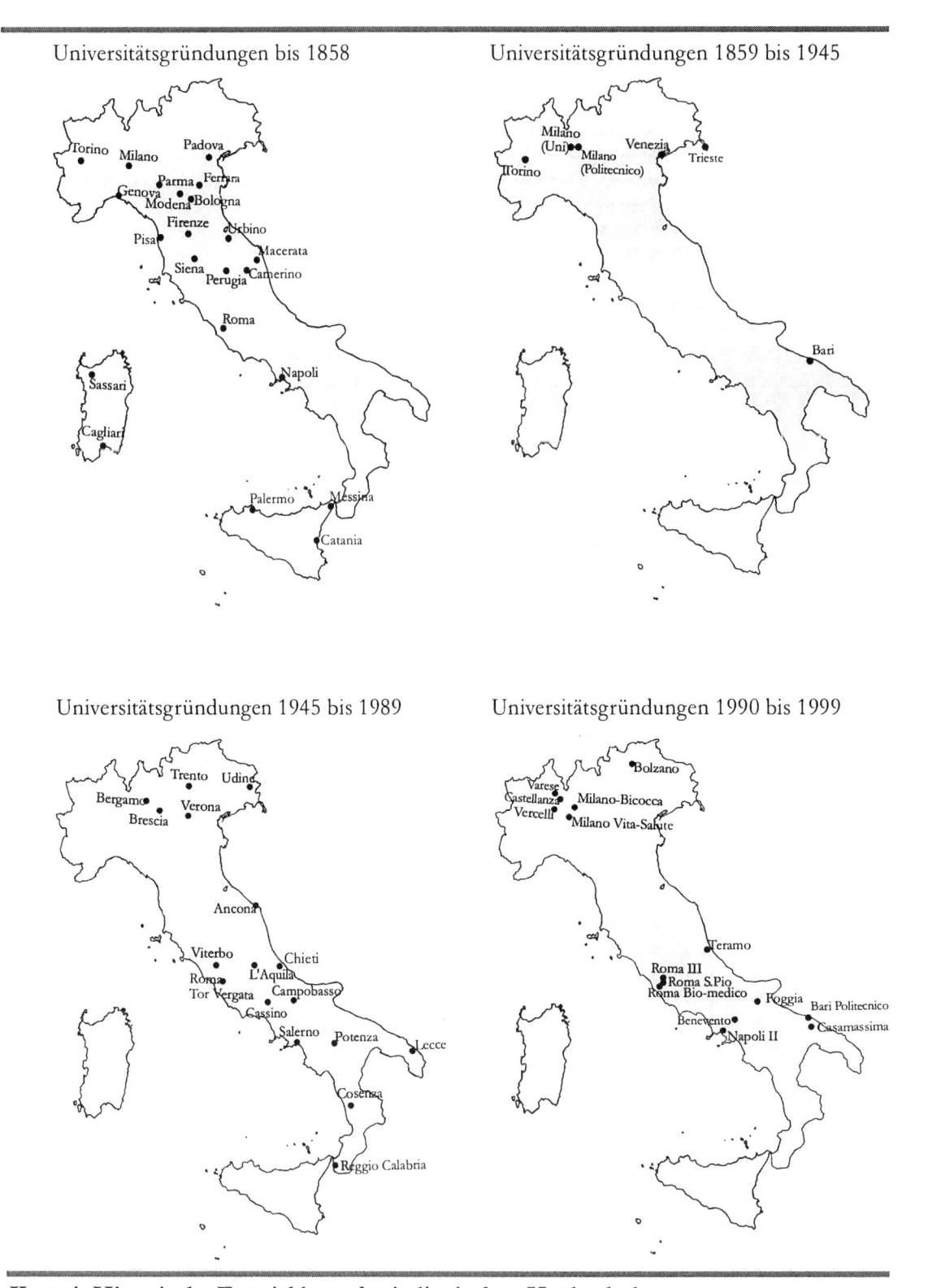

Karte 1: Historische Entwicklung des italienischen Hochschulnetzes

Quelle: BERNING 1988, ISTAT 2002; Entwurf und Kartographie H. Jahnke 2004.

Die Ausstattung aller Regionen des Mezzogiorno mit eigenen Universitätsstandorten ist jedoch nicht gleichzusetzen mit einer regionalen „Bildungsautarkie". Wenngleich mit Ausnahme der norditalienischen Region Aostatal in allen Regionen Universitätsstandorte vorhanden sind, ist die Breite des Lehrangebots an den einzelnen Standorten sehr unterschiedlich. Insbesondere die neu gegründeten Hochschulstandorte in den Peripherien decken in der Regel nicht alle Fakultäten ab. Beispielsweise gab es 1995 in den Abruzzen weder Absolventen der Agrarwissenschaft noch Mediziner, Ingenieure oder Geistes- und Sozialwissenschaftler. Ähnlich schwach ausgestattet war die Region Molise, die weder Mediziner und Juristen noch Wirtschafts- und Sozialwissenschaftler ausgebildet hat; in Kalabrien gab es 1995 keine sozialwissenschaftliche Fakultät.

2.1.3 REGIONALE MUSTER DES ANSTIEGS DER ABSOLVENTENZAHLEN IN DEN 1990ER JAHREN

Das historische Muster der regionalen Ausbreitungsphasen der italienischen Hochschullandschaft spiegelt sich bis heute in der Anzahl der Hochschulabsolventen in den einzelnen Regionen und Landesteilen Italiens wider (Karte 2).

Trotz Hochschulausbau liegt die Zahl der Absolventen an den Hochschulen des Mezzogiorno bezogen auf die jeweilige Wohnbevölkerung auch in den 1990er Jahren unterhalb des Landesdurchschnitts. Im Jahr 1995 gab es in Italien pro 10.000 Einwohnern 19 Hochschulabsolventen, in Mittelitalien 22, in Norditalien 20 und im Mezzogiorno nur 15[40]. Bei Betrachtung der einzelnen Regionen zeigt sich, dass die höchsten Werte in den nordmittelitalienischen Regionen Emilia Romagna (28), Toskana und Lombardei (je 23) sowie in Umbrien und im Latium (je 22) erreicht werden: Hierbei handelt es sich um die Regionen, die auch schon auf der Karte der Universitätsgründungen bis 1858 die höchste Universitätsdichte aufwiesen.

Darüber hinaus wird aus Karte 2 erkennbar, dass ein erheblicher Teil des regionalen Ungleichgewichts in der Humanressourcenproduktion der interregionalen Studienmobilität geschuldet ist. Die hohen Absolventenzahlen (bezogen auf die Bevölkerung) in den mittelitalienischen Regionen erklären sich weniger durch die höhere Bildungsbeteiligung oder den größeren Studienerfolg in diesen Regionen, als vielmehr durch die massiven Importe von Studierenden und späteren Absolventen aus anderen Landesteilen, die beispielsweise in der Emilia-Romagna und den Marken fast 40% erreichen und auch in der Toskana und Umbrien bei knapp einem Drittel liegen. Die überwiegende Mehrheit dieser Absolventen stammt aus Süditalien, was auf die unvollständige Hochschulausstattung in manchen Regionen zurückzuführen ist, aber auch auf die lange Tradition der Bildungsabwanderung, die durch den dortigen Hochschulmangel konditioniert war.

Wenngleich die ‚Produktivität' der Hochschulen in allen Regionen des Mezzogiorno unterhalb des nationalen Durchschnittswertes liegt, so lassen sich doch innerhalb dieses Landesteils sehr deutliche regionale Muster erkennen. Relativ hohe Absolventenzahlen gibt es auch hier in den Regionen, welche die ältesten Hochschulen haben: Kampanien (18), Sizilien (16) und Sardinien (15). Ähnlich verhält es sich mit den Hochschulen der

---

[40] Diese Unterschiede haben sich auch im Jahr 1999 erhalten. Landesweit kamen dann auf 10.000 Einwohner 24 Hochschulabsolventen, in Mittelitalien 31, in Norditalien 26 und im Mezzogiorno lediglich 19 (Daten: ISTAT 2002).

Abruzzen (17), welche zu einem beträchtlichen Teil der Zuwanderung aus anderen Regionen (33,5%) insbesondere dem Molise geschuldet ist. Gleiches gilt für die Hochschulen in Sizilien, deren Absolventen zu 12,2% nicht aus Sizilien kommen, sondern überwiegend aus Kalabrien. In den schlechter ausgestatteten Hochschulregionen ist die „Absolventenproduktivität" erheblich geringer: in Kalabrien kamen 1995 sechs Absolventen auf 10.000 Einwohner, in der Basilikata und in Molise jeweils nur drei.

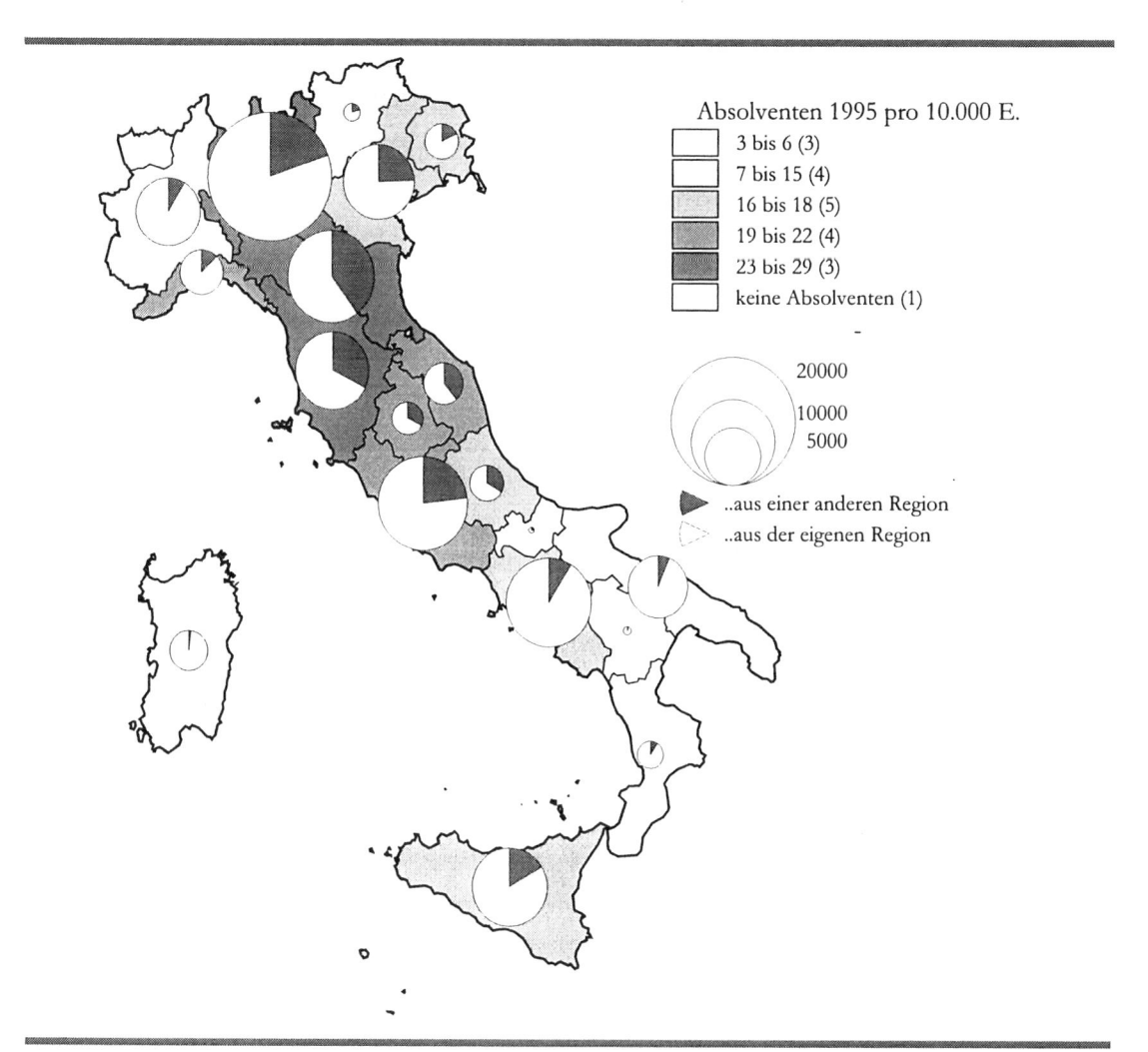

Karte 2: „Produktivität" der italienischen Hochschulregionen und regionale Herkunft der Absolventen des Jahres 1995

Datenquelle: ISTAT - Inserimento professionale dei laureati del 1995; ISTAT - Forze di lavoro media 1995; eigene Berechnung und Kartographie.

Ein Blick auf die jüngere Entwicklung der Absolventenzahlen in den drei Landesteilen zeigt darüber hinaus, dass diese zwar in ganz Italien während der gesamten 1990er Jahre kontinuierlich angestiegen sind, dass sich die Schere zwischen Norditalien, Mittelitalien und dem Mezzogiorno bezüglich der Anzahl der Absolventen (*laureati*) aber weiter geöffnet hat. Insgesamt ist die Zahl der Hochschulabsolventen mit einem *laurea-*

Abschluss in Italien zwischen 1990 und 1999 von 86.469 auf 139.108 angestiegen[41]. Dies entspricht einem Anstieg um 52.639 Absolventen und einem Zuwachs von 61% in nur zehn Jahren. Diese Entwicklung macht sich aber vor allem an den norditalienischen Universitäten bemerkbar, bei denen die Absolventenzahl von 37.124 (1990) auf 65.789 (1999) um mehr als 28.000 bzw. 77% angestiegen ist. Demgegenüber ist in Mittelitalien nur eine Steigerung um 61% (von 21.540 auf 34.648) und im Mezzogiorno um 39% (von 27.805 auf 38.671) zu beobachten. Mehr als die Hälfte des gesamten Anstiegs der Absolventenzahlen entfällt also auf die norditalienischen Universitäten, so dass sich die bestehenden Ungleichgewichte in den 1990er Jahren weiter verstärkt haben.

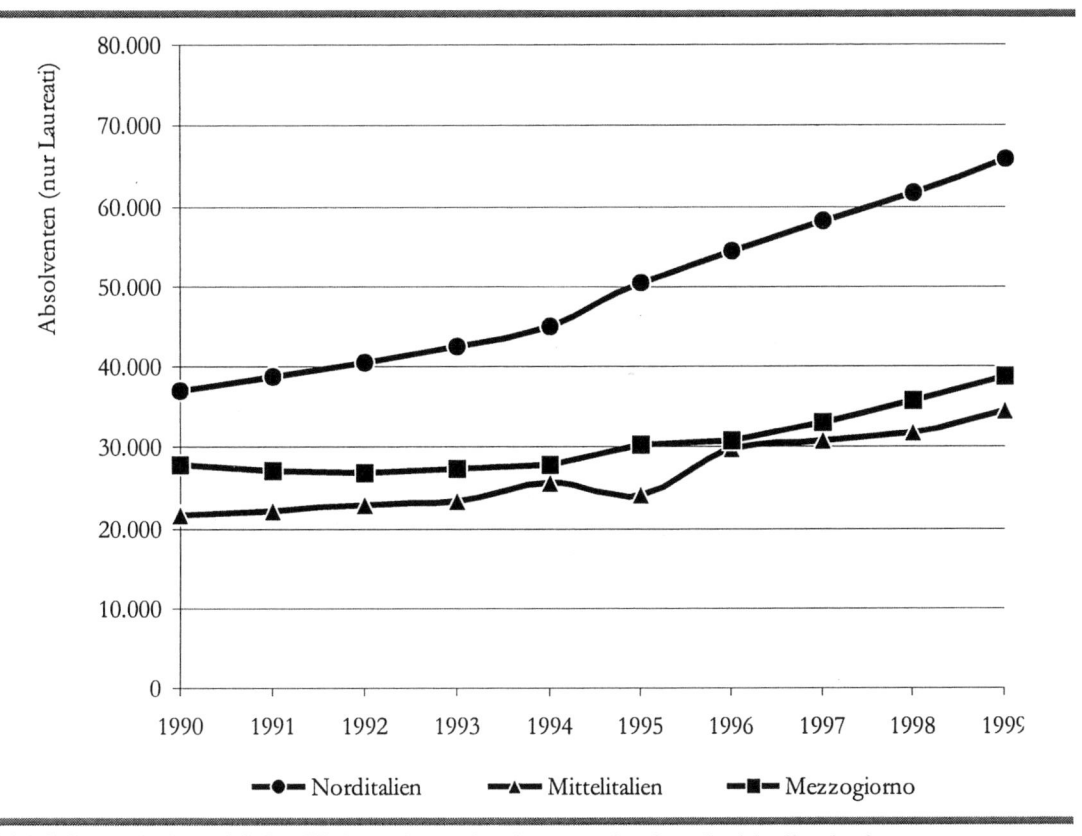

Abbildung 5: Anzahl der Universitätsabsolventen in den drei italienischen Landesteilen 1990 bis 1999

Datenquelle: ISTAT – Lo stato dell'università 2002; eigene Berechnung und Entwurf.

Mit Abstand die deutlichste Steigerung konnte die Lombardei verbuchen, an deren Hochschulen allein 1999 über 23.900 Absolventen ihr Studium beendeten. Das waren fast 10.000 mehr als im Jahr 1990. Auch in den übrigen großen Regionen Norditaliens, der Emilia-Romagna, der Toskana, dem Veneto und dem Piemont waren in den 1990er Jahren deutlich ansteigende Absolventenzahlen zu beobachten. Demgegenüber fiel der

---

[41] Hierbei gilt es zu berücksichtigen, dass der zweite Hochschulabschluss, das praxisorientierte *diploma universitario* ebenfalls seit den 1990er Jahren an Bedeutung gewonnen hat. Zwischen 1992 und 1999 ist die Anzahl der *diplomati* von 6.040 auf 13.133 angestiegen. Damit stieg der Anteil der *diploma*-Abschlüsse an der Gesamtzahl aller Abschlüsse von 6,5% (1992) auf 8,6% (1999) (vgl. ISTAT 2002: Tav. 3.13).

Absolventenzuwachs in der Hauptstadtregion Latium mit einem Anstieg um 47% eher verhalten aus.

Die prozentual geringsten Zuwächse sind in den beiden großen Hochschulregionen des Mezzogiorno, Kampanien (+20%) und Sizilien (+26%), zu beobachten. Gemessen an den Absolventenzahlen fiel Kampanien damit von der drittgrößten Hochschulregion auf Rang vier hinter die Emilia-Romagna zurück, Sizilien rutschte von Platz fünf auf Platz sieben hinter dem Veneto und der Toskana ab (vgl. Abb. 6).

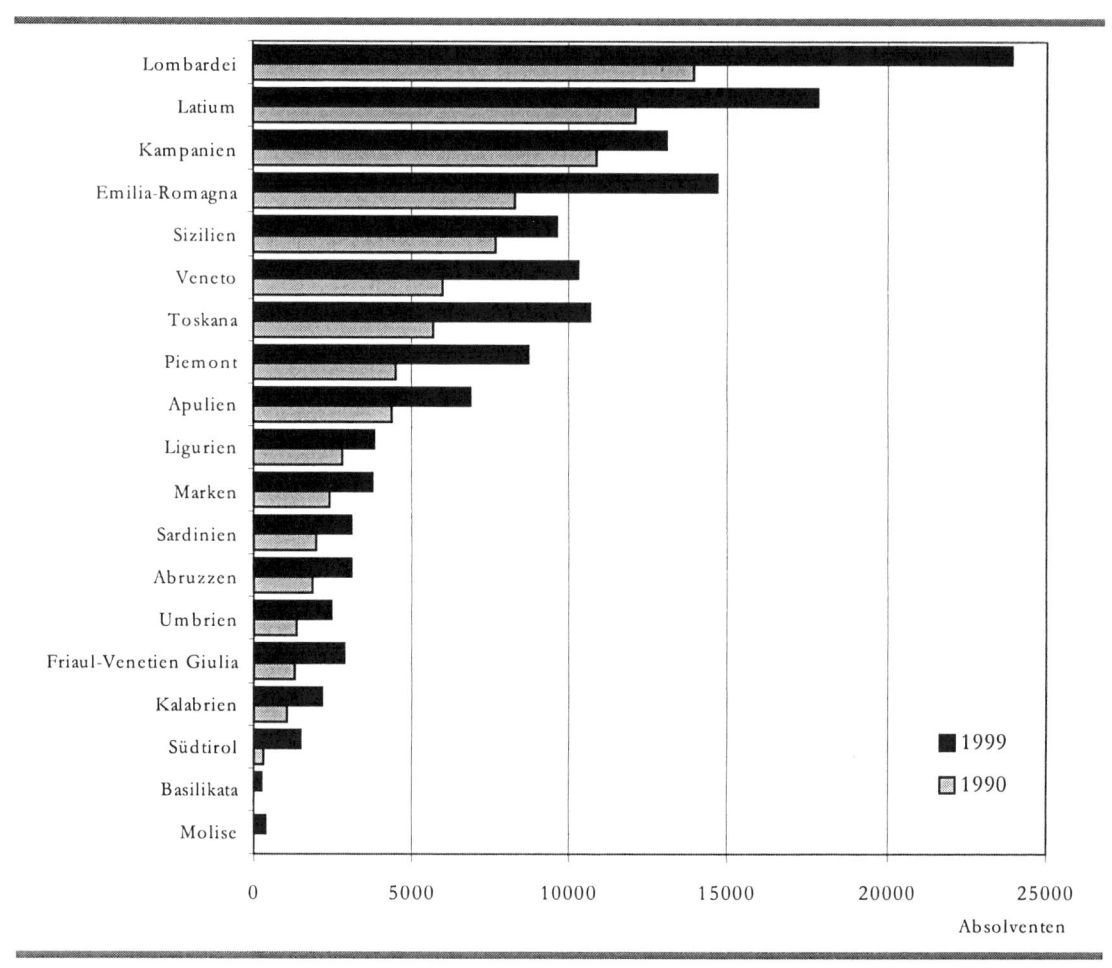

Abbildung 6: Anzahl der Universitätsabsolventen in den italienischen Regionen 1990 und 1999 (nur laureati)

Datenquelle: ISTAT, Lo stato dell'università 2002; Berechnung und Entwurf H. Jahnke 2004.

Die regionalen Disparitäten der „Akademikerproduktion", die aufgrund der historischen Entwicklung der italienischen Hochschullandschaft deutlich ausgeprägt waren, haben sich in den 1990er Jahren weiter verstärkt. Während die Zahl der Absolventen an den norditalienischen Universitäten, insbesondere in den wirtschaftsstarken Regionen, rasant angestiegen ist, erfolgte diese Entwicklung im Mezzogiorno sehr viel gemäßigter. Wie aber wirken sich diese regionalen Ungleichgewichte der ‚Akademikerproduktion' auf die Entwicklung der Akademikeranteile in den einzelnen Regionen aus?

2.1.4 Der Prozess der Akademisierung der Bevölkerung in den italienischen Regionen

Im Vergleich mit den regionalen Unterschieden in der ‚Akademikerproduktion' erweisen sich die Unterschiede der Akademikeranteile an der Wohnbevölkerung als gemäßigt. Trotz eines Plus von 892.451 Akademikern (+38%) allein zwischen 1993 und 1999 lag der Akademikeranteil an der italienischen Wohnbevölkerung im Jahr 1999 lediglich bei 5,7%, was angesichts der zuvor geschilderten dynamischen Akademisierung in den 1990er Jahren im internationalen Vergleich immer noch ein sehr niedriger Wert ist. Wenngleich in den 1990er Jahren vor allem die Zahl der Akademikerinnen angestiegen ist, liegt der Akademikeranteil in der weiblichen Bevölkerung 1999 mit 5,2% weiterhin unterhalb desjenigen der männlichen Bevölkerung mit 6,3%.

Noch deutlicher als die Unterschiede zwischen den Geschlechtern sind jedoch die Unterschiede zwischen den drei Landesteilen: Den höchsten Akademikeranteil weist Mittelitalien auf, wo 6,8% der Bevölkerung einen akademischen Abschluss haben, wohingegen dieser im Mezzogiorno (5,0%), am niedrigsten ausfällt.

Wie ein Blick auf Tabelle 1 zeigt, hat sich auch hier die Kluft zwischen dem Mezzogiorno und den anderen Landesteilen im Laufe der 1990er Jahre verstärkt: Zwar ist der Zuwachs in Mittelitalien, wo der Akademikeranteil am höchsten ist, eher gemäßigt gewesen (+29%), in Norditalien ist er mit 46% deutlich über demjenigen des Mezzogiorno, wo die Zahl der Akademiker in diesem Zeitraum „nur" um ein Drittel anstieg, was einer absoluten Zahl von etwa einer Viertelmillion entspricht.

Tabelle 1: Entwicklung der Akademikerzahlen zwischen 1993 und 1999 nach Landesteil und Geschlecht

	Akademiker		Veränderung 1993-99		Akademikeranteil	
	1993	1999	absolut	in %	1993	1999
Norditalien	1.017.414	1.483.042	+465.628	+46%	4,1	5,9
Mittelitalien	580.913	750.342	+169.429	+29%	5,4	6,8
Mezzogiorno	776.442	1.033.835	+257.393	+33%	3,8	5,0
Italien	2.374.769	3.267.220	+892.451	+38%	4,2	5,7
Männer	1.344.434	1.734.321	+389.887	+29%	4,9	6,3
Frauen	1.030.334	1.532.898	+502.564	+49%	3,6	5,2

Datenquelle: ISTAT - Forze di lavoro 1993-99; Berechnung H. Jahnke 2004.

Eine Betrachtung der einzelnen Regionen zeigt darüber hinaus, dass die niedrigsten Akademikeranteile in einzelnen Regionen des Mezzogiorno vorzufinden sind: insbesondere in den Regionen Basilikata, Apulien und Sardinien, wo die Werte unterhalb des Durchschnitts des Mezzogiorno liegen.

Sehr viel differenzierter ist das Bild in Norditalien: auf der einen Seite ist der Anteil der Akademiker in den peripheren Alpenregionen Südtirol (4,6%), Aostatal (4,7%) aber auch Piemont (5,2%) und Veneto (5,3%) ebenfalls unterdurchschnittlich, auf der anderen

Seite liegen die drei wirtschaftlichen Kernregionen Emilia-Romagna (6,4%), Ligurien (6,4%) sowie die Lombardei (6,2%) deutlich über dem Durchschnitt.

Der allerhöchste Wert findet sich hingegen in der Region Latium (8,1%) um die Hauptstadt Rom, aber auch die übrigen Regionen Zentralitaliens haben relativ hohe Akademikeranteile.

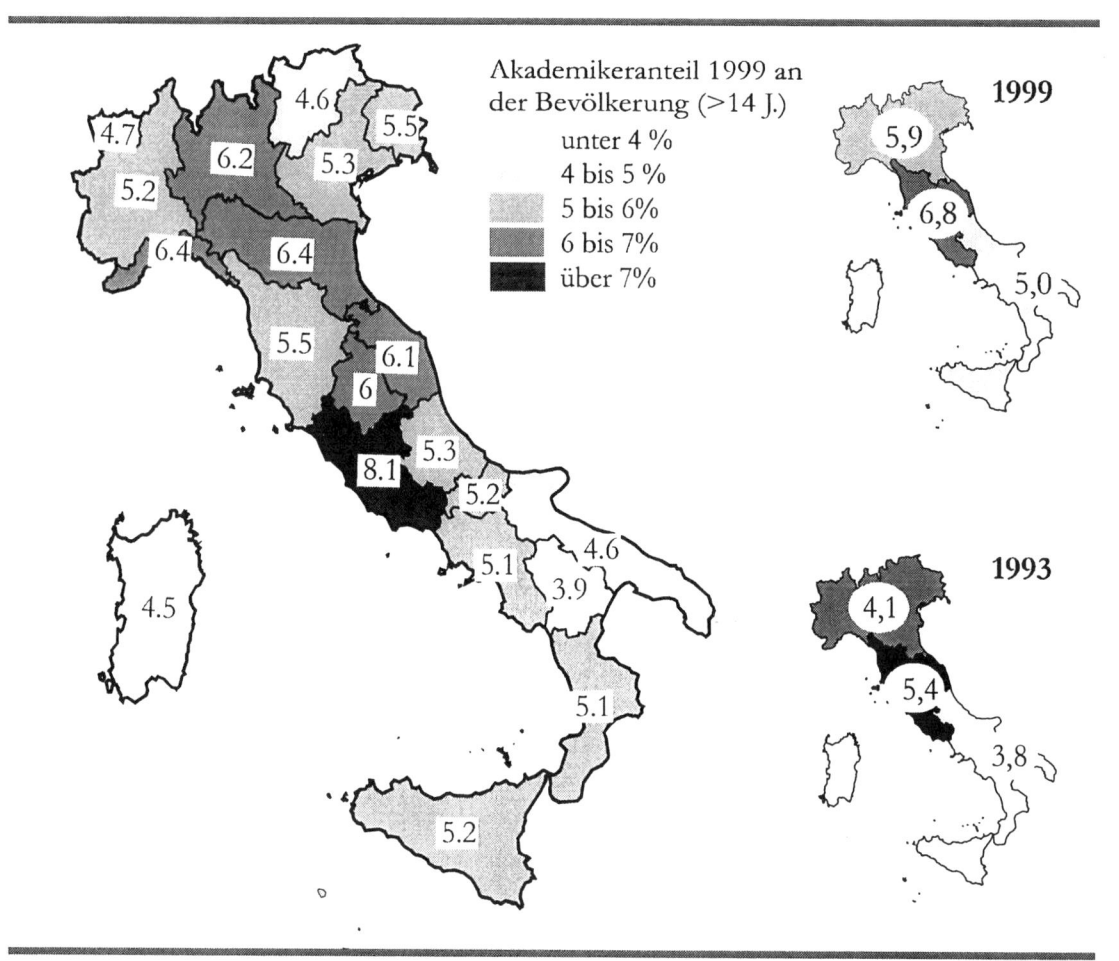

Karte 3: Anteil der Akademiker an der Gesamtbevölkerung über 14 Jahren in den italienischen Regionen und Landesteilen 1999

Datenquelle: ISTAT – Forze di lavoro Media 1999; Berechnung und Entwurf H. Jahnke 2004.

2.1.5 ZUSAMMENFASSUNG

Im Vergleich mit anderen europäischen Ländern erfolgte die Bildungsexpansion im Hochschulbereich in Italien mit einer zeitlichen Verzögerung, so dass das Land noch am Ende der 1990er Jahre den geringsten Akademikeranteil aller OECD-Länder aufweist. Dieser Befund ist umso bedeutsamer, als Italien zu den wenigen Ländern gehört, die neben den Universitäten keine weiteren postsekundären Bildungseinrichtungen im Sinne deutscher Fachhochschulen besitzen. Zwar lassen in den 1990er Jahren erste Anzeichen einer beschleunigten Akademisierung erkennen, gleichwohl kann man von einem relativen Akademikermangel sprechen, der zudem deutliche Unterschiede zwischen den drei Landesteilen aufweist.

Dies betrifft zunächst die bestehenden regionalen Ungleichgewichte in der Hochschulausstattung, die vor dem Hintergrund der historischen Entwicklung der italienischen Hochschullandschaft betrachtet werden müssen. Schon die frühen Universitätsgründungen, welche von der ersten Universität Bologna im Jahr 1088 ausgingen, konzentrierten sich zunächst in den Städten Nord- und Mittelitaliens sowie später auf den beiden Inseln Sizilien und Sardinien. Die übrigen Regionen des Mezzogiorno blieben mit Ausnahme Neapels von den ersten 700 Jahren der Universitätsentwicklung vollkommen unberührt. Erst mit dem Hochschulausbau nach dem Zweiten Weltkrieg kam es in Süditalien zu einer Verdichtung des Hochschulnetzes, wohingegen die jüngsten Entwicklungen der 1990er Jahre erneut zu einer Verstärkung des bestehenden Ungleichgewichts beitragen.

Das historisch gewachsene, räumliche Muster der italienischen Hochschullandschaft spiegelt sich bis heute in den Absolventenzahlen der einzelnen Hochschulregionen wider, die in den Regionen des Mezzogiorno – bezogen auf die Bevölkerung - hinter den landesweiten Entwicklungen zurückbleiben. Auch hier haben die 1990er Jahre die bestehenden Disparitäten zwischen Süden und Norden weiter verstärkt, was sich auch in der Entwicklung der Akademikeranteile in der Wohnbevölkerung der drei Landesteile zeigt. Trotz einer landesweit fortschreitenden Akademisierung der Wohnbevölkerung hat sich die Schere zwischen den vergleichsweise hohen Akademikeranteilen in Nord- und Mittelitalien und den niedrigeren im Mezzogiorno weiter geöffnet.

Die regionale Ungleichverteilung der Akademiker in der Wohnbevölkerung der italienischen Regionen sagt jedoch noch nichts über die Erwerbssituation dieser Bevölkerungsgruppe aus. Diese ist das Thema des folgenden Kapitels, welches den qualitativen Austausch der erwerbstätigen Bevölkerung in den 1990er Jahren beschreibt.

2.2 Die Erwerbssituation von Akademikern in Italien in den 1990er Jahren

Die Statistiken über die Erwerbssituation von Akademikern sind ein geeigneter Indikator, um die Nutzung aufgebauter Humanressourcen auf der Makroebene zu beurteilen. Denn für den messbaren wirtschaftlichen Nutzen des an den Hochschulen erworbenen akademischen Wissens ist die Frage entscheidend, ob und in welcher Weise Akademiker in den Arbeitsmarkt integriert sind, bzw. zu welchem Zeitpunkt junge Universitätsabsolventen in diesen integriert werden. Die folgende Analyse der Erwerbssituation von Akademikern und jungen Hochschulabsolventen in Italien gliedert sich in drei Schritte.

Zunächst wird ein knapper Überblick über den italienischen Arbeitsmarkt für Akademiker gegeben, bevor eine Analyse des Prozesses der ‚Akademisierung'[42] der Erwerbsbevölkerung in den drei italienischen Landesteilen in den 1990er Jahren erfolgt. Dabei wird die Erwerbssituation von Akademikern in den einzelnen Landesteilen und Regionen vor dem Hintergrund der allgemeinen Arbeitsmarktsituation in Italien betrachtet. Im dann folgenden Abschnitt rückt der Prozess der Integration junger italienischer Universitätsabsolventen ins Zentrum der Betrachtung. Hierbei gilt es ebenfalls die Entwicklung in den 1990er Jahren in ihrer regionalen Differenzierung aufzuzeigen und die Besonderheiten der Erwerbssituation junger italienischer Akademiker herauszuarbeiten.

2.2.1 Zur Erwerbssituation italienischer Akademiker im europäischen Vergleich

Die relativ geringe Anzahl akademischer Abschlüsse in Italien lässt angesichts der wachsenden Nachfrage nach Akademikern auf dem europäischen Arbeitsmarkt der Wissensgesellschaft vermuten, dass Akademiker und insbesondere Jungakademiker auf dem italienischen Arbeitsmarkt besonders gefragt sind. Dies erweist sich zunächst jedoch als unzutreffend.

Bereits in der frühen Phase der Bildungsexpansion schien der italienische Arbeitsmarkt mit der wachsenden Anzahl von Hochschulabsolventen überfordert zu sein. Schon Anfang der 1970er Jahre lag die Arbeitslosenquote der erstmalig Arbeit suchenden italienischen Abiturienten und Akademiker „erheblich über dem Durchschnitt" (TESSARING/WERNER 1975: 339). Seitdem hat sich die Akademikerarbeitslosigkeit insbesondere junger Universitätsabsolventen unter dem Begriff der „*disoccupazione intellettuale*" (wörtlich 'Intellektuellenarbeitslosigkeit') als Kernproblem des italienischen Arbeitsmarktes etabliert. Zwar konnte FRANCESCO (1988a, 1988b) für die 1980er Jahre eine relative Besserung der Situation feststellen. Die Arbeitslosenquote junger Absolventen unter 30 Jahren war aber auch damals mit 26% sehr hoch. Auch die 1990er Jahre brachten diesbezüglich keine signifikante Verbesserung.

2.2.1.1 *Statistische Arbeitslosigkeit von Akademikern in Italien*

Dabei belegen alle internationalen Vergleichsstatistiken, so auch jene der OECD, dass mit steigendem Bildungsniveau auch die Gefahr der Arbeitslosigkeit abnimmt bzw. umgekehrt die Wahrscheinlichkeit, einer Erwerbsbeschäftigung nachzugehen - insbesondere bei den Frauen - ansteigt. Damit wird der von der Humankapitaltheorie postulierte und von der OECD häufig wiederholte Zusammenhang zwischen Bildung und Beschäftigung zumindest durch aggregierte Daten belegt. Personen mit einem tertiären Bildungsabschluss können folglich als Privilegierte auf dem Arbeitsmarkt

---

[42] Der Begriff der Akademisierung bezieht sich auf den steigenden Akademikeranteil an der Erwerbsbevölkerung. ENGELN (2002: 443) spricht in diesem Zusammenhang von einer zunehmenden „Wissensintensität der Beschäftigung".

erachtet werden, insbesondere in den europäischen Ländern, wo die EU während der gesamten 1990er Jahre von einem Mangel an hochqualifizierten Arbeitskräften ausgeht.

Obwohl laut OECD-Statistiken diese grundsätzlichen Aussagen in fast allen Ländern bestätigt werden, ergeben sich relevante Unterschiede bezüglich der Varianz der statistischen Arbeitsmarktindikatoren für die einzelnen ‚Bildungsgruppen'. Für Italien ist neben der Differenz zwischen den Gruppen unterschiedlicher Bildungsniveaus in besonderem Maße auch die Geschlechterdifferenz zu beachten. Diese Unterschiede zeigen sich zum einen bezüglich der Arbeitslosenquoten, die bei den italienischen Männern bei 6,7% und bei den Frauen bei 13,0% lagen, besonders deutlich werden sie jedoch bei einem Vergleich der Erwerbsquoten: diese lag 1999 bei den italienischen Männern zwischen 25 und 64 Jahren bei 80,5%, bei den Frauen aber lediglich bei 48,1% (vgl. Abb. 7)

Ungeachtet des Geschlechts zeigen sich sowohl bei Männern als auch bei Frauen die erwarteten Unterschiede zwischen den einzelnen Bildungsniveaus: bei den Männern steigt die Erwerbsquote von 75,2% beim untersten Bildungsniveau (ISCED 0/1/2) bis auf 91,8% unter den Akademikern (ISCED 5A/6) an. Ähnlich - wenngleich mit einer deutlich markanteren Differenz - verhält es sich bei den Frauen, deren Erwerbsquote zwischen 32,6% auf 81,3% variiert. Damit liegt die Erwerbsbeteiligung der Akademiker und insbesondere der Akademikerinnen klar über der durchschnittlichen Erwerbsbeteiligung italienischer Männer (80,5%) und Frauen (48,1%). Die starken Unterschiede in der Erwerbsbeteiligung der Frauen unterstreichen darüber hinaus die besondere Bedeutung des Bildungsabschlusses.

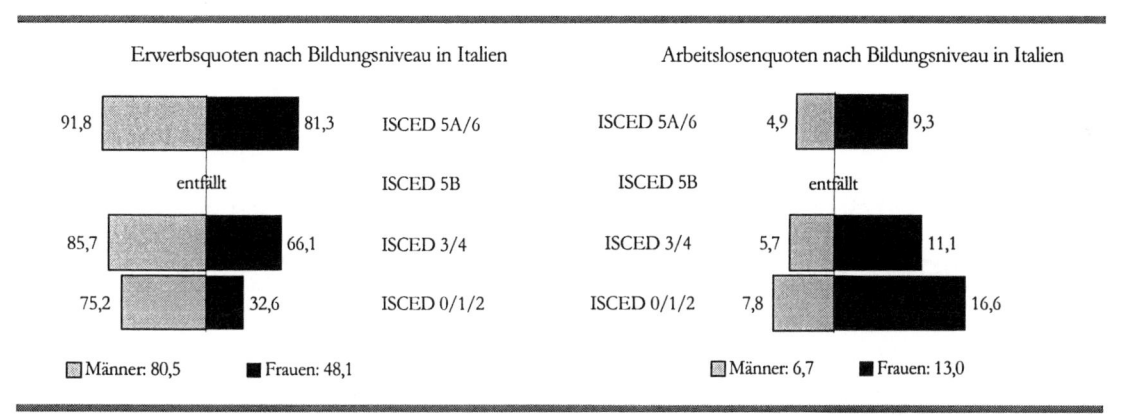

Erwerbsquoten nach Bildungsniveau in Italien			Arbeitslosenquoten nach Bildungsniveau in Italien		
91,8 / 81,3	ISCED 5A/6		ISCED 5A/6	4,9 / 9,3	
entfällt	ISCED 5B		ISCED 5B	entfällt	
85,7 / 66,1	ISCED 3/4		ISCED 3/4	5,7 / 11,1	
75,2 / 32,6	ISCED 0/1/2		ISCED 0/1/2	7,8 / 16,6	
☐ Männer: 80,5 ■ Frauen: 48,1			☐ Männer: 6,7 ■ Frauen: 13,0		

Abbildung 7: Erwerbsquoten und Arbeitslosenquoten in Italien 1999 nach Bildungsabschluss und Geschlecht

Datenquelle: OECD (2001): Education at a glance, Tabelle E1. Entwurf H. Jahnke 2004.

Sehr viel geringer fallen die Unterschiede bei den Arbeitslosenquoten aus: das Spektrum bei den Männern liegt zwischen 7,8% (ISCED 0/1/2) und 4,9% (ISCED 5A/6), bei den Frauen zwischen 16,6% und 9,3%. Somit nimmt in Italien (statistisch) die Gefahr der Arbeitslosigkeit mit steigendem Bildungsniveau zwar erwartungsgemäß ab, die Unterschiede sind zumindest bei den Männern aber nur geringfügig. Zudem zeigt sich bei einem Vergleich zwischen den Geschlechtern, dass die Akademikerarbeitslosenquote der Frauen mit 9,3% sogar höher liegt, als diejenige der Männer mit dem niedrigsten Bildungsabschluss (ISCED 0/1/2). Für die Chancen auf dem italienischen Arbeitsmarkt scheint folglich - zumindest auf den ersten Blick - die Geschlechterzugehörigkeit einen größeren Einfluss zu haben als das formale Bildungsniveau.

Vergleicht man die italienische Situation mit derjenigen anderer Länder, so zeigen sich beispielsweise in Deutschland, Spanien, Frankreich und Großbritannien bezüglich der Unterschiede in der Erwerbsbeteiligung von Akademikern strukturelle Gemeinsamkeiten. Obwohl Italien mit 9,3% unter den fünf großen europäischen Ländern den geringsten Akademikeranteil an der Erwerbsbevölkerung aufweist, ist deren Erwerbsbeteiligung hier nicht höher als in den vier genannten europäischen Vergleichsländern. Zwar liegt Italien bei den Erwerbsquoten der Männer mit 91,8% über dem OECD-Durchschnitt (89,9%) und auch oberhalb Spaniens und Frankreichs, bei den Frauen ist sie mit 81,3% jedoch niedriger als in den anderen vier Ländern (Tabelle 2)

Tabelle 2: Anteil der Universitätsabsolventen an den Erwerbspersonen und Beschäftigungssituation von Universitätsabsolventen in ausgewählten europäischen Ländern 1999 (in Prozent)

	Anteil der Universitätsabsolventen an den Erwerbspersonen (25-64 Jahre) in %	Arbeitslosenquote in Bezug auf die Erwerbspersonen (25-64 Jahre) in %				Erwerbsquote in Bezug auf die Erwerbspersonen (25-64 Jahre) in %			
	Gesamt	mit Universitätsabschluss		alle Ausbildungsniveaus		mit Universitätsabschluss		Alle Ausbildungsniveaus	
	ISCED 5A/6	M	W	M	W	M	W	M	W
Italien	9,3	4,9	9,3	6,7	13,0	91,8	81,3	80,5	48,1
Deutschland	13,0	4,3	5,1	8,4	9,5	91,8	83,0	84,3	66,3
Spanien	14,8	6,9	14,6	9,2	20,1	90,4	84,2	85,5	52,0
Frankreich	11,0	5,0	7,6	9,0	12,3	90,3	83,1	85,1	70,2
Großbritannien	16,6	2,6	2,7	5,5	4,1	92,8	88,2	86,3	73,5
OECD-Durchschnitt	9,4	2,9	4,0	5,1	6,4	89,9	79,0	83,9	62,4

Datenquellen: OECD 2001e,:Tab. A2.1, E1.1 und E1.2.

Ähnlich den Erwerbsquoten ergeben sich auch hinsichtlich der Arbeitslosenquoten für Akademiker deutliche Länderunterschiede. Die italienischen Werte liegen mit 4,9% für Männer und 9,3% für Frauen deutlich über dem OECD-Durchschnitt (Männer 2,9% bzw. Frauen 4,0%) und den Werten Deutschlands, Frankreichs und Großbritanniens. Lediglich auf dem spanischen Akademikerarbeitsmarkt ist die Beschäftigungssituation mit Arbeitslosenquoten von 6,9% (Männer) und 14,3% (Frauen) noch angespannter als in Italien. Auch hier scheint ein akademischer Abschluss nur bedingt die Benachteiligung der Frauen gegenüber den männlichen Erwerbspersonen auszugleichen.

Die vorliegenden statistischen Beobachtungen legen die Schlussfolgerung nahe, dass man sich in Italien trotz relativer Knappheit akademisch gebildeter Arbeitskräfte mit dem Erwerb eines Hochschulabschlusses zwar einen Vorteil auf dem Arbeitsmarkt verschafft, dieser aber im Vergleich mit anderen Ländern eher gering ausfällt. Anders ausgedrückt erfährt der Wert eines akademischen Abschlusses in Italien nicht die gesellschaftliche bzw. wirtschaftliche Wertschätzung wie in anderen europäischen Ländern. Wie der folgende Abschnitt zeigt, erfolgt insbesondere die Integration junger Hochschulabsolventen in den Arbeitsmarkt in Italien mit erheblichen Schwierigkeiten.

2.2.1.2 Integration junger Akademiker in den Arbeitsmarkt

Die Problematik der Integration junger Akademiker in den Arbeitsmarkt zeigt sich bei einer Betrachtung der Jugendarbeitslosenquoten differenziert nach dem höchsten erworbenen Qualifikationsniveau. Während 1998 im Durchschnitt aller OECD-Länder die Arbeitslosenquote von Hochschulabsolventen mit 7,7% unterhalb derjenigen aller Erwerbspersonen zwischen 25 und 29 Jahren (9,2%) lag, wurde in Italien – ähnlich wie in den anderen südeuropäischen Ländern - die ohnehin sehr hohe Arbeitslosenquote dieser Altersgruppe (19,5%) durch diejenige der Jungakademiker mit 27,0% sogar noch deutlich übertroffen. Dieser Wert ist lediglich in Spanien (28,6%) noch höher, wohingegen er in Frankreich (11,1%), Deutschland (4,9%) und Großbritannien (2,9%) deutlich darunter liegt.

Tabelle 3: Spezifische Arbeitslosenquoten nach Bildungsabschluss und Alterskohorten in ausgewählten OECD-Ländern (1998)

	Mindestschulabschluss ISCED 0/1/2 Alter 15-19	Sekundarschulabschluss ISCED ¾ Alter 20-24	Universitätsabschluss ISCED 5A/6 Alter 25-29	Gesamt Alter 25-29
Großbritannien	29,6	9,9	2,9	7,0
Deutschland	6,9	8,2	4,9	8,7
Frankreich	23,8	22,8	11,1	16,1
Italien	38,8	32,9	27,0	19,5
Spanien	40,9	32,2	28,6	24,3
OECD	28,0	21,2	14,9	15,1

Datenquelle: OECD 2000b, Tab. E1.3A.

Die im Vergleich mit älteren Kohorten (s.o.) extrem hohe Arbeitslosenquote italienischer Jungakademiker zwischen 25 und 29 Jahren legt die Vermutung nahe, dass es sich hierbei im wesentlichen um eine verlängerte Sucharbeitslosigkeit handelt, wie sie aufgrund der hohen Erwartungen gerade bei jungen Hochschulabsolventen sehr verbreitet ist (vgl. FRANCESCO 1988; ROLFES 1996). Zudem stellt sich in Italien - aber beispielsweise auch in Deutschland - das Problem, dass aufgrund des überdurchschnittlich hohen Alters italienischer Universitätsabsolventen deren Phase der Sucharbeitslosigkeit überwiegend in die Altersgruppe der 25 bis 29jährigen fällt, während beispielsweise in Großbritannien das durchschnittliche Abschlussalter sehr viel niedriger liegt.

Dennoch ist die schwierige Integration in den Arbeitsmarkt kein spezifisches Problem junger Akademiker, sondern zeigt sich in verstärkter Form auch bei den jungen Erwerbspersonen mit einem niedrigeren Bildungsabschluss, wenn man bei der Berechnung der Arbeitslosenquote die entsprechende Altersgruppe als Grundlage heranzieht. So liegt die Arbeitslosenquote der Personen mit Pflichtschulabschluss bezogen auf die Altersgruppe der 15 bis 19jährigen in Italien bei 38,8%, diejenige der Personen mit einem Sekundarschulabschluss in der Altersgruppe der 20 bis 24jährigen bei 32,2%. Diese Zahlen relativieren die hohen Arbeitslosenquoten junger italienischer Akademiker.

Zusammenfassend lässt sich die ‚Produktion' und ‚Verwertung' von Humankapital in Italien in der Mitte der 1990er Jahre im Vergleich mit anderen europäischen Ländern folgendermaßen charakterisieren: Wenngleich der Akademikeranteil in der italienischen Bevölkerung geringer ist als in den anderen europäischen OECD-Ländern, sind italienische Akademiker nicht seltener von Arbeitslosigkeit betroffen. Die statistische Knappheit von Akademikern führt also nicht zu den erwartenden Vorteilen auf dem Arbeitsmarkt; vielmehr erweist sich bei einer Betrachtung der Jungakademiker im Alter von 25 bis 29 Jahren, dass deren Arbeitslosigkeit weit überdurchschnittlich ist und Italien nach Spanien die höchste Jungakademikerarbeitslosigkeit aller europäischer OECD-Länder aufweist.

Die Beschäftigungssituation von italienischen Akademikern sowie das Problem der hohen Arbeitslosigkeit junger Akademiker sollen im folgenden in Hinblick auf die Entwicklung der 1990er Jahre sowie der regionalen Disparitäten zwischen den drei italienischen Landesteilen näher untersucht werden. Denn gerade in einem Land wie Italien, wo die regionalwirtschaftlichen Disparitäten besonders ausgeprägt sind, gibt bereits die regionale Untersuchungsebene wichtige Einblicke in das Verständnis gesamtwirtschaftlich beobachteter Trends.

Die im folgenden präsentierten Ergebnisse beruhen auf eigenen Auswertungen von Rohdaten der Arbeitskräfteerhebung *Forze di lavoro* durch das italienische Statistikamt ISTAT für die Jahre 1993 bis 1999[43].

2.2.2 DIE AKADEMISIERUNG DER ERWERBSBEVÖLKERUNG IN DEN 1990ER JAHREN

Um zu einem besseren Verständnis der Erwerbssituation von Akademikern in Italien zu gelangen, wird zunächst das Erwerbspersonenkonzept der italienischen Gesamtbevölkerung im Vergleich mit der akademischen Bevölkerung betrachtet.

---

[43] Freundlicherweise wurden diese detaillierten Daten dem Autor vom ISTAT-Palermo zur Verfügung gestellt.

2.2.2.1 Zu den Spezifika der Erwerbsbeteiligung von Akademikern in Italien

Italienische Akademiker unterscheiden sich insbesondere durch ihre hohe Erwerbsbeteiligung vom Bevölkerungsdurchschnitt, denn mehr als vier von fünf Personen mit einem akademischen Abschluss (85,3%) sind der Kategorie der Erwerbspersonen zuzuordnen, wohingegen der Durchschnitt lediglich bei 54,4% der erwerbsfähigen Bevölkerung (15 Jahre und älter) liegt. Entsprechend niedrig ist der Anteil der Nichterwerbspersonen, der auch als ‚Stille Reserve' bezeichnet werden und bei den Akademikern lediglich 14,7% ausmacht. Der durchschnittliche Anteil der Nichterwerbspersonen liegt hingegen bei 45,6%. Die stärksten Unterschiede manifestieren sich hier durch die extrem hohe Anzahl von Personen, die keine Möglichkeit oder kein Interesse an einer Erwerbstätigkeit haben: Der Anteil der Nichterwerbspersonen liegt nämlich im Bevölkerungsdurchschnitt mit 37,4% nahezu vier mal so hoch wie derjenige der erwerbsfähigen Akademiker (10,9%). Sehr viel geringer sind die Unterschiede bei denjenigen, die lediglich unter bestimmten Bedingungen bereit wären, eine Erwerbstätigkeit aufzunehmen, bzw. die zwar grundsätzlich eine Arbeit suchen, aber in der letzten Zeit keine konkreten Schritte unternommen haben.

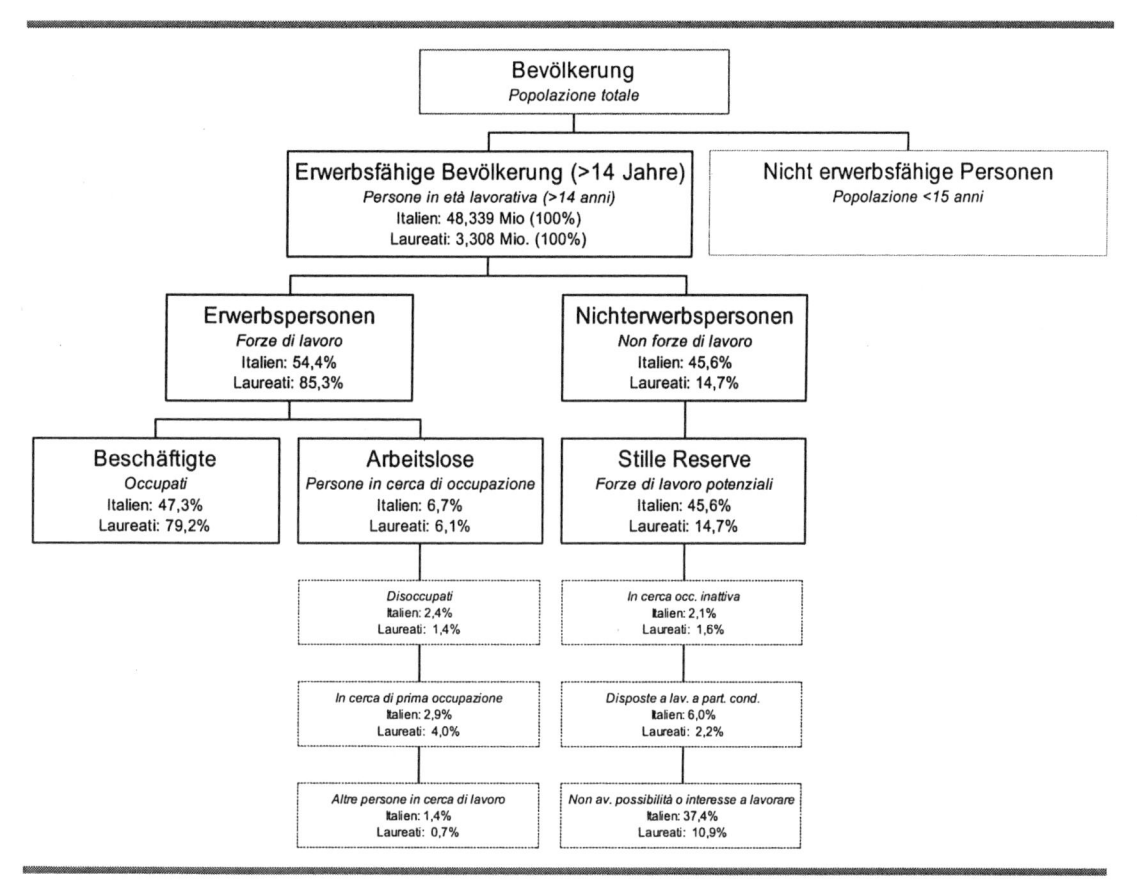

Abbildung 8: Erwerbspersonenkonzept für die italienische Bevölkerung über 14 Jahren (1998)

Datenquelle: ISTAT, Forze di lavoro 1998. Berechnung H. Jahnke. Entwurf nach FASSMANN/MEUSBURGER 1997: 86.
Anmerkungen: *laureati*= höchster Abschluss ist *dottorato di ricerca, laurea, Laurea breve* oder *diploma universitario*; Bezugsbasis ist die Bevölkerung über 15 Jahren, ohne Altersbeschränkung.

Auf der Seite der Erwerbspersonen tritt die Sonderstellung von Akademikern besonders in der Gruppe der Beschäftigten auf, da fast vier Fünftel (79,2%) von ihnen einer Erwerbsbeschäftigung nachgehen, während im Durchschnnitt aller italienischer Bildungsgruppen nicht einmal jeder Zweite (47,3%) erwerbstätig ist. Interessanterweise ergeben sich hinsichtlich des Anteils der Arbeitslosen nur geringfügige Unterschiede: 6,7% der gesamten erwerbsfähigen Bevölkerung waren 1998 arbeitslos und gleichzeitig arbeitsuchend, aber auch 6,1% der Akademiker. Die Unterschiede der Arbeitslosenquoten zwischen Akademikern und dem Bevölkerungsdurchschnitt ergeben sich folglich weniger durch einen geringeren Anteil an Arbeitssuchenden, sondern vielmehr durch die sehr viel niedrigere Erwerbsbeteiligung der Nichtakademiker. Wäre nämlich die Erwerbsbeteiligung der Nichtakademiker ähnlich hoch wie jene der Akademiker, läge ihre Arbeitslosenquote deutlich über 50%.

Auch bezüglich der Struktur der Arbeitslosigkeit unterscheiden sich die Akademiker deutlich vom Durchschnitt aller Arbeitslosen. Bei der Akademikerarbeitslosigkeit (6,2%) handelt es sich überwiegend um ‚Integrationsarbeitslosigkeit', denn fast zwei Drittel der Betroffenen (entspricht 4,0% von allen) suchen erstmalig eine Arbeit (*in cerca di prima ocupazione*). Demgegenüber liegt die Sicherheit der Arbeitsplätze von Akademikern weit über dem Durchschnitt, denn nicht einmal bei einem Viertel aller arbeitslosen Akademiker (1,4% von allen) ist die Arbeitslosigkeit auf einen Stellenverlust zurückzuführen (*disoccupati*). Arbeitslosigkeit durch Arbeitsplatzverlust ist im Durchschnitt der Erwerbspersonen jedoch sehr viel häufiger (2,4% von allen).

2.2.2.2 Entwicklungen in den 1990er Jahren

Der Zeitraum 1993 bis 1999 ist in Italien insgesamt von einer schwachen Beschäftigungsentwicklung gekennzeichnet, die sich in der ersten Hälfte des Jahrzehnts sogar in einem Rückgang der Beschäftigtenzahlen manifestiert. Allein zwischen 1993 und 1996 ging als Folge der massiven wirtschaftlichen Umstrukturierungsmaßnahmen, aber auch der politischen Umwälzungen und dem daran anschließenden Abbau von Arbeitsplätzen die Zahl der Beschäftigten um 457.782 zurück, stieg anschließend aber wieder an, so dass 1999 sogar ein Beschäftigungszuwachs von über 200.000 gegenüber 1993 verzeichnet wurde[44].

Im Zuge dieses Abbaus und der anschließenden Expansion der erwerbstätigen Bevölkerung fand ein qualitativer Austausch der Erwerbsbevölkerung statt, dessen wichtigste Charakteristika der steigende Akademikeranteil an der Erwerbsbevölkerung auf der einen Seite und die wachsende Erwerbsbeteiligung von Frauen auf der anderen waren. Der erstgenannte Prozess lässt sich in Bezug auf die Personen mit einem tertiären Bildungsabschluss (*laurea*) mit dem Begriff der Akademisierung, letzterer mit demjenigen der Feminisierung fassen.

---

[44] Datenquelle: ISTAT, Forze di lavoro 1993 bis 1999; Berechnung H. Jahnke 2004.

Das Ausmaß beider Entwicklungen ist im Untersuchungszeitraum 1993 bis 1999 deutlich zu erkennen: selbst in der Phase des Beschäftigungsabbaus ist die Zahl der beschäftigten Akademiker kontinuierlich gestiegen, so dass im Jahr 1999 schließlich 668.752 mehr Akademiker in Italien arbeiten als sechs Jahre zuvor, was einem Zuwachs von einem Drittel [!] innerhalb dieser Gruppe entspricht. Diese Dynamik wird vor allem von den Akademikerinnen getragen, deren Gesamtzahl in der Bevölkerung um über eine halbe Million (502.564) angestiegen ist. Die Zahl der weiblichen Erwerbspersonen mit Hochschulabschluss ist gleichzeitig um fast 50% (entspricht 383.598) angewachsen und die Zahl der tatsächlich Beschäftigten in dieser Gruppe um 46% (entspricht 367.652).

Eine spiegelbildliche Entwicklung zeigt sich bei der Zahl der Arbeitsuchenden, die zwischen 1993 und 1999 insgesamt um 370.454 angestiegen ist, von denen allein 79.885 Akademiker waren. Dies bedeutet einen prozentualen Zuwachs in der Gruppe der arbeitsuchenden Akademiker um 77%, während die allgemeine Zahl der Arbeitssuchenden um 16% stieg. Mit der Akademisierung der Erwerbsbevölkerung erfolgt somit nicht nur ein dynamischer Beschäftigungsanstieg der Akademiker, sondern gleichzeitig auch ein signifikanter Zuwachs der Arbeitslosigkeit dieser Personengruppe.

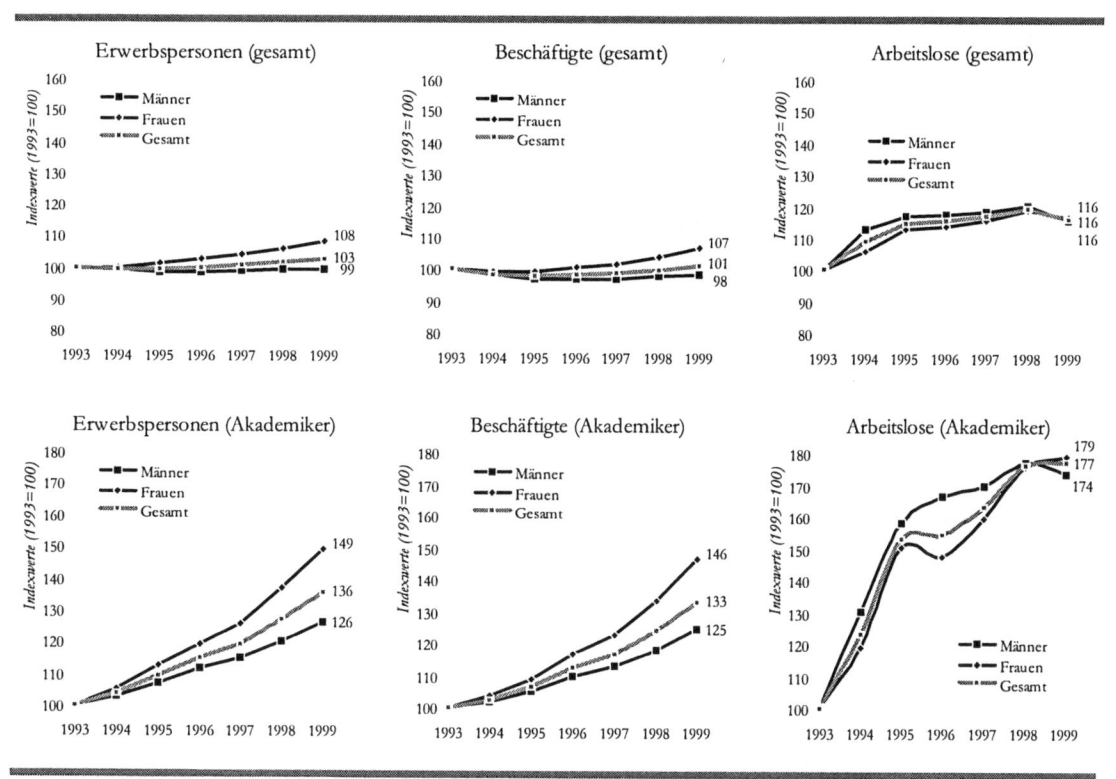

Abbildung 9: Entwicklung der Erwerbspersonen-, Beschäftigten- und Arbeitslosenzahlen zwischen 1993 und 1999 in Italien (Gesamtbevölkerung und Akademiker)

Datenquelle: ISTAT - Forze die lavoro 1993 bis 1999; Berechnung und Darstellung H. Jahnke 2004.

Beide Zahlenreihen – Beschäftigte und Arbeitslose - unterstreichen somit die besondere Dynamik des Akademikersegments innerhalb des italienischen Arbeitsmarktes, welche in erheblichem Maße von der steigenden Bildungs- und Erwerbsbeteiligung der italienischen Akademikerinnen getragen wird. Ganz allgemein zeigt sich unter den Frauen ein Anstieg der Beschäftigtenzahlen um 464.101 (entspricht +7%), aber auch der Arbeitslosenzahlen um 198.632 (entspricht +16%), wohingegen bei den Männern gleichzeitig ein Beschäftigungsrückgang um 256.240 (minus 2%) zu beobachten ist.

Die angeführten Zahlen belegen, dass die Bildungsexpansion zu einem kontinuierlichen Anstieg des Akademikeranteils in der Erwerbsbevölkerung geführt hat und zugleich immer mehr Frauen aktiv am Erwerbsgeschehen teilnehmen. Beide Prozesse sind zudem in ihrer Entwicklung eng miteinander verflochten, da insbesondere unter Frauen mit einem höheren Bildungsniveau die Erwerbsbeteiligung zunimmt.

Ähnlich wie die Unterschiede zwischen den beiden Geschlechtern, zeigen sich auch zwischen Nord-, Mittel- und Süd- bzw. Inselitalien beachtliche Disparitäten in der Erwerbsentwicklung. In Norditalien stieg allein zwischen 1993 und 1999 die Anzahl der Beschäftigten mit einem akademischen Abschluss um 45% an, was angesichts der nahezu stagnierenden allgemeinen Beschäftigungsentwicklung und des extrem kurzen Zeitraums von nur sechs Jahren beachtlich ist. Bemerkenswert ist hierbei die große Diskrepanz zwischen der Beschäftigungsentwicklung der Frauen mit einer Zunahme um 62%, und der Männer, die mit +34% lediglich etwas mehr als halb so hoch ist. Eine sehr viel schwächere Dynamik zeigt sich dagegen in Mittelitalien und im Mezzogiorno, wo die Beschäftigtenzahl im Akademikersegment ‚nur' um ein Viertel (24%) anstieg.

Wenngleich sich die Akademisierung im Mezzogiorno sehr viel langsamer vollzieht als in anderen Landesteilen, sollte dabei nicht übersehen werden, dass der Prozess hier zeitlich mit einer Phase des absoluten Beschäftigungsrückgangs zusammenfällt. In der mittelitalienischen Entwicklung ist erneut die Geschlechterdiskrepanz bemerkenswert: während der Beschäftigtenzuwachs bei den Akademikern nur 14% ausmacht, liegt derjenige der Akademikerinnen bei 40%. Lediglich im Mezzogiorno sind nur geringfügige Unterschiede zwischen Frauen (+31%) und Männern (+20%) erkennbar.

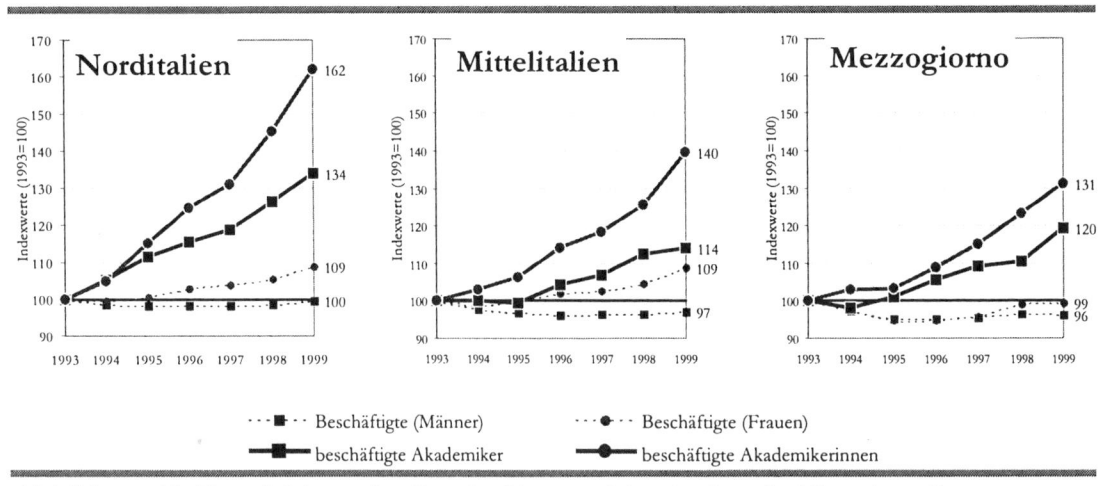

Abbildung 10: Entwicklung der Beschäftigtenzahlen in den drei Landesteilen zwischen 1993 und 1999- Akademiker und Gesamtbevölkerung (Index 1993=100)

Datenquelle: ISTAT, Forze di lavoro 1993-1999; Berechnung und Darstellung H. Jahnke 2004.

Die Massenentlassungen der Jahre 1993 bis 1995 und die anschließende Beschäftigungsexpansion auf dem italienischen Arbeitsmarkt haben folglich in den 1990er Jahren zu grundlegenden qualitativen Veränderungen der Erwerbsstruktur geführt. Hinter einer stagnierenden Beschäftigtenzahl verbirgt sich ein deutlicher Anstieg der Zahl der beschäftigten Frauen bei einem gleichzeitigen Beschäftigungsrückgang der Männer, deren Zahl auch 1999 noch unterhalb des Wertes von 1993 liegt. Gleichzeitig ist eine massive Zunahme der Zahl der beschäftigten Akademiker zu beobachten, die in nur sechs Jahren um ein Drittel angestiegen ist.

Aus diesen qualitativen Umwälzungen geht Norditalien als eindeutiger Gewinner hervor, da dieser Landesteil am Ende der 1990er Jahre in der Bilanz nicht nur die deutlichste Zunahme der Zahl beschäftigter Akademiker sondern zudem sogar einen allgemeinen Beschäftigungszuwachs verzeichnen kann. Demgegenüber ist die Entwicklung im Mezzogiorno vergleichsweise schwach. Zwar hat auch hier die Zahl beschäftigter Akademikerinnen und Akademiker zugenommen, dennoch konnte insgesamt die Beschäftigtenzahl von 1993 bislang nicht wieder erreicht werden. Auch die Akademisierung der Erwerbsbevölkerung bleibt hier nicht nur hinter den anderen Landesteilen zurück, sondern hat zugleich zu einer Verdoppelung der Zahl arbeitsloser Akademiker im Mezzogiorno geführt - sowohl bei den Frauen (+104%) als auch bei den Männern (+94%). Trotz einer starken Beschäftigungsdynamik führt dies sogar zu einem Anstieg der Akademikerarbeitslosigkeit, wie der folgende Abschnitt zeigt.

2.2.3 REGIONALE MUSTER DES AKADEMIKERARBEITSMARKTES IN ITALIEN

Wie bereits gezeigt wurde, hat sich bezüglich der allgemeinen Arbeitslosenquoten die Schere zwischen dem italienischen Norden mit niedriger und dem Mezzogiorno mit hoher Arbeitslosigkeit in den 1990er Jahren weiter geöffnet. Der kontinuierliche Anstieg der Arbeitslosenquote im Mezzogiorno von 17,1% (1993) auf 22,0% (1999) hat dazu geführt, dass sich der Abstand zu Norditalien, wo seit Mitte der 1990er Jahre ein kontinuierlicher Rückgang auf 5,4% stattgefunden hat, von 10,9 auf 16,6 Prozentpunkte vergrößert hat. Die Entwicklung Mittelitaliens verläuft in etwa parallel zur norditalienischen auf einem etwas höheren Niveau, aber ebenfalls mit rückläufigen Tendenzen.

Das Segment des Akademikerarbeitsmarkts weist in den 1990er Jahren grundsätzlich ähnliche Entwicklungstendenzen auf, wenngleich die Disparitäten zwischen Norden und Süden sehr viel schwächer ausgeprägt sind. Noch im Jahr 1993 waren die Unterschiede zwischen den nord-, mittel- und süditalienischen Akademikerarbeitslosenquoten mit einem Wertespektrum von 4,5% in Norditalien bis 7,0% im Mezzogiorno vergleichsweise gering. Die 1990er Jahre führten aber auch in diesem Segment zu einer divergenten Entwicklung. Denn obwohl bis 1995 in allen drei Landesteilen ein leichter Anstieg der Akademikerarbeitslosenquoten stattfand, war dieser in Nord- und Mittelitalien seit Mitte der 1990er Jahre wieder rückläufig. Als Konsequenz erreichte Norditalien 1999 mit 4,7% beinahe das niedrige Ausgangsniveau von 1993 (4,5%), wohingegen Mittelitalien mit einer Arbeitslosenquote von 6,6% lediglich an das Niveau von 1994 (6,5%) herankam. Im Mezzogiorno setzte die Kehrtwende erst mit dem Jahr 1999 ein, nachdem die dortige Akademikerarbeitslosenquote zwischen 1993 und 1998 um 3,9 Prozentpunkte auf 10,9% angestiegen war. Somit hat sich auch innerhalb des Akademikerarbeitsmarktes die Schere zwischen Norden und Süden geöffnet.

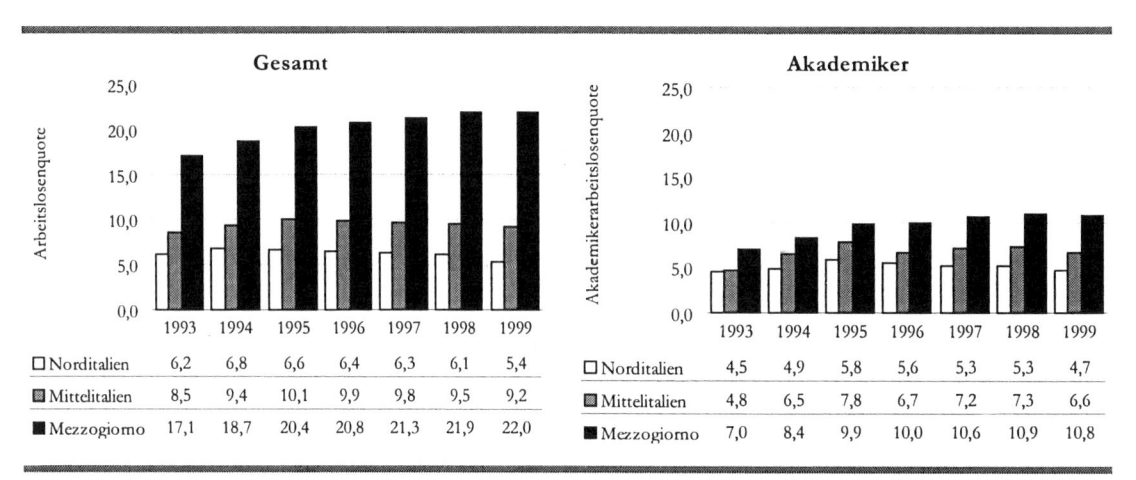

Gesamt	1993	1994	1995	1996	1997	1998	1999
Norditalien	6,2	6,8	6,6	6,4	6,3	6,1	5,4
Mittelitalien	8,5	9,4	10,1	9,9	9,8	9,5	9,2
Mezzogiorno	17,1	18,7	20,4	20,8	21,3	21,9	22,0

Akademiker	1993	1994	1995	1996	1997	1998	1999
Norditalien	4,5	4,9	5,8	5,6	5,3	5,3	4,7
Mittelitalien	4,8	6,5	7,8	6,7	7,2	7,3	6,6
Mezzogiorno	7,0	8,4	9,9	10,0	10,6	10,9	10,8

Abbildung 11: Entwicklung der Arbeitslosenquoten in den drei italienischen Landesteilen zwischen 1993 und 1999 (Gesamtbevölkerung und Akademiker)

Datenquelle: ISTAT Forze di lavoro -Media 1993-1999; eigene Berechnung und Darstellung.

Für eine vergleichende Beurteilung des Akademikerarbeitsmarktes ist jedoch nicht nur die diachrone Betrachtung des zeitlichen Verlaufs und die synchrone Betrachtung des Vergleichs mit anderen Landesteilen bedeutsam, sondern darüber hinaus auch die relative Entwicklung des Akademikerarbeitsmarktes im Vergleich zum allgemeinen Arbeitsmarkt innerhalb des jeweiligen Landesteils.

Betrachtet man nämlich die spezifischen Akademikerarbeitslosenquoten in den einzelnen Landesteilen vor dem Hintergrund der allgemeinen Arbeitslosenquoten, so zeigen sich in Norditalien nur sehr geringe Unterschiede zwischen der allgemeinen Arbeitslosenquote (5,4%) und der Akademikerarbeitslosenquote (4,7%). Im Mezzogiorno hingegen ist die Akademikerarbeitslosenquote mit 10,8% nicht einmal halb so hoch wie die dortige allgemeine Arbeitslosenquote (22,0%), wobei sich der Abstand der beiden Quoten in den 1990er Jahren ebenfalls vergrößert hat.

In dieser Perspektive sind die komparativen Erwerbsvorteile eines akademischen Abschlusses im Mezzogiorno sehr viel größer als in Norditalien, wo angesichts extrem niedriger Arbeitslosigkeit ein akademischer Abschluss bezüglich der Gefahr der Arbeitslosigkeit kaum Vorteile verspricht. Diese Perspektive führt dazu, dass Akademiker im Mezzogiorno trotz einer höheren Arbeitslosenquote gegenüber den Erwerbspersonen mit einem niedrigerem Qualifikationsniveau eine privilegierte Gruppe darstellen. Zudem hat der Unterschied zwischen der Akademikerarbeitslosigkeit und der allgemeinen Arbeitslosigkeit hier in den 1990er Jahren weiter zugenommen.

Dieses Bild bestätigt sich auch in den einzelnen Regionen des Mezzogiorno (vgl. Karte 4): In den großen norditalienischen Regionen erreicht die Arbeitslosenquote bei einem sehr niedrigen Ausgangsniveau Mitte der 1990er Jahre ihren Höhepunkt, bevor sie anschließend wieder auf das Ausgangsniveau von 1993 absinkt. Dies trifft auch auf die Region Latium zu, wo beide Arbeitslosenquoten jedoch etwas höher liegen. Die Arbeitslosigkeit der Akademiker folgt in den genannten Regionen diesem Trend, jedoch auf niedrigerem Niveau.

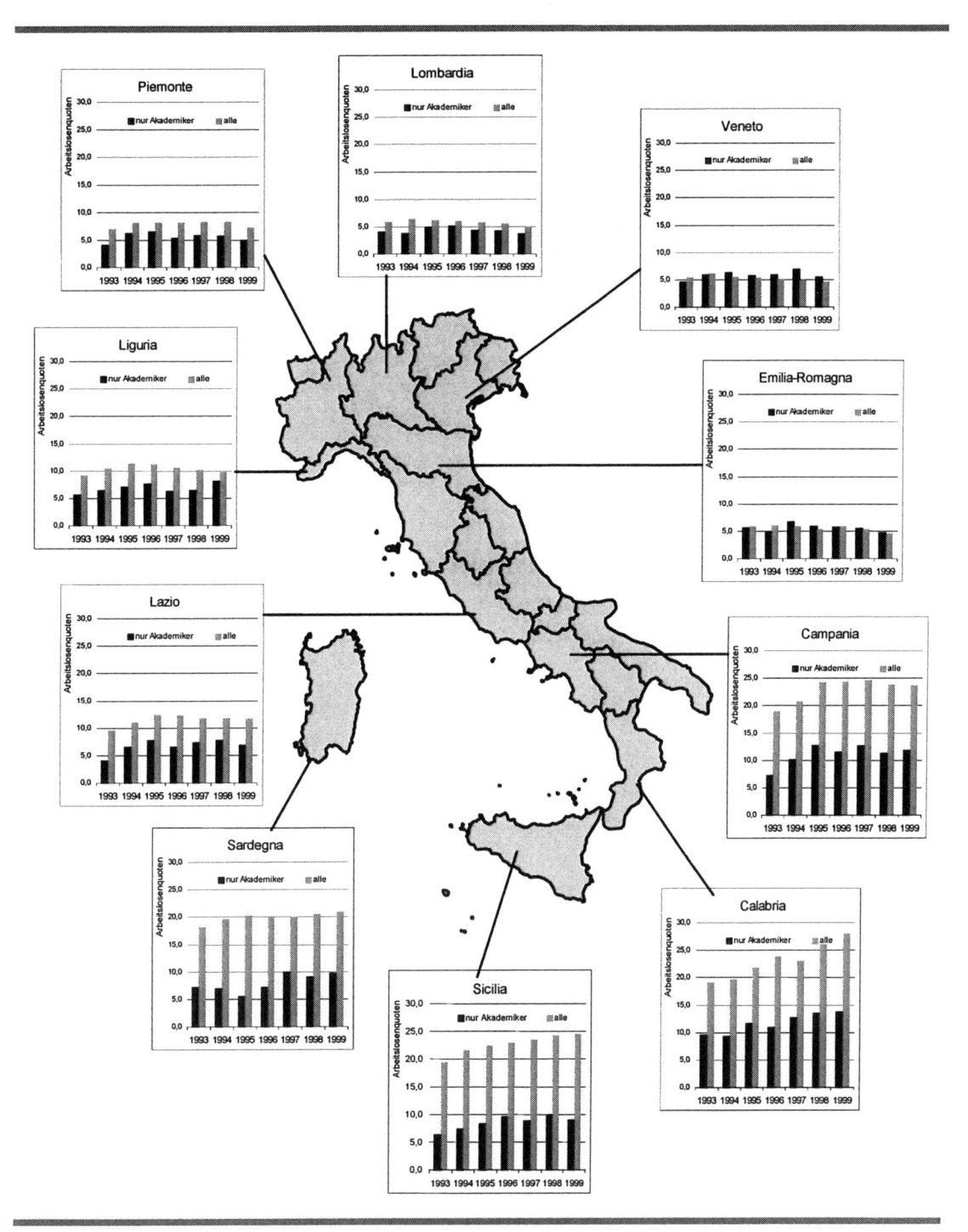

Karte 4: Allgemeine Arbeitslosenquoten und Akademikerarbeitslosenquoten in ausgewählten italienischen Regionen

Datenquelle: ISTAT, Forze di lavoro 1993 -1999; Berechnung, Entwurf und Kartographie H. Jahnke 2004.

Lediglich im Veneto und in Ligurien sind am Ende der 1990er Jahre Anstiege der Akademikerarbeitslosigkeit zu beobachten, so dass im Falle des Veneto die Arbeitslosenquoten der Akademiker sogar oberhalb der allgemeinen Arbeitslosigkeit liegen.

Die Entwicklung der Arbeitslosigkeit in den großen Regionen des Mezzogiorno verläuft demgegenüber mit einer sehr viel stärkeren regionalen Differenzierung. In Kalabrien und Sizilien, tendenziell auch in Sardinien steigt die allgemeine Arbeitslosigkeit bis 1999 stetig an, wohingegen die Akademikerarbeitslosigkeit in allen gezeigten Regionen nach einer kurzen Phase des Anstiegs schließlich auf dem erreichten Niveau stagniert (Sardinien und tendenziell Kalabrien) oder sogar rückläufig ist (Kampanien, Sizilien). Besonders in Sizilien, aber tendenziell auch in Kalabrien, ist folglich eine Öffnung der Schere zwischen der Akademikerarbeitslosigkeit und der allgemeinen Arbeitslosigkeit zu beobachten.

Die isolierte Betrachtung des Arbeitsmarktsegments der Akademiker hat verdeutlicht, dass sich die bekannten italienischen Muster einer niedrigen Arbeitslosigkeit in Norditalien und einer hohen Arbeitslosigkeit im Mezzogiorno erneut reproduzieren. Im Vergleich zu den allgemeinen Disparitäten der Arbeitslosigkeit sind zwei Beobachtungen relevant: zum einen sind die regionalen Disparitäten des Akademikerarbeitsmarktes sehr viel schwächer ausgeprägt, zum anderen ist vor allem im Mezzogiorno eine wachsende Kluft zwischen der Arbeitslosigkeit der Akademiker und der von Personen mit niedrigeren Bildungsabschlüssen zu beobachten.

Folglich muss die Erwerbssituation von Akademikern im Mezzogiorno als vergleichsweise entspannt bezeichnet werden. Dennoch stellt sich das Problem der hohen Arbeitslosigkeit junger Hochschulabsolventen, welche laut OECD-Statistiken in der Altersgruppe der 25 bis 29jährigen sogar höhere Arbeitslosenquoten aufweisen als Personen der gleichen Alterskohorte mit einem schwächeren Bildungsniveau. Deren besondere Situation soll im folgenden untersucht werden.

2.2.4 Spezifika der Erwerbssituation von Universitätsabsolventen in Italien

Während die statistischen Daten der ISTAT-Befragung *Forze di lavoro* Auskunft über die Bestandsentwicklung von Akademikern in der Gruppe der Erwerbspersonen in den einzelnen Regionen geben, beschäftigen sich Befragungen junger Hochschulabsolventen mit der Phase des Übergangs vom Studienende zum Eintritt in den Arbeitsmarkt. Hierzu werden in Italien regelmäßige Absolventenbefragungen (*Indagini sugli sbochi dei laureati italiani*) durchgeführt. Einschränkend muss jedoch betont werden, dass solche Untersuchungen, sofern sie nicht als „tracer studies" angelegt sind, lediglich Momentaufnahmen der Situation einer bestimmten Gruppe darstellen. Rückschlüsse auf eine generelle Arbeitsmarktsituation sind daher nur mit Vorsicht zu ziehen. Der Vergleich mehrerer Untersuchungen zu unterschiedlichen Zeitpunkten ermöglicht jedoch darüber hinaus Aussagen über die Entwicklung des spezifischen Arbeitsmarksegments der Jungakademiker.

2.2.4.1 Entwicklung der Erwerbssituation der Universitätsabsolventen in den 1990er Jahren

Der erste Blick auf die Ergebnisse der Absolventenbefragung des ISTAT von 1998 bestätigt die Aussagen der OECD, welche den jungen italienischen Hochschulabsolventen eine besorgniserregende Erwerbssituation bescheinigt. Von den 105.097 Hochschulabsolventen des Jahres 1995 sind drei Jahre später fast 30.000 ohne eine Beschäftigung, von denen wiederum drei Viertel (fast 23.000) angeben, aktiv eine solche zu suchen. Daraus errechnet sich eine Arbeitslosenquote von 23,4%, wobei die Absolventinnen mit 29,3% signifikant schlechter gestellt sind als ihre männlichen Kollegen mit 16,9%.

Wie Abbildung 11 verdeutlicht, sind diese hohen Arbeitslosenquoten junger Hochschulabsolventen jedoch kein singuläres Phänomen der späten 1990er Jahre. Vielmehr lagen sie bereits bei den drei vorherigen Befragungen kontinuierlich über 15%, wobei der Verlauf der Arbeitslosenquoten die Entwicklungen auf dem allgemeinen italienischen Arbeitsmarkt in den 1990er Jahren widerspiegelt: Während 1988 die Situation mit einer Arbeitslosenquote von unter 20% rückblickend noch relativ unproblematisch war und sich bis 1991 verbesserte, wirkte sich die Krise auf dem italienischen Arbeitsmarkt zu Beginn der 1990er Jahre auch negativ auf die Erwerbssituation der jungen Hochschulabsolventen aus. Bei der Befragung 1995 ergab sich unter den Absolventen des Jahres 1992 eine Arbeitslosenquote von 25%, die auch bei der nächsten Befragung 1998 mit 23,5% kaum niedriger ausfiel. Neben der schwierigen konjunkturellen Entwicklung und dem damit verbundenen Abbau von Arbeitsplätzen gab es zudem einen „Akademikerstau" auf dem italienischen Arbeitsmarkt, der durch das Ausbleiben eines Einstellungswettbewerbs für Sekundarschullehrer bis zum Ende der 1990er Jahre verursacht wurde: nach 1990 fand dieser erstmalig wieder im Jahr 1999 statt.

Eine spiegelbildliche Entwicklung zur Arbeitslosigkeit zeigte sich bei den Erwerbstätigenquoten, die bei der Befragung 1991 - ein Jahr nach dem letzten Einstellungswettbewerb für Sekundarschullehrer - ihren Höhepunkt erreichten und nach einem stetigen Rückgang bis 1995 erst 1998 wieder einen Aufschwung erkennen ließen[45].

Die sogenannte ‚Stille Reserve' nach dem Erwerbspersonenkonzept bezeichnet diejenigen Absolventen, die zum Befragungszeitpunkt weder einer Erwerbsbeschäftigung nachgehen, noch aktiv eine Arbeit suchen. Hierunter werden vor allem Personen gefasst, die sich in Weiterbildungen befinden bzw. aus familiären oder anderweitigen Gründen weder einer Erwerbsbeschäftigung nachgehen noch eine solche suchen. In der hier dargestellten Entwicklung erfüllt die Stille Reserve gewissermaßen eine kompensatorische Funktion, denn schlechte Erwerbsmöglichkeiten führen oftmals zu einem Ausweichverhalten auf andere Betätigungsfelder wie Weiterbildungen oder häusliche Tätigkeiten. Umgekehrt führt die Verbesserung der Erwerbssituation im Jahr

---

[45] Die Zahlen der jüngsten Befragung des Jahres 2001 weisen auf einen weiteren Anstieg der Erwerbstätigkeit auf 74,1% und einen deutlichen Rückgang der Arbeitslosenquote auf 12,2% hin. Dieser ist jedoch nur bedingt der zunehmenden Erwerbstätigkeit sondern vielmehr der Zunahme der Stillen Reserve auf 15,5% geschuldet, was auf den massiven Ausbau von Weiterbildungsmaßnahmen zurückzuführen ist (vgl. www.istat.it vom Mai 2003).

1998 nur zu einem schwachen Rückgang der Arbeitslosenquote, da zu diesem Zeitpunkt der Anteil der Stillen Reserve vergleichsweise gering ausfiel.

Beachtliche Unterschiede der Beschäftigungssituation junger Hochschulabsolventen ergeben sich zwischen den drei Landesteilen, die das Ausmaß der Disparitäten auf dem allgemeinen Arbeitsmarkt noch bei weitem übertreffen. Die Arbeitslosenquoten variieren im Jahr 1998 zwischen 40,5% [!] im Mezzogiorno und 11,8% in Norditalien; das Spektrum der Erwerbstätigenquoten reicht von 82,4% in Norditalien bis 56,1% im Mezzogiorno. Nahezu gleich hoch ist hingegen der Anteil der Stillen Reserve, der zwischen 5,7% im Mezzogiorno und 7,1% in Mittelitalien variiert.

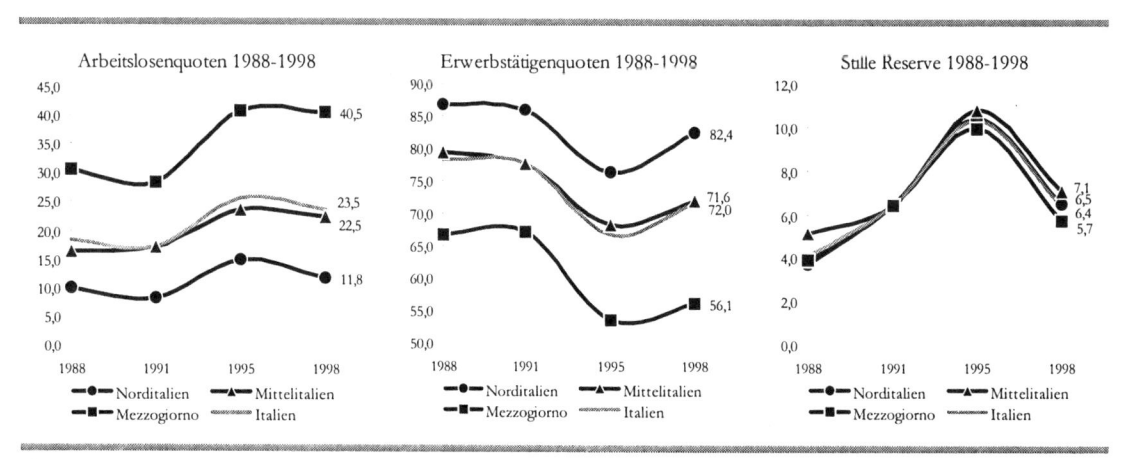

Abbildung 12: Arbeitslosenquoten, Erwerbstätigenquoten und ‚Stille Reserve' junger italienischer Universitätsabsolventen in den Jahren 1988 bis 1998

Datenquelle: ISTAT – Indagini sugli sbocchi dei laureati; diverse Jahrgänge; Berechnung und Darstellung H. Jahnke 2004.
Anm. Die regionale Zuordnung der Absolventen erfolgt nach dem aktuellen Wohnsitz (*residenza attuale*)

Auch diese beachtlichen Disparitäten zwischen Norden und Mezzogiorno sind kein singuläres Phänomen des Befragungsjahres 1998, wie die weitgehende Parallelität der Kurvenverläufe der Arbeitslosenquoten und der Erwerbstätigenquoten eindrucksvoll verdeutlicht. Auch die Konjunkturzyklen auf dem italienischen Arbeitsmarkt in den 1990er Jahren wirken sich auf die Arbeitslosigkeit und die Erwerbstätigkeit in allen drei Landesteilen gleichermaßen aus, wenngleich auch hier, ähnlich wie bei den Arbeitslosenquoten der Akademiker am Ende der 1990er Jahre die Kurvenverläufe der Arbeitslosigkeit und der Erwerbstätigkeit leicht auseinandergehen. Diese Tendenz bestätigt die Feststellung, dass sich durch die Expansion auf dem italienischen Arbeitsmarkt und die massive Einstellung von Akademikern die Disparitäten zwischen dem entspannten Akademikerarbeitsmarkt in Norditalien und der angespannten Situation im Mezzogiorno noch weiter verstärkt hat.

2.2.4.2 Unterschiede zwischen den Geschlechtern

Auch bei den jungen Hochschulabsolventen sind die Frauen gegenüber den Männern bezüglich der Erwerbssituation in allen Regionen schlechter gestellt: Wenngleich von den 103.938 italienischen *laureati* des Jahrgangs 1995 mehr als die Hälfte Frauen waren

(55.036, entspricht 53,0%), ist deren Beschäftigungssituation in allen Landesteilen schlechter als diejenige der Männer. Während von den 48.949 männlichen Absolventen 77,9% einer Erwerbstätigkeit nachgehen, und nur 15,8% eine Arbeit suchen, sind unter den Frauen nicht einmal zwei Drittel (65,9%) beschäftigt, wohingegen mehr als ein Viertel (27,4%) eine Arbeit sucht.

Tabelle 4: Erwerbssituation der Universitätsabsolventen des Jahres 1995 im Jahr 1998 nach Geschlecht

Wohnsitz 1998	Männer				Frauen			
	Erwerbstätig	*Arbeitslos*	*Stille Reserve*	*Gesamt*	*Erwerbstätig*	*Arbeitslos*	*Stille Reserve*	*Gesamt*
Norditalien	20.263	1.916	1.298	23.477	19.913	3.484	1.879	25.276
	86,3	*8,2*	*5,5*	*100,0*	*78,8*	*13,8*	*7,4*	*100,0*
Mittelitalien	7.197	1.253	630	9.081	7.070	2.887	781	10.738
	79,3	*13,8*	*6,9*	*100,0*	*65,8*	*26,9*	*7,3*	*100,0*
Mezzogiorno	10.325	4.563	1.091	15.978	9.006	8.601	887	18.493
	64,6	*28,6*	*6,8*	*100,0*	*48,7*	*46,5*	*4,8*	*100,0*
Ausland	371	5	37	413	320	98	113	530
	89,8	*1,2*	*9,0*	*100,0*	*60,4*	*18,5*	*21,3*	*100,0*
Italien	37.785	7.732	3.019	48.536	35.988	14.971	3.547	54.506
	77,8	*15,9*	*6,2*	*100,0*	*66,0*	*27,5*	*6,5*	*100,0*
Gesamt	38.156	7.737	3.056	48.949	36.308	15.069	3.660	55.036
	78,0	*15,8*	*6,2*	*100,0*	*66,0*	*27,4*	*6,7*	*100,0*

Datenquelle: ISTAT – Inserimento professionale dei laureati : Indagine 1998; Berechnung H. Jahnke 2004.

Dabei zeigt sich, dass Frauen in allen drei Landesteilen sichtlich benachteiligt sind und zudem das Ausmaß der Geschlechterdiskrepanz bezüglich der Erwerbstätigenquoten vom Norden (86,3% versus 78,8%) bis in den Mezzogiorno (64,6% versus 48,7%) zunimmt. Auch unter diesem Aspekt wiederholen sich hier die allgemeinen Muster des italienischen Arbeitsmarktes, auf dem Frauen aus dem Mezzogiorno als die am stärksten benachteiligte Gruppe dastehen. Interessanterweise ist die Erwerbsbeteiligung der Akademikerinnen im Mezzogiorno aber höher als diejenige der Kolleginnen in Norditalien, bzw. der Rückzug von Frauen in die Stille Reserve ist im Mezzogiorno (4,8%) weniger verbreitet als dies im Norden (7,4%) der Fall ist.

2.2.4.3 *Unterschiede zwischen den Fachbereichen*

Das Problem der Jungakademikerarbeitslosigkeit betrifft die Absolventen der einzelnen Studiengänge in sehr unterschiedlichem Maße, wie ein Blick auf die Arbeitslosenquoten in den einzelnen Fachbereichen verdeutlicht. Wie schon bei den zurückliegenden Befragungen erweisen sich Ingenieure als die Absolventengruppe, die am wenigsten Schwierigkeiten hat, auf dem italienischen Arbeitsmarkt eine Erwerbsarbeit zu finden. Mit einer Arbeitslosenquote von 9,3% liegen sie weit abgeschlagen auf dem ersten Platz, wobei unter die Fachbereichsgruppe Ingenieurswissenschaften nicht nur Ingenieure im eigentlichen Sinne (Arbeitslosenquote 5,7%), sondern auch Architekten fallen, deren

Arbeitslosenquote mit 15,9% nahezu drei mal so hoch liegt. Auf Platz zwei folgen die Wirtschaftswissenschaftler (inklusive Statistiker) mit 14,4%, die mit 19.650 Absolventen den größten Fachbereich aller Absolventen ausmachen. Deren Erwerbssituation ist zwar in Nord- und Mittelitalien relativ positiv zu beurteilen, im Mezzogiorno liegt ihre Arbeitslosenquote mit 32,5% aber erheblich höher. Die geringsten regionalen Differenzen treten bei den Agrarwissenschaftlern auf, von denen nur 16,9% arbeitslos sind. Auch die Unterschiede zwischen Norditalien (15,0%) und dem Mezzogiorno (21,4%) fallen für diese Gruppe gering aus. Mit über 20% Arbeitslosigkeit liegen die Politik- und Sozialwissenschaftler (20,5%) sowie Mediziner (25%) und Naturwissenschaftler (25,4%) auf den Plätzen vier bis sechs. Als abgeschlagene Schlusslichter stehen Geisteswissenschaftler (30,0%) und Juristen (40,5%) am Ende der Liste. Für die hohe Arbeitslosenquote der Geisteswissenschaftler spielt der faktische Einstellungsstop für Lehrer eine Rolle. Die hohe Juristenarbeitslosigkeit wird dadurch erklärbar, dass die Betroffenen erst kurz vor dem Befragungstermin ihr zweijähriges Pflichtpraktikum beendet hatten, und sie darum erst kurze Zeit auf Arbeitssuche gewesen waren. Gleiches gilt für Absolventen der Medizin, die nach Studienende einer obligatorischen praxisorientierten Weiterbildung nachgehen, die ihrerseits häufig kurz vor dem Befragungstermin endet, so dass auch hier der Zeitpunkt der Befragung in den Zeitraum zwischen Ende der Weiterbildung und erster Anstellung fällt.

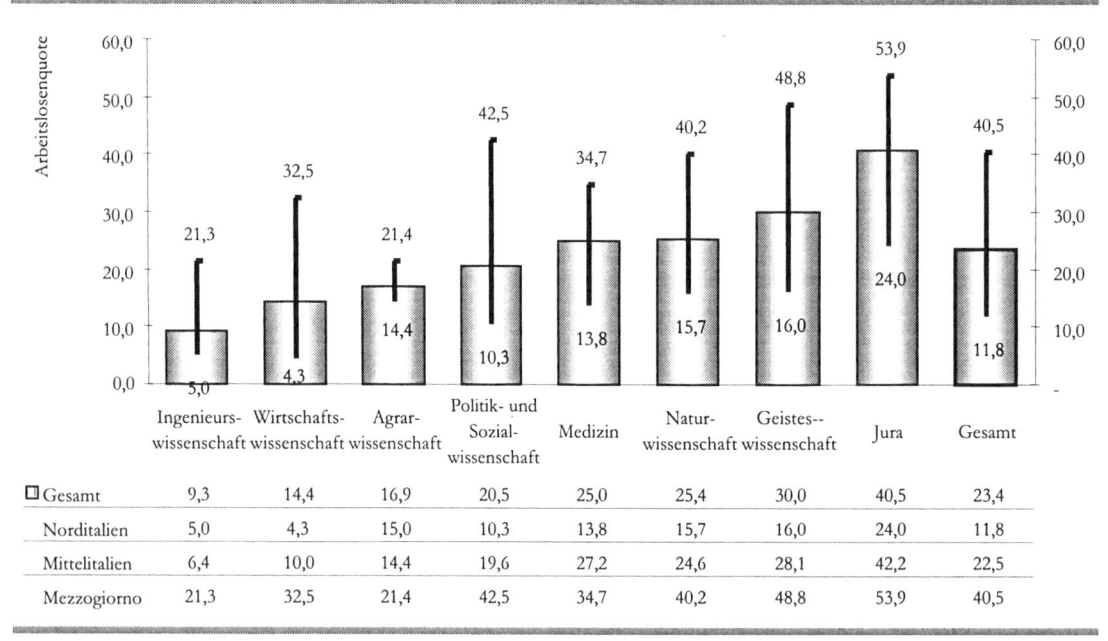

	Ingenieurs-wissenschaft	Wirtschafts-wissenschaft	Agrar-wissenschaft	Politik- und Sozialwissenschaft	Medizin	Natur-wissenschaft	Geistes-wissenschaft	Jura	Gesamt
Gesamt	9,3	14,4	16,9	20,5	25,0	25,4	30,0	40,5	23,4
Norditalien	5,0	4,3	15,0	10,3	13,8	15,7	16,0	24,0	11,8
Mittelitalien	6,4	10,0	14,4	19,6	27,2	24,6	28,1	42,2	22,5
Mezzogiorno	21,3	32,5	21,4	42,5	34,7	40,2	48,8	53,9	40,5

Abbildung 13: Regionale Unterschiede der Arbeitslosenquoten 1998 italienischer Hochschulabsolventen des Jahres 1995 nach Fachbereichen

Datenquelle: ISTAT - Inserimento professionale dei laureati : Indagine 1998; Berechnung und Darstellung H. Jahnke 2004.

Neben den Differenzen der Arbeitslosenquoten zwischen den Fachbereichen variieren – unabhängig vom jeweiligen Niveau der Arbeitslosigkeit in den Fachbreichen – die Arbeitslosenquoten auch zwischen den drei Landesteilen. Am geringsten sind die Differenzen bei den Agrarwissenschaftlern, den Ingenieuren und den Medizinern, also den Studienabschlüssen, die unmittelbar berufsqualifizierend sind. Das Wissen, welches in diesen Studiengängen vermittelt wird, weist einen unmittelbaren Anwendungsbezug auf und ist in seiner Gültigkeit weitgehend kontextungebunden. Hierzu zählen auch einige der Naturwissenschaften, beispielsweise Biologie und Physik, deren Arbeitslosenquoten ebenfalls relativ geringfügig zwischen Norden und Süden variieren.

Die größten Differenzen zwischen Norditalien und dem Mezzogiorno treten hingegen bei den Wirtschaftswissenschaften, den Politik- und Sozialwissenschaften sowie den Geisteswissenschaften und Jura auf, also gerade denjenigen Wissensformen, die am stärksten auf der Symbolebene der Wissensökonomie agieren und deren Wert somit in besonderer Weise an einen sozial konstruierten kulturellen Kontext gebunden ist. Dies sind die Formen des Wissens, denen von den Wissensgesellschaften ein steigendes Maß an Produktivität zugeschrieben wird.

Trotz augenfälliger Disparitäten der Arbeitslosigkeit zwischen den Fachbereichen fallen die regionalen Unterschiede der Arbeitslosigkeit noch stärker ins Gewicht. Nimmt man den Sonderfall der hohen Juristenarbeitslosigkeit aus dem Vergleich heraus, so zeigt sich, dass selbst in den Fächern, die im Mezzogiorno die niedrigste Arbeitslosigkeit aufweisen, die Arbeitslosenquoten immer noch deutlich oberhalb der höchsten in Norditalien liegen. Beispielsweise ist die Arbeitslosigkeit der Ingenieure im Mezzogiorno mit 21,3% deutlich höher als diejenige der Geisteswissenschaftler in Norditalien mit 16,0%.

2.2.4.4 Regionale Disparitäten der Beschäftigung von Hochschulabsolventen

Die Unterschiede zwischen Süd- und Norditalien werden noch deutlicher, wenn man die Situation in den einzelnen Regionen näher betrachtet. Denn hier zeigt sich, dass die regionalen Disparitäten der Jungakademikerarbeitslosigkeit sehr viel stärker ausgeprägt sind als diejenigen der Akademiker- oder der allgemeinen Arbeitslosigkeit.

Auf den ersten Blick erkennbar ist der Anstieg der Arbeitslosenquoten von Norden nach Süden mit Werten zwischen 9,1% in der Lombardei und in Friuli Venezia Giulia bis hin zu den Problemregionen des Südens mit über 40% Arbeitslosigkeit, wie in Molise, Kampanien, Basilikata und Kalabrien. Bemerkenswert ist bei dieser Darstellung, dass auch auf der Ebene der Regionen eindeutige Sprünge zwischen den drei Landesteilen erkennbar werden. In Norditalien sind die Arbeitslosenquoten der Hochschulabsolventen durchgängig unterhalb von 17%, alle Regionen Mittelitaliens haben Werte zwischen 20% und 26%, wohingegen alle Regionen des Mezzogiorno Arbeitslosenquoten von über 35% aufweisen. Die höchsten Werte treten in den Regionen Molise (47,5%) und Kalabrien (45,3%) auf. Innerhalb des Mezzogiorno ist die Jungakademikerarbeitslosigkeit in der ‚Grenzregion' Abruzzen und in den beiden Inseln Sizilien und Sardinien mit Werten zwischen 35% und 37% noch relativ gemäßigt.

Ein umgekehrtes Bild zeigt sich bei den Erwerbstätigenquoten. In allen Regionen des Mezzogiorno liegt der Anteil der Beschäftigten unter 60% mit einem Minimum in Molise von 48,6% und einem Maximum in Sardinien und Sizilien mit 59,4% bzw. 59,6%, wohingegen sie in den norditalienischen Regionen flächendeckend über 75% liegt. Die höchste Erwerbstätigenquote findet man im Veneto mit 87,8% sowie in der Lombardei mit 85,1%. In allen zentralitalienischen Regionen gehen fast drei Viertel der Befragten einer Beschäftigung nach: die Werte variieren zwischen 70,3% in Umbrien und 73,2% in der Toskana.

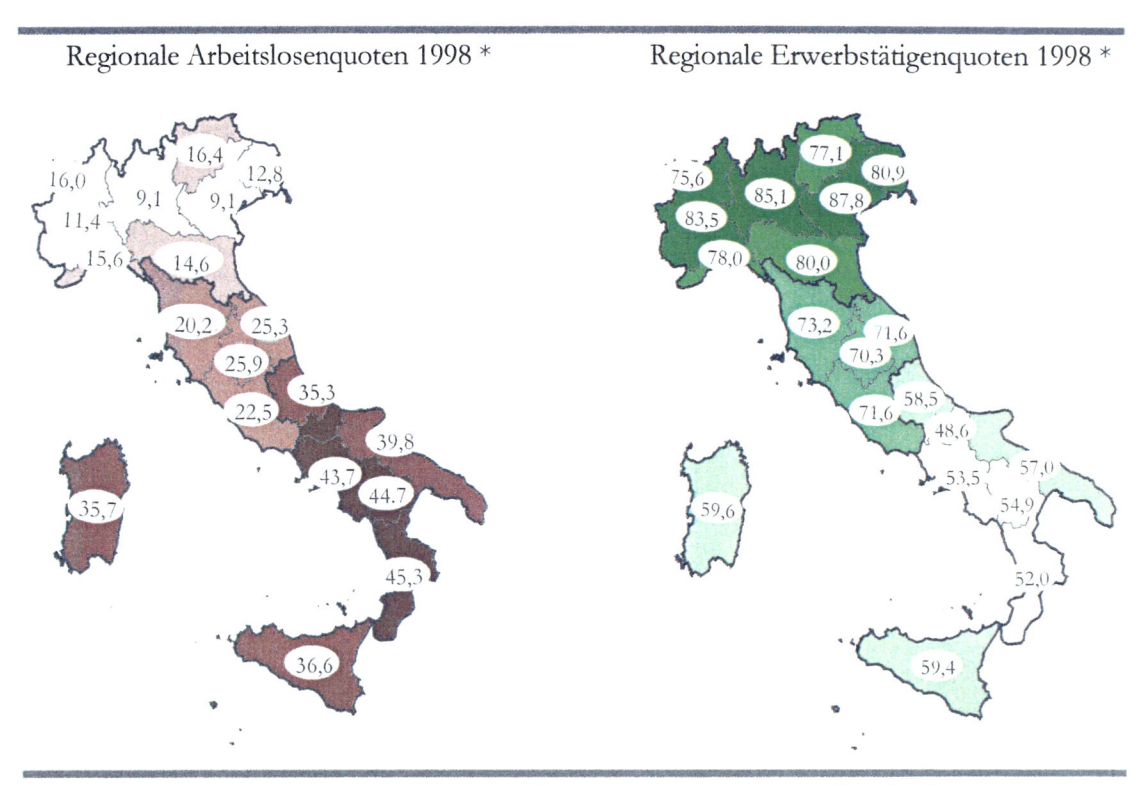

Regionale Arbeitslosenquoten 1998 *	Regionale Erwerbstätigenquoten 1998 *

Karte 5: Arbeitslosigkeit und Erwerbstätigkeit der italienischen Hochschulabsolventen des Jahres 1995 im Jahr 1998* (Prozentwerte)

* die Zuordnung zu den Regionen erfolgt nach dem Wohnsitz im Jahr 1998
Datenquelle: ISTAT - Inserimento professionale dei laureati : Indagine 1998; Auswertung und Kartographie H. Jahnke 2004.

2.2.4.5 Qualitative Merkmale der Erwerbsunterschiede zwischen den drei Landesteilen

Die regionalen Disparitäten der Erwerbstätigkeit zeigen sich aber nicht allein im Anteil der Beschäftigten, sondern auch bezüglich der qualitativen Merkmale der Beschäftigungsverhältnisse selbst. Denn neben der geringen Erwerbstätigkeit junger Hochschulabsolventen im Mezzogiorno erweist sich auch die durchschnittliche Qualität der Arbeitsverhältnisse gegenüber denjenigen in Norditalien als weniger befriedigend.

Der Anteil der angestellt Beschäftigten ist im Mezzogiorno sehr viel geringer als in Mittelitalien (54,7%) und in Norditalien (60,9%). Hinzu kommt, dass innerhalb der Gruppe der Angestellten im Mezzogiorno etwa zwei Fünftel einen befristeten Vertrag haben, wohingegen in Norditalien nur ein Viertel befristet angestellt sind. Der Anteil der Selbständigen ist im Mezzogiorno mit 41,1% aller Beschäftigten höher als in Mittelitalien (35,7%) und in Norditalien (32,5%), derjenige der unregelmäßig Beschäftigten ist innerhalb der Gruppe der beschäftigten Absolventen mit 13,0% im Mezzogiorno fast doppelt so hoch wie in Norditalien mit 6,7% (Mittelitalien 9,6%). Hierzu zählen Beschäftigte, die innerhalb eines bestehenden Arbeitsvertrages nur saisonal oder gelegentlich arbeiten und solche ohne Arbeitsvertrag. Zudem ist der Anteil der Vollzeitbeschäftigten in Norditalien mit 89,1% deutlich höher als in Mittelitalien (82,5%) und im Mezzogiorno (75,1%).

Der Anteil der Angestellten im öffentlichen Dienst nimmt von Süden nach Norden ab. Während im Mezzogiorno nahezu die Hälfte (46,1%) aller Angestellten im öffentlichen Dienst arbeitet, liegt deren Anteil in Mittelitalien (39,4%) und in Norditalien (28,7%) deutlich darunter. Die Schlussfolgerung, dass der öffentliche Dienst im Süden mehr Absolventen einstellen würde als im Norden, ist jedoch nur bedingt richtig, denn bezogen auf die Grundgesamtheit aller Absolventen im jeweiligen Landesteil sind im Mezzogiorno lediglich 12,9% im öffentlichen Dienst beschäftigt, in Norditalien jedoch 14,8% und in Mittelitalien sogar 16,2%. Somit zeigt sich, dass die schlechte Beschäftigungssituation im Mezzogiorno zwar im wesentlichen durch einen relativen Mangel an privatwirtschaftlichen Arbeitsplätzen bedingt ist, gleichzeitig aber durch die geringere Einstellung im öffentlichen Dienst noch zusätzlich verstärkt wird.

Auch das durchschnittliche Nettoeinkommen steigt von den beiden Inseln bis nach Norditalien kontinuierlich an. Den Angaben des ISTAT zufolge liegt der durchschnittliche Nettomonatslohn der befragten Vollzeitbeschäftigten auf den Inseln bei ca. 904 Euro (1.808 Tsd. Lire), in Süditalien bei 918 Euro (1.836 Tsd. Lire), in Mittelitalien bei ca. 988 Euro (1.973 Tsd. Lire), in Nordostitalien bei 1022 Euro (2.043 Tsd. Lire) und in Nordwestitalien bei 1057 Euro (2.115 Tsd. Lire). Beispielsweise verdienen im Mezzogiorno mehr als ein Viertel der Vollzeitbeschäftigten unter 750 Euro (1.500 Tsd. Lire) monatlich, während in Norditalien nur etwa 15% in diese Lohnkategorie fallen. Umgekehrt verdienen auf den Inseln nur 3,6% aller Vollzeitbeschäftigten über 1500 Euro (3 Mio. Lire) pro Monat, in Nordwestitalien sind es 7,1% (vgl. ISTAT 2000: 150, Tav. 3.7).

Nord-Süd-Unterschiede weist auch die Allokation der jungen Hochschulabsolventen auf dem regionalen Arbeitsmarkt auf. Denn von den 14.348 Beschäftigten mit Wohnsitz im Mezzogiorno haben lediglich 45% eine Stelle, die dem eigenen Hochschulabschluss entspricht, und somit – zumindest formal – einen adäquaten Arbeitsplatz gefunden; dieser Wert liegt mit 37,1% und 36,0% in Mittel- und Norditalien sogar noch deutlich darunter. Entsprechend höher ist in diesen beiden Landesteilen auch der Anteil derjenigen Absolventen mit einem Arbeitsplatz, für den formal kein Hochschulabschluss notwendig ist (beide ca. 34%); im Mezzogiorno liegt dieser Wert mit 29,8% etwas niedriger. Die naheliegende Schlussfolgerung, dass der unsichtbare Brain waste durch die Annahme einer Beschäftigung unterhalb des eigentlichen Qualifikationsniveaus im Mezzogiorno niedriger ausfällt als in den anderen Landesteilen, ist jedoch nur bedingt zulässig, denn bezogen auf die Gesamtheit der Absolventen ist der Anteil derjenigen, die einen ausbildungsadäquaten Arbeitsplatz haben, in Norditalien am höher.

Die analysierten Daten belegen, dass die regionalen Disparitäten des Arbeitsmarktes für junge Hochschulabsolventen drei Jahre nach dem Hochschulabschluss ein Ausmaß aufweisen, welches weit über demjenigen des allgemeinen Arbeitsmarktes liegt.

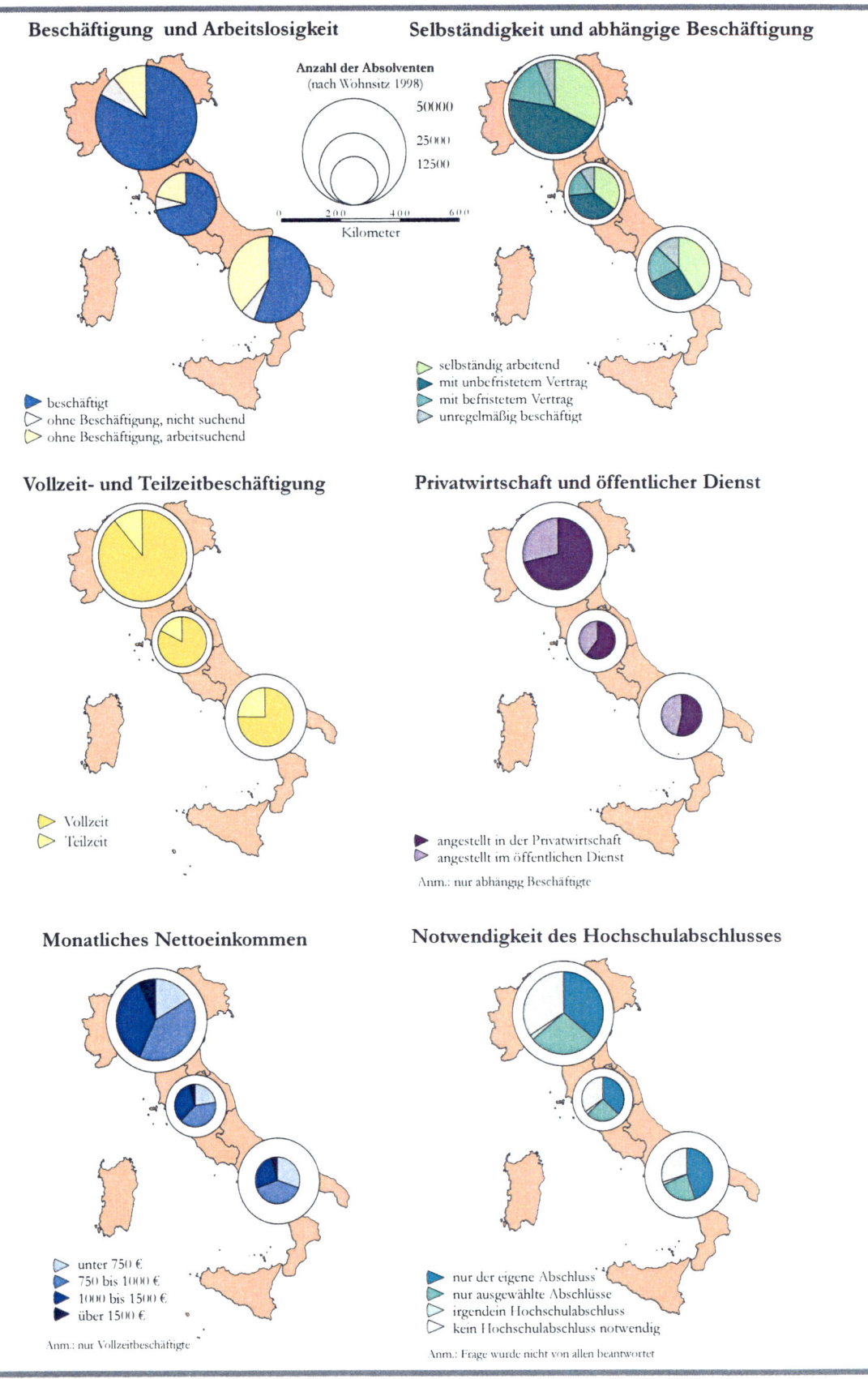

Beschäftigung und Arbeitslosigkeit

Anzahl der Absolventen (nach Wohnsitz 1998)
- 50000
- 25000
- 12500

0   200   400   600
Kilometer

▶ beschäftigt
▷ ohne Beschäftigung, nicht suchend
▷ ohne Beschäftigung, arbeitsuchend

Selbständigkeit und abhängige Beschäftigung

▷ selbständig arbeitend
▶ mit unbefristetem Vertrag
▶ mit befristetem Vertrag
▷ unregelmäßig beschäftigt

Vollzeit- und Teilzeitbeschäftigung

▷ Vollzeit
▷ Teilzeit

Privatwirtschaft und öffentlicher Dienst

▶ angestellt in der Privatwirtschaft
▶ angestellt im öffentlichen Dienst

Anm.: nur abhängig Beschäftigte

Monatliches Nettoeinkommen

▷ unter 750 €
▶ 750 bis 1000 €
▶ 1000 bis 1500 €
▶ über 1500 €

Anm.: nur Vollzeitbeschäftigte

Notwendigkeit des Hochschulabschlusses

▶ nur der eigene Abschluss
▶ nur ausgewählte Abschlüsse
▷ irgendein Hochschulabschluss
▷ kein Hochschulabschluss notwendig

Anm.: Frage wurde nicht von allen beantwortet

Karte 6: Beschäftigungsverhältnisse der italienischen Hochschulabsolventen des Jahres 1995 im Jahr 1998 in den drei Landesteilen

Datenquelle: ISTAT - Inserimento professionale dei laureati : Indagine 1998; Auswertung und Kartographie H. Jahnke 2004.

Dies zeigt sich zum einen in der Diskrepanz zwischen den Arbeitslosenquoten und den Erwerbtätigenquoten Nord- und Süditaliens, die am Ende der 1990er Jahre tendenziell auseinander gleiten und sich in einzelnen Fachbereichen besonders zuspitzen, und wird zum anderen noch durch die unterschiedliche Qualität der Beschäftigungsverhältnisse in den verschiedenen Landesteilen verstärkt. Lediglich etwas mehr als die Hälfte der befragten Hochschulabsolventen im Mezzogiorno gehen einer Erwerbsarbeit nach. Gerade einmal etwa jeder Vierte hat einen unbefristeten Arbeitsvertrag, ein Viertel ist teilzeitbeschäftigt, viele Absolventen arbeiten als Selbstständige. Darüber hinaus ist das durchschnittliche Lohnniveau im Süden deutlich geringer als in Norditalien.

2.2.5 ZUSAMMENFASSUNG

Trotz einer relativen Akademikerknappheit bringt im internationalen Vergleich der Hochschulabschluss in Italien zunächst keine statistisch signifikanten Vorteile auf dem Arbeitsmarkt mit sich. Auch die Akademisierung der italienischen Erwerbsbevölkerung in den 1990er Jahren hat weder zu einem entsprechenden Abbau der Akademikerarbeitslosigkeit geführt, noch den Eintritt junger Hochschulabsolventen in den Arbeitsmarkt signifikant erleichtert. Lediglich die Tendenzen am Ende der 1990er Jahre lassen diesbezüglich erste Anzeichen einer positiven zukünftigen Entwicklung erkennen.

Der Umstrukturierungsprozess auf dem italienischen Arbeitsmarkt in den 1990er Jahren hat einen erheblichen qualitativen Austausch der erwerbstätigen Bevölkerung mit sich gebracht, dessen wichtigste Merkmale die Feminisierung, die Akademisierung und die regionale Verschiebung der Beschäftigung aus dem Mezzogiorno nach Norditalien sind. Während die erste Hälfte der 1990er Jahre einen landesweiten Beschäftigungsabbau und damit verbunden einen erheblichen Anstieg der Arbeitslosigkeit vor allem im Mezzogiorno mit sich brachte, fand der Beschäftigungszuwachs der zweiten Hälfte der 1990er Jahre überproportional im Segment der Akademiker, vor allem der Akademikerinnen und mit einem regionalen Schwerpunkt in Norditalien statt. Die daraus resultierende zunehmende Divergenz der Entwicklung der regionalen Arbeitsmärkte hat somit nicht nur auf dem allgemeinen Arbeitsmarkt sondern auch im Segment des Akademikerarbeitsmarktes stattgefunden.

Als Problemgruppe des italienischen Arbeitsmarktes bleiben die jungen Akademiker, deren Arbeitslosigkeit im internationalen Vergleich den höchsten Wert aller OECD-Länder aufweist. Die Entwicklungen in den 1990er Jahren zeigen auch hier eine Parallelität zum Verlauf der allgemeinen Arbeitslosigkeit bzw. der Akademikerarbeitslosigkeit, mit einem Höhepunkt in der Mitte der 1990er Jahre und einem anschließenden Rückgang bei gleichzeitig steigenden regionalen Disparitäten zwischen Nord- und Süditalien. Die regionalen Unterschiede der Erwerbsbedingungen weisen im Segment der Jungakademiker ein sehr viel höheres Ausmaß auf, als in anderen Teilsegmenten, was zudem in einzelnen Fachbereichen besonders ausgeprägt ist. Diese Disparitäten bestehen jedoch nicht nur bezüglich des Anteils der Arbeitslosen und der

Erwerbstätigen, sondern auch bezüglich der qualitativen Merkmale der Beschäftigungsverhältnisse, die sich in Norditalien durch mehr Stabilität und höhere Löhne auszeichnen.

Angesichts divergierender Arbeitsmärkte in den 1990er Jahren stellt sich auch die Frage nach den Konsequenzen für das zu erwartende Migrationsverhalten. Die modellhafte Segmentierung des Arbeitsmarktes in einen Akademikerarbeitsmarkt und einen Jungakademikerarbeitsmarkt für junge Hochschulabsolventen suggeriert unterschiedliche Migrationspotentiale für diese beiden Gruppen: Denn während die Zahlen zur Erwerbssituation der Akademiker ein eher geringes Migrationspotential vermuten lassen, ist bei den jungen Hochschulabsolventen eine starke Wanderungsbewegung von den Regionen des Mezzogiorno nach Norditalien zu erwarten.

2.3 REGIONALE MUSTER DER RÄUMLICHEN MOBILITÄT ITALIENISCHER AKADEMIKER IN DEN 1990ER JAHREN

Die festgestellten Arbeitsmarktdisparitäten in Italien lassen eine erhöhte räumliche Mobilität italienischer Akademiker und hierbei besonders eine Abwanderung aus den Regionen des Mezzogiorno erwarten. Dies gilt in besonderem Maße für junge Hochschulabsolventen, die sich zum einen in einer Übergangssituation zwischen zwei Lebensphasen befinden, zum anderen aber auch aufgrund ihres Alters und Bildungsniveaus eine höhere Mobilitätsbereitschaft erwarten lassen. Wie die interdisziplinäre Migrationsforschung jedoch gezeigt hat, finden die aktuellen Phänomene räumlicher Mobilität gerade im Segment der Hochqualifizierten teilweise im Schatten der klassischen Wanderungsstatistiken statt, da es sich bei ihnen häufig um sogenannte „transients" handelt, die weder mit dem Begriff der Emigranten, noch mit dem Begriff der Pendler adäquat beschrieben werden. Für eine Quantifizierung des Phänomens der Akademikerwanderung erscheint es daher ratsam, die offiziellen Migrationsstatistiken durch Daten anderer Erhebungen zu ergänzen.

Bevor in diesem Kapitel die regionalen Muster räumlicher Mobilität von Akademikern und Hochschulabsolventen untersucht werden, wird zunächst die Verlässlichkeit und Aussagekraft der benutzten Statistiken geprüft. Vor diesem Hintergrund werden anschließend die Außen- und Binnenwanderungen von Akademikern zunächst anhand der An- und Abmeldungen in den Einwohnermeldeämtern betrachtet, bevor die Daten der letzten verfügbaren Absolventenbefragung für junge Hochschulabsolventen analysiert werden.

2.3.1 ZUR VERLÄSSLICHKEIT ITALIENISCHER MIGRATIONSSTATISTIKEN

Wenngleich die Daten der Veröffentlichung *Movimento migratorio della popolazione residente: Iscrizioni e cancellazioni anagrafiche* grundsätzlich eine gute Quelle für die Wanderungsforschung darstellen, muss bei ihrer Verwendung bedacht werden, dass die

Einwohnermeldeämter nur die An- und Abmeldungen, also die ‚de jure'-Verlagerung des Wohnsitzes (*residenza anagrafe*) registrieren. Generell ist die Meldedisziplin in Italien aber recht schwach. Wenngleich die *residenza anagrafe* - wie auch der Erstwohnsitz in Deutschland – gesetzlich an den ‚gewöhnlichen Aufenthaltsort' gebunden ist, melden sich viele Italiener nach dem Umzug in eine andere Region nicht an ihrem neuen Aufenthaltsort an. Ein Grund für dieses Verhalten ist darin zu suchen, dass die ordnungsgemäße Ummeldung in den Einwohnermeldeämtern (*Uffici di anagrafe*) mit einem erheblichen bürokratischen Aufwand verbunden ist. Zudem üben die Städte und Gemeinden - im Gegensatz zur gängigen Praxis in Deutschland - in der Regel keinen Anmeldungsdruck auf die Zugezogenen aus, so dass eine Unterlassung ohne nachteilige Folgen für die Betroffenen bleibt. Der melderechtliche Wohnsitz - die *residenza* - verbleibt somit häufig am Ort des Familienhauptsitzes. Daher erscheint ein beträchtlicher Teil der tatsächlich stattfindenden interregionalen und internationalen Wanderungen gerade junger Menschen nicht in den Statistiken.

Nach Auskunft mehrerer befragter Hochschulabsolventen aus Sizilien ist es gängige Praxis, den melderechtlichen Wohnsitz erst dann zu verlagern, wenn dazu eine formale Notwendigkeit besteht bzw. die Ummeldung dem Zugewanderten unmittelbare Vorteile am Aufenthaltsort verschafft. Ein Beispiel hierfür kann die Beschränkung bei der Vergabe von festen Stellen im öffentlichen Dienst („*il posto*") durch lokale Arbeitsämter (*ufficio di collocamento*) sein, die über die Listen des „*collocamento*" lediglich an „*residenti*" erfolgt. Für diese Fälle kann es schon in der Arbeitssuchphase durch Anmeldung bei Verwandten im Norden zu ‚strategischen Wohnsitzverlagerungen' kommen, ohne dass ein tatsächlicher Umzug erfolgen würde.

Eine Interviewpartnerin (Person 32) berichtet von ihrem Bruder, der nach dem Studienabschluss in Forstwissenschaft zwei Jahre ohne tatsächliche Beschäftigung in Sizilien war. Auf Anraten seiner Familie hat er anschließend seinen Wohnsitz nach Biella in Norditalien verlegt, wo bereits ein weiterer Bruder lebt und verheiratet ist. Damit konnte er auch über das lokale Arbeitsamt (*ufficio di collocamento*) in Biella vermittelt werden und hat binnen weniger Monate eine Reihe sehr unterschiedlicher Aushilfsjobs als Fabrikarbeiter und in einem Schulsekretariat bekommen, bevor er schließlich eine Stelle als Lehrer in einer Schule in Biella gefunden hat.

Darüber hinaus können auch scheinbare Kleinigkeiten, wie etwa die exklusive Vergabe von Parkausweisen in der römischen Innenstadt an '*residenti*', für den Gang zum Einwohnermeldeamt ausschlaggebend sein (Person 34).

Zudem gibt es aber gerade für junge Menschen aus dem Mezzogiorno Gründe, auch nach einem Umzug nach Norditalien die ‚*residenza*' in der eigenen Region zu behalten. Denn gerade in den letzten Jahren hat es eine Häufung von öffentlich finanzierten Programmen zur Weiterbildung, Mobilitätsförderung, Arbeitsbeschaffung oder Unternehmensgründung gegeben, welche zur Entwicklung des wirtschaftsschwachen Mezzogiorno bzw. der Ziel 1-Regionen der europäischen Union exklusiv für '*residenti*' des Mezzogiorno aufgelegt wurden. Hinzu kommen für die Regionen mit Sonderstatus - insbesondere Sizilien - weitere regionalspezifische Förderprogramme, bei denen die Teilnahme ebenfalls an den Wohnsitz in der Region gebunden sind.

Wenngleich die Diskrepanz zwischen faktischer Wohnortverlagerung und statistischer Migration in Italien als Problem bekannt ist, gibt es bislang nur wenige verlässliche Schätzungen über deren Ausmaß[46]. Aus pragmatischen Gründen - und mangels besserer Quellen - werden die gemeldeten Wohnsitzverlagerungen (*Iscrizioni e cancellazioni anagrafiche*) weiterhin als Datengrundlage für das Wanderungsgeschehen benutzt. Gerade bei den hochqualifizierten Migranten vermutet Montanari jedoch eine zunehmende Ungenauigkeit der Migrationsstatistiken, da die *skilled migration* – im Gegensatz zur klassischen Übersee- und letztendlich auch Gastarbeiterwanderung – in besonderem Maße von den Migranten als temporäre Verlagerung des Arbeitsortes verstanden wird und folglich eine Aufgabe des heimatlichen Wohnsitzes um so seltener erfolgt (vgl. MONTANARI 1993a: 725).

Dieser Qualitätsmangel der Wanderungsdaten konnte auf der Basis einer Individualdatenanalyse der Absolventenbefragung des Jahres 1998 durch das ISTAT für die Gruppe der beschäftigten Jungakademiker geschätzt werden. In der genannten Befragung wurde nämlich sowohl die Region des aktuellen Arbeitsplatzes (*regione sede del lavoro*) als auch die Region des aktuellen (melderechtlichen) Wohnsitzes (*regione di residenza*) erfragt. Durch einen Vergleich beider Angaben sind Aussagen über die Meldedisziplin der befragten Absolventen möglich. In Tabelle 5 wurde eine ‚Meldequote' berechnet, die aussagt, wie viel Prozent der ‚Arbeitsmigranten' auch ihren amtlichen Wohnsitz (*residenza*) in der Region des Arbeitsplatzes angemeldet haben. Berücksichtigt werden dabei lediglich Absolventen, die zum Zeitpunkt der Befragung außerhalb ihrer Herkunftsregion arbeiten. Absolventen, die in ihrer ursprünglichen Herkunftsregion beschäftigt sind, und solche ohne regelmäßige Erwerbsbeschäftigung werden in der Tabelle nicht erfasst.

Insgesamt arbeitet von den ca. 105.000 Hochschulabsolventen des Jahres 1995 drei Jahre später mehr als jeder Zehnte (11.630) in einer anderen Region als seiner Heimatregion, von denen wiederum etwa einer von zehn (1.155) im Ausland beschäftigt ist. Die weitergehende Datenanalyse zeigt jedoch, dass unter den arbeitsplatzbedingten interregionalen oder internationalen Wanderungen insgesamt lediglich in 43% (4.986 von 11.630) aller Fälle auch eine Verlagerung des Wohnsitzes (*residenza*) erfolgte. Von den 10.475 jungen Absolventen, die im Jahr 1998 innerhalb Italiens, aber außerhalb ihrer ursprünglichen Herkunftsregion arbeiteten, haben lediglich 42% (entspricht 4.378) ihren Wohnsitz umgemeldet. Selbst die Abwanderung in das Ausland war nicht zwangsläufig mit einer Ummeldung verbunden: von den 1.155 italienischen Absolventen, die 1998 außerhalb Italiens arbeiteten, hatte gerade einmal etwas mehr als die Hälfte (53%, entspricht 608) auch den Wohnsitz im entsprechenden Land, wenngleich hierbei nicht gesichert ist, dass gleichzeitig in Italien eine Abmeldung erfolgte.

---

[46] Das ISTAT bemüht sich durch den Vergleich unterschiedlicher Datenquellen um "*regolarizzazioni anagrafiche*", d.h. rechnerische Korrekturen der An- und Abmeldungen, welche jedoch nicht in die veröffentlichten eingehen, sondern lediglich in separaten Tabellen aufgeführt werden (vgl. etwa ISTAT (ed.)(2000): Movimento migratorio della popolazione residente : Iscrizioni e cancellazioni anagrafiche Anno 1996. Roma, S. 9f. und 207-213.

Tabelle 5: Faktische und „administrative" Mobilität der italienischen Hochschulabsolventen des Jahres 1995 zwischen der Herkunftsregion und der Region des Arbeitsplatzes im Jahr 1998*

Herkunft **	Arbeitsplatz zum Zeitpunkt der Befragung (1998)					
	Norditalien	Mittelitalien	Mezzogiorno	Italien	Ausland	Gesamt
Norditalien	3.121	548	150	3.819	645	4.464
Mittelitalien	1.051	488	215	1.754	278	2.032
Mezzogiorno	2.529	1.749	624	4.902	232	5.134
Italien	6.701	2.785	989	10.475	1.155	11.630
Herkunft **	Administrativer Wohnsitz zum Zeitpunkt der Befragung (1998)					
	Norditalien	Mittelitalien	Mezzogiorno	Italien	Ausland	Gesamt
Norditalien	1.150	240	127	1.517	291	1.808
Mittelitalien	404	227	182	813	201	1.014
Mezzogiorno	1.292	551	205	2.048	116	2.164
Italien	2.846	1.018	514	4.378	608	4.986
Herkunft **	‚Meldequote': Übereinstimmung von melderechtlichem Wohnsitz und Arbeitsplatz (1998)					
	Norditalien	Mittelitalien	Mezzogiorno	Italien	Ausland	Gesamt
Norditalien	37%	44%	85%	40%	45%	41%
Mittelitalien	38%	47%	85%	46%	72%	50%
Mezzogiorno	51%	32%	33%	42%	50%	42%
Italien	42%	37%	52%	42%	53%	43%

* nur Beschäftigte und Italiener, die außerhalb der Herkunftsregion arbeiten.
** Wohnsitz vor der Einschreibung an der Universität (*Regione di residenza prima dell'iscrizione all'università*)

Datenquelle: ISTAT, Inserimento professionale dei laureati : Indagine 1998.; Auswertung H. Jahnke 2004.

Wenn bei diesen Zahlen auch Regionsgrenzen überschreitende Pendlereffekte, beispielsweise von einem grenznahen Herkunftsort in der Toskana zu einem nahegelegenen Arbeitsplatz in der Emilia Romagna, eine gewisse Verzerrung verursachen mögen, so ist diese statistische Ungenauigkeit bei den Absolventen aus dem Mezzogiorno, die in Norditalien arbeiten, definitiv auszuschließen. Doch auch in dieser Gruppe von 2.529 Absolventen aus Süd- und Inselitalien waren lediglich 51% (1.292) mit ihrem Wohnsitz in Norditalien gemeldet. Demgegenüber bewiesen die 150 „Norditaliener", die drei Jahre nach Studienabschluss im Mezzogiorno arbeiten, mit einer Meldequote von 85% eine stärkere Meldedisziplin.

Trotz aller Einschränkungen belegen die Statistiken, dass die „Meldequote" junger mobiler Universitätsabsolventen nicht einmal 50% erreicht. Somit bestätigt sich die Vermutung Montanaris, dass die amtlichen Wanderungsstatistiken auf der Basis der Erfassung durch die Einwohnermeldeämter sowohl bei der Binnen- als auch bei der Außenmigration zumindest bei den Akademikern als viel zu niedrig einzustufen sind. Vor dem Hintergrund, dass die jenseits der Statistiken stattfindende faktische Mobilität vermutlich etwa doppelt so hoch ist, wie sie in den Statistiken erscheint, sind auch die folgenden Zahlen zur italienischen Akademikermobilität zu betrachten[47].

2.3.2 REGIONALE MUSTER DER JÜNGEREN AUSSEN- UND BINNENMIGRATION VON AKADEMIKERN IN ITALIEN

Akademiker weisen bei einer Betrachtung des aktuellen Wanderungsgeschehens der italienischen Bevölkerung statistisch eine überdurchschnittliche räumliche Mobilität auf, wie eine zusammenfassende Betrachtung der Binnen- und Außenwanderungen dieser Gruppe im Zeitraum 1996 bis 1999 dokumentiert. Mit jährlich durchschnittlich 71 interregionalen und internationalen Wohnsitzwechseln pro 10.000 Akademikern in der Wohnbevölkerung liegt deren Migrationshäufigkeit über derjenigen der Gesamtbevölkerung, die durchschnittlich pro Jahr lediglich 52 ausmachen[48]. In beiden Fällen werden die Mobilitätsziffern vor allem von der Binnenmigration getragen, deren Ausmaß weit über demjenigen der Außenmigration liegt. Hierbei ergeben sich innerhalb des kurzen Zeitraums von nur vier Jahren beträchtliche Schwankungen, welche die Identifikation eindeutiger Tendenzen erschweren.

Tabelle 6: Mobilitätsziffern der italienischen Bevölkerung zwischen 1996 und 1999 (Akademiker und Gesamtbevölkerung)

Mobilitätsziffern (pro 10.000 Akademiker/ Einwohner*>14 Jahre)	1996	1997	1998	1999	Durchschnitt 1996-99
Akademiker (nur Italiener)	83	95	97	39	71
Interregionale Mobilität	72	84	89	25	61
Internationale Mobilität	11	11	7	14	10
Gesamtbevölkerung (nur Italiener >14 Jahre)	53	48	50	54	52
Interregionale Mobilität	48	43	44	46	46
Internationale Mobilität	6	6	6	8	6

* die verwendeten Statistiken beziehen sich lediglich auf die italienische Bevölkerung.

Datenquelle: ISTAT - Movimento migratorio della popolazione residente; Berechnung H. Jahnke 2004.

Bezogen auf die interregionale Mobilität haben in den Jahren 1996 bis 1998 von 10.000 Akademikern zwischen 72 und 89 ihren Wohnsitz in eine andere Region Italiens verlegt. Der deutliche Anstieg der interregionalen Umzugszahlen wurde durch einen plötzlichen

---

[47] Inwieweit sich die Ergebnisse aus der Untersuchung der jungen Absolventen nicht nur auf Akademiker, sondern auch auf alle anderen Migranten übertragen lassen, kann an dieser Stelle nicht geklärt werden.

[48] GANS/KEMPER (2003: 16) weisen darauf hin, dass die überdurchschnittliche Wanderung von Akademikern in Deutschland auch der Altersstruktur der Wandernden geschuldet ist, da beispielsweise bei den Fortzügen aus den neuen Bundesländern die Altersgruppe der 18 bis 30jährigen überrepräsentiert ist. In dieser Altergruppe liegt auch der Akademikeranteil höher als im Bevölkerungsdurchschnitt. Für die hier untersuchte Binnenmigration der Italiener lässt sich die gleiche Vermutung anstellen, so dass die Zahlenverhältnisse relativiert werden müssen. Die Grundaussage behält jedoch weiterhin ihre Gültigkeit.

Mobilitätsrückgang im Jahr 1999 unterbrochen, der die Mobilitätsziffer der Akademiker mit 39 sogar unter den italienischen Durchschnitt fallen lässt[49].

Die internationalen Akademikerwanderungen blieben von diesem Ereignis offensichtlich unberührt, da sich hier im gleichen Jahr 1999 sogar ein sprunghafter Anstieg der Akademikerabwanderung erkennen lässt: während jährlich von 10.000 Akademikern durchschnittlich zehn das Land verließen, war nach einem Mobilitätsrückgang im Jahr 1998 auf 7 im Folgejahr 1999 sogar eine deutlich gestiegene Mobilität auf 14/10.000 Akademiker zu beobachten.

Trotz ihrer - im Vergleich zum Bevölkerungsdurchschnitt - privilegierten Position auf dem italienischen Arbeitsmarkt zeigten die Akademiker somit am Ende der 1990er Jahre eine überdurchschnittliche Wanderungsbereitschaft. Die These, dass mit steigendem formalen Bildungsniveau auch der potentielle Aktionsradius und somit die Mobilitätsbereitschaft zunimmt, wird somit bestätigt.

2.3.2.1 Internationale Akademikermigration

In absoluten Zahlen und unter Einbeziehung der Akademikerzuzüge zeigen sich bei den Akademikerwanderungen zwischen Italien und dem Ausland in den 1990er Jahren unterschiedliche Wellen, die nicht nur die Fortzüge, sondern auch die Zuzüge betreffen. Nachdem die Zahl der Fortzüge im Jahr 1989 noch bei 3.191 gelegen hatte, stellte sich zunächst eine zweijährige Phase der Stabilisierung ein, der ab 1992 erneut ein Anstieg bis zur Mitte der 1990er Jahre folgte. Vergleichbar der allgemeinen Migrationsentwicklung führten auch bei den Akademikern die Krisenjahre 1992 bis 1994 zu einer verstärkten Abwanderung in das Ausland. Der erneute Rückgang der Abwanderungszahlen setzte 1996 ein und dauerte bis 1998, als lediglich 2.033 Akademiker Italien verließen. Schließlich folgte 1999 ein Fortzug bislang ungekannten Ausmaßes (minus 4.158 Akademiker). Inwieweit diese jüngsten Zahlen Ausdruck einer neuen Emigrationswelle sind, welche sich in den kommenden Jahren noch verstärken wird, oder lediglich statistische Artefakte, werden erst die Daten der folgenden Jahre zeigen können.

Auf der Seite der Zuwanderer mit einem akademischen Titel zeigt Abbildung 14 zwischen 1995 und 1996 einen Einbruch der Zahlen von 7.002 auf 1.983, der darin begründet liegt, dass seit 1996 nur noch italienische Staatsbürger nach ihrem Bildungsabschluss erfasst werden. Ein Vergleich der beiden Übergangsjahre lässt vermuten, dass bis 1995 etwa zwei Drittel der Zuwanderung von Akademikern nichtitalienischer Herkunft getragen wurden, wohingegen bei den Abwanderungen die Gruppe der Ausländer keine erkennbare Rolle spielte.

Für die Wanderungsbilanz bedeutet die (statistische) Beschränkung auf die italienische Bevölkerung den Übergang von einem positiven Wanderungssaldo von fast 4.000 Akademikern (1995) zu einem negativen Wanderungssaldo von -763 (1996), welches sich

---

[49] Die Ursache für diesen Einbruch der Mobilitätsziffer liegt vermutlich im nationalen Lehrer-"concorso" des Jahres 1999 begründet, an dem ein erheblicher Anteil von insbesondere jungen - und somit potentiell mobilen - Akademikern teilnahm.

über die Jahre 1996 bis 1999 zu Wanderungsverlusten von -2.309 Akademikern summiert. Damit wird deutlich, dass zumindest bis 1995 auch in der Bevölkerungsgruppe der Akademiker der Wanderungsüberschuss ein Ergebnis der Zuwanderung von Nichtitalienern war. Reduziert auf die italienischen Akademiker wird hinter den ausgeprägten Jahresschwankungen des Wanderungsvolumens zwischen 1996 und 1999 ein Trend zu verstärkten Wanderungsverlusten erkennbar, die im Jahr 1999 mit 924 einen bescheidenen Tiefpunkt erreichten.

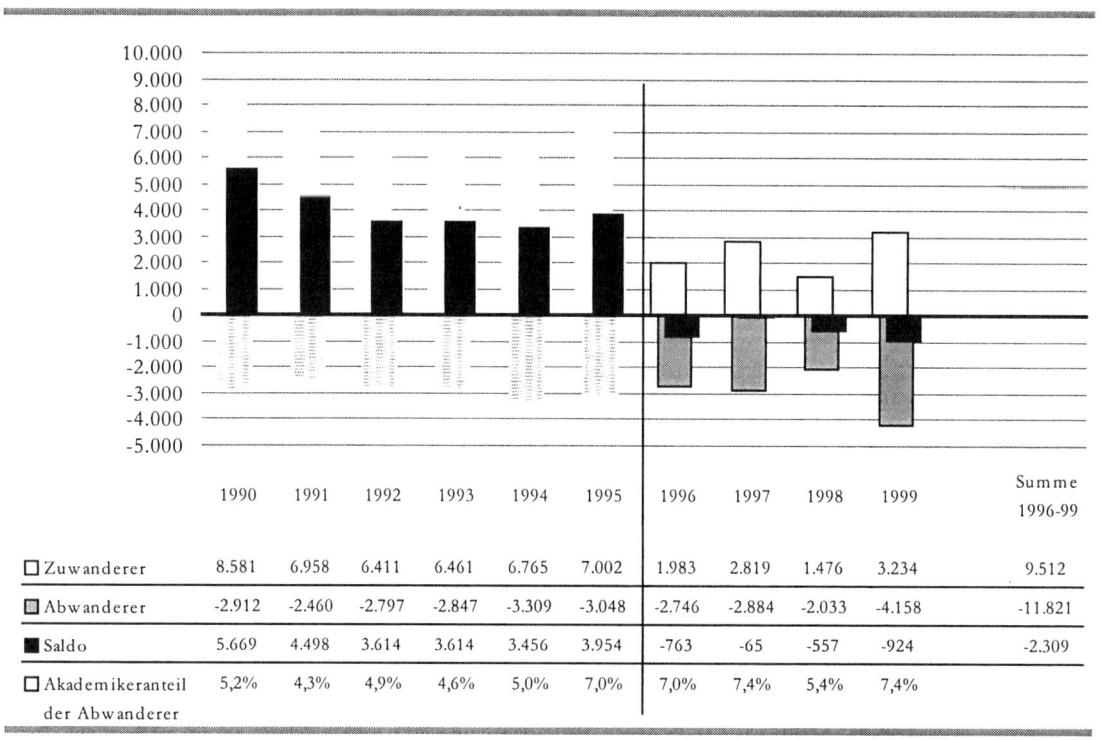

	1990	1991	1992	1993	1994	1995	1996	1997	1998	1999	Summe 1996-99
☐ Zuwanderer	8.581	6.958	6.411	6.461	6.765	7.002	1.983	2.819	1.476	3.234	9.512
☐ Abwanderer	-2.912	-2.460	-2.797	-2.847	-3.309	-3.048	-2.746	-2.884	-2.033	-4.158	-11.821
■ Saldo	5.669	4.498	3.614	3.614	3.456	3.954	-763	-65	-557	-924	-2.309
☐ Akademikeranteil der Abwanderer	5,2%	4,3%	4,9%	4,6%	5,0%	7,0%	7,0%	7,4%	5,4%	7,4%	

Abbildung 14: Außenwanderungen der Akademiker zwischen 1990 und 1999*

* Anm.: seit 1996 nur Italiener
Datenquelle: ISTAT – Movimento migratiorio della popolazione residente; Berechnung und Entwurf H. Jahnke 2004.

Nach rechnerischer Nivellierung der ausgeprägten Jahresschwankungen ergibt sich für Italien in der zweiten Hälfte der 1990er Jahre (1996 bis 1999) eine durchschnittliche Nettowanderungsbilanz von minus 1,9 pro 10.000 Einwohnern mit akademischem Titel, wobei dieser Wert im südlichen Landesteil am höchsten (-2,6) und in Mittelitalien am niedrigsten ist (-0,7). Ein Blick auf die Wanderungssalden der Akademiker in den einzelnen Regionen verdeutlicht zudem, dass es sich nicht um ein Nord-Süd-Phänomen handelt. Denn sowohl einige traditionelle Auswanderungsregionen des Südens (Kalabrien, Sardinien, Sizilien) als auch einige grenznahe Regionen des Nordens (Lombardei, Piemont, Südtirol, Ligurien und Friaul-Venetien) weisen im Untersuchungszeitraum negative Bilanzen auf, wohingegen in einzelnen Regionen Mittel- und Süditaliens (Umbrien, Abruzzen, Molise) bezüglich der Migration von Akademikern italienischer Nationalität positive Nettowanderungsbilanzen auftreten.

Über diesen Indikator hinaus zeigen sich jedoch zwischen den drei Landesteilen bemerkenswerte Unterschiede:

Internationale Wanderungen von Akademikern in der drei italienischen Landesteilen 1990 bis 1999
(ab 1996 nur Italiener)

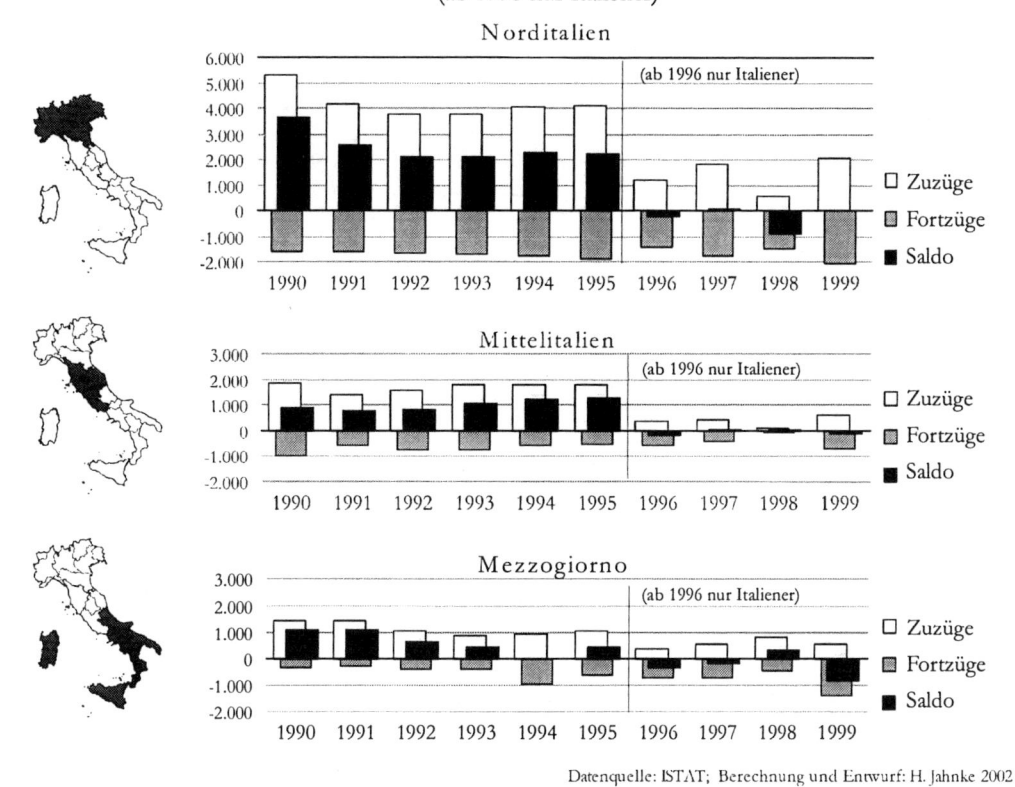

Norditalien

Mittelitalien

Mezzogiorno

Datenquelle: ISTAT; Berechnung und Entwurf: H. Jahnke 2002

Internationale Nettowanderungsbilanzen der Akademiker 1996 bis 1999 (Jahresdurchschnittswerte)

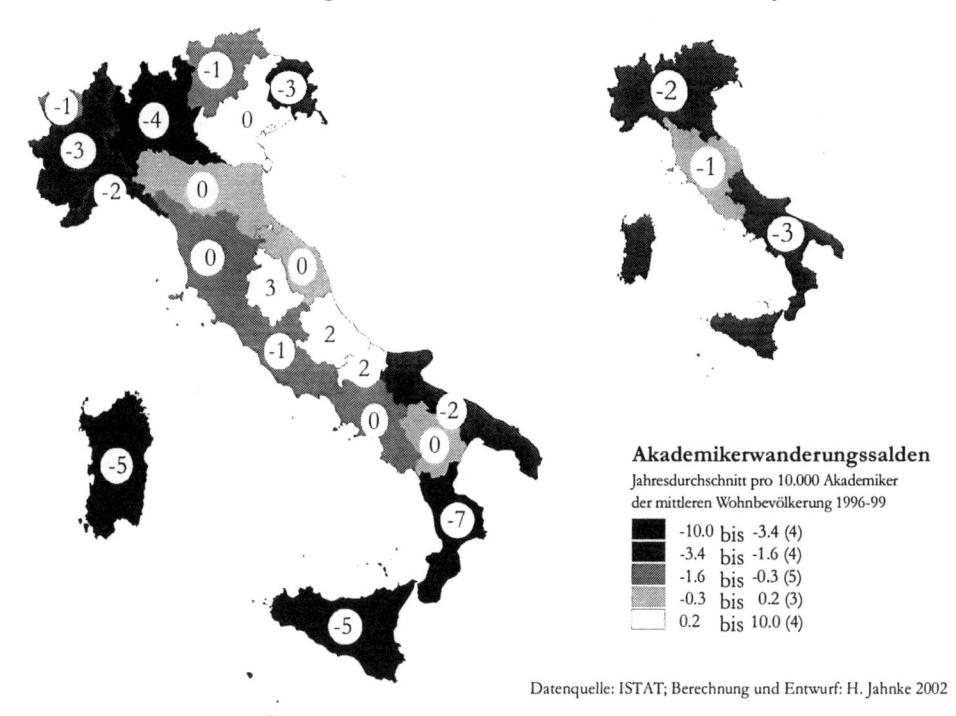

Akademikerwanderungssalden
Jahresdurchschnitt pro 10.000 Akademiker
der mittleren Wohnbevölkerung 1996-99

-10.0 bis -3.4 (4)
-3.4 bis -1.6 (4)
-1.6 bis -0.3 (5)
-0.3 bis 0.2 (3)
0.2 bis 10.0 (4)

Datenquelle: ISTAT; Berechnung und Entwurf: H. Jahnke 2002

Abbildung 15: Regionale Muster der Außenwanderungen von Akademikern in den 1990er Jahren

Datenquelle: ISTAT - Movimento migratorio della popolazione residente. Iscrizioni e cancellazioni anagrafiche 1996-1999; erfasst werden seit 1996 lediglich Italiener (*cittadinanza italiana*). Berechnung, Entwurf und Kartographie H. Jahnke 2004.

Norditalien hat erwartungsgemäß das höchste Wanderungsvolumen der Akademiker, konnte aber nach Wanderungsverlusten im Jahr 1998 (-916) im Folgejahr 1999 trotz hoher Fortzugszahlen von über 2.000 ein beinahe ausgeglichenen Wanderungssaldo aufweisen. Mittelitalien hingegen weist in der zweiten Hälfte der 1990er Jahre tendenziell ausgeglichene Bilanzen auf, die jedoch 1999 einen negativen Trend erkennen lassen. Diese Entwicklung ist im Mezzogiorno noch ausgeprägter, wo nach einem positiven Saldo 1998 schon im Folgejahr die hohen Fortzugszahlen zu einer negativen Bilanz von 818 Akademikern führen. Somit trägt der Mezzogiorno im Jahr 1999 fast 90% der Netto-Wanderungsverluste der italienischen Akademiker (Abbildung 14).

Wenngleich die erheblichen Jahresschwankungen in den Statistiken und deren Mängel grundsätzliche Aussagen über weitere Tendenzen erschweren, so können doch angesichts der jüngsten Entwicklungen einzelne Aussagen, die Montanari für die 1980er Jahre getroffen hat, in Frage gestellt werden. Denn im Vergleich mit der übrigen Bevölkerung wiesen die italienischen Akademiker in der zweiten Hälfte der 1990er Jahre eine überdurchschnittliche Mobilität auf. Gleichwohl geben auch die vorliegenden Zahlen gewiss keinen Anlass, über einen effektiven Brain drain aus Italien zu spekulieren. Das langsam steigende Migrationsvolumen der Akademiker lässt lediglich vorsichtige Tendenzen eines zunehmenden Brain exchange erkennen, der für die italienischen Akademiker zu einer leicht negativen Nettowanderungsbilanz führt, wohingegen in der Gruppe der Nichtitaliener mit akademischer Ausbildung - nachweislich bis zum Jahr 1995, vermutlich auch darüber hinaus - ein deutlicher Zuzugsüberschuss erkennbar wird.

Das anwachsende Mobilitätsvolumen auch unter den italienischen Akademikern zeigt sich nicht nur in Norditalien, sondern jüngst auch im Mezzogiorno, welcher wiederum steigende Verluste zu verzeichnen hat. In der insgesamt negativen Bilanz trägt bei den neuesten Zahlen der Mezzogiorno die Hauptlast der gesamtitalienischen Akademikerverluste, wohingegen Nord- und Mittelitalien ihre Fortzüge weitgehend durch Zuzüge auszugleichen vermögen.

2.3.2.2 Interregionale Migrationsmuster von Akademikern

Gegenüber der Außenwanderung spielt die Binnenmigration für das Wanderungsgeschehen italienischer Akademiker eine sehr viel wichtigere Rolle. Immerhin liegen zwischen 1996 und 1999 die interregionalen Mobilitätsziffern der Akademiker fast sieben mal (1996) bzw. fast 13 mal (1998) höher als die internationale Migration und bis 1998 auch beinahe doppelt so hoch wie die allgemeine Bevölkerungsmobilität (vgl. Tabelle 6)[50].

Kennzeichnend für das Binnenwanderungsgeschehen der Akademiker in den 1990er Jahren ist zum einen der kontinuierliche Anstieg des Wanderungsvolumens dieser

---

[50] Anders als bei den internationalen Wanderungen bleibt die Begrenzung der in den Wanderungsstatistiken Erfassten auf die italienische Bevölkerung bei der interregionalen Wanderung ohne erkennbare Auswirkungen, so dass hierfür eine durchgängig vergleichende Betrachtung der Entwicklung während der gesamten 1990er Jahre möglich ist.

Gruppe, zum anderen sein plötzlicher Rückgang im Jahr 1999, der die spezielle Mobilitätsziffer der Akademiker sogar unter die allgemeine Mobilitätsziffer fallen lässt (vgl. Tabelle 6). Ursache dieser Entwicklung ist die Durchführung des *concorso* (Stellenwettbewerb) für Vor-, Primar- und Sekundarschullehrer im gleichen Jahr, an dem insbesondere Personen mit einem akademischen Abschluss teilgenommen haben. Denn der *concorso a cattedra* des Jahres 1999 stellte nach knapp zehn Jahren den ersten Einstellungswettbewerb für Sekundarschullehrer in Italien dar, so dass er auch als „Jahrhundert-concorso" (*concorso del secolo* oder *concorsone*) bezeichnet wurde. Aus Interviews mit sizilianischen Hochschulabsolventen und Experten geht hervor, dass viele junge Akademiker aufgrund der intensiven Prüfungsvorbereitung ihre Mobilitätsabsichten in dieser Phase verschoben haben (vgl. Kap. 4.2.1). Bis zum Jahr des „*concorsone*" 1999 zeigte die interregionale Migration von Akademikern jedoch eine deutliche Zunahme, bei der sich bestimmte Wanderungsmuster zwischen den drei Landesteilen erkennen lassen (vgl. Abbildung 15).

Norditalien kann durch Binnenwanderung in den 1990er Jahren kontinuierliche Wanderungsgewinne bei den Akademikern verbuchen. Zwar gibt es bei den Zuwandererzahlen zwischen 1990 und 1995 nur unwesentliche Veränderungen, sogar mit einem kleinen Einbruch nach der Wirtschaftskrise 1994. Zwischen 1996 und 1998 ist jedoch ein deutlicher Anstieg von 4.521 (1994) auf über 7.211 (1998) zu verbuchen Trotz ebenfalls steigender Abwanderungszahlen wächst auch der positive Wanderungssaldo in diesem Zeitraum stetig von 1.219 (1994) auf 2.706 (1998) an. Selbst der Einbruch der An- und Abmeldungszahlen im Jahr 1999 wirkt sich kaum auf den Migrationssaldo aus. In der Summe ergeben sich für Norditalien in den 1990er Jahren 50.648 Zuzüge, 32.052 Fortzüge und damit ein Wanderungsgewinn von 18.596 Akademikern gegenüber den anderen Landesteilen.

Die meisten dieser Zuwanderer stammen aus dem Mezzogiorno. Denn während Mittelitalien trotz tendenziell steigenden Wanderungsvolumens in den 1990er Jahren weitgehend ausgeglichene Akademiker-Migrationssalden aufweist und in der Summe relativ geringe Verluste von 1.207 Akademikern zu verzeichnen hat, verhalten sich die Zahlen in Süd- und Inselitalien in etwa komplementär zu den Zu- und Abwanderungszahlen im nördlichen Landesteil. Demzufolge sind die Bilanzen kontinuierlich negativ, mit den höchsten Verlusten im Jahr 1997 (2.405). Die Wirtschaftskrise von 1993 wirkt sich hier zunächst bremsend auf das Migrationsgeschehen aus. Ab 1994 steigt die Zahl der Abwanderungen bis 1998 jedoch steil an: von 4.952 im Jahr 1994 auf 7.523 im Jahr 1998. Entsprechend nehmen auch die bilanzierten Wanderungsverluste bis 1997 zu, bevor sie anschließend durch steigende Zuzugszahlen und den Mobilitätseinbruch 1999 gebremst werden. Bei 35.767 Zuzügen und 53.156 Fortzügen ergibt sich in der Summe für die 1990er Jahre ein Wanderungsverlust von 17.389 Akademikern, der - wie soeben gezeigt - den Regionen des Nordens zugute kommt.

Interregionale Wanderungen von Akademikern zwischen den drei Landesteilen 1990 bis 1999

Norditalien
□ Zuzüge
▩ Fortzüge
■ Saldo

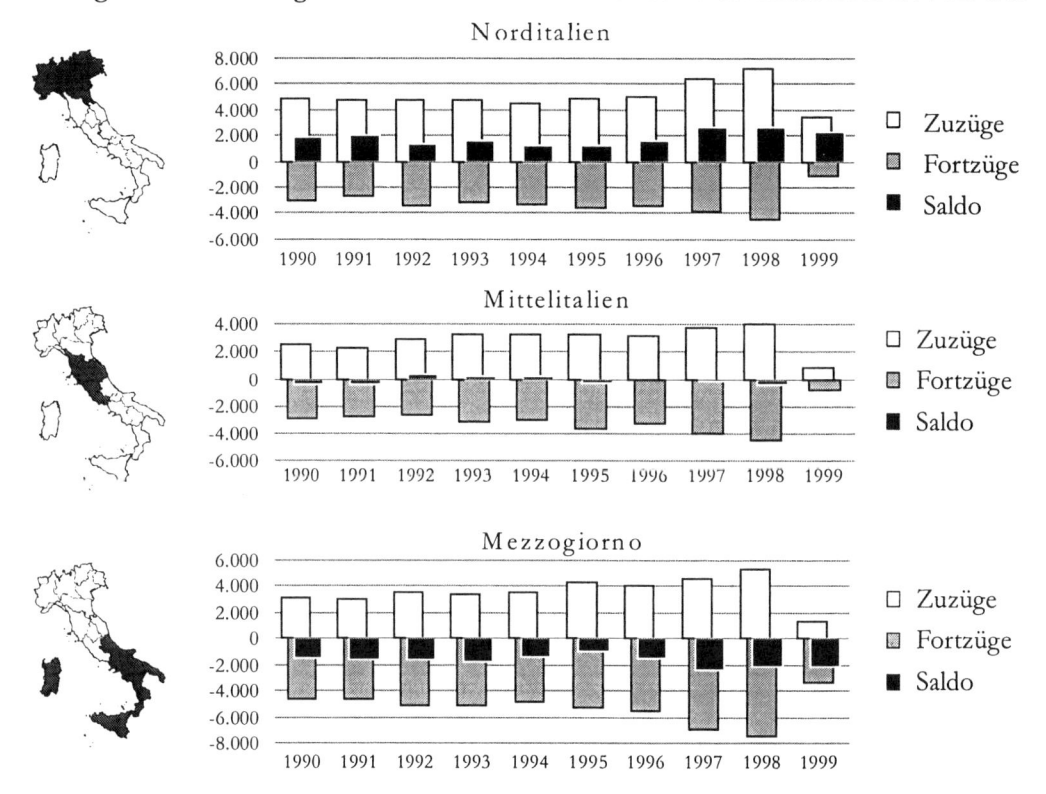

Mittelitalien
□ Zuzüge
▩ Fortzüge
■ Saldo

Mezzogiorno
□ Zuzüge
▩ Fortzüge
■ Saldo

Datenquelle: ISTAT; Berechnung und Entwurf: H. Jahnke 2002

Interregionale Nettowanderungsbilanzen der Akademiker 1996 bis 1999 (Jahresdurchschnittswerte)

Akademikerwanderungssalden
Jahresdurchschnitt pro 10.000 Akademiker
der mittleren Wohnbevölkerung 1996-99

unter -23 (4)
-23 bis -3 (4)
-3 bis 11 (4)
11 bis 30 (4)
über 30 (4)

Datenquelle: ISTAT; Berechnung und Entwurf: H. Jahnke 2002

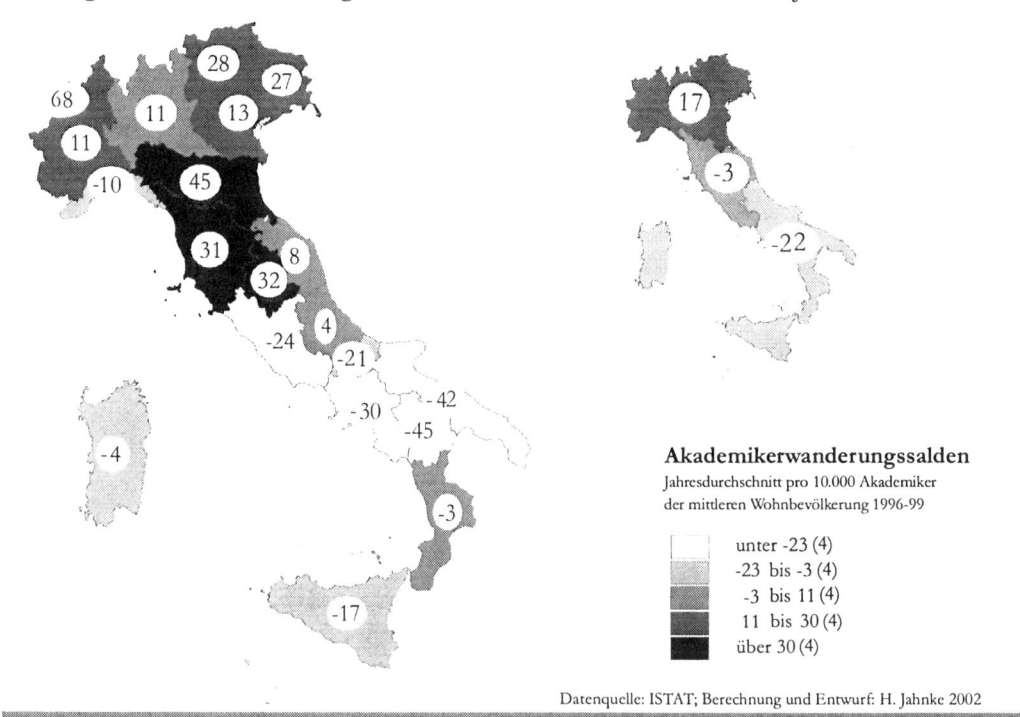

Abbildung 16: Regionale Muster der Binnenwanderungen von Akademikern in den 1990er Jahren

Datenquelle: ISTAT - Movimento migratorio della popolazione residente. Iscrizioni e cancellazioni anagrafiche 1996-1999; Berechnung, Entwurf und Kartographie H. Jahnke 2004.

Im Gegensatz zur Außenwanderung der Akademiker spiegelt deren Binnenwanderung das erwartete Süd-Nord-Muster wider, welches auch von anderen Wanderungsuntersuchungen in Italien bekannt ist. Während Norditalien zwischen 1996 und 1999 jährliche Wanderungsgewinne von durchschnittlich 17 pro 10.000 Akademikern verzeichnen kann, verliert der Süden knapp 22 pro 10.000 Akademiker: Mittelitalien verbucht dagegen nur sehr geringe Verluste (minus 3 pro 10.000 E.).

Wenngleich angesichts dieser Zahlen die Benutzung des Begriffs Brain drain selbst für die interregionalen Abwanderungen aus dem Mezzogiorno unzutreffend erscheint, so ist der absolute Wert von insgesamt 53.156 abgewanderten Akademikern zwischen 1990 und 1999 dennoch beachtlich. Durchschnittlich haben damit jährlich über 5.300 Akademiker ihren Wohnsitz (*residenza*) und damit ihren Lebensmittelpunkt aus dem Mezzogiorno nach Nord- bzw. Mittelitalien verlegt. Dabei zeichnet sich eine steigende Tendenz ab. Allein 1998 verließen mehr als 7.500 Akademiker den Mezzogiorno.

Trotz Rückwanderungen verliert der Mezzogiorno jährlich durch registrierte Wohnsitzverlagerungen etwa 2.000 Akademiker an andere Landesteile. Diese absolute Zahl erscheint zunächst eher unbedeutend, sie liegt jedoch etwa vier mal höher als die gesamte internationale Akademikerabwanderung. Geht man zudem davon aus, dass lediglich etwa die Hälfte der Fortzüge auch als Wohnsitzwechsel registriert wird, so ist diese jüngere Entwicklung durchaus ernst zu nehmen.[51]

Die Verteilung zwischen einem Brain gain im Norden bei gleichzeitigen Verlusten im Süden zeigt sich ebenfalls auf der Ebene der einzelnen Regionen. Hier verläuft die Trennlinie auf der Höhe der Regionen Latium und Molise, die beide negative Binnenwanderungssalden aufweisen. Nördlich davon haben alle Regionen - mit Ausnahme der Region Ligurien - positive Migrationssalden. Die Emilia-Romagna, Toskana und Umbrien sind die größten Gewinner, während bereits die Hauptstadtregion Latium ein negativer Saldo (-24,0) erkennen lässt. Die stärksten Verluste pro 10.000 Akademiker müssen die südlichen Regionen Basilikata (-45), Apulien (-42) und Kampanien (-30) hinnehmen, wohingegen sich Kalabrien (-3) und Sardinien (-4) als relativ stabil erweisen. Vergleichbar hoch ist auch die Abwanderungsrate Siziliens mit minus 17 pro 10.000 Akademikern.

Die Migrationsbewegungen von Akademikern zwischen den drei großen Landesteilen tragen somit zu einer Verlagerung dieser Bevölkerungsgruppe von den Regionen des Südens und der Inseln in die Regionen des Nordens bei. Wenngleich die absoluten Zahlen zunächst nicht sehr hoch erscheinen mögen, so gilt es doch zu beachten, dass beispielsweise im Jahr 1998 - dem Jahr mit den höchsten Fortzugszahlen - pro 10.000 Akademikern aus dem Mezzogiorno über 85 in einen anderen Teil Italiens umgezogen sind. Bei der Gesamtbevölkerung - also aller Bildungsgrade - waren es im gleichen Jahr gerade einmal 48. Bei beiden Zahlen ist die Außenwanderung noch nicht berücksichtigt.

---

[51] Interessant wird hierbei sein, wie sich der durch den "Lehrerconcorso" verursachte "Mobilitätsstau" auf der einen Seite, und die massenhafte Vergabe fester Lehrerstellen auf der anderen auf die Wanderungsstatistiken der Akademiker in den Jahren 2000 bis 2002 auswirken wird.

Während die gezeigten Disparitäten des Akademikerarbeitsmarktes nur geringfügige Migrationsbewegungen für diese Gruppe erwarten lassen, so ist bei den jungen Hochschulabsolventen eine sehr viel stärkere räumliche Mobilität zu vermuten.

2.3.3 REGIONALE MUSTER DER AUßEN- UND BINNENMIGRATION ITALIENISCHER UNIVERSITÄTSABSOLVENTEN

Junge Universitätsabsolventen befinden sich nach dem Abschluss ihres Studiums in der Übergangsphase vom Studium ins Arbeitsleben. Die ungleiche räumliche Verteilung von Arbeitsplätzen und die damit in Zusammenhang stehenden räumlichen Disparitäten der Erwerbsmöglichkeiten können Umzugs- und Wanderungsentscheidungen notwendig machen, um die eigenen Ansprüche an eine Erwerbsarbeit befriedigen zu können. Angesichts der in Italien verbreiteten Studienmobilität insbesondere von Studienanfängern aus dem Mezzogiorno wird die Wanderungsrichtung auch in der Weise gesteuert, dass nach dem Studium an einer auswärtigen Universität eine Rückkehrtendenz in die Heimatregion zu beobachten ist. Die Mobilitätsentscheidung nach Studienende wird somit durch die vorangegangene Studienmobilität beeinflusst.

2.3.3.1 Vorbemerkungen zum Analysepotential der Absolventenbefragungen

Die Daten des ISTAT zur beruflichen Eingliederung junger Hochschulabsolventen in Italien erlauben eine systematische Untersuchung der räumlichen Mobilitätsmuster auf der Ebene der interregionalen Mobilität. Da im Fragebogen die Region des Wohnsitzes vor Studienbeginn, die Region des Hochschulabschlusses und die Region des derzeitigen Arbeitsplatzes sowie des aktuellen Wohnsitzes erhoben werden, kann bei der Auswertung der Individualdaten eine räumliche Zuordnung der einzelnen Befragten zu drei verschiedenen Zeitpunkten erfolgen.

T1	T2	T3
Einschreibung	Studienabschluss	Befragung
?	1995	1998

Studienmobilität → Arbeitsmobilität →

Herkunftsregion	Hochschulregion	Arbeitsregion
regione prima dell'iscrizione	regione dell'ateneo	regione del lavoro attuale

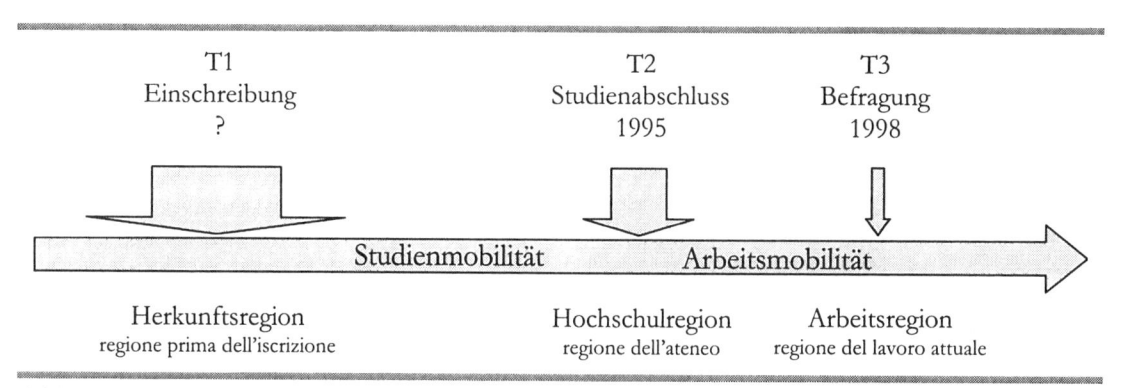

Abbildung 17: Regionale Zuordnung der Absolventen des Jahres 1995 zu unterschiedlichen Zeitpunkten

Entwurf H. Jahnke.

Als Zeitpunkt T1 wird der Zeitpunk unmittelbar vor der Einschreibung bezeichnet, welcher mit der Herkunftsregion (*regione di residenza*) verbunden ist. Als Herkunftsregion wird die Region des offiziellen Wohnsitzes unmittelbar vor der ersten Einschreibung an einer Universität bezeichnet. Da die Absolventen nach dem Jahr des Studienabschlusses selektiert wurden und nicht nach dem Studienbeginn, kann das Jahr der Einschreibung unterschiedlich sein.

Zeitpunkt T2 ist das Jahr des Studienabschlusses, also im vorliegenden Fall das Jahr 1995. Die dazugehörige Region ist die Hochschulregion (*regione dell'ateneo*), also die Region, in der sich die Universität befindet, an welcher der Hochschulabschluss (*laurea*) erworben wurde. Wenngleich sich die verwendeten Daten lediglich auf die Hochschule beziehen, an welcher im Jahr 1995 der Abschluss erworben wurde, wird davon ausgegangen, dass es sich hierbei auch um die Studienregion handelt.

Zeitpunkt T3 ist das Befragungsjahr 1998, also drei Jahre nach dem Hochschulabschluss. Die regionale Zuordnung der Befragten zu diesem Zeitpunkt ist nicht ganz eindeutig, da sich die *regione di residenza attuale* auf den legalen Wohnsitz (de jure) bezieht und nicht auf den faktischen Wohnort (de facto). Eindeutiger ist die Zuordnung zur Arbeitsregion, *regione dell'attuale lavoro*, die sich auf die Region bezieht, in der sich der aktuelle Arbeitsplatz befindet. Wie bereits gezeigt wurde stimmen aufgrund der geringen Meldedisziplin in Italien administrativer Wohnsitz und tatsächlicher Aufenthaltsort bzw. Arbeitsort nur in etwa der Hälfte aller mobilen Absolventen überein. Da die Nutzung vorhandener Humanressourcen im Fokus dieser Arbeit steht, und somit eine wirtschaftliche Perspektive angelegt wird, beschränken sich die folgenden Untersuchungen auf die räumliche Mobilität derjenigen, die zum Zeitpunkt der Befragung angeben, beschäftigt zu sein.

Die regionale Zuordnung der Absolventen zu den drei genannten Zeitpunkten erlaubt die isolierte Untersuchung der räumlichen Mobilität zwischen Studienbeginn (T1) und Hochschulabschluss (T2) - im folgenden als *Studienmobilität*[52] bezeichnet – und der räumlichen Mobilität zwischen dem Studienabschluss (T2) und dem Befragungszeitpunkt (T3) - im folgenden als *Arbeitsmobilität* bezeichnet.

Der Begriff der Arbeitsmobilität beinhaltet die Abwanderung nach Studienende und steht im Mittelpunkt sogenannter Verbleibstudien oder Absolventenstudien aus dem Forschungskontext der Bildungsgeographie bzw. Bildungssoziologie. Die dahinterstehende Fragestellung lautet, welchem Land bzw. welcher Region das Humankapital einer bestimmten Universität zugute kommt.[53]

Im vorliegenden Kapitel sollen im ersten Schritt sowohl die Studienmobilität als auch die Arbeitsmobilität auf ihre regionalen Muster untersucht werden. Aus dem Blickwinkel der regionalwirtschaftlichen Bedeutung der endogenen Humanressourcen - im Sinne eines Brain drain - scheint jedoch die Bilanzierung zwischen den Zeitpunkten T1 und T3 am wichtigsten, also die Frage, inwieweit die eigenen Humanressourcenpotentiale – im Sinne von Studienanfängern – nach Studienende tatsächlich der Region selbst zugute kommen.

---

[52] Studienmobilität wird in der Bildungsgeographie in Untersuchungen zu den Einzugsbereichen von Universitäten untersucht (z.B. NUTZ 1991; JAHNKE 1996a und 1996b).

[53] Mögliche Wohn-, Studien- oder Arbeitsortswechsel, die innerhalb der beiden Zeiträume zwischen den jeweiligen Zeitpunkten stattgefunden haben, wurden nicht registriert.

Nach einer knappen Betrachtung der internationalen Abwanderung von Hochqualifizierten richtet sich anschließend der Fokus auf die italienischen Binnenwanderungen dieser Gruppe.

2.3.3.2 Internationale Mobilität von Hochschulabsolventen

Die Ergebnisse und Schlussfolgerungen aus dem vorherigen Kapitel bezüglich der internationalen Akademikermobilität werden durch die Befragungen junger Hochschulabsolventen sowohl in ihren Ausmaßen als auch in ihrer Entwicklung bestätigt: Bei allen vier Befragungen war der Prozentsatz derjenigen Absolventen, die drei Jahre nach Studienende im Ausland arbeiten, unterhalb von zwei Prozent aller Beschäftigten. Dabei ist auch hier im Verlauf der 1990er Jahre ein wachsender Anteil von „*cervelli in fuga*" festzustellen. Immerhin hatten bei der Befragung des Jahres 1998 fast 2% aller Befragten eine Beschäftigung im Ausland. Damit hat sich die Anzahl der im Ausland beschäftigten Absolventen zwischen 1995 und 1998 von 631 auf 1214 nahezu verdoppelt.

Mit Blick auf die Befragungsergebnisse von 1998 weisen die jungen Absolventen aus Mittelitalien die höchste internationale Mobilität auf. Von den Beschäftigten arbeiten hier 2,1% im Ausland – wohingegen die Nord- und Süditaliener (1,7% bzw. 1,2%) eine geringere internationale Mobilitätsneigung erkennen lassen.

Auf der Ebene einzelner Regionen ergeben sich hierbei jedoch noch weitere Differenzierungen, denn neben den kleinen Regionen Friuli-Venezia Giulia und der Basilikata mit Mobilitätsziffern von 4,3% bzw. 2,2% der Beschäftigten weisen junge Absolventen aus den Regionen Latium (2,4%), Toskana (2,3%) und Emilia Romagna (2,0%) die höchste Mobilität auf. Die Zahlen deuten darauf hin, dass internationale Jungakademikermobilität weniger einen Ausweg aus Regionen mit hoher Arbeitslosigkeit darstellt. Das Phänomen betrifft vor allem Regionen mit starken internationalen Verflechtungen. Für diese Annahme sprechen auch die niedrigen Mobilitätsziffern der meisten süditalienischen Regionen.

Tabelle 7: Hochschulabsolventen der Jahre 1986, 1988, 1992 und 1995, die drei Jahre nach Studienabschluss im Ausland arbeiten

Befragung		Anzahl der im Ausland Beschäftigten	Anteil an allen beschäftigten Absolventen
Abschlussjahr	Befragungsjahr	Anzahl	in %
1986	1988*	451	0,8 %
1988	1991	601	1,0 %
1992	1995	631	1,1 %
1995	1998	1.214	1,7 %

* Die Befragung des Jahres 1986 erfolgte bereits zwei Jahre nach dem Hochschulabschluss, so dass sich hieraus leichte Verzerrungen ergeben können.

Datenquelle: ISTAT – diverse Absolventenbefragungen; Berechnung H. Jahnke 2004.

Wenngleich sich zwischen Männern und Frauen kaum Unterschiede in der internationalen Mobilität erkennen lassen - 1,8% der beschäftigten Männer arbeiten im Ausland und 1,7% der beschäftigten Frauen - ergeben sich bezüglich der Fachbereiche beträchtliche Differenzen. Hier weisen die Politik- und Sozialwissenschaftler, aber auch Geisteswissenschafter sehr hohe Werte auf, die sich einerseits durch die hohen Arbeitslosenquoten in gerade diesen Fachgruppen, andererseits durch die hier zu erwartende Fremdsprachenkompetenz erklären lassen. Mit 2% sind auch die Wirtschaftswissenschaftler und Agrarwissenschaftler eine überdurchschnittlich mobile Gruppe, wohingegen Naturwissenschaftler und Ingenieure, aber auch Juristen und Mediziner nur zu geringen Teilen im Ausland arbeiten.

Während bei Medizinern die hohe Erwartung, einen Arbeitsplatz innerhalb Italiens zu finden, von Bedeutung ist, sind die Ausbildungsinhalte von Juristen grundsätzlich ganz wesentlich an den Gültigkeitsbereich des italienischen Rechtssystems gebunden, was die Suche nach einer adäquaten Beschäftigung im Ausland erschwert. Zudem hat sich gerade der Arbeitsmarkt für Juristen in Italien in Folge der politischen Umwälzungen der frühen 1990er Jahre deutlich entspannt.

Tabelle 8: Abwanderung italienischer Hochschulabsolventen des Jahres 1995 in das Ausland nach Herkunftsregion, Geschlecht und Fachbereichen

	Beschäftigte im Ausland	Beschäftigte (gesamt)	Anteil der im Ausland Beschäftigten
Geschlecht			
Männlich	635	36.195	1,8%
Weiblich	578	33.463	1,7%
Fachbereich			
Sozial- und Politikwissenschaftler	140	5.245	2,7%
Geisteswissenschaft	309	13.576	2,3%
Wirtschaftswissenschaft	320	15.713	2,0%
Agrarwissenschaft	39	1.954	2,0%
Naturwissenschaft	125	8.437	1,5%
Ingenieurswissenschaft	183	13.408	1,4%
Jura	79	8.297	1,0%
Medizin	18	3.028	0,6%
Herkunftsregion			
Norditalien	644	37.056	1,7%
Mittelitalien	279	13.201	2,1%
Mezzogiorno	231	19.209	1,2%
Gesamt	**1.214**	**69.659**	**1,7%**

Datenquelle: ISTAT, Inserimento professionale dei laureati : Indagine 1998; Berechnung H. Jahnke 2004.

Die diskutierte regionale und fachspezifische Varianz der internationalen Jungakademikermigration kann nicht darüber hinwegtäuschen, dass der Anteil der im Ausland arbeitenden Absolventen mit insgesamt 1,7% aller Beschäftigten dieser Gruppe, bzw. 1,2% der Grundgesamtheit, gering ist und die aus der Untersuchung der Akademikermobilität resultierenden Ergebnisse in ähnlicher Form widerspiegeln.

Vergleicht man jedoch die absolute Anzahl der abgewanderten jungen Hochschulabsolventen des Absolventenjahrgangs 1995 (1.214) mit derjenigen der Akademikerabwanderung des Jahres 1998 (2.033) so zeigt sich, dass der eine befragte Absolventenjahrgang allein schon mehr als die Hälfte aller registrierter Akademikerabwanderungen ausmacht[54]. Daraus ist zu schließen, dass es sich bei der Mehrheit der registrierten Akademikerwanderungen um Abwanderungen junger Absolventen handelt.

Vor dem Hintergrund dieser gemäßigten internationalen Akademikermobilität mag es überraschen, dass die „fuga di cervelli" in jüngster Zeit erneut zum Thema öffentlicher politischer Diskussionen geworden ist. Denn rein quantitativ geben die vorliegenden Daten keinerlei Hinweise auf einen Brain drain im Sinne einer massenhaften Abwanderung junger Akademiker.

Im Gegenteil erweisen sich gerade die Absolventen in den häufig diskutierten Fachbereichsgruppen der Naturwissenschaften, Ingenieurswissenschaften und Medizin als besonders mobilitätsresistent. Die aktuelle Debatte um die „fuga di cervelli" (vgl. PALOMBINI 2001; CENSIS 2002b) in den Bereichen naturwissenschaftlicher Forschung besitzt trotz ihrer tagespolitischen Aktualität somit zunächst einen qualitativen und politischen Charakter.

2.3.3.3 Interregionale Mobilität von Hochschulabsolventen

Während das geringe Ausmaß der internationalen Absolventenmobilität den verbreitete Bild der Sesshaftigkeit junger Italiener tendenziell bestätigt, weicht das interregionale Mobilitätsverhalten italienischer Studenten – insbesondere in Süditalien – von dieser Vorstellung signifikant ab. Diese Ergebnisse lassen sich anhand der Daten der Absolventenbefragung des ISTAT belegen.

Regionale Muster der Studienmobilität

Von den befragten italienischen Hochschulabsolventen des Jahres 1995 hat insgesamt mehr als jeder Fünfte (21,1%) den Studienabschluss außerhalb der eigenen Herkunftsregion erworben. Dieser hohe Wert wird im wesentlichen durch zwei Faktoren beeinflusst: Einerseits macht die gänzlich fehlende oder fachlich unvollständige Universitätsausstattung einzelner italienischer Regionen das Studium in einer anderen Region notwendig. Andererseits tragen Pendlerverflechtungen mit Universitäten angrenzender Regionen zu einer statistischen Überhöhung der tatsächlichen Wanderungen bei.

---

[54] Dies ist umso erstaunlicher als davon ausgegangen werden muss, dass die Zahlen der Absolventenbefragung das tatsächliche Ausmaß der Emigration junger Absolventen nur bedingt widerspiegeln, da bei der Befragung von im Ausland lebenden Absolventen mit niedrigeren Rücklaufquoten gerechnet werden muss (vgl. hierzu auch KING/SHUTTLEWORTH 1995).

Beispielsweise befindet sich in der Region Aostatal gar keine Universität, in der Basilikata, in den Abruzzen und im Molise, aber auch in Südtirol und in Kalabrien gab es in der ersten Hälfte der 1990er Jahre noch eine äußerst unzureichende fachliche Ausstattung, so dass in diesen Regionen mit der Studienentscheidung bzw. mit der Entscheidung für das Studium bestimmter Fächer zwangsläufig eine Mobilitätsentscheidung verbunden war. Folglich haben beispielsweise alle 142 Absolventen aus dem Aostatal ihren Abschluss in einer anderen Region erworben – mehrheitlich im Piemont, der Emilia-Romagna und der Lombardei. Das gleiche gilt für fast 90% der Absolventen aus dem Molise und der Basilikata, 70% der Kalabresen und ca. 60% der Südtiroler (Trentino Alto Adige).

Auf der anderen Seite zeigt die Befragung, dass von den 1.639 Absolventen aus der Lombardei, die ihren Abschluss an einer Hochschule außerhalb der Lombardei erworben haben (das entspricht 9,3% der ‚Lombarden'), über 80% (entspricht 1.317 Absolventen) dies in den angrenzenden Regionen Emilia Romagna (776), Veneto (467). Piemont (41) oder Trentino Alto Adige (33) taten[55].

Während also die interregionale Mobilitätsziffer maßgeblich durch die erzwungene Wahl des Studienorts in einer anderen Region und statistische Pendlereffekte beeinflusst wird, fällt dieser Faktor bei der Mobilitätsmessung zwischen den drei Landesteilen – Nord-, Mittel- und Süd- bzw. Inselitalien - sehr viel weniger ins Gewicht. Die ‚Grenzen' zwischen diesen drei Raumeinheiten werden nahezu von etwa jedem zehnten Absolventen (9,7%) überschritten. Bei diesen, im folgenden als ‚interareale Mobilität'[56] bezeichneten Wanderungsbewegungen, ergeben sich deutliche Unterschiede zwischen den Absolventen aus den drei Landesteilen (vgl. Karte 7).

Die Norditaliener verbleiben zum Studium zu 97,1% im eigenen Landesteil. Zwar gibt es innerhalb Norditaliens ebenfalls eine rege Studienmobilität über Regionsgrenzen hinweg, diese wird aber überwiegend von Pendlern getragen. Wanderungen über größere Distanzen erfolgen innerhalb Norditaliens lediglich in seltenen Fällen. Noch seltener ist der Besuch einer Universität in Mittel- oder Süditalien, denn nur von 2,9% aller norditalienischer Absolventen erwarbenn hier ihren Abschluss.

Die drei „grenznahen" mittelitalienischen Traditionsuniversitäten in Urbino, Florenz und Pisa werden dabei eindeutig bevorzugt. Da die Mehrheit dieser norditalienischen Absolventen aus Ligurien und der Emilia-Romagna kommt, scheint auch in diesem Falle die räumliche Nähe das entscheidende Auswahlkriterium für den Besuch der drei genannten Universitäten zu sein.

---

[55] Alle Zahlen nach ISTAT -Inserimento professionale dei laureati – Indagine 1998; eigene Berechnungen.

[56] Der Begriff lehnt sich an das italienische „area" an, welches in den offiziellen italienischen Statistiken für Landesteil verwendet wird. Das Istat unterscheidet meist zwischen fünf „aree": Nord-Est, Nord-Ovest, Centro, Sud, Isole. In der vorliegenden Arbeit bezieht sich der Begriff auf die drei großen Landesteile Norditalien, Mittelitalien und Mezzogiorno.

Herkunftsregion Norditalien

Herkunftsregion Mittelitalien

Herkunftsregion Mezzogiorno

Università "L. Bocconi"
Università Cattolica
Politecnico di Torino
Università di Bologna
Università di Pisa
Università di Urbino
Università di Firenze
Università di Perugia
Università di Siena
Università di Roma "La Sapienza"
LUISS di Roma

Absolventen
10.000
5.000
2.500

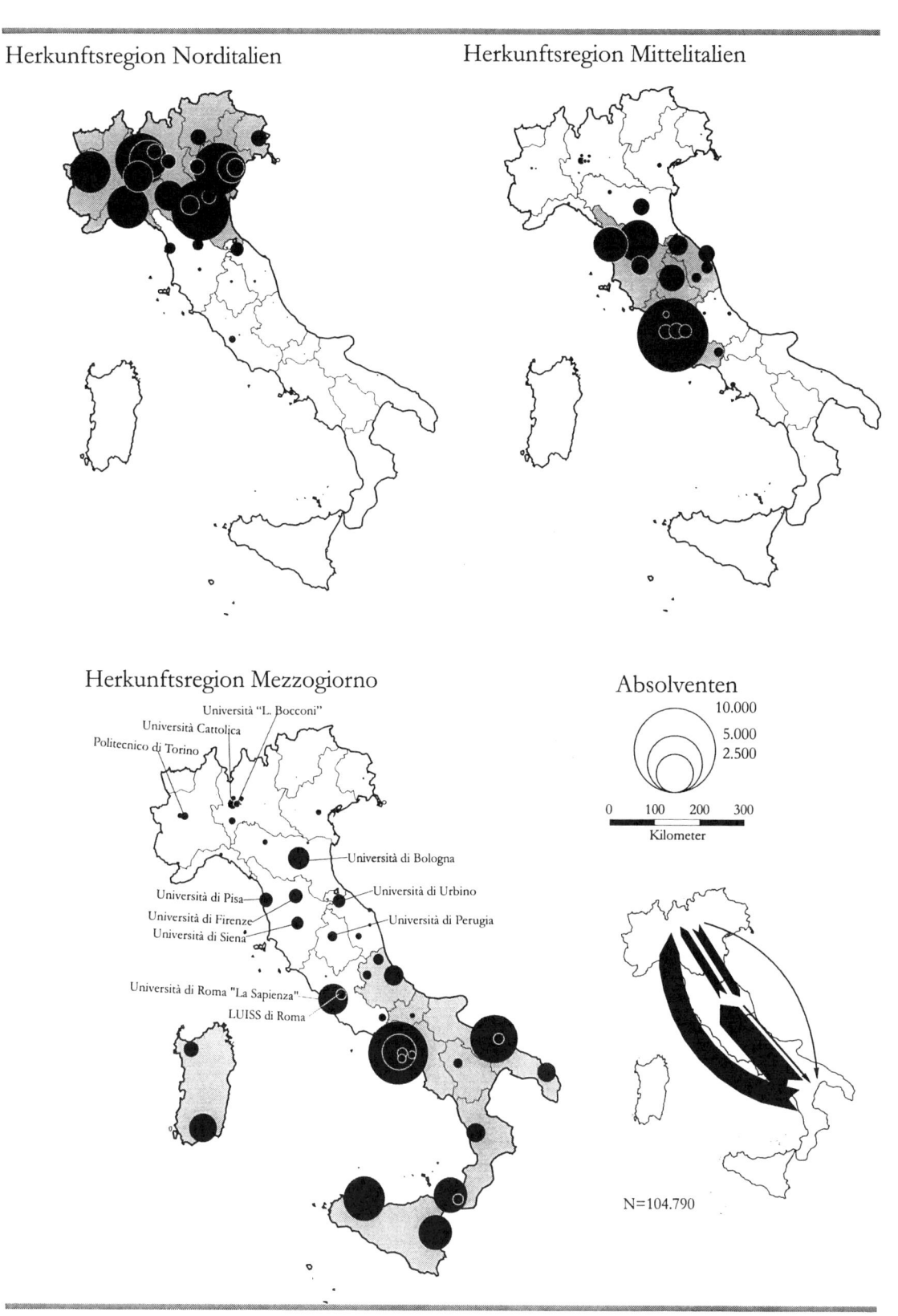

0 100 200 300
Kilometer

N=104.790

Karte 7: Interareale Studienmobilität der Absolventen des Jahres 1995 – Hochschulorte der Absolventen des Jahres 1995 nach Herkunftsregion

Datenquelle: MURST; ISTAT – Inserimento professionale dei Laureati : Indagine 1998; Auswertung, Entwurf und Kartographie H. Jahnke 2004.

Auffallend ist die Varianz der Mobilität nach Fachbereichen: Während in den ‚harten' Fächern Jura, Medizin und Wirtschaftswissenschaft nur wenige Absolventen außerhalb Norditaliens studiert haben, nehmen vor allem Politik- und Sozialwissenschaftler das Studienangebot der nahe gelegenen Universitäten der Toskana wahr. Lediglich bei den wenigen norditalienischen Absolventen an den entfernter gelegenen Universitäten Siena, Perugia, Camerino und Rom (La Sapienza) lässt sich die bewusste Wahl dieser Universitätsstandorte vermuten. Hochschulstandorte im Mezzogiorno spielten für die norditalienischen Absolventen überhaupt keine Rolle.

Die Absolventen aus den Regionen Mittelitaliens weisen gegenüber den Norditalienern eine deutlich höhere Mobilität in andere Landesteile auf. Fast jeder elfte ‚Mittelitaliener' (9,1%) hat seinen Abschluss außerhalb des eigenen Landesteils erworben. Auch hier zeigt jedoch ein Blick auf Karte 7, dass die räumliche Nähe die Wahl der Hochschule entscheidend beeinflusst. Wichtigster Anziehungspunkt ist die Universität Bologna, zudem die Università Cattolica in Mailand, deren medizinische Fakultät jedoch ihren Sitz in Rom hat, so dass sich ein Teil der hohen Mobilitätsziffer der Mediziner (12,3%) durch dieses statistische Artefakt erklären lässt[57]. Auch für die Italiener aus Mittelitalien spielen offensichtlich die Hochschulen im Mezzogiorno keine Rolle, so dass studienbedingte Wanderungen fast ausschließlich in Süd-Nord-Richtung verlaufen.

Lediglich bei den 37.130 Absolventen aus dem Mezzogiorno lässt sich von einer tatsächlichen Studienmobilität sprechen. Während nur 2,9% der Norditaliener außerhalb Norditaliens studiert haben und 9,1% der Mittelitaliener, hat von den Absolventen aus dem Mezzogiorno fast jeder Fünfte (19,1%) seinen Abschluss an einer Universität Nord- oder Mittelitaliens erworben. Schon der erste Blick auf Karte 7 verdeutlicht, dass es sich mehrheitlich nicht um Pendlerverflechtungen handeln kann, wenngleich auch im Falle des Mezzogiorno die Distanz zwischen Herkunfts- und Zielregion eine Rolle spielt. Von den 7.107 Absolventen, die ihren Abschluss außerhalb des Mezzogiorno erworben haben, verblieb die Mehrheit in den drei Regionen Latium, Toskana und Emilia-Romagna. Die großen traditionsreichen Universitäten in Rom (*La Sapienza*), Bologna, Florenz, Pisa, Siena sowie Urbino und Perugia stellen die wichtigsten Anziehungspunkte für Süditaliener dar. Darüber hinaus hat ein Teil der Absolventen aus dem Mezzogiorno seinen Abschluss an einer der renommierten Privatuniversitäten erworben: der *Libera Università Internazionale di Studi Sociali* (LUISS) in Rom, der *Università Cattolica del Sacro Cuore* in Mailand, der dortigen Wirtschaftshochschule *Università Commerciale Luigi Bocconi* oder am *Politecnico di Torino* (Ingenieurwissenschaften und Architektur).

Auch der Blick auf die einzelnen Herkunftsregionen der Studienabwanderer aus dem Mezzogiorno verdeutlicht die Wichtigkeit des Faktors Distanz einerseits und verweist auf die unterschiedlich langen Hochschultraditionen andererseits. Die höchsten Anteile von ‚Studienemigranten' haben die beiden nahe gelegenen Regionen Molise (58,3%) und Abruzzen (44,6%), wohingegen Kampaniens Anteil trotz seiner Nähe zu Rom sehr gering (8,3%) ist. Die lange Universitätstradition – Neapel ist die älteste Universität

---

[57] Zieht man die 105 Mediziner an der Mailänder „Cattolica" ab, die faktisch in Rom studieren, so erweisen sich die Mediziner sogar als besonders mobilitätsträge.

Süditaliens – spielt hier ebenso eine Rolle wie in Sizilien, das mit einem ‚Studienemigrantenanteil' von 8,6% ebenfalls eine hohe Stabilität aufweist. Die Absolventen Apuliens, der Basilikata und Kalabriens - drei Regionen mit einer sehr jungen und unvollständigen Universitätsausstattung - erwarben ihren Abschluss zu gut einem Viertel bzw. knapp einem Drittel an einer Universität außerhalb des Mezzogiorno.

Tabelle 9: Absolventen des Jahres 1995 nach der Region des Hochschulabschlusses

Absolventen des Jahres 1995...		...an Hochschulen in...		Nordmittelitalien	
...aus...	Insgesamt	Norditalien	Mittelitalien	Summe	in Prozent
Abruzzen	2.536	357	774	1131	44,6%
Molise	642	125	249	374	58,3%
Kampanien	10.319	235	617	852	8,3%
Apulien	7.864	1.198	900	2098	26,7%
Basilikata	1.168	111	253	364	31,2%
Kalabrien	4.026	366	919	1285	31,9%
Sizilien	7.724	320	342	662	8,6%
Sardinien	2.851	171	170	341	12,0%
Mezzogiorno	**37.130**	**2.883**	**4.224**	**7.107**	**19,1%**

Datenquelle: ISTAT – Inserimento professionale dei Laureati : Indagine 1998;. Berechnung H. Jahnke 2004.

Die Varianz zwischen den unterschiedlichen Fachbereichen ist auch bei den Studienabwanderern aus dem Mezzogiorno nur wenig akzentuiert. Auffallend ist die hohe Mobilität bei Ingenieurswissenschaftlern, Medizinern, Agrarwissenschaftlern und Juristen, also Studiengängen, die am ehesten für die regionalen Arbeitsmärkte des Mezzogiorno qualifizieren. Während die ‚Sapienza' in Rom für Ingenieure, Mediziner und Juristen aus dem Mezzogiorno die am häufigsten besuchte Hochschule ist, sind bei den (wenigen) Agrarwissenschaftlern die Studienorte Florenz (34) und Bologna (32) wichtig. Für die Juristenausbildung sind nach den staatlichen Universitäten Rom (449) und Bologna (269) die beiden Privathochschulen LUISS (Rom) (104) und die ‚Cattolica' (Mailand) (80) besonders beliebt. Demgegenüber liegt die Mobilität bei den Geistes- und Naturwissenschaftlern, also den beiden Studienrichtungen, die im Mezzogiorno vorwiegend für den Lehrerberuf qualifizieren, unter dem Durchschnitt. In beiden Fächergruppen ist eine breitere Streuung auf die großen Universitäten erkennbar, wobei im Fall der Geisteswissenschaftler die Universität Bologna, im Fall der Naturwissenschaftler die Universität Pisa der jeweils wichtigere Standort ist.

Über diese deutlichen Abwanderungen nach Mittel- und Norditalien hinaus gibt es aber auch innerhalb des Mezzogiorno spezifische Wanderungsmuster, die in beträchtlichem Maße von der unterschiedlichen Hochschulausstattung in den Regionen bestimmt wird.

Die beiden Anziehungspunkte bei der studentischen Migration innerhalb des Mezzogiorno sind hierbei die Regionen Sizilien und Kampanien, welche auf die längsten Hochschultraditionen zurückblicken können. Für die Region Sizilien bedeutet dies, dass trotz einer Studienabwanderung von 794 ‚Sizilianern' (entspricht 10,3% der befragten

Absolventen) durch die Zuwanderung von 1.378 späteren Absolventen aus anderen Regionen Italiens die Insel sogar eine positive Wanderungsbilanz von +584 aufweisen kann. Bei den ‚Studienimporten' handelt es sich mehrheitlich um Kalabresen, die aufgrund der lückenhaften Hochschulausstattung Kalabriens an der nahegelegenen sizilianischen Universität Messina studieren. Eine ausgewogene Wanderungsbilanz weist auch die zweite traditionsreiche Hochschulregion des Mezzogiorno, Kampanien, mit der Universität Neapel auf: die Abwanderung von 911 späteren Absolventen (entspricht 8,8%) wird durch die Zuwanderung von 908 Absolventen, die mehrheitlich aus anderen Regionen des Mezzogiorno - insbesondere der Basilikata und Kalabrien - kommen, nahezu ausgeglichen.

Die Zahlen der Absolventenbefragung des ISTAT sowie diejenigen des italienischen Universitätsministeriums MURST zeigen, dass zwar etwa jeder fünfte italienische Student sein Studium außerhalb der eigenen Region abschließt, dass Studienmobilität über große Distanzen jedoch fast ausschließlich aus dem Mezzogiorno nach Mittel- und Norditalien stattfindet. Im Gegensatz zu den Arbeitsmigrationen, deren Zielregionen überwiegend in Norditalien liegen, befindet sich der Schwerpunkt studentischer Wanderungen in den mittelitalienischen Regionen.

Nach Bilanzierung der studentischen Mobilität zwischen den drei Landesteilen ‚verliert' der Mezzogiorno zunächst 18,1% seiner Humanressourcen (entspricht 6.725), wohingegen Norditalien 6% (entspricht 2.860) und Mittelitalien sogar 21,1% (entspricht 4.177 Absolventen) hinzugewinnt. Innerhalb der jeweiligen Landesteile stellen die Emilia Romagna (+41%), die Toskana (+37,5%) und das Latium (+19,3%) - für die Studierenden aus anderen Regionen des Mezzogiorno auch Sizilien (+7,6%) und Kampanien (0%) - die attraktivsten Studienregionen dar.

Diese regionalen Muster der studentischen Mobilität in Italien wirken sich auf die Arbeitsmigrationen der Absolventen nach Studienabschluss aus, so dass es hier zwischen einer Abwanderung der Absolventen nach Abschluss in der Herkunftsregion, dem Verbleib von zugewanderten Studierenden in der Region des Abschlusses, und einer faktischen Rückwanderung in die Herkunftsregion zu unterscheiden gilt.

Regionale Muster der Arbeitsmobilität

Die Arbeitsmobilität, also Wanderungen zwischen dem Zeitpunkt des Studienabschlusses 1995 (T2) und dem Befragungszeitpunkt 1998 (T3), wird von der vorherigen Studienmobilität erheblich beeinflusst. Von den 50.680 Absolventen der norditalienischen Universitäten haben 38.724 eine Beschäftigung gefunden, von denen wiederum 2.546 (6,6%) nicht in Norditalien arbeiten. Die mobilen Beschäftigten verteilen sich zu ähnlich großen Anteilen auf Mittelitalien (2,5%), den Mezzogiorno (2,2%) und das Ausland (1,9%). Da gleichzeitig 3.183 Absolventen von Universitäten aus den südlicheren Landesteilen zuziehen, gibt es auf dem norditalienischen Jungakademikerarbeitsmarkt einen Wanderungsüberschuss von 637 Absolventen. Bezogen auf die hier untersuchten beschäftigten Hochschulabsolventen bedeutet dies, dass in Norditalien mehr Absolventen arbeiten als dort ausgebildet werden.

Hochschule in Norditalien

Hochschule in Mittelitalien

Hochschule im Mezzogiorno

Absolventen
10.000
5.000
2.500

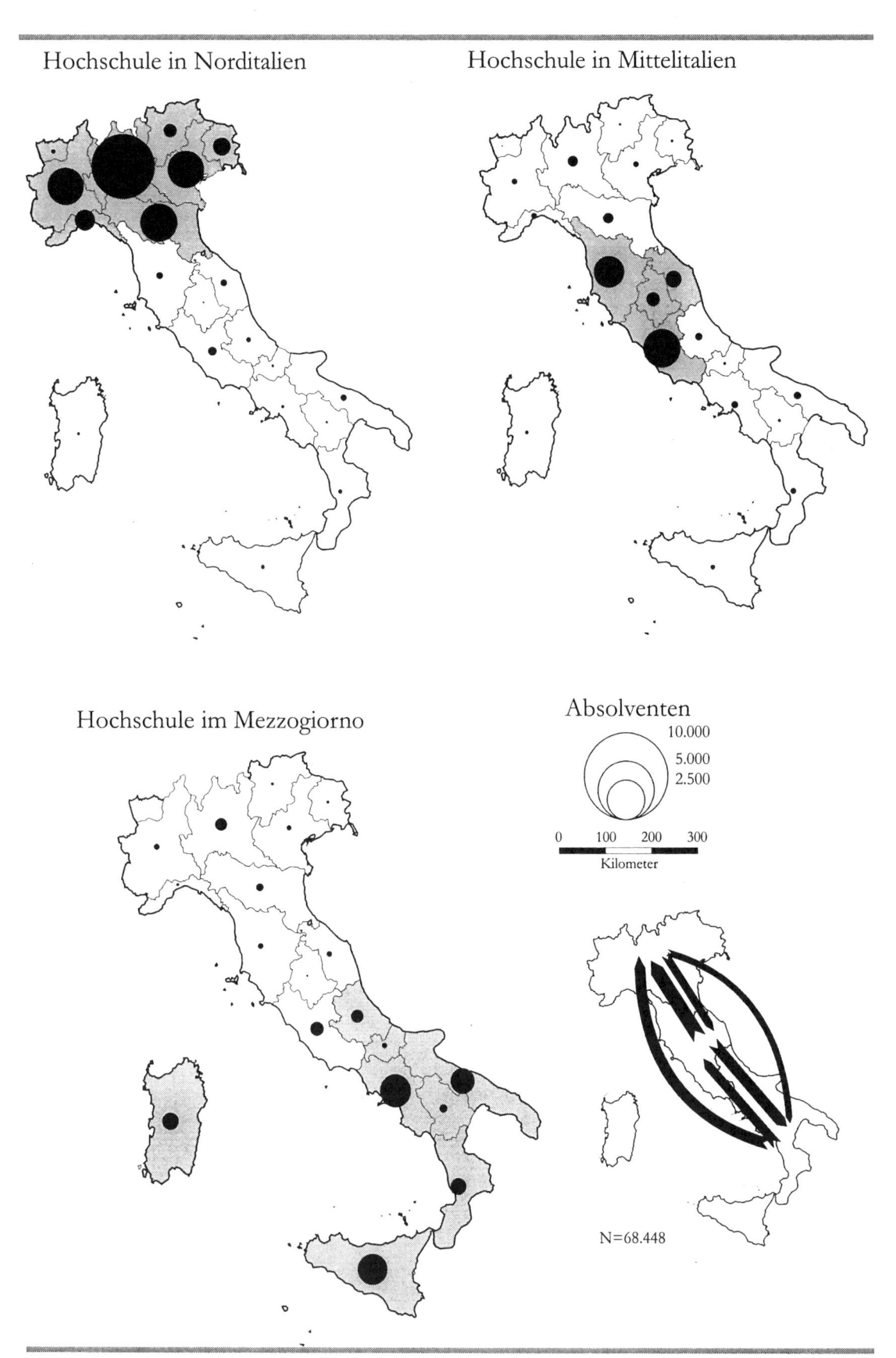

0   100   200   300
Kilometer

N=68.448

Karte 8: Interareale Arbeitsmobilität zwischen der Region des Hochschulabschlusses 1995 und der Arbeitsregion im Jahr 1998 (nur Beschäftigte)

Datenquelle: ISTAT, Inserimento professionale dei laureati. 1998; Auswertung, Entwurf und Kartographie H. Jahnke 2004.

Ganz anders verhält es sich in den mittelitalienischen Regionen, die durch Zu- und Abwanderung in der Bilanz 1.417 Absolventen verlieren (entspricht minus 9,2%). Die massiven Fortzüge (3.554) richten sich sowohl nach Norditalien (1.816) mit Schwerpunkten in der Lombardei und der Emilia-Romagna als auch in den Mezzogiorno (1.423), wo keine eindeutigen regionalen Schwerpunkte erkennbar sind. Zudem arbeiten 315 Absolventen der mittelitalienischen Hochschulen im Ausland. Diese beträchtlichen Absolventenabwanderungen werden teilweise durch Zuwanderungen aus dem Mezzogiorno (1.177) und aus Norditalien (960) ausgeglichen.

Auch der Mezzogiorno weist eine negative Wanderungsbilanz von –433 auf, die sich aus der Abwanderung von 2.690 Absolventen und der (beachtlichen) Zuwanderung von 2.257 Absolventen errechnet. Die Abwanderung erfolgt überwiegend nach Norditalien (1.367), vor allem in die Lombardei und die Emilia Romagna sowie nach Mittelitalien (1.177) mit einem deutlichen Schwerpunkt auf der Region Latium. Der Anteil der Emigranten in das Ausland ist mit 0,9% (entspricht 146 Absolventen) hingegen sehr niedrig. Erstaunlich hoch ist auch die Zuwanderung von Hochschulabsolventen aus Nord- und Mittelitalien, von denen nahezu zwei Drittel (1.423) von mittelitalienischen Universitäten und ein Drittel (834) nach einem Abschluss in Norditalien in den Mezzogiorno kommen. Hierbei handelt es sich jedoch fast ausschließlich um Absolventen, die ursprünglich im Mezzogiorno beheimatet sind und nach erfolgreichem Studium an einer nord- oder mittelitalienischen Hochschule in ihre Herkunftsregion zurückkehren.

Den Analysen der Beschäftigungsorte nach der Region des Hochschulabschlusses zufolge ist Mittelitalien mit einem negativen Wanderungssaldo von –1.417 Absolventen (entspricht –9,2%) der Landesteil mit den größten Diskrepanz zwischen der Anzahl der ausgebildeten und der anschließend beschäftigten Absolventen. Demgegenüber erscheint selbst die negative Wanderungsbilanz des Mezzogiorno geradezu moderat, da die dortigen Fortzüge wesentlich durch Zuzüge aus Mittel- und Norditalien ausgeglichen werden. Hierbei handelt es sich vor allem um Studienrückkehrer.

Regionale Muster räumlicher Mobilität zwischen Herkunftsregion und Region des Arbeitsplatzes

Bilanziert man nun im dritten Schritt die Binnenmobilität zwischen der ursprünglichen Herkunftsregion (T1) einerseits und der Region des Arbeitsplatzes zum Zeitpunkt der Befragung (T3) andererseits, dann lassen sich erste Aussagen über den Verbleib der Humanressourcen aus dem Mezzogiorno treffen. Wenngleich auch hier lediglich eine Bilanzierung für die zum Zeitpunkt der Befragung Beschäftigten vorgenommen werden kann, so scheint diese Einschränkung im Hinblick auf die ökonomische Perspektive dieses Kapitels geradezu geboten. Denn ungenutztes Humankapital zu bilanzieren, hieße, sich auf Schätzungen von Potentialen zu beschränken.

Von den befragten Absolventen, die zum Zeitpunkt der Erhebung beschäftigt sind (69.663), arbeiten insgesamt 1.214 im Ausland, die übrigen 68.449 in einer der zwanzig italienischen Regionen. Wie Karte 9 zeigt, verteilen sich die Absolventen aus den drei Landesteilen sehr unterschiedlich auf die regionalen Arbeitsmärkte.

Von den insgesamt 47.820 Norditalienern gehen drei Jahre nach dem Hochschulabschluss 37.055 (entspricht 77,5%) einer Erwerbstätigkeit nach und zwar zu 96,4% in einer norditalienischen Region. Die verbleibenden 5,6% verteilen sich zunächst auf das Ausland (1,7%) und Mittelitalien (1,5%), wohingegen nur 0,4% im Mezzogiorno arbeiten.

Von den 19.840 Mittelitalienern sind im Jahr 1998 zwei Drittel beschäftigt (66,5%) und zwar zu 88,3% in Mittelitalien, 8,0% in Norditalien, 2,1% im Ausland und lediglich 1,6% im Mezzogiorno. Von den 1.051 Abwanderern nach Norditalien arbeitet die überwiegende Mehrheit in der Lombardei und der Emilia-Romagna.

Die 37.130 Absolventen aus dem Mezzogiorno weisen mit knapp 40% (entspricht 19.213 Absolventen) insgesamt die niedrigste Erwerbstätigenquote auf; zudem arbeiten von diesen lediglich etwas mehr als drei Viertel (76,5%) im Mezzogiorno selbst, 13,2% in Norditalien, 9,1% in Mittelitalien und 1,2% im Ausland. Die Arbeitsregionen der abgewanderten ‚Meridionali' konzentrieren sich entsprechend dem erwarteten Muster auf die großen und wirtschaftsstarken Regionen. Von 4.278 Absolventen aus dem Mezzogiorno, die in Nord- und Mittelitalien einer Erwerbstätigkeit nachgehen, arbeitet jeweils etwas mehr als ein Viertel (1.229) in der Lombardei und im Latium (1186), ein Achtel in der Emilia Romagna (598) und weitere größere Gruppen in der Toskana, dem Piemont und dem Veneto. Alle übrigen Regionen spielen eine untergeordnete Rolle.

Ein Blick auf die Wanderungsströme in Karte 9 verdeutlicht die Ressourcenverschiebung zwischen den drei Landesteilen, deren Wanderungsströme ganz wesentlich in Süd-Nord-Richtung verlaufen. Aus dem Mezzogiorno sind 2.539 Absolventen zum Arbeiten nach Norditalien gegangen, 1.749 nach Mittelitalien und 232 in das Ausland; in umgekehrter Richtung machen die Zuwanderungen lediglich 381 Absolventen aus. Auch aus Mittelitalien erfolgt die Wanderung fast ausschließlich in Richtung Norden (1.051) sowie in das Ausland (278) und kaum in Richtung Mezzogiorno (215). Für Norditaliener stellt das Ausland den wichtigsten externen Arbeitsmarkt dar (645 Absolventen), Mittelitalien folgt erst an zweiter Stelle (548) und der Mezzogiorno spielt mit 150 Absolventen als Zielgebiet der Abwanderung eine untergeordnete Rolle. Die Grenzen zwischen den drei Landesteilen besitzen somit gewissermaßen einen osmotischen Charakter, welche Wanderungen aus Richtung Süden zulassen und gleichzeitig die Mobilität in Nord-Süd-Richtung verhindern.

Somit bestätigt sich die Vermutung einer Abwanderung junger Hochschulabsolventen aus dem Mezzogiorno, die durch den sehr geringen Zuzug von Absolventen aus anderen Landesteilen kaum ausgeglichen wird. Der Fortzug erfolgt in zwei unterschiedlichen Momenten: zunächst in der Phase der ‚Studienmobilität', dann in der Phase der ‚Arbeitsmobilität'. Beide Abwanderungen werden im folgenden unter dem Aspekt der fachlichen Spezialisierungen der Abwanderer noch näher untersucht.

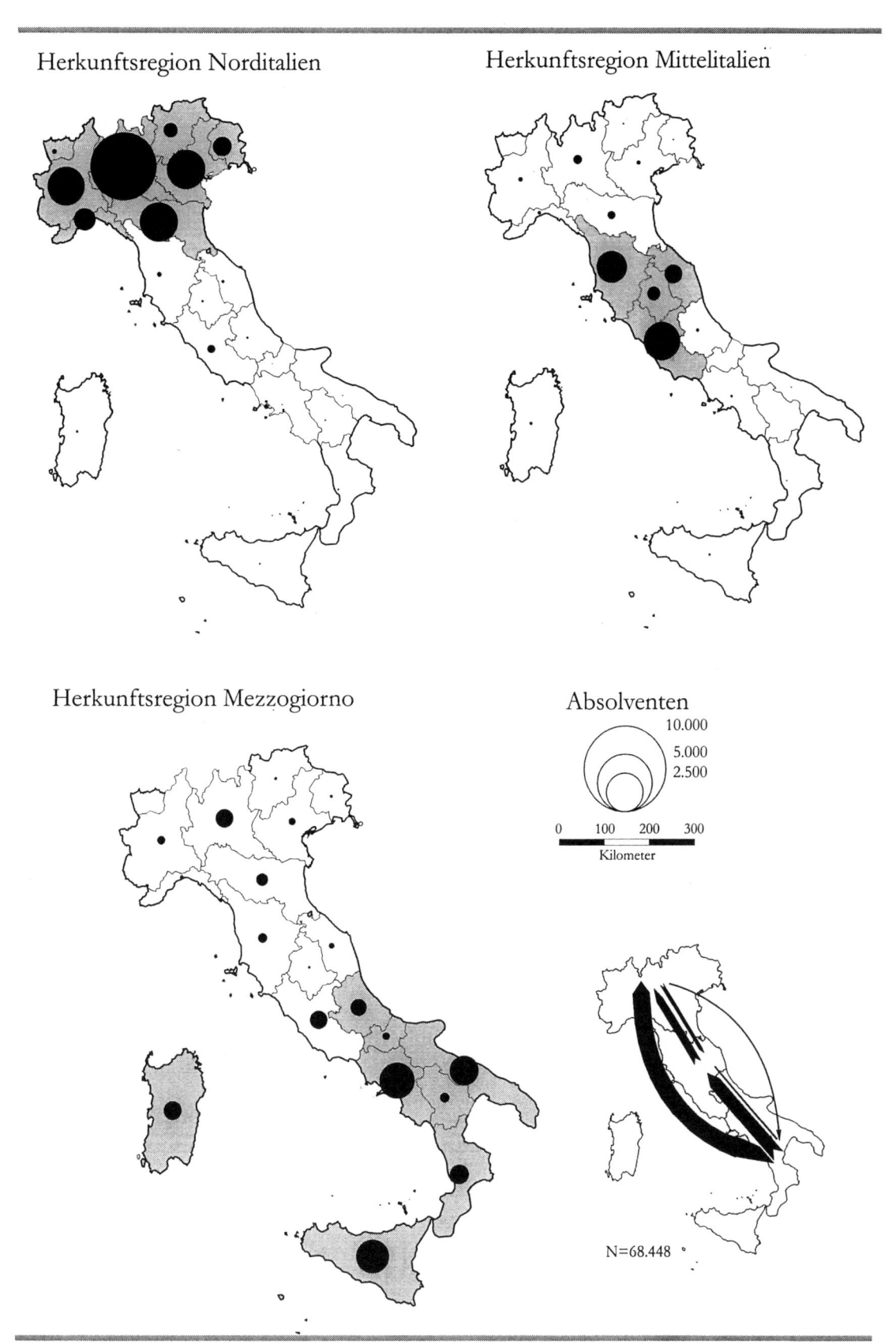

Karte 9: Interareale Mobilität zwischen der Herkunftsregion und der Arbeitsregion im Jahr 1998 (nur Erwerbstätige)

Datenquelle: ISTAT, Inserimento professionale dei laureati 1998; Auswertung, Entwurf und Kartographie H. Jahnke 2004.

Abwanderung aus dem Mezzogiorno nach Fachbereichen und Herkunftsregionen

Ähnlich wie bei der untersuchten studentischen Migration variieren die Anteile der Abwanderer aus dem Mezzogiorno sehr deutlich zwischen den einzelnen Fachbereichen.

Tabelle 10: Arbeitsregionen der Hochschulabsolventen aus dem Mezzogiorno nach Fachbereichen

Fachbereichsgruppe	Absolventen aus dem Mezzogiorno	nur beschäftigte Absolventen aus dem Mezzogiorno		von den Beschäftigten arbeiten...	
		Summe	*(in %)*	*..im Mezzogiorno*	*...außerhalb*
Ingenieurswissenschaft	4.416	3.320	*(75,2)*	71,0 %	29,0 %
Wirtschaft	6.740	4.327	*(64,2)*	71,6 %	28,4 %
Politik- und Sozialwissenschaft	2.044	1.117	*(54,6)*	74,5 %	25,5 %
Naturwissenschaft	4.577	2.344	*(51,2)*	75,9 %	24,1 %
Medizin	3.297	1.078	*(32,7)*	80,6 %	19,4 %
Geisteswissenschaft	8.289	3.672	*(44,3)*	80,7 %	19,3 %
Jura	6.932	2.756	*(39,8)*	83,3 %	16,7 %
Agrarwissenschaft	835	594	*(71,1)*	84,7 %	15,3 %
Summe	**37.130**	**19.208**	*(51,7)*	76,5 %	23,5 %

Datenquelle: ISTAT, Inserimento professionale dei laureati : Indagine 1998; Berechnung H. Jahnke 2004.

Insbesondere Ingenieure zieht der Arbeitsmarkt in andere Landesteile (29,0%), aber auch unter Wirtschaftswissenschaftlern ist der Anteil vergleichbar hoch (28,4%). In der Gruppe der Politik- und Sozialwissenschaftler sowie der Naturwissenschaftler arbeitet etwa jeder vierte Süd- oder Inselitaliener in Nord- oder Mittelitalien (25,4% bzw. 24,1%). Demgegenüber weisen Mediziner (19,4%), Geisteswissenschaftler (19,3) sowie Juristen (16,7%) und Agrarwissenschaftler (15,3%) eine deutlich geringere räumliche Mobilität auf. Diese ermittelten Mobilitäten weisen für die einzelnen Fachbereiche sehr unterschiedliche Erklärungsmuster auf, die im folgenden näher erläutert werden.

Für die hohe Immobilität bei gleichzeitig geringer Arbeitslosigkeit der *Agrarwissenschaftler* lassen sich unterschiedliche Gründe anführen: zum einen ist die Studienwahl häufig an den Familienbesitz eines landwirtschaftlichen Betriebs gebunden, zum anderen ist die Beschäftigungsstruktur des Mezzogiorno überdurchschnittlich von der Landwirtschaft geprägt und erlebte beispielsweise in der Region Sizilien in den 1990er Jahren bei einem generellen Beschäftigungsrückgang sogar noch eine weitere Expansion. Ist jedoch nicht der Weg in die Selbständigkeit das vorrangige Berufsziel, sondern die Hoffnung auf eine feste Anstellung im öffentlichen Dienst (*posto*) bzw. ein unbefristetes Angestelltenverhältnis in einem Unternehmen, so trifft der Rückbau des öffentlichen Dienstes gerade diese Gruppe und kann zur Abwanderung führen, die jedoch auch temporär sein kann.

Für *Juristen* hat sich die Situation auf dem süditalienischen Arbeitsmarkt der 1990er Jahre grundlegend gewandelt. Waren Absolventen juristischer Fakultäten in den 1980er Jahren noch die Sorgenkinder auf dem süditalienischen Arbeitsmarkt, die häufig für einen ‚*posto*' in den Norden gingen und hofften, auf dem Wege der Versetzung wieder in die Heimat zurückkehren zu können, so haben die politischen Umwälzungen zu Beginn der 1990er Jahre gerade dem juristischen Bereich zu einer unerwarteten Blüte verholfen. Diese Transformation fand auf mehreren Ebenen statt: zum einen haben die ‚Säuberungen' der süditalienischen Justiz im Zuge der Mafiaprozesse die Einstellung junger und unbeteiligter Juristen notwendig gemacht, zum anderen erforderte allein die Vielzahl der Prozesse juristische Fachkompetenz bei allen beteiligten Rechtsparteien. Die Bekämpfung von Mafia und Korruption hat aber nicht nur in den Mafiaprozessen selbst eine wachsende Zahl von Juristen erfordert, sondern auch im zivilgesellschaftlichen Leben eine gesteigerte Nachfrage nach juristischer Fachkompetenz generiert. Denn die Lösung vieler Konflikte, die unter dem Diktat bestehender Gewaltstrukturen der Regelung durch lokale Mafiosi unterlegen waren, wurden nun wieder mehr (wenngleich nicht vollständig) der staatlichen Jurisdiktion anvertraut. Dies gilt zum einen für die Regelung krimineller Gewaltakte, etwa auch die Erpressung von Schutzgeldern, zum anderen bedurfte auch die Neuregulierung vieler Bereiche des Wirtschaftslebens nach der Schwächung der mafiösen Kontrollinstanzen einer juristischen Begleitung. Dies gilt vor allem für die wachsende Außenverflechtung der sizilianischen Wirtschaft. Die zwischenzeitliche Entspannung auf diesem Arbeitsmarkt spiegelt sich jedoch nur bedingt in den Beschäftigungsquoten der befragten Absolventen wider, da der Befragungszeitpunkt für viele in die Suchphase nach vollendetem Referendariat fällt.

Ganz andere Gründe für das geringe Maß der Mobilität sind im Bereich der *Geisteswissenschaftler* zu vermuten, denn deren Arbeitsmarkt hat in den 1990er Jahren keine spürbare Verbesserung erfahren. Im Gegenteil: der ausgebliebene Stellenausschreibungswettbewerb im Schulwesen hat sogar zu einem massiven Stau auf diesem Segment des Arbeitsmarktes geführt, der nicht allein den Mezzogiorno betraf. Da geisteswissenschaftliche Studienabschlüsse in Italien im wesentlichen in den Lehrerberuf münden, verfolgten viele Absolventen die Strategie, sich durch Vertretungsstunden und unterbezahlte, befristete Vertretungen insbesondere im Bereich der Privatschulen weiter zu qualifizieren, um dann mit strategischen Vorteilen in den langersehnten *concorso* zu gehen. Ohne absolvierten *concorso* (der Letzte fand 1992 statt) bestanden selbst in Norditalien keine Chancen auf einen unbefristeten Vertrag in einer öffentlichen Schule, so dass viele Absolventen ihre lokalen Netzwerke für Nebenbeschäftigungen in der Heimatregion aktiviert haben und gleichzeitig die Wartezeit für die Vorbereitung der Prüfungen nutzen. Die häufige und terminlich ungewisse Verschiebung des nachfolgenden Einstellungswettbewerbs hat gerade in der zweiten Hälfte der 1990er Jahre eine Vielzahl von Absolventen in die Arbeitslosigkeit im eigenen Umfeld gebunden, zumal die Zahl von Vertretungs- und Nachhilfestunden die Chancen auf eine spätere Einstellung verbessern konnte.

Ähnliches trifft auch auf die Absolventen aus dem Bereich der *Naturwissenschaften* zu, denen sich mit der öffentlichen und privatwirtschaftlichen Forschung jedoch bessere

Beschäftigungsmöglichkeiten eröffnen als ihren Kollegen aus den Geisteswissenschaften. Diese Optionen finden sich entweder in den Industrie- und Forschungszentren Nord- oder Mittelitaliens, im Ausland oder in EU-geförderten Projekten etwa im Bereich des Naturschutzes. Folglich sind auch hier die Mobilitätsziffern sehr viel höher.

Die Absolventen der *Medizin* repräsentieren ein Mobilitätsmuster, welches einerseits demjenigen der Naturwissenschaften ähnelt, andererseits demjenigen der Agrarwissenschaftler. Auf der einen Seite werden ambitionierte Forscher zur Mobilität an andere Institute angehalten und haben ein eigenes Interesse daran. Auf der anderen Seite besitzt der Beruf des Arztes auch eine starke regionale bzw. lokale Verankerung, da Arztpraxen nur in geringerem Maße regional konzentriert sind. Zudem kann für die geringe Mobilität junger Medizinabsolventen auch die Übernahme der Familienpraxis von Bedeutung sein.

Die höchste Mobilität weisen die drei Fachbereichsgruppen auf, die als tragende Säulen einer wissensbasierten Ökonomie erachtet werden können. Hierbei gilt es zu unterscheiden zwischen den *Ingenieurswissenschaftlern*, die in den massiven Ausbau der Telekommunikations- und Informationstechniken der New Economy involviert sind, und den *Wirtschafts-, Sozial- und Politikwissenschaftlern*, die als „Symbolanalysten" als Mechaniker der symbolwirtschaftlichen Strukturen gelten können. Denn die wachsende Komplexität symbolischer Ebenen in der wissensbasierten Ökonomie erfordert eine zunehmende Kenntnis der gängigen Praktiken und Ausdrucksformen einer international verflochtenen Wirtschaft und damit ein Wissen, das wesentlich von Wirtschafts- und Sozialwissenschaftlern getragen wird.

Eben jene drei Fachbereichsgruppen haben die höchsten Abwanderungsraten zu verzeichnen, was bei den Ingenieurswissenschaftlern andere Gründe vermuten lässt als bei den Wirtschafts- und Sozialwissenschaftlern, die sich wiederum von den Politikwissenschaftlern unterscheiden. Das Arbeitsmarktsegment der Ingenieure weist die geringsten regionalen Disparitäten auf, so dass Mobilität hier insbesondere durch die besseren und interessanteren Beschäftigungsmöglichkeiten zu erklären ist, wohingegen bei den Wirtschafts- und Sozialwissenschaften die Möglichkeiten, überhaupt eine Beschäftigung zu finden, von vorrangiger Bedeutung sein kann. Politikwissenschaftler zieht es – erwartungsgemäß – am häufigsten in das Latium, welche als Hauptstadtregion die meisten Entwicklungsmöglichkeiten für Politikwissenschaftler aufweist.

2.3.4 Zusammenfassung

Die räumliche Mobilität italienischer Akademiker, insbesondere deren Binnenwanderungen, haben bislang von der Forschung kaum Beachtung gefunden, was nicht zuletzt im geringen Migrationsvolumen dieser Bevölkerungsgruppe im Vergleich zum allgemeinen Wanderungsgeschehen begründet liegt. Die vermeintlich geringen absoluten Fallzahlen verschleiern jedoch, dass italienische Akademiker - im Vergleich zur Gesamtbevölkerung - grundsätzlich überdurchschnittliche Mobilitätsraten aufweisen. Trotz erheblicher Jahresschwankungen ist in den 1990er Jahren eine Tendenz zur wachsenden Mobilität von Akademikern zu beobachten, die jedoch auch den gleichzeitig gestiegenen Akademikerzahlen in der Bevölkerung geschuldet ist.

Der internationale Akademikeraustausch Italiens ist durch einen hohen Anteil ausländischer Zuwanderer und eine konstant negative Wanderungsbilanz bei den italienischen Akademikern gekennzeichnet. Bei einem ansteigenden Wanderungsvolumen der internationalen Wanderung italienischer Akademiker ist gleichzeitig ein Trend zu stärkeren Wanderungsverlusten zu beobachten. Während die nord- und mittelitalienischen Regionen in den 1990er Jahren aktiv an einem internationalen Akademikeraustausch teilnehmen, ist diese Tendenz im Mezzogiorno erst in den letzten Jahren erkennbar geworden, was sich zunächst durch eine stärkere Akademikerabwanderung bemerkbar macht.

Die räumliche Mobilität italienischer Akademiker ist jedoch überwiegend durch die Binnenwanderung gekennzeichnet. Kontinuierliche Süd-Nord-Wanderungen führen trotz regelmäßiger Rückwanderungen zu einer signifikanten Verschiebung von Humanressourcen aus dem Mezzogiorno in die Regionen Nord- und Mittelitaliens. Hierbei ist die Konstanz der Wanderungsbewegungen ebenso bedeutungsvoll, wie deren Volumen. Geht man darüber hinaus davon aus, dass die auf den Wohnsitzänderungen beruhenden Wanderungsstatistiken nur einen Teil aller stattfindenden Wanderungen abbilden, so gewinnt die These einer signifikanten Süd-Nord-Wanderung von italienischen Akademikern weiter an Gewicht.

Diese Entwicklung lässt sich anhand der Gruppe der Hochschulabsolventen besonders deutlich erkennen, welche die höchste Mobilität aufweisen. Zum einen lassen die 1990er Jahre einen eindeutigen Trend in Richtung einer zunehmenden internationalen Abwanderung von italienischen Hochschulabsolventen erkennen, zum anderen zeigt sich gerade unter den *laureati* eine starke Süd-Nord-Wanderung innerhalb Italiens. Diese ist in den Fachbereichen besonders ausgeprägt, die für die Konstruktion einer Wissensgesellschaft vorrangig von Bedeutung sind, und konzentriert sich auf die wirtschaftsstarken Regionen Mittel- und Norditaliens wie die Emilia-Romagna, die Toskana, die Lombardei und das Piemont. Dem italienischen Mezzogiorno gehen hierbei erhebliche Teile der eigenen Humanressourcen verloren.

Die festgestellte Süd-Nord-Wanderung von jungen Hochschulabsolventen erfolgt in zwei unterschiedlichen Momenten. Eine erste Süd-Nord-Bewegung erfolgt bereits durch die Wahl des Studienorts, der für viele Studienanfänger aus dem Mezzogiorno in Mittel- und Norditalien liegt. Umgekehrt gibt es an den Universitäten Süditaliens kaum Absolventen aus Nord- oder Mittelitalien. Eine zweite Abwanderungswelle erfolgt nach erfolgreichem Studienabschluss, wenn eine weitere Gruppe von Hochschulabsolventen die eigene Region zum Arbeiten im Norden verlässt. Bei dieser Wanderungsbewegung dominiert ebenfalls der Strom nach Norden, der selbst durch die Rückkehrer aus Nord- und Mittelialtien nicht ausgeglichen werden kann.

2.4 Die Nutzung endogener Humanressourcenpotentiale in den Regionen des Mezzogiorno

In den vorangegangenen Abschnitten wurde gezeigt, dass der Mezzogiorno bis zur Bildungsexpansion nach dem Zweiten Weltkrieg von einer unzureichenden Hochschulausstattung gekennzeichnet war. Erst in den Nachkriegsjahrzehnten kam es zu einem Hochschulausbau in den peripheren Regionen Süditaliens. Die Zahl der Absolventen an diesen Hochschulen ist bezogen auf die Bevölkerung im Mezzogiorno bis heute niedriger als in Nord- oder Mittelitalien, was zum einen auf die Studienabwanderung aus dem Süden, zum anderen auf die geringere Erfolgsrate an diesen Hochschulen zurückzuführen ist. Trotz allmählich ansteigender Absolventenzahlen lässt sich in den 1990er Jahren jedoch nicht von einer aufholenden Entwicklung sprechen, da die Steigerungsraten im Mezzogiorno unterhalb derer in den anderen Landesteilen liegen. Entsprechend fällt dieser struturschwache Landesteil auch bezüglich der Akademikeranteile an der Bevölkerung gegenüber dem übrigen Italien weiter zurück, so dass sich die Schere zwischen Norden und Süden weiter öffnet.

Die 1990er Jahre waren zudem von einer dramatischen Umstrukturierung des italienischen Arbeitsmarktes gekennzeichnet, der in allen Regionen zu einem Beschäftigungszuwachs für Akademiker führte. Auch dieser Akademisierungsprozess verlief im Mezzogiorno langsamer und wurde zudem von einem Anstieg der Akademikerarbeitslosigkeit begleitet. Darüber hinaus führte die kontinuierliche Abwanderung von Akademikern aus dem Mezzogiorno zu einer zusätzlichen Verlagerung dieser Ressourcen in die wirtschaftsstarken Regionen Nord- und Mittelitaliens. Die Abwanderungstendenz betrifft zunächst junge Hochschulabsolventen, die zum einen der Arbeitslosigkeit im Mezzogiorno entfliehen und sich zum anderen durch die besseren Erwerbsbedingungen in Nord- oder Mittelitalien angezogen fühlen. Diese Abwanderungen konzentrieren sich vor allem auf die Fachbereiche, die für die Konstruktion einer Wissensgesellschaft entscheidend sind.

Der folgende Abschnitt synthetisiert die Erkenntnisse der vorangegangenen Kapitel indem versucht wird, die Nutzung der endogenen Ressourcen der Wissensgesellschaft für die Regionen des Mezzogiorno zu bilanzieren. Hierbei wird herausgearbeitet, inwieweit diese endogenen Ressourcenpotentiale dem Produktionsprozess der eigenen Region zugute kommen (Brain application), bzw. diese Potentiale ungenutzt oder untergenutzt bleiben (Brain waste), anderen Regionen zugute kommen (Brain drain) oder durch Zuwanderung kompensiert werden (Brain gain).

Die Datengrundlage für diese zusammenfassende Analyse stellt wiederum die Absolventenbefragung von 1998 dar, bei der die Absolventen des Jahres 1995 an den italienischen Universitäten befragt wurden. Das Ziel der vorliegenden Auswertung ist der Versuch der Messung, wie viel Prozent des endogenen Humanressourcenpotentials drei Jahre nach dem Hochschulabschluss tatsächlich auch in der jeweiligen Region genutzt werden (Brain application). Als endogene Ressourcen werden dabei nicht die Absolventen der Hochschulen einer bestimmten Region X verstanden, sondern diejenigen, die vor der Einschreibung an der Universität ihren Wohnsitz in der Region X hatten, also mit großer Wahrscheinlichkeit in dieser Region beheimatet sind. Beispielsweise hatten von allen Absolventen des Jahres 1995 insgesamt 37.130 ihren Wohnsitz im Mezzogiorno und 7.724 in Sizilien, die vereinfachend als ‚Meridionali' bzw. Sizilianer bezeichnet werden. Hinter dem Versuch der Bilanzierung dieses angenommenen Humanressourcenpotentials steht die Frage, wie viel Prozent dieser ‚Meridionali' bzw. Sizilianer (oder Kalabresen, Lombarden, etc.) drei Jahre nach dem Hochschulabschluss tatsächlich in ihrer Herkunftsregion beschäftigt sind und damit der eigenen Region zugute kommen.

2.4.1 KLASSIFIKATION DER RESSOURCENPOTENTIALE NACH DEM MOBILITÄTSVERLAUF

Zur Messung der Phänomene Brain application, Brain exchange, Brain drain, Brain gain und Brain waste wurden die befragten Absolventen nach ihren regionalen Karriereverläufen in fünf unterschiedliche Typen eingeteilt, von denen sich vier auf die zum Befragungszeitpunkt Erwerbstätigen beziehen und einer die Arbeitslosen[58] beinhaltet. Bei den Erwerbstätigen wird unterschieden zwischen ‚Immobilen', ‚Rückkehrern', ‚Studienmobilen' und ‚Arbeitsmobilen'. Je nachdem, ob sie bei ihrer Mobilität lediglich in eine andere Region gewandert sind oder in einen anderen Landesteil, lässt sich von interregionaler oder interarealer Mobilität sprechen. Hinzu kommen die Absolventen, die zum Zeitpunkt der Befragung keiner Erwerbsarbeit nachgehen und schlicht als Erwerbslose bzw. Arbeitslose bezeichnet werden.

Die *Immobilen* haben das Studium in dem Landesteil bzw. der Region absolviert, wo sie vor Studienbeginn ihren Wohnsitz hatten, und in dem sie auch später ihren Arbeitsplatz gefunden haben[59]. Dieser Typus stellt den einfachsten Fall des ‚Brain application' dar: ein Abiturient aus dem Mezzogiorno wird an einer Universität im Mezzogiorno ausgebildet und ist drei Jahre nach Studienende als Jungakademiker im Mezzogiorno beschäftigt. Von den vier genannten Mobilitätstypen stellen die Immobilen mit 55,9% bezüglich der Fixierung in einem Landesteil und 47,0% bezüglich der Fixierung in einer Region die größte Gruppe dar.

Die *Rückkehrer* arbeiten nach erfolgreichem Studienabschluss an einer Universität in einem anderen Landesteil (bzw. einer anderen Region), zum Zeitpunkt der Befragung aber wieder in demjenigen Landesteil (Region), in dem sie ursprünglich beheimatet waren. Diese Absolventengruppe lässt sich dem ‚Brain exchange' zuordnen, da sie durch ihre Ausbildung in einer anderen Region aktiv am Wissenstransfer zwischen den

---

[58] Die regionale Zuordnung der Arbeitslosen zur aktuellen Wohnregion ist hierbei etwas problematisch, da die Daten keine Angaben über den „de facto", sondern lediglich über den „de jure" Wohnsitz erlauben. Der Einfachheit halber werden die Arbeitslosen daher der Region ihres Heimatwohnsitzes zugerechnet.

[59] Da Wanderungsbewegungen zwischen den drei erfragten Zeitpunkten, beispielsweise ein absolviertes Grundstudium in Norditalien, ein Erasmus-Aufenthalt im Ausland oder eine Weiterbildung nach Studienende hierbei keine Berücksichtigung finden, wird vereinfachend davon ausgegangen, dass die Immobilen ihr gesamtes Studium innerhalb eines begrenzten regionalen Rahmens vollzogen haben.

Regionen teilnehmen. Lediglich 3,2% (interareal) bzw. 8,1% (interregional) der Absolventen des Jahres 1995 haben diesen Werdegang hinter sich.

Gemeinsam mit den Immobilen machen die Rückkehrer die Gruppe derjenigen aus, die als endogene Ressourcen der jeweiligen Gebietseinheit dieser selbst zugute kommen. Deren Anteil an der Gesamtheit des jeweiligen endogenen Potentials drückt folglich aus, in welchem Maße das endogene Humanressourcenpotential zum Zeitpunkt der Befragung genutzt wird. Dieser Wert wird im folgenden als *Ausnutzungsgrad* bezeichnet.

Als *Arbeitsmobile* werden all diejenigen bezeichnet, die ihr Studium erfolgreich im eigenen Landesteil (Region) beenden und anschließend eine Beschäftigung in einem anderen Landesteil aufnehmen. Bei dieser Gruppe, die bezogen auf alle befragten Absolventen 4,5% (interareal) bzw. 5,9% (interregional) ausmacht, handelt es sich um einen Brain drain bzw. Brain flight im eigentlichen Sinne (Brain drain A in Tabelle 11), da die endogenen Ressourcen, die in einem bestimmten Landesteil ausgebildet werden, schließlich (oder zunächst) einer anderen Region zugute kommen.

Eine weitere Form des Ressourcenverlustes stellen die *Studienmobilen* dar, die ihr Studium in einem anderen Landesteil/Region abgeschlossen haben, aber im Gegensatz zu den Rückkehrern zum Zeitpunkt der Befragung einer Erwerbstätigkeit in diesem oder einem anderen Landesteil nachgehen, der jedoch nicht der Eigene ist. Zwar sind auch die Studienmobilen Teil des Brain drain/Brain flight, da sie ihr Studium aber außerhalb der Herkuftsregion beendet haben, stellen sie eine eigene Kategorie dar (Brain drain B in Tabelle 11). Mit 2,6% (interareal) bzw. 5,3% (interregional) stellen sie die kleinste Gruppe dar.

Schließlich geht ein Drittel (33,7%) aller befragter Absolventen zum Befragungszeitpunkt gar keiner Erwerbsarbeit nach, ist also drei Jahre nach Studienabschluss noch nicht in den Produktionsprozess integriert und kann damit vorläufig als Brain waste klassifiziert werden.

2.4.2 Ausnutzungsgrad endogener Humanressourcenpotentiale in den Landesteilen und Regionen

Anhand dieser Klassifikation beschreibt Karte 10 die Nutzung des Humanressourcenpotentials in den einzelnen Landesteilen und Regionen. Hierbei gibt die Größe der geschlossen gedachten Kreise im jeweiligen Landesteil bzw. in der jeweiligen Region an, wie viele Personen des Absolventenjahrgangs 1995 ursprünglich dort beheimatet waren. Dies wird rückblickend als 100% des Humanressourcenpotentials (oder Brain potential) der jeweiligen Gebietseinheit verstanden. Dementsprechend umfasste das Humanressourcenpotential in allen italienischen Regionen 104.790 spätere Absolventen, in Norditalien 47.820, in Mittelitalien 19.840 und im Mezzogiorno 37.130.

Tabelle 11 verdeutlicht anhand konkreter Zahlen und Prozentwerte wie unterschiedlich die Humanressourcennutzung in den drei Landesteilen ausfällt. Dies drückt sich numerisch im Ausnutzungsgrad des Humanressourcenpotentials aus, der sich aus dem Anteil der Immobilen und der Rückkehrer zusammensetzt. Während in Norditalien 74,7% der eigenen Absolventen der Region zugute kommen, lag dieser Wert im Mezzogiorno lediglich bei 39,6%, in Mittelitalien bei 58,7%. Der Anteil von Rückkehrern (Brain exchange) ist hierbei im Mezzogiorno deutlich höher als in Nord- oder Mittelitalien. Weitere Unterschiede liegen im Ausmaß des Brain drain in den jeweiligen Landesteilen, das zwischen 2,8% bei den Norditalienern und 12,1% der ‚Meridionali' variiert. Im Mezzogiorno ist hierbei der Anteil der Studienmobilen, also der Absolventen, die bereits außerhalb des eigenen Landesteils studiert haben, mit 5,3% besonders hoch.

Tabelle 11: Verteilung der Absolventen des Jahres 1995 aus den drei Landesteilen nach Mobilitätstypen

	Immobile	Rückkehrer	Genutzte Humanressourcen	Arbeitsmobile	Studienmobile	Arbeitslose	Gesamt	Zuzüge
Norditalien	34.907	808	35.715	1.109	232	10.764	47.820	+3.646
Mittelitalien	11.095	562	11.657	1.120	424	6.639	19.840	+2.339
Mezzogiorno	12.734	1.967	14.701	2.537	1.971	17.921	37.130	+391
Gesamt	58.736	3.337	62.073	4.766	2.627	35.324	104.790	(+312)

	Brain application	Brain exchange	Ausnutzungsgrad	Brain drain A	Brain drain B	Brain waste	Brain potential	Brain gain
Norditalien	73,0%	1,7%	74,7%	2,3%	0,5%	22,5%	100,0%	+7,6%
Mittelitalien	55,9%	2,8%	58,7%	5,6%	2,1%	33,5%	100,0%	+11,8%
Mezzogiorno	34,3%	5,3%	39,6%	6,8%	5,3%	48,3%	100,0%	+1,1%
Gesamt	55,9%	3,2%	59,1%	4,5%	2,6%	33,7%	100,0%	(+0,3%)

Datenquelle: ISTAT, Inserimento professionale dei laureati : Indagine 1998; Berechnung H. Jahnke 2004.

Das regionale Ungleichgewicht wird noch zusätzlich dadurch verstärkt, dass Mittel- und Norditalien den Verlust endogener Ressourcen durch einen entsprechenden Brain gain deutlich überkompensieren: In Norditalien steht dem Brain drain von 1.341 Absolventen ein Brain gain von 3.646 Zuwanderern gegenüber, in Mittelitalien gibt es ein Verhältnis von 1.544 Abwanderern zu 2.339 Zuwanderern. Der massive Brain drain von 4.508 Absolventen aus dem Mezzogiorno wird hingegen durch bescheidene 391 Zuwanderer nicht einmal zu einem Zehntel ausgeglichen.

Das quantitativ bedeutendste Problem des Mezzogiorno ist jedoch nicht der Brain Drain, sondern der Brain waste, der hier nahezu die Hälfte (48,3%) des gesamten Potentials ausmacht. In Norditalien liegt deren Anteil lediglich bei knapp einem Viertel (22,5%), in Mittelitalien bei einem Drittel (33,5%) des gesamten Potentials (vgl. Tabelle 11). Der extrem niedrige Ausnutzungsgrad des Mezzogiorno resultiert also weniger aus der starken Absolventenabwanderung, als vielmehr aus dem extrem hohen Anteil ungenutzter Ressourcen und den praktisch ausbleibenden Zuwanderungen.

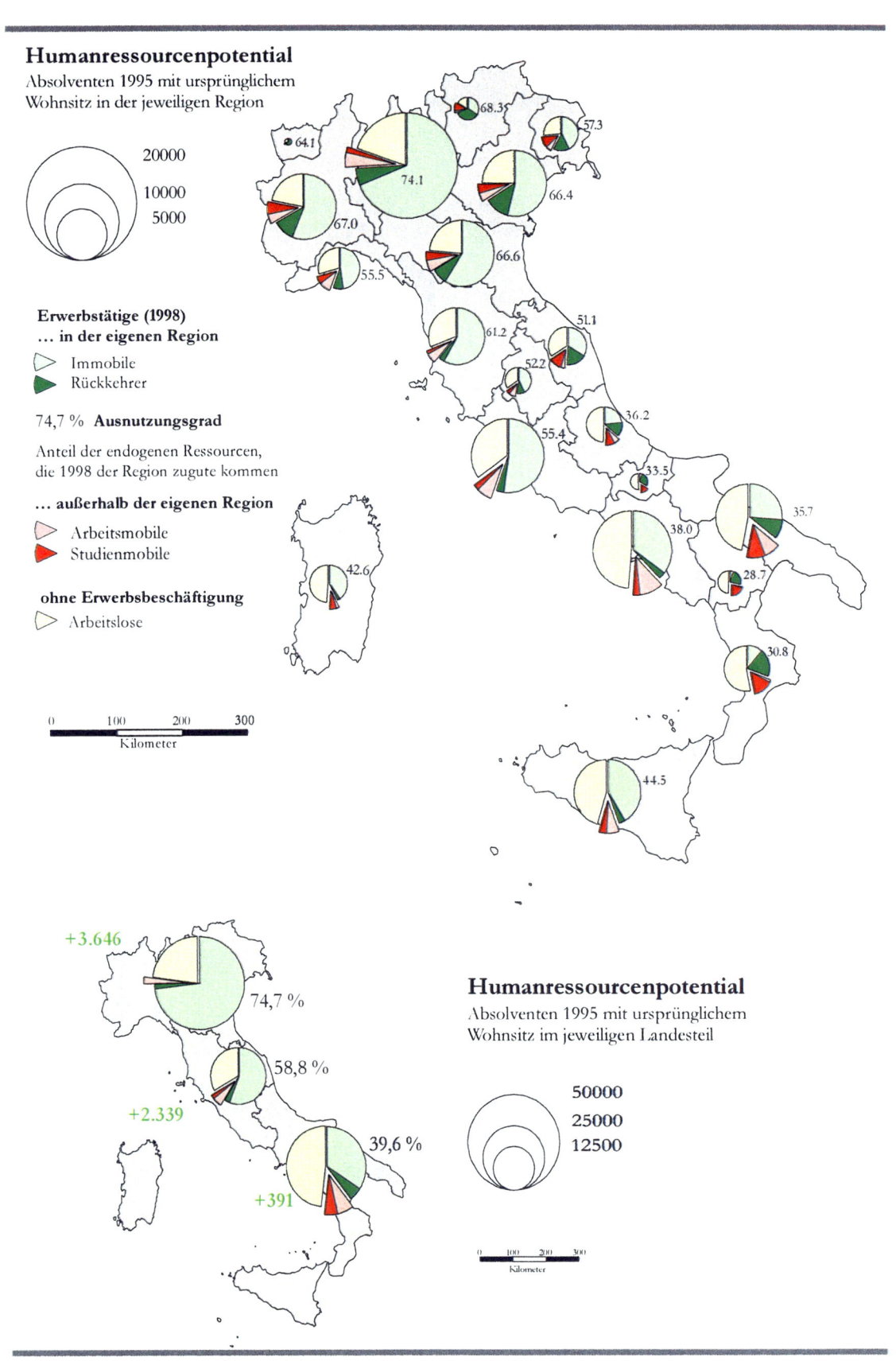

Karte 10: Humanressourcenausnutzung in den italienischen Landesteilen und Regionen 1998*

* bezogen auf die regionale Herkunft der Absolventen des Jahres 1995
Datenquelle: ISTAT, Inserimento professionale dei laureati 1998; Auswertung, Entwurf und Kartographie H. Jahnke 2004.

Der Ausnutzungsgrad variiert zudem zwischen den einzelnen Regionen, wobei die wirtschaftsstarken Regionen Norditaliens erwartungsgemäß die höchsten Werte aufweisen: 74,1% in der Lombardei, 68,3% im Trentino-Alto Adige, 67,0% im Piemont, 66,6% in der Emilia Romagna und 66,4% im Veneto. Selbst im Aostatal, welches keine eigene Universität besitzt, ist die Ausnutzung mit 64,1% höher als in den mittelitalienischen Regionen, wo lediglich die Toskana über 60% liegt. In allen übrigen Regionen Nordmittelitaliens liegen die Werte zwischen 50% und 60%, wohingegen sie im Mezzogiorno flächendeckend unterhalb von 50% liegen. Die regionalen Unterschiede sind hier besonders ausgeprägt: Lediglich in Sizilien (44,5%) und Sardinien (42,8%), den beiden Inseln mit der langen Universitätstradition, liegt der Ausnutzunggrad über dem Durchschnittswert des Mezzogiorno (39,6%), während er in allen süditalienischen Regionen darunter liegt.

In dieser Gruppe erzielt Kampanien (38,0%) mit der alten Universität Neapel das beste Ergebnis, gefolgt von den Abruzzen (36,2%) und Apulien (35,7%), deren Ausnutzungsgrad noch etwas höher liegt als im Molise (33,5%), in Kalabrien (30,8%) und der Basilikata. In der letztgenannten Region Basilikata ist mit 28,7% gerade einmal etwas mehr als ein Viertel der eigenen Absolventen auf dem regionalen Arbeitsmarkt beschäftigt. Hierbei fällt auf, dass die Regionen mit einer unzureichenden bzw. vergleichsweise jungen Hochschullandschaft (Kalabrien, Basilikata und Molise) trotz niedriger Absolventenzahlen nicht nur die höchsten Anteile an Erwerbslosen, sondern erwartungsgemäß auch die höchsten Anteile an Studienmobilen aufweisen.

Bezogen auf die Nutzungspotentiale des Mezzogiorno ergeben sich zudem erhebliche Unterschiede zwischen den einzelnen Fachbereichsgruppen der Absolventen. Während im Durchschnitt aller Fachbereiche lediglich 39,6% der endogenen Ressourcen dem Mezzogiorno zugute kommen, erreichen die Agrarwissenschaftler mit über 60,2% den höchsten Wert, der sich zudem mit einem relativ schwachen Brain drain (10,9%) paart. Hohe Ausnutzungsgrade erreichen auch die Ingenieurswissenschaftler (53,4%), die jedoch gleichzeitig den stärksten Brain drain (21,8%) aufweisen. Überdurchschnittliche Nutzungsgrade lassen sich darüber hinaus auch für Wirtschaftswissenschaftler (46,0%) sowie Politik- und Sozialwissenschaftler (40,7%) erkennen, die ebenfalls einen stärkeren Brain drain (21,8% bzw. 18,2%) zu verzeichnen haben. Einen erstaunlich niedrigen Nutzungsgrad von 38,9% weisen auch die Naturwissenschaftler auf, deren Wert kaum höher liegt als derjenige der Geisteswissenschaftler (35,8%). In beiden Gruppen ist auch die Abwanderung mit 12,3% bzw. 8,6% deutlich schwächer, wobei der Brain drain von Naturwissenschaftlern deutlich stärker ausgeprägt ist.

Die schwache Erwerbstätigkeit unter Juristen und Medizinern, die im wesentlichen der obligatorischen Weiterbildung nach Studienende geschuldet ist, führt bei den Absolventen dieser Fächer zu sehr niedrigen Ausnutzungsgraden im Mezzogiorno. Folglich spielt auch der Brain drain in diesen beiden Fachbereichen bislang keine wichtige Rolle. Brain gain, also die Zuwanderung von Absolventen aus anderen Landesteilen, erweist sich in allen Fachbereichen als gleichermaßen unbedeutend, da die Werte hier lediglich zwischen +0,9% und +1,3% schwanken.

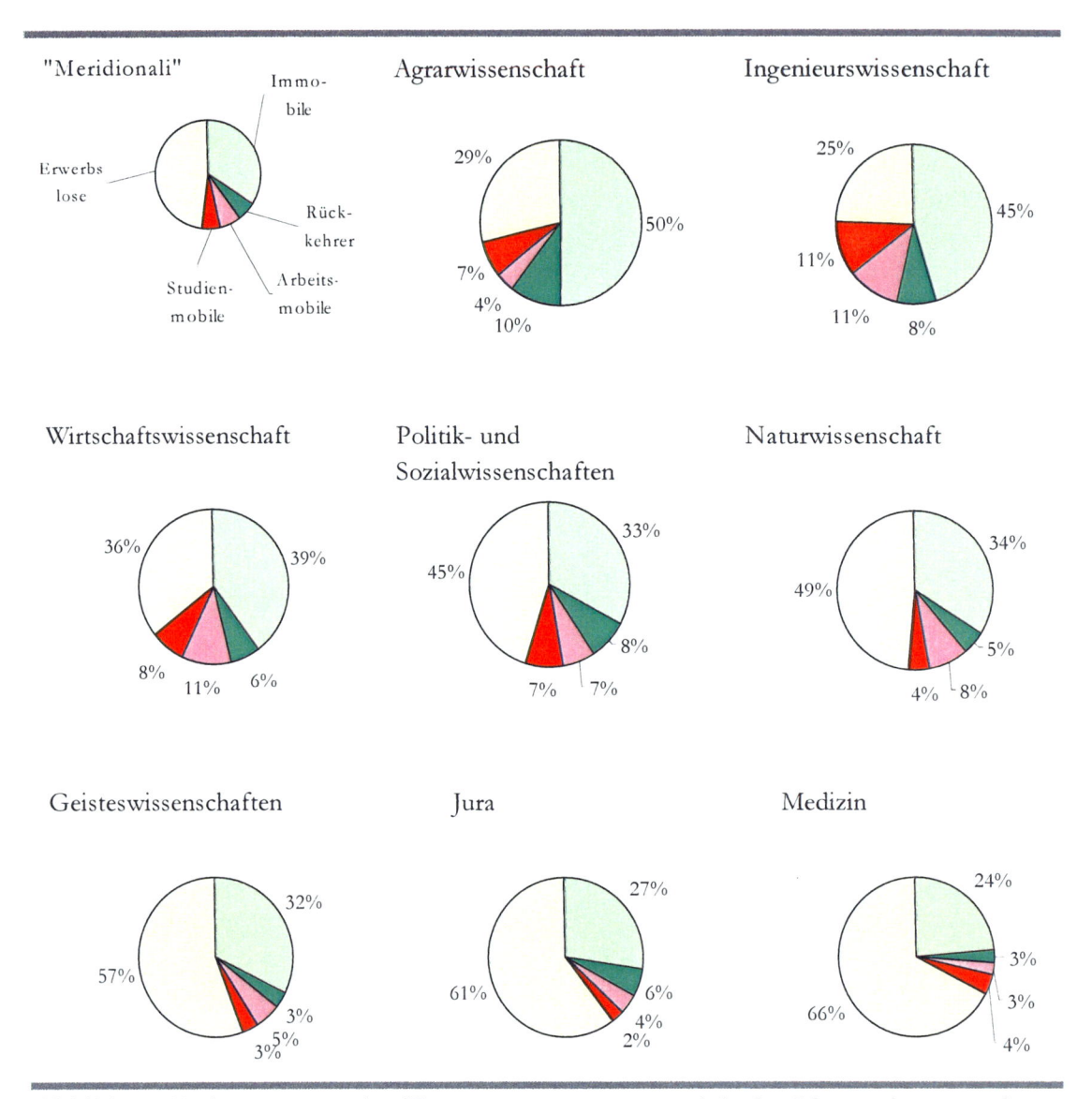

Abbildung 18: Ausnutzung des Humanressourcenpotentials des Mezzogiorno nach Fachbereichen

Datenquelle: ISTAT - Inserimento professionale dei laureati : Indagine 1998; Auswertung und Entwurf H. Jahnke 2004.

Mit Ausnahme der Agrarwissenschaftler, von denen bei einer relativ hohen Erwerbstätigenquote nur wenige außerhalb des Mezzogiorno arbeiten und wiederum jeder Zehnte nach dem Studienende von einer auswärtigen Universität zum Arbeiten in den Mezzogiorno zurückkehrt, ist trotz der beachtlichen regionalen Disparitäten dieses Arbeitsmarktsegments in allen Fachbereichen ein starker Zusammenhang zwischen der Erwerbstätigkeit im Mezzogiorno und der Abwanderung zu beobachten: denn je besser die Erwerbschancen auf dem eigenen regionalen Arbeitsmarkt, desto höher ist auch die Wahrscheinlichkeit der Abwanderung in andere Landesteile.

2.4.3 Brain waste als Kernproblem des Mezzogiorno

Die extrem geringe Ausnutzung von unter 40% der endogenen Humanressourcen der Wissensgesellschaft bedeutet ein wichtiges Wachstumshemmnis für die Regionalökonomien des Mezzogiorno. Zwar ist der geringe Ausnutzungsgrad teilweise der Abwanderung eigener Absolventen geschuldet, das sehr viel gravierendere Problem stellt jedoch die extrem verbreitete Erwerbslosigkeit junger Akademiker dar, die in allen Regionen des Mezzogiorno bei etwa 50% liegt. Dies bedeutet, dass die Hälfte der Brain-Potentiale brach liegt und somit dem Brain waste zuzuordnen ist. Regional zeigen sich leichte Unterschiede zwischen niedrigeren Werten in den großen Hochschulregionen (Sizilien, Kampanien, Apulien, Sardinien) und höheren in den kleinen und jungen Hochschulregionen (Kalabrien, Basilikata, Molise). Auch die Unterschiede zwischen den drei Landesteilen manifestieren sich beim Brain waste besonders deutlich, denn die Werte der mittelitalienischen Regionen liegen ausnahmslos zwischen 30% und 40%, diejenigen Norditaliens flächendeckend unterhalb von 30%.

Jenseits dieses offensichtlichen Brain waste, der sich aus der Erwerbslosigkeit der befragten Absolventen ergibt, versteckt sich hinter den Beschäftigtenzahlen eine weitere Form des Brain waste. Bislang wurde angenommen, dass eine Beschäftigung per se schon ein Indikator für die Nutzung des aufgebauten Wissens bzw. der aufgebauten Humanressourcen darstellt. Dies ist in der Praxis jedoch nur bedingt gültig, da nicht alle erwerbstätigen Absolventen Beschäftigungen nachgehen, die der akademischen Qualifikation eines bestimmten Fachbereichs entsprechen.

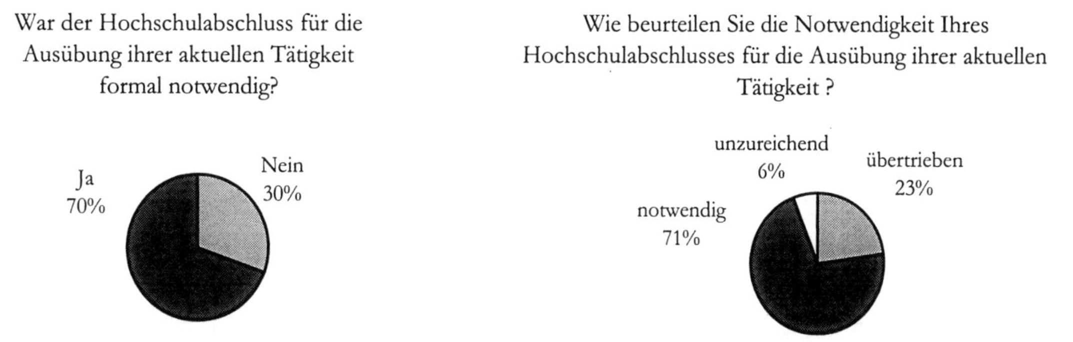

War der Hochschulabschluss für die Ausübung ihrer aktuellen Tätigkeit formal notwendig?

Ja 70%
Nein 30%

Wie beurteilen Sie die Notwendigkeit Ihres Hochschulabschlusses für die Ausübung ihrer aktuellen Tätigkeit?

unzureichend 6%
übertrieben 23%
notwendig 71%

Abbildung 19: Angemessenheit des Hochschulabschlusses für die Ausübung der aktuellen Tätigkeit der beschäftigten Absolventen des Jahres 1995 aus dem Mezzogiorno

Anmerkung: Die Zahlen beziehen sich lediglich auf die Immobilen und die Rückkehrer aus dem Mezzogiorno. Die Frage nach der Notwendigkeit des Abschlusses wurde nur von 80% der Befragten beantwortet; die Frage nach der subjektiven Einschätzung von 100%.
Datenquelle: ISTAT, Inserimento professionale dei laureaati : Indagine 1998; Fragen 41 und 57; Berechnung und Entwurf H. Jahnke 2004.

Von den Absolventen, die im Mezzogiorno arbeiten und daher als genutztes Humanressourcenpotential erachtet werden, geben 30% an, einer Erwerbstätigkeit nachzugehen, für die der Hochschulabschluss kein formales Einstellungskriterium gewesen ist. Dieser Wert wird durch die Selbsteinschätzung der Absolventen etwas relativiert, denn ‚nur' knapp ein Viertel (23%) der Befragten erachtet den eigenen Hochschulabschluss für die Ausübung der aktuellen Tätigkeit als übertrieben. Umgekehrt fühlen sich aber auch 6% für die Ausübung ihrer aktuellen Tätigkeit nicht adäquat qualifiziert.

Unter Berücksichtigung dieses versteckten Brain waste ist der Brain waste von 48,3% im Mezzogiorno sogar unterbewertet, so dass sich der Nutzungsgrad der endogenen Ressourcen des Mezzogiorno auf etwa 30% des gesamten Potentials reduziert.

2.4.4 BRAIN DRAIN ODER BRAIN OVERFLOW?

Auch für eine Beurteilung der Abwanderung von Absolventen, die zunächst als Brain drain bezeichnet wurde, stellt sich die Frage nach der Angemessenheit dieses Terminus. Denn schließlich beinhaltet der Begriff des Brain drain eine Mangelsituation im Quellgebiet der Migration, was angesichts der hohen Arbeitslosigkeit in allen Fachbereichen nicht gegeben ist. Vielmehr scheinen hier die Begriffe ‚Brain overflow' oder ‚Brain flight' eher adäquat.

Von einem Brain drain kann aber auch dann gesprochen werden, wenn es sich um einen qualitativ selektiven Abwanderungsprozess der Absolventen bestimmter Fachbereiche oder einfach der ‚Besten' gemessen an den Abschlussnoten handelt. Hierfür sprechen die qualitativen Merkmale dieser Wanderungsströme, und zwar sowohl bezogen auf die Fachbereiche als auch bezogen auf die Abschlussnoten.

Bezüglich der Fachbereiche konnte bereits gezeigt werden, dass der Anteil des Brain drain, also derjenigen Meridionali, die nach Studienende außerhalb des Mezzogiorno arbeiten, gerade in den Fächern am höchsten ist, wo auch der Beschäftigtenanteil im Mezzogiorno am höchsten ist. Sieht man von der Ausnahmesituation der Agrarwissenschaftler ab, die bei einer relativ guten Erwerbssituation im Mezzogiorno auch erwartungsgemäß einen schwachen Brain drain aufweisen, so zeigt sich in allen anderen Fachbereichen eine gegenteilige Tendenz: Je höher der Anteil der Beschäftigten im Mezzogiorno (Brain application), desto höher ist auch der Anteil derjenigen, die außerhalb des Mezzogiorno arbeiten (Brain drain). Oder umgekehrt ausgedrückt: je höher die Arbeitslosigkeit einer Fachgruppe im Mezzogiorno (Brain waste), desto geringer ist auch der Brain drain.

Diese Zahlen sind durchaus überraschend, da sie zeigen, dass Abwanderung nicht primär in den Fachgruppen mit besonders hoher Arbeitslosigkeit stattfindet, was für einen Brain overflow sprechen würde, sondern in denjenigen, deren Arbeitsmarktsituation im Mezzogiorno vergleichsweise entspannt ist. Die Selektivität der Fachbereiche deutet also darauf hin, dass Abwanderung in stärkerem Maße eine Handlungsoption für Absolventen aus nachgefragten Fachbereichen darstellt. Dies gilt insbesondere für Ingenieurswissenschaftler und Wirtschaftswissenschaftler, die zusammen fast die Hälfte des gesamten Brain drain aus dem Mezzogiorno ausmachen.

Eine ähnliche Auslese zeigt sich, wenn man die Abschlussnoten der einzelnen Mobilitätsgruppen miteinander vergleicht. Hierbei wird deutlich, dass unter den Absolventen, die im Mezzogiorno studiert haben, die abgewanderten Arbeitsmobilen durchschnittlich ein höheres Notenniveau haben als die verbliebenen Immobilen. Eine umgekehrte Tendenz zeigt sich bei einem Vergleich zwischen den beiden Gruppen, die außerhalb studiert haben: denn die Häufigkeit schlechterer Abschlussnoten ist bei den Rückkehrern höher als bei denjenigen, die nach dem Studienabschluss an einer auswärtigen Universität in einem anderen Landesteil verbleiben. Wie Abbildung 19 verdeutlicht, haben in der Gruppe der Arbeitsmobilen über 45% ihr Studium mit der Bestnote abgeschlossen und weniger als 15% einen Abschluss im unteren Notenspektrum. Nahezu umgekehrt verhält es sich in der Gruppe der Rückkehrer, in der über 40% schwache Abschlussnoten erworben haben und lediglich jeder fünfte die Höchste Punktezahl 110 erhalten hat.

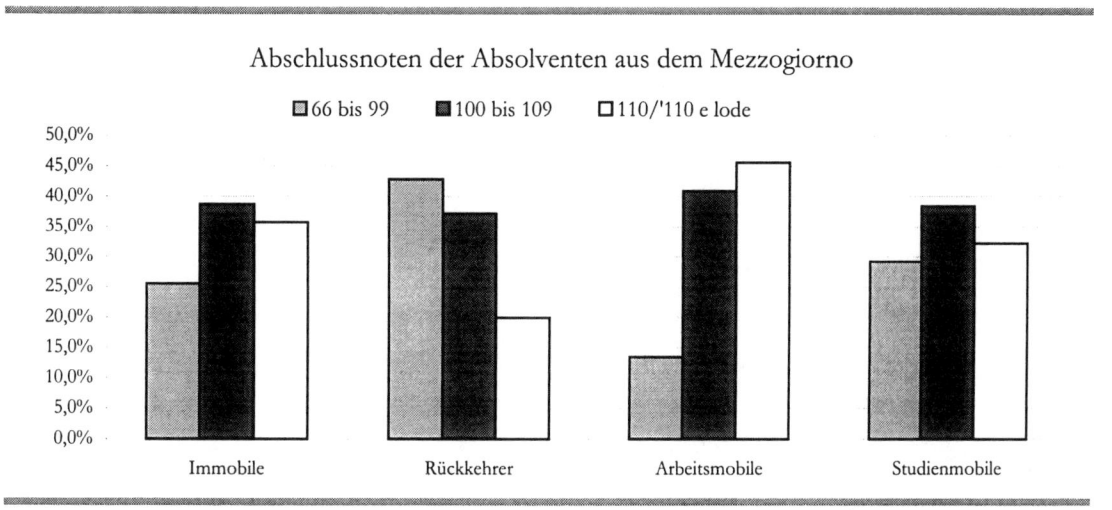

Abbildung 20: Abschlussnoten der Absolventen des Jahres 1995 aus dem Mezzogiorno nach Mobilitätstypen

Datenquelle: ISTAT, Inserimento professionale dei laureati : Indagine 1998; Berechnung und Entwurf H. Jahnke 2004.

Die Zahlen verdeutlichen, dass es für die Absolventen aus dem Mezzogiorno nach Studienende zu selektiven Wanderungsströmen kommt – und zwar unabhängig von der Studienregion. Denn neben der Selektivität nach Fachbereichen wandern zusätzlich tendenziell bessere Absolventen nach Nord- und Mittelitalien ab und tendenziell Schwächere kehren nach einem Auswärtsstudium in den Mezzogiorno zurück. Beide Beobachtungen zusammen genommen weisen darauf hin, dass trotz der hohen Arbeitslosenquoten junger Akademiker von einem Brain drain im Sinne eines Fortzugs der ‚Besten' und ‚Nachgefragtesten' gesprochen werden kann.

2.4.5 EINSCHÄTZUNG DER ZUKÜNFTIGEN ENTWICKLUNGEN

Bislang wurden alle ermittelten Zahlen im Sinne eines bestimmten Zustandes interpretiert, der sich zum Zeitpunkt der Befragung darstellt. Dabei handelt es sich jedoch lediglich um eine Momentaufnahme in einem anhaltenden Prozess, der sich auch zukünftig weiter entwickeln wird. Die Aussagen der befragten Absolventen deuten darauf hin, dass sich einerseits die Abwanderung von Hochschulabsolventen aus dem Mezzogiorno noch weiter verstärken wird, sich andererseits aber auch der diagnostizierte Brain drain durch Rückwanderung mittelfristig in einen Brain exchange wandeln kann.

Zwei wichtige Indikatoren für die Einschätzung zukünftiger Entwicklungen sind die Suchaktivitäten der Befragten und deren potentieller Umzugsradius[60]. Von den im Mezzogiorno Erwerbstätigen sucht etwa jeder Zweite eine neue Beschäftigung (52,4%, entspricht 7.707), von denen wiederum etwas mehr als die Hälfte (57,1%, entspricht 4.402 Absolventen) bereit ist, auch außerhalb der eigenen Region zu arbeiten. Dahinter verbirgt sich ein zukünftiges Brain drain-Potential, welches zu einer weiteren Dezimierung der genutzten Humanressourcen führen könnte.

Demgegenüber gibt es auch Anzeichen für ein Rückkehrpotential der abgewanderten Absolventen, denn auch in der Brain drain-Gruppe aus dem Mezzogiorno sucht fast jeder Zweite (49,7%, entspricht 2.241) eine neue Arbeit. Auch von diesen gibt wiederum etwa die Hälfte (51,5%, entspricht 1.154) an, in einer anderen Region Italiens arbeiten zu wollen, so dass sich hier Möglichkeiten der Rückkehr in den Mezzogiorno eröffnen. Dafür spricht auch die Tatsache, dass von den meridionalen Absolventen (4.278), die in Nord- oder Mittelitalien arbeiten, mehr als die Hälfte (56,9%, entspricht 2.435) den offiziellen Wohnsitz im Mezzogiorno behalten hat und folglich von einem gewissen Maß an regionaler Verbundenheit ausgegangen werden kann.

Äußerst ungewiss erscheint jedoch das Schicksal der 17.921 Erwerbslosen, deren Wissen - zumindest statistisch - bislang weder dem Mezzogiorno noch einer anderen Region Italiens zugute kommt. Von diesen suchen 87,0% eine Beschäftigung, von denen wiederum nahezu zwei Drittel (62%) auch bereit wären, in einem anderen Teil Italiens zu arbeiten. Daraus ergibt sich ein zusätzliches Brain drain-Potential von 12.778 Absolventen, was wiederum den Regionen Nordmittelitaliens zugute käme.

2.4.6 RÄUMLICHE KONZENTRATION DER RESSOURCEN DER WISSENSGESELLSCHAFT IN DEN ITALIENISCHEN REGIONEN

Die quantitative Analyse verdeutlicht, dass in allen Regionen des Mezzogiorno der Weg in die Wissensgesellschaft durch eine strukturelle Unternutzung der endogenen Humanressourcenpotentiale gekennzeichnet ist: Die hohe Arbeitslosigkeit der jungen Hochschulabsolventen, deren inadäquate Positionierung auf dem Arbeitsmarkt (*Brain waste*) sowie ihre beträchtlichen Abwanderungsraten (*Brain drain/Brain flight*) führen dazu, dass drei Jahre nach dem Hochschulabschluss nicht einmal 40% der Hochschulabsolventen aus dem Mezzogiorno hier auch einer Erwerbsbeschäftigung nachgehen. Regional sinkt dieser Wert sogar auf unter 30%.

---

[60] Alle Zahlen aus eigener Berechnung nach ISTAT - Inserimento professionale dei laureati – Indagine 1998.

Die räumliche Mobilität der Akademiker aus dem Mezzogiorno in andere Landesteile trägt zudem zu einer Konzentration der wichtigen Ressourcen in den wirtschaftsstarken Regionen bei. Dies lässt sich anhand der regionalen Konzentration der Absolventen des Jahres 1995 drei Jahre nach dem Hochschulabschluss in der Lombardei eindrucksvoll belegen[61]: Wenngleich in der Lombardei lediglich 15,6% der italienischen Bevölkerung leben, haben dort von den erwerbstätigen Absolventen 23,2% ihren Arbeitsplatz, unter den befragten Wirtschaftswissenschaftlern sind es 26,4% und unter den jungen Ingenieuren sogar 29,3%. Die qualitative Selektivität bei den interregionalen Migrationsbewegungen junger Hochschulabsolventen lässt zudem darauf schließen, dass sich darunter viele überdurchschnittlich qualifizierte Absolventen befinden, die aus dem Mezzogiorno abgewandert sind.

In Hinblick auf die Teilnahme an der europäischen Wissensgesellschaft ist diese Bilanz aus regionalplanerischer Sicht für den Mezzogiorno in höchstem Maße bedenklich, denn wenn in einer wissensbasierten Ökonomie, deren immaterielle Produktion sich ganz wesentlich auf die Anwendung wissenschaftlichen Wissens stützt, die Träger dieses Wissens nicht in den Produktionsprozess eingebunden sind und zudem selektiv die Region verlassen, ist der Anschluss an die sich konstituierende europäische Wissensgesellschaft deutlich erschwert. Die genannten Zahlen sind umso beunruhigender, als der Mezzogiorno aufgrund der späten Bildungsexpansion von vornherein eine geringere Akademikerdichte aufweist als Nord- oder Mittelitalien.

Der naheliegende Begriff des Brain drain ist jedoch angesichts der extrem hohen Erwerbslosigkeit mit Vorsicht zu verwenden, auch wenn entsprechende Tendenzen am Ende der 1990er Jahre eindeutig erkennbar sind. Denn die extrem hohe Erwerbslosigkeit einerseits und das hohe Maß an Unzufriedenheit mit den Erwerbsbedingungen unter den Beschäftigten andererseits bergen ein Abwanderungspotential in sich, dessen Realisierung den Regionen Süd- und Inselitaliens den Anschluss an die Wissensgesellschaft vorerst unmöglich machen würde. Diesbezüglich befindet sich der Mezzogiorno am Ende der 1990er Jahre in einem äußerst sensiblen Gleichgewichtszustand, dessen weitere Entwicklung in entscheidendem Maße von den Beschäftigungsperspektiven der jungen Absolventen in der Region abhängen wird.

2.4.7 Zusammenfassung

Unter der Annahme der Wissensgesellschaft, dass Akademiker und insbesondere junge Hochschulabsolventen eine Schlüsselressource für die regionale Wirtschaftsentwicklung darstellen, ist der Integrationsprozess von Akademikern in den regionalen Arbeitsmarkt und damit in den regionalen Wirtschaftsprozess für die Teilnahme an der europäischen Wissensökonomie entscheidend. Für eine Untersuchung dieses Prozesses stellt sich die Frage, in welchem Ausmaß periphere Regionen wie der italienische Mezzogiorno ihre endogenen Humanressourcen in Wert setzen.

---

[61] Vgl. hierzu ausführlicher JAHNKE 2001a.

Hierfür wurde ein Indikator entwickelt, der ausdrückt, wie viel Prozent der späteren Absolventen aus einer Region drei Jahre nach Studienabschluss auch in dieser Region beschäftigt sind. Anhand des Wertes dieses ‚Ausnutzungsgrades' lässt sich bestimmen, in welchem Ausmaß die einzelnen Regionen ihr endogenes Humanressourcenpotential ausnutzen.

Die Untersuchungen haben ergeben, dass der Grad der Ausnutzung der endogenen Humanressourcen im Mezzogiorno unterhalb von 40% liegt und damit sehr viel niedriger als in Mittelitalien (fast 60%) oder Norditalien, deren Absolventen zu fast drei Vierteln in den Produktionsprozess integriert sind. Das Problem der Unternutzung trifft im Mezzogiorno die einzelnen Fachbereichsgruppen in unterschiedlichem Maße, wobei in den Agrar-, Ingenieurs- und Wirtschaftswissenschaften noch die besten Werte erreicht werden. Regional erweisen sich die peripheren Regionen mit einer jungen Universitätslandschaft als besonders problematisch, da hier nicht einmal ein Drittel des endogenen Potentials genutzt wird.

Ein Grund für diese schwache Nutzung ist die Abwanderung junger Absolventen in Richtung der nord- und mittelitalienischen Arbeitsmärkte. Diese macht im Mezzogiorno etwa 12% des Ressourcenpotentials aus, wovon nahezu die Hälfte schon zum Studium den Mezzogiorno verlassen hat. Die Abwanderung erweist sich hierbei als selektiver Prozess, der vor allem Absolventen in den nachgefragteren Fachbereichen und mit tendenziell besseren Abschlussnoten betrifft. Dieser Brain drain stellt faktisch eine Einbahnstraße dar, da die Zuwanderung aus anderen Regionen als Brain gain nahezu inexistent ist. Ein Brain exchange zwischen dem Mezzogiorno und den anderen Regionen findet somit kaum statt.

Das größere Problem des Mezzogiorno ist jedoch die extrem hohe Erwerbslosigkeit junger Hochschulabsolventen, die in manchen Regionen und Fachbereichen mehr als 50% der Absolventen betrifft. Dieser massive Brain waste wird dadurch verstärkt, dass nahezu ein Drittel der Erwerbstätigen einer Beschäftigung nachgeht, deren formaler Qualifikationsanspruch nicht dem eigenen Studienabschluss entspricht. Dies bedeutet, dass etwa die Hälfte der endogenen Ressourcen der Wissensgesellschaft gar nicht und weitere 10% nicht qualifikationsadäquat genutzt werden.

Aufgrund der hohen Unzufriedenheit mit der aktuellen Erwerbssituation suchen fast 90% der Erwerbslosen eine Arbeit, aber auch etwa die Hälfte der aktuell Erwerbstätigen. In beiden Gruppen ist die bekundete Mobilitätsbereitschaft sehr ausgeprägt, so dass potentiell mehr als 12.000 weitere Absolventen die Region verlassen könnten. Angesichts dieses drohenden Abwanderungspotentials aus dem Mezzogiorno ist der bisherige Brain drain geradezu als gering zu bezeichnen.

3 Erwerbstätigkeit und Mobilitätsverhalten junger Akademiker in Sizilien aus der Perspektive der Betroffenen

Im vorausgehenden quantitativ-empirischen Teil der Arbeit wurde der Weg des Mezzogiorno in die europäische Wissensgesellschaft anhand von regional aggregierten Daten zur Erwerbssituation und Migration von Akademikern und jungen Hochschulabsolventen untersucht. Die Ergebnisse beschreiben eine Situation, die in Hinblick auf die Unternutzung der endogenen Ressourcenpotentiale der Wissensgesellschaft als höchst problematisch zu bezeichnen ist, da nur jeder zweite Absolvent einer Erwerbstätigkeit nachgeht. Zudem deuten die Ergebnisse der Absolventenbefragung darauf hin, dass die hohe Jungakademikerarbeitslosigkeit in der nahen Zukunft zu einer fortschreitenden Abwanderung von Akademikern führen wird und als kontinuierlicher Brain drain die zukünftigen Entwicklungschancen der Regionen des Mezzogiorno einzuengen droht.

Im folgenden, zweiten empirischen Teil der Arbeit wird die hohe Erwerbslosigkeit und das Abwanderungspotential von jungen Hochschulabsolventen im Mezzogiorno beispielhaft an der Region Sizilien untersucht. Ausgehend von den statistischen Befunden für die Situation junger Akademiker auf der Insel wird auf der Basis narrativer Interviews mit Hochschulabsolventen und Expertengesprächen mit Vertretern aus Arbeitsämtern und Verwaltungseinrichtungen versucht, die Sichtweise der Betroffenen auf die beiden Phänomene der Erwerbslosigkeit und der Abwanderung zu rekonstruieren und die Handlungen der Akteure in ihren kulturellen Kontext einzubetten. Im Vordergrund steht dabei die Frage nach den Gründen für das hohe Ausmaß an Sesshaftigkeit vieler erwerbsloser sizilianischer Hochschulabsolventen.

Einleitend wird im ersten Unterkapitel die sizilianische Hochschullandschaft in ihrer historischen Entstehung und ihrer jüngeren Entwicklung knapp beschrieben und der Prozess der Akademisierung der Bevölkerung in seinen räumlichen Mustern nachgezeichnet. Hierbei wird zunächst die räumliche Dimension der Hochschulbildung anhand sekundärstatistischer Quellen herausgearbeitet, bevor auf der Basis durchgeführter Interviews der Hochschulabschluss *laurea* in seiner soziokulturellen Dimension herausgearbeitet wird.

Der zweite Teil des Kapitels geht der Frage nach, welche Erwerbsrealitäten sich hinter den statistischen Indikatoren der Arbeitslosenquote oder Erwerbstätigenquote verbergen. Hierbei wird untersucht, inwieweit die gängigen Indikatoren zur Beschreibung des Arbeitsmarktes die tatsächlichen Aktivitäten der jungen sizilianischen Hochschulabsolventen adäquat beschreiben. Anhand von individualstatistischen Auswertungen und Erzählungen von Betroffenen werden die Grenzen zwischen Arbeit und Arbeitslosigkeit, zwischen Studium und Arbeitsleben und zwischen Arbeit und Privatleben im spezifischen kulturellen Kontext Siziliens näher untersucht.

Im anschließenden dritten Unterkapitel werden die institutionellen Rahmenbedingungen von Arbeitslosigkeit, Beschäftigungsmaßnahmen und Erwerbsarbeit herausgearbeitet, die für junge Absolventen nach eigenen Aussagen und nach Expertenmeinung relevant sind. Dabei wird gezeigt, dass nicht nur die zahlreichen Beschäftigungsmaßnahmen, sondern auch die formale Arbeitslosmeldung selbst ohne finanzielle staatliche Unterstützung mobilitätshemmend wirken können.

Der letzte Abschnitt beschäftigt sich schließlich mit unterschiedlichen Rationalitäten der Sesshaftigkeit, wie sie aus den Erzählungen der Absolventen hervorgehen. Als zentrale Aspekte werden hierbei die unterschiedlichen soziokulturellen Wertigkeiten räumlicher Mobilität, die Rolle von Familie und sozialen Netzen sowie die Raumvorstellungen oder imaginierten Geographien, die für oder gegen eine Mobilitätsentscheidung wirken können, herausgearbeitet.

3.1 SIZILIEN ALS HOCHSCHULREGION

Im Gegensatz zu den übrigen Regionen des italienischen Mezzogiorno blickt Sizilien auf eine sehr lange Hochschultradition zurück, so dass bis zum Hochschulausbau nach dem Zweiten Weltkrieg die drei sizilianischen Universitäten die einzigen Hochschulstandorte südlich von Neapel darstellten und sich bis heute eine Sonderstellung innerhalb des Mezzogiorno erhalten konnten.

3.1.1 HISTORISCHE ENTWICKLUNG UND JÜNGERER HOCHSCHULAUSBAU

Bereits im Jahr 1434 gründete König Alphons von Aragonien ein *studium generale* in Catania, dem im Jahr 1444 die päpstliche Bulle und mit dieser der Titel *universitas* verliehen wurde. Die Universität in Messina wurde im Jahre 1598 von Paul III. eröffnet und hat mit Ausnahme kurzer Phasen der Schließung bis heute Bestand. Die dritte und jüngste Universität, Palermo, wo seit dem 14. Jahrhundert eine öffentliche Bildungseinrichtung bestand, bekam erst im Jahre 1805 den offiziellen Universitätstitel verliehen, 26 Jahre nach der Eröffnung der königlichen Akademie (1779)[62].

Bezüglich der universitären Ausstattung war Sizilien im Vergleich mit den übrigen Regionen des Mezzogiorno in einer privilegierten Position. Zum Zeitpunkt der nationalen Einigung Italiens waren die drei sizilianischen Universitäten zusammen mit der Universität Neapel (gegründet 1224) und den beiden sardischen Universitäten Sassari (gegründet 1562) und Cagliari (gegründet 1596) die einzigen Universitäten südlich von Rom. Bis 1968 war Messina in Sizilien die nächstgelegene Universität für Studierende aus Kalabrien, wenngleich mit der Gründung der Universität Bari 1924 eine weitere Hochschule im Mezzogiorno entstanden war. Kalabrien selbst wurde erst in den 1960er

---

[62] Vgl. www.unipa.it; www.unict.it, www.unime.it vom August 2002.

Jahren durch die Neugründungen in Rende (Catanzaro), Cosenza und Reggio Calabria zu einer eigenen Hochschulregion.

Zwar verloren die sizilianischen Universitäten in den Nachkriegsjahrzehnten ihre oligopolistische Stellung, das unterschiedliche Alter der einzelnen Standorte spiegelt sich aber noch heute an der Zahl der eingeschriebenen Studierenden wider. Trotz wachsender Studierendenzahlen erreicht keine der jungen Hochschulen in Kalabrien bislang die Größe der drei sizilianischen Universitäten, welche alle über 30.000 eingeschriebene Studierende verzeichnen.

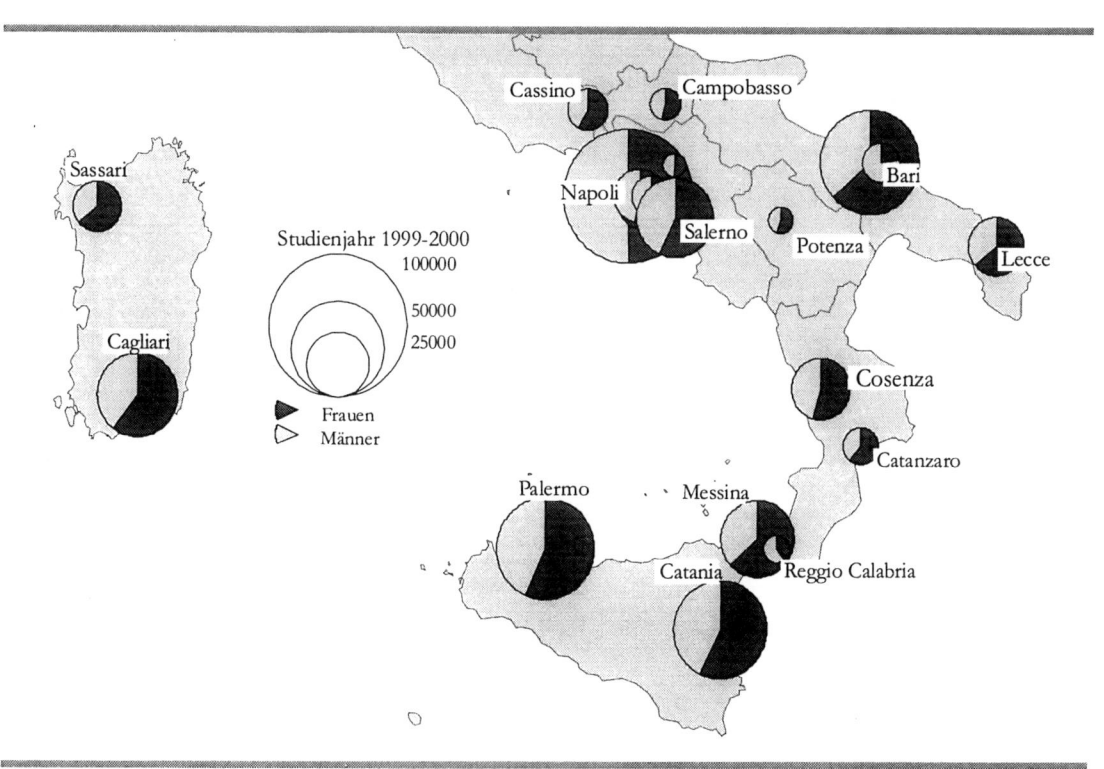

Karte 11: Anzahl der eingeschriebenen Studierenden der Universitäten des italienischen Mezzogiorno im Studienjahr 1999-2000 nach Geschlecht

Datenquelle: ISTAT, Inserimento professionale dei laureati; Auswertung und Kartographie H. Jahnke 2004.

Von den drei sizilianischen Universitäten ist jene in Palermo mit 55.566 (2000) eingeschriebenen Studierenden heute die größte. An zweiter Stelle folgt Catania mit 51.904 und schließlich die Universität Messina mit 34.213 Studierenden. Letztere ist noch immer sehr viel größer als Cosenza, Catanzaro oder Reggio Calabria[63]. Während die Universitäten in Palermo und Catania eine vollständige Ausstattung mit allen großen Fakultäten haben, fehlen in Messina die Fakultäten der Agrarwissenschaft und der Architektur.

Im Gegensatz zur sizilianischen Universitätslandschaft ist die benachbarte kalabresische nicht nur sehr viel jünger, sondern auch bezogen auf die einzelnen Hochschulstandorte

---

[63] Alle Zahlen beziehen sich auf das Jahr 2000 und beruhen auf den regelmäßig stattfindenden Zählungen durch das MURST bzw. das MIUR (vgl. www.miur.it/ustat/).

in ihrer Fächerausstattung unvollständig. Nur zusammen genommen bilden die drei Hochschulen in Reggio Calabria, Catanzaro und Cosenza eine vollständig ausgestattete Universität mit insgesamt 37.755 Studierenden[64].

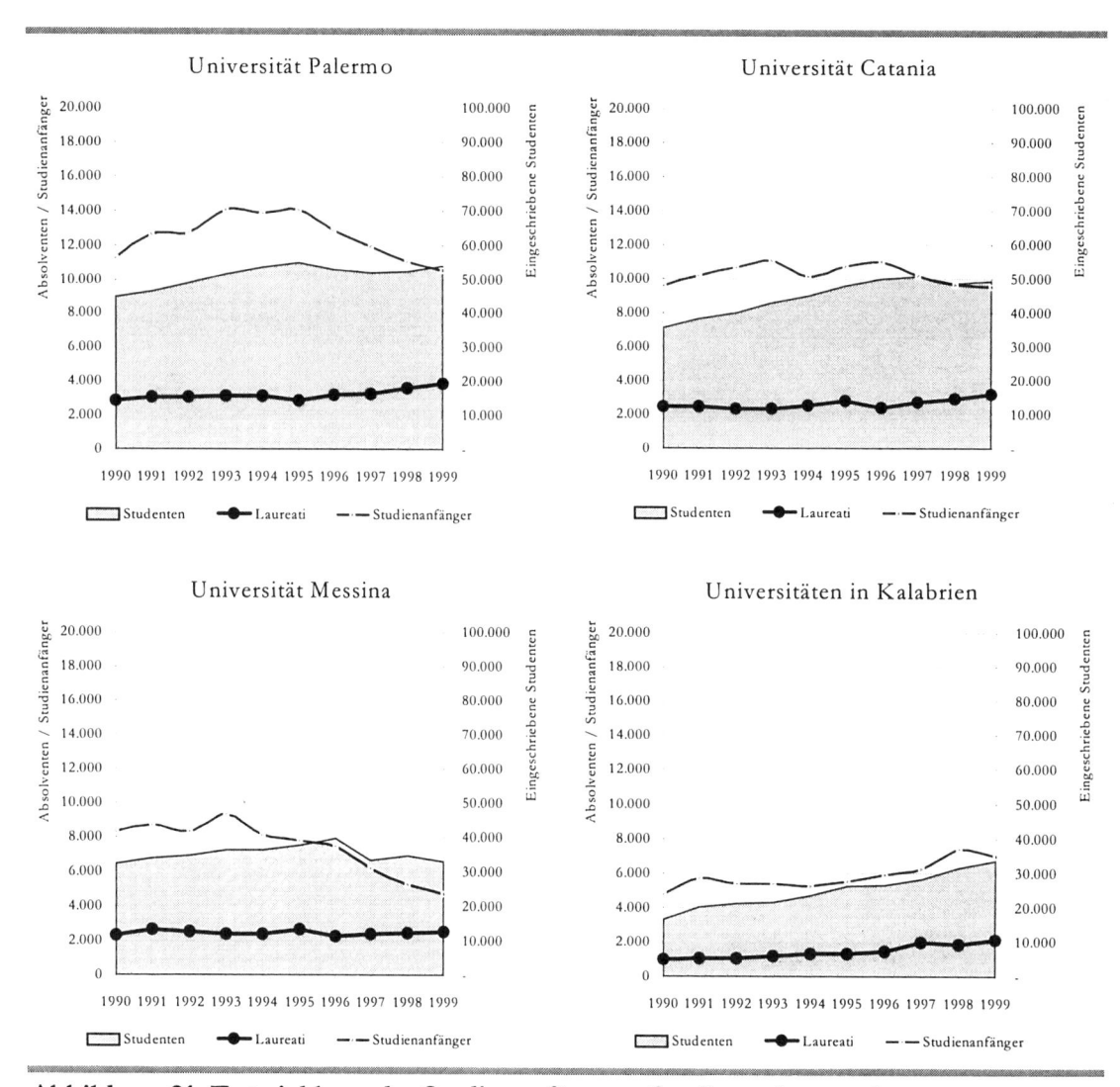

Abbildung 21: Entwicklung der Studienanfänger-, Studierenden- und Absolventenzahlen an den drei sizilianischen Universitäten und in Kalabrien in den 1990er Jahren

Datenquelle: ISTAT – Lo stato dell'università 2002; Entwurf H. Jahnke 2004.

Obwohl während der 1990er Jahre in ganz Italien steigende Absolventenzahlen zu beobachten waren, ist diese Entwicklung an den drei sizilianischen Universitäten nur schwach erkennbar. Zwar weisen die Universitäten Palermo und Catania vor allem in der zweiten Hälfte der 1990er Jahre einen leichten Anstieg der Absolventenzahlen auf, diese Entwicklungen liegen aber hinter denen in norditalienischen Regionen weit zurück. An der Universität Messina sind im genannten Zeitraum sogar stagnierende

---

[64] Beispielsweise studieren an den drei Fakultäten Agrarwissenschaft, Architektur und Ingenieurswissenschaft am Standort in Reggio Calabria lediglich 5.352 Studierende (Daten für 2000)

Absolventenzahlen zu erkennen, wohingegen sich diejenigen der drei kalabresischen Universitäten in Reggio Calabria, Cosenza und Catanzaro zusammen genommen von 1.014 (1990) auf 2.116 (1999) insgesamt mehr als verdoppelt haben.

Zudem sind in Kalabrien über die gesamten 1990er Jahre noch steigende Zahlen von Neueinschreibungen zu beobachten, wohingegen diese an den drei sizilianischen Universitäten, insbesondere an der Universität Messina, seit der zweiten Hälfte der 1990er Jahre rückläufig sind. Diese Entwicklung führt an den entsprechenden Institutionen zu stagnierenden Studierendenzahlen. Damit folgt Sizilien mit etwas Verzögerung und in gemäßigter Form dem gesamtitalienischen Trend zu steigenden Absolventenzahlen und demographisch bedingt, rückläufigen Studierendenzahlen.

Obwohl die Bildungsexpansion im Hochschulbereich in Sizilien in der Mitte der 1990er ihren Wendepunkt erreicht zu haben schien und in eine Phase der Stagnation eingetreten ist, gab es auf der institutionellen Seite einen Ausbau der sizilianischen Hochschullandschaft. Dieser machte sich jedoch nicht in Form von Universitätsneugründungen, sondern durch eine Politik der Dezentralisierung bestehender Hochschulen bemerkbar. Im Zuge dieses Hochschulausbaus wurden Außenstellen der bestehenden drei Universitäten gegründet.

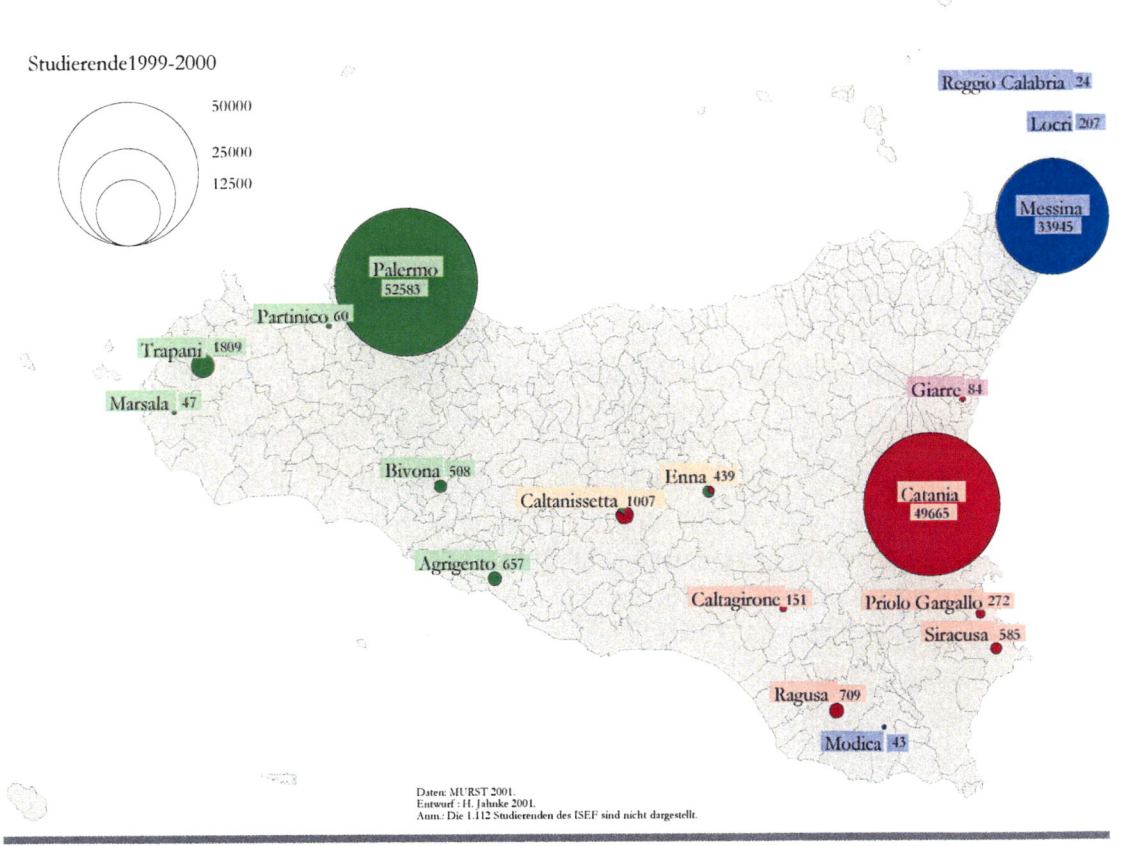

Karte 12: Sizilianische Hochschullandschaft im Jahr 2000 – Hochschulstandorte und Anzahl der eingeschriebenen Studierenden 1999

Datenquelle: MURST; Darstellung H. Jahnke 2004.

Insgesamt wurden in Sizilien während der 1990er Jahre dreizehn dezentrale Standorte der bestehenden Universitäten Palermo, Catania und Messina eröffnet, deren Studierendenzahl im Studienjahr 1999-2000 zwischen unter 50 in Modica und Marsala und nahezu 2.000 in Trapani und knapp über 1.000 in Caltanissetta variierte. Zudem gab es zwei zusätzliche Standorte der Universität Messina in Kalabrien (vgl. Karte 11).

Mit Ausnahme der drei Gebirgsregionen (Madonie, Nebrodi und Ätna-Massiv) sowie der kleineren Inselgruppen (Äolische Inseln, Egadische Inseln, Pelagische Inseln und Pantelleria) wurde in dieser Phase ein nahezu flächendeckendes Netz von Hochschuleinrichtungen auf der Insel entwickelt. Dies betraf zunächst die weiteren Provinzhauptstädte Trapani, Agrigento, Caltanissetta, Enna, Ragusa und Siracusa, anschließend aber auch ausgewählte Standorte mit sehr spezifischen Bildungsangeboten, wie beispielsweise Caltagirone, Priolo Gargallo oder Taormina[65].

Die Errichtung neuer Standorte war in der Regel mit dem Aufbau neuer Studiengänge verbunden, deren inhaltliche Gestaltung eng in Einklang mit den wirtschaftlichen Potentialen der jeweiligen Gebiete steht. Häufig wurden hierzu neue Studiengänge eingerichtet, deren Curricula fachlich auf die Bedürfnisse der lokalen Ökonomie abgestimmt war. Durch die Vermittlung von akademischem Wissen, welches einen unmittelbaren lokalen Bezug aufweist, sollen die Universitäten einen Beitrag zur Entwicklung der endogenen Potentiale ihrer jeweiligen Standorte leisten. Hierbei lassen sich drei übergreifende Schwerpunktfelder für die Region Sizilien identifizieren, die in den Curricula der neu gegründeten Studiengänge ihren Ausdruck finden.

Eine Zielrichtung ist der Ausbau einer modernen und wissenschaftsgestützten Landwirtschaft, deren vorrangiges Ziel die stärkere Exportorientierung darstellt. In der landwirtschaftlich stärksten Provinz Ragusa wurde hierzu ein Studiengang in ‚Agrarwissenschaften der Tropen und Subtropen' (*scienze agrarie, tropicali e subtropicali*), in der Weinbauregion Marsala ein Studiengang ‚Weinanbau und Vinifikation' (*viticoltura e enologia*), in Caltagirone ‚Pflanzenproduktion' (*produzioni vegetali*) und in Bivona Forst- und Umweltwissenschaften' (*scienze forestali ed ambientali*) eingerichtet.

Der zweite sich abzeichnende Themenbereich dient der unmittelbaren Inwertsetzung der natürlichen Umwelt und des kulturellen Erbes durch die Tourismusentwicklung. Die wichtigsten Standorte dieses Schwerpunktes befinden sich in Enna mit dem Studiengang ‚Umweltwissenschaften' (*ingegneria per l'ambiente e per il territorio*), in Caltagirone mit ‚Betriebswirtschaftslehre mit Ausrichtung Tourismus' (*economia e gestione dei servizi turistici*), in Agrigento mit ‚Denkmalschutz und Denkmalmanagement' (*conservazione dei beni culturali, operatore dei beni culturali*), in Taormina mit ‚Betriebswirtschaftslehre mit Ausrichtung Tourismus' (*economia e gestione dei servizi turistici*) sowie in Partinico mit ‚Raumplanung und Stadtentwicklung' (*pianificazione territoriale ed urbanistica*).

Der dritte Schwerpunktbereich lässt sich mit der Überschrift ‚Interkulturelle Kommunikation im Mittelmeerraum' zusammenfassen. Die hier genannten

---

[65] Der Standort Taormina wurde erst im Jahr 2000 eröffnet und hatte folglich zu diesem Zeitpunkt noch keine Studierenden, so dass er nicht auf der Karte erscheint.

Studieninhalte stehen im engen Bezug zur Entwicklungsstrategie Siziliens als Knotenpunkt der Kommunikation im Mittelmeerraum ab. Studiengänge dieses Schwerpunktbereichs wurden eingerichtet in Caltanissetta ‚Elektroingenieurswissenschaft' und ‚Öffentlichkeitsarbeit' (*ingegneria elettrica; relazioni pubbliche*), Giarre ‚Übersetzung und Dolmetschen' (*traduttori ed interpreti*), Ragusa ‚Europäische Kulturen und Sprachen' (*lingue e culture europee*) und Reggio Calabria ‚Interkulturelle Studien im Mittelmeerraum' (*scienze e tecniche dell'interculturalità mediterranea*).

Neben diesen neuen Universitätsstandorten wurden auch weitere höhere Bildungsinstitutionen in Sizilien gegründet. Hervorzuheben ist die *scuola superiore* in Catania, die im Jahr 1999 ihren Studienbetrieb aufnahm, wo in sechs Masterstudiengängen einer kleinen Zahl von Studierenden Kenntnisse und Qualifikationen aus den anwendungsorientierten Bereichen des IT-Sektors vermittelt werden. Hierzu gehören Kurse in E-Business und Telekommunikation (*servizi avanzati di telecomunicazione*) aber auch Umweltverträglichkeitsprüfungen (*procedure di valutazione di impatto ambientale*)[66].

Eine weitere Bildungsinstitution für Universitätsabsolventen ist eine Postgraduierteneinrichtung für Tourismus, die im Jahr 1999 in Calatafimi-Segesta gegründet wurde. Mit der finanziellen Unterstützung der Europäischen Union und dem Know-how der Universitäten Palermo und Paris wurde hier ein Aufbaustudiengang Tourismus gegründet, dessen Ziel es ist, Manager für den Bereich der regionalen Tourismusentwicklung auszubilden[67].

Der institutionelle Ausbau des tertiären Bildungssektors hat zu einer erkennbaren Diversifizierung der sizilianischen Bildungslandschaft geführt und damit die Ausbildungschancen junger Abiturienten in Sizilien verbessert. Gleichwohl lässt sich das sizilianische tertiäre Bildungssystem nicht ohne den Aspekt der interregionalen Vernetzung mit anderen italienischen Regionen betrachten.

3.1.2 Interregionale Vernetzung durch Studienmobilität

Aufgrund ihrer langen Geschichte als einzige Hochschulregion südlich von Neapel ist die sizilianische Universitätslandschaft keine isolierte funktionale Einheit. Insbesondere der Einzugsbereich der Universität Messina verdeutlicht die enge Verflechtung mit der benachbarten Festlandsregion Kalabrien. Aufgrund der dortigen, bis heute lückenhaften Universitätsausstattung schreiben sich viele kalabresische Studienanfänger an der nahe gelegenen sizilianischen Universität Messina ein[68]. Dies gilt vor allem für Studiengänge, die in Kalabrien nicht angeboten werden, so dass dann die Universität Messina dem Wohnort am nächsten gelegen ist. Selbst die Gründung des *istituto universitario statale di*

---

[66] Vgl. www.uni-ct.it (2/2003)

[67] Vgl. www.dionysosmagazine.com (2/2003)

[68] Die Daten mit den Herkunftsgemeinden der Studierenden bzw. Absolventen wurden dem Autor von den Statistikbüros der jeweiligen Universitäten zur Verfügung gestellt. Die genannten Prozentwerte sind das Ergebnis eigener Berechnungen.

architettura in Reggio Calabria im Jahr 1969 und die Einrichtung der dortigen Universität im Jahr 1982 bedeutete keine Konkurrenz für den sizilianischen Standort, da sie lediglich die Fachbereiche Architektur, Agrarwissenschaft und Ingenieurswissenschaft umfasst und somit das Studienangebot der Universität Messina komplettiert. Darüber hinaus wurden erst jüngst zwei dezentrale Standorte der Universität Messina in Kalabrien gegründet: ein sozialpädagogischer Studiengang in Locrì mit 207 Studierenden und ein Studiengang ‚Interkulturelle Studien im Mittelmeerraum' (*scienze e tecniche dell'interculturalità mediterranea*) in Reggio Calabria mit 24 eingeschriebenen Studierenden[69].

Der studentische Einzugsbereich der Universität Messina spiegelt somit die lange Tradition der Studienmigration von Kalabrien nach Sizilien wider und verdeutlicht die historisch gewachsene Funktion der Universität als Brücke zwischen beiden Regionen. Im Jahr 1998 hatten 56% der neu eingeschriebenen Studierenden der Universität Messina ihren Wohnsitz in Kalabrien, und zwar mehrheitlich in der Provinz Reggio Calabria. Aber selbst aus der entfernter gelegenen kalabresischen Provinz Catanzaro kommen immer noch mehr Studierende als aus allen anderen sizilianischen Provinzen außerhalb von Messina[70].

Der Anteil kalabresischer Studierender variiert zwischen den einzelnen Fakultäten bzw. Fachbereichen: in Ingenieurswissenschaft, Tiermedizin und Statistik hat die Universität Messina aufgrund der deutlichen Mehrheit sizilianischer Studierender noch immer eine primär regionale Funktion, die sich im wesentlichen auf die eigene Provinz beschränkt. In den Fachbereichen Wirtschaftswissenschaft, Geisteswissenschaft und Politikwissenschaft ist das Zahlenverhältnis zwischen Kalabresen und Sizilianern nahezu ausgeglichen, in Jura und Pädagogik gibt es sogar eine Mehrheit von Kalabresen.

Abgesehen von der studentischen Zuwanderung von Kalabresen an die Universität Messina erfüllen die sizilianischen Universitäten trotz ihrer langen Tradition heute eine ausschließlich regionale Versorgungsfunktion. Umgekehrt nehmen aber fast 10% der sizilianischen Studierenden das Studienangebot der italienischen Hochschulen außerhalb Siziliens wahr, was sich an der regionalen Verteilung der Absolventen des Jahres 1995 auf die italienischen Hochschulstandorte erkennen lässt. Von den 7.104 Absolventen[71], die den Daten des MURST zufolge ihren Wohnsitz in Sizilien hatten und demzufolge als ‚Sizilianer' gezählt werden können, hat etwa jeder Elfte (9,1%) seinen Hochschulabschluss außerhalb Siziliens erworben. Die regionalen Schwerpunkte liegen in den Regionen Latium (2,3%), Toskana (2,0%) und in der Lombardei (1,4%), mit einer erkennbaren Konzentration auf die großen Universitäten in Rom, Pisa, Florenz und Bologna sowie die katholische Privatuniversität in Mailand; mit etwas Abstand folgen die Universität Siena und die Privatuniversität LUISS[72] in Rom.

---

[69] Zahlen für 1999 nach MURST.

[70] Die Zahlen beruhen auf Daten des Statistikbüros der Universität Messina, die dem Autor freundlicherweise zur Verfügung gestellt wurden.

[71] Die Zahlen des italienischen Universitäts- und Forschungsministeriums (MURST, inzwischen MIUR) weichen geringfügig von den Daten des ISTAT ab.

[72] *Libera università internazionale degli studi sociali Guido Carli*

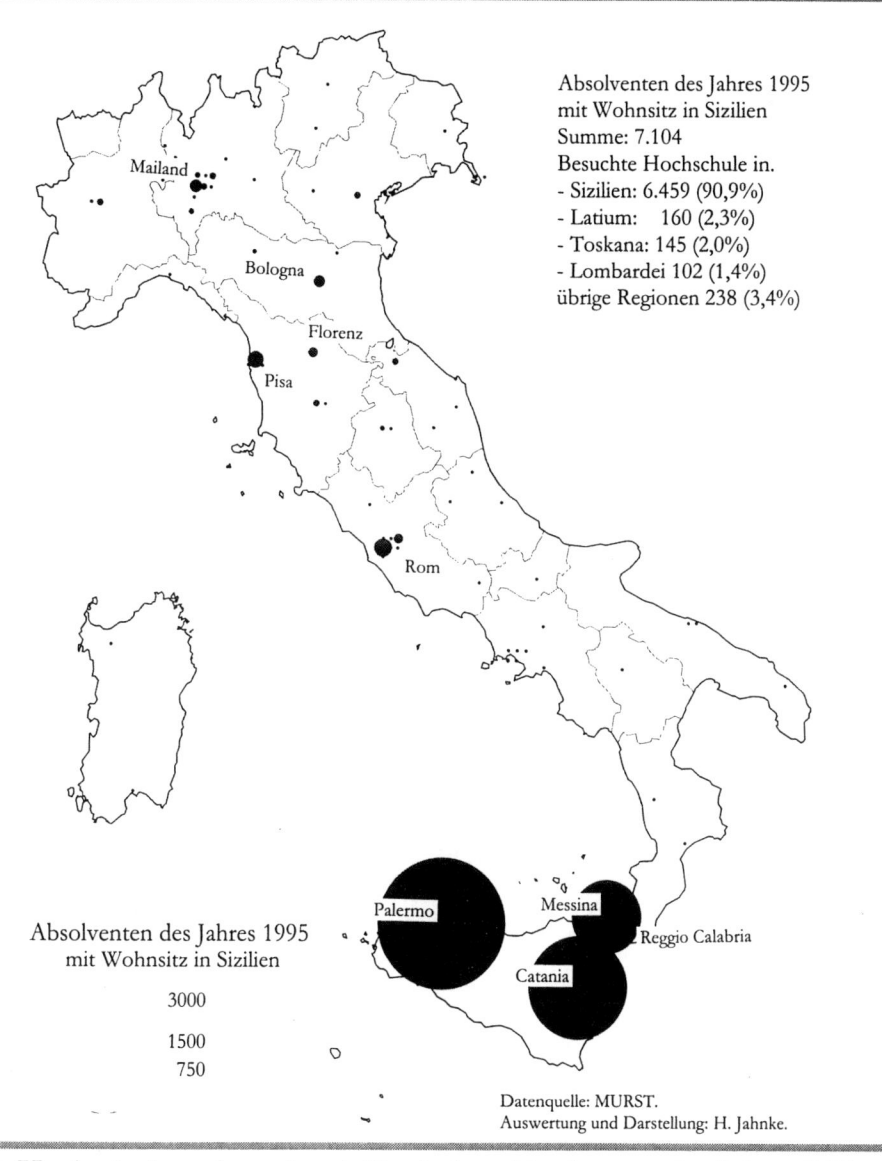

Karte 13: Hochschulstandorte der sizilianischen Absolventen des Jahres 1995

Datenquelle: MURST; Berechnung und Kartographie H. Jahnke 2004.

3.1.3 Räumliche Muster der Akademisierung der sizilianischen Bevölkerung

Der Ausbau der sizilianischen Hochschullandschaft geht mit einem steigenden Ausbildungsniveau der sizilianischen Wohnbevölkerung einher. Diese Entwicklung manifestiert sich zunächst im Rückgang der Analphabetenquote, die zwischen 1961 und 1991 von 16,0% auf 4,3% und somit auf ein Viertel reduziert werden konnte. Dessen ungeachtet ist der Anteil der Analphabeten in Sizilien im Jahr 1991 immer noch doppelt so hoch wie der italienische Durchschnitt (2,1%).

Der Akademikeranteil an der sizilianischen Wohnbevölkerung hat sich zwischen 1961 und 2001 von 1,4% auf 5,4% nahezu vervierfacht. Während 1961 von einer Bevölkerung von über 4 Mio. lediglich knapp 58.000 einen akademischen Abschluss hatten, stieg deren Zahl in den folgenden vier Jahrzehnten auf über 271.000 (2001) an. Interessant ist hierbei die zunehmende Beschleunigung der Akademisierung, was sich daran ablesen lässt, dass die Gruppe der Akademiker in den zehn Jahren zwischen 1991 und 2001 (ca. +110.000) stärker angewachsen ist, als in den drei Jahrzehnten zwischen 1961 und 1991. Dahinter steht eine steigende Bildungsbeteiligung und der wachsende Bildungserfolg von Frauen im Hochschulbereich: waren 1961 von allen italienischen Akademikern lediglich ein Viertel (25,8%) Frauen, stieg deren Anteil bis 2001 auf 47,4% an.

Tabelle 12: Entwicklung des Ausbildungsniveaus der sizilianischen Wohnbevölkerung zwischen 1961 und 2001

	1961	1971	1981	1991	2001*	*Italien 2001**
Bevölkerung*	4.157.326	4.166.849	4.461.486	4.589.441	5.046.094	*57.348.353*
Akademiker (*laureati*)	57.984	79.279	126.322	161.192	271.242	*3.267.220*
Anteil Akademiker (an Bev.)	1,4 %	1,9 %	2,8 %	3,5 %	5,4 %	*6,2 %*
Frauenanteil (an *laureati*)	25,8 %	32,2 %	40,4 %	44,2 %	47,4%	*48,4 %*

* Bevölkerung ist hier nur die Bevölkerung, die älter als 6 Jahre ist.

Datenquelle: ISTAT, Censimento della popolazione 1961, 1971, 1991; * für das Jahr 2001: ISTAT, Forze di lavoro - media 2001; Berechnung H. Jahnke 2004.

Im Vergleich mit anderen Regionen Italiens weist Sizilien einen Akademisierungsgrad der Bevölkerung auf, der im Jahr 2001 knapp unterhalb des Landesdurchschnitts liegt. Gleichwohl ist der Akademikeranteil hier etwas höher als in anderen Regionen des Mezzogiorno.

In den einzelnen Gemeinden lässt sich der Prozess der Akademisierung mangels neuerer Daten bislang lediglich bis 1991 untersuchen, aber auch im Zeitraum zwischen 1961 und 1991 zeigen sich deutliche lokale Unterschiede, die vor allem mit der Gemeindegröße variieren: Während in kleinen Orten mit bis zu 5.000 Einwohnern der Akademikeranteil noch 1991 durchschnittlich lediglich bei 1,8% lag, war derselbe Indikator in großen Städten mit über 100.000 Einwohnern nahezu vier mal höher (5,8% bzw. 6,1%). Diese Differenzen erweisen sich im landesweiten Vergleich als relativ gemäßigt, denn in ganz Italien hatte 1991 in Gemeinden mit unter 5.000 Einwohnern durchschnittlich lediglich einer von 100 Einwohnern einen akademischen Titel, wohingegen in Großstädten mit über 250.000 Einwohnern fast 8% einen solchen besaßen.

Wenngleich der Akademikeranteil an der Wohnbevölkerung nicht immer mit der Gemeindegröße korreliert, so ist eine Tendenz der Konzentration von Akademikern und damit verbunden von akademischem Wissen in den größeren Städten zu beobachten. Denn der statistisch messbare Prozess der Akademisierung ist hier zwischen 1961 und 1991 sehr viel schneller vorangeschritten als in den kleineren Gemeinden. Dieser intraregionale Konzentrationsprozess kann sowohl als Folge der stärkeren Bildungsbeteiligung in der Nähe von Hochschulstandorten als auch als Folge eines Brain drain-Prozesses gedeutet werden, der aufgrund der Konzentration von qualifizierten Arbeitsplätzen Personen mit einem höheren Ausbildungsniveau von den ländlichen Peripherien in die Zentren zieht.

Tabelle 13: Entwicklung des Akademikeranteils in den sizilianischen Gemeinden zwischen 1961 und 1991 nach Gemeindegrößenklassen

Gemeindegrößenklasse	Akademikeranteil 1961	Akademikeranteil 1971	Akademikeranteil 1981	Akademikeranteil 1991
Bis zu 5.000	0,6 %	0,9 %	1,3 %	1,8 % (IT 1,0 %)
5.001-20.000 E.	0,7 %	1,0 %	1,7 %	2,4 % (IT 2,3 %)
20.001-50.000 E.	1,1 %	1,6 %	2,4 %	2,7 % (IT 3,2 %)
50.001-100.000 E.	1,7 %	2,1 %	2,8 %	3,6 % (IT 4,8 %)
100.001-250.000 E.	4,5 %	3,7 %	4,8 %	6,1 % (IT 6,3 %)
Über 250.000 E.	2,8 %	3,6 %	4,9 %	5,8 % (IT 7,5 %)

Datenquelle: ISTAT, Censimento 1991, Tabelle 5.5; Berechnung. H. Jahnke 2004.

Unabhängig von der Siedlungsgröße verlief der Prozess der Akademisierung auf der lokalen Ebene mit sehr unterschiedlicher Dynamik. Während in der Mehrzahl der Gemeinden einerseits ein Anstieg des Akademikeranteils und andererseits eine wachsende absolute Zahl von Akademikern zu beobachten ist, stellt man in einzelnen Orten zwischen 1961 und 1991 einen Rückgang des Akademikeranteils, vereinzelt auch einen Rückgang beider Indikatoren fest (vgl. Karte 13).

Die universitäre Ausbildung als Massenphänomen kann in dieser Perspektive als räumlicher Diffusionsprozess betrachtet werden, der sich ausgehend von den Provinzhauptstädten über das gesamte sizilianische Territorium ausgebreitet hat. Im Jahr 1961 waren Akademikeranteile von über 2% lediglich in den größeren Gemeinden anzutreffen, Palermo war die einzige Stadt mit einem Akademikeranteil von über 4%, denn zu diesem Zeitpunkt war das Universitätsstudium noch ein Privileg der gehobenen sozialen Schichten, und die akademische Ausbildung war nur in wenigen Berufen notwendig. In mehr als 80% der sizilianischen Gemeinden lag der Anteil der Akademiker folglich unter 1%.

Seit 1961 hat sich die Situation deutlich verändert: 1991 lag der Akademikeranteil in über 85% der sizilianischen Gemeinden oberhalb von 1% und in mehr als jeder fünften Gemeinde über 3%. Der Universitätsabschluss hat sich somit ausgehend von den Provinzhauptstädten über das gesamte sizilianische Territorium ausgebreitet, insbesondere in den Provinzen Trapani, Siracusa und Ragusa. Demgegenüber wurden einzelne Orte in peripheren Gebirgslagen kaum von diesem Akademisierungsprozess berührt: 13,6% der sizilianischen Gemeinden – insbesondere im Gebirge der Nebrodi und im Inselinneren – wiesen auch 1991 noch einen Akademikeranteil von unter 1% auf.

Auch in Gemeinden um die Universitätsstädte Palermo und Messina bleibt die Akademikerdichte recht niedrig, wohingegen im suburbanen Raum um Catania, insbesondere in den küstennahen Gemeinden, schon 1991 Werte über 4% erreicht wurden.

Anteil der Akademiker (1961)

0% bis 1%
1% bis 2%
2% bis 3%
3% bis 4%
4% bis 10%

Anteil der Akademiker (1991)

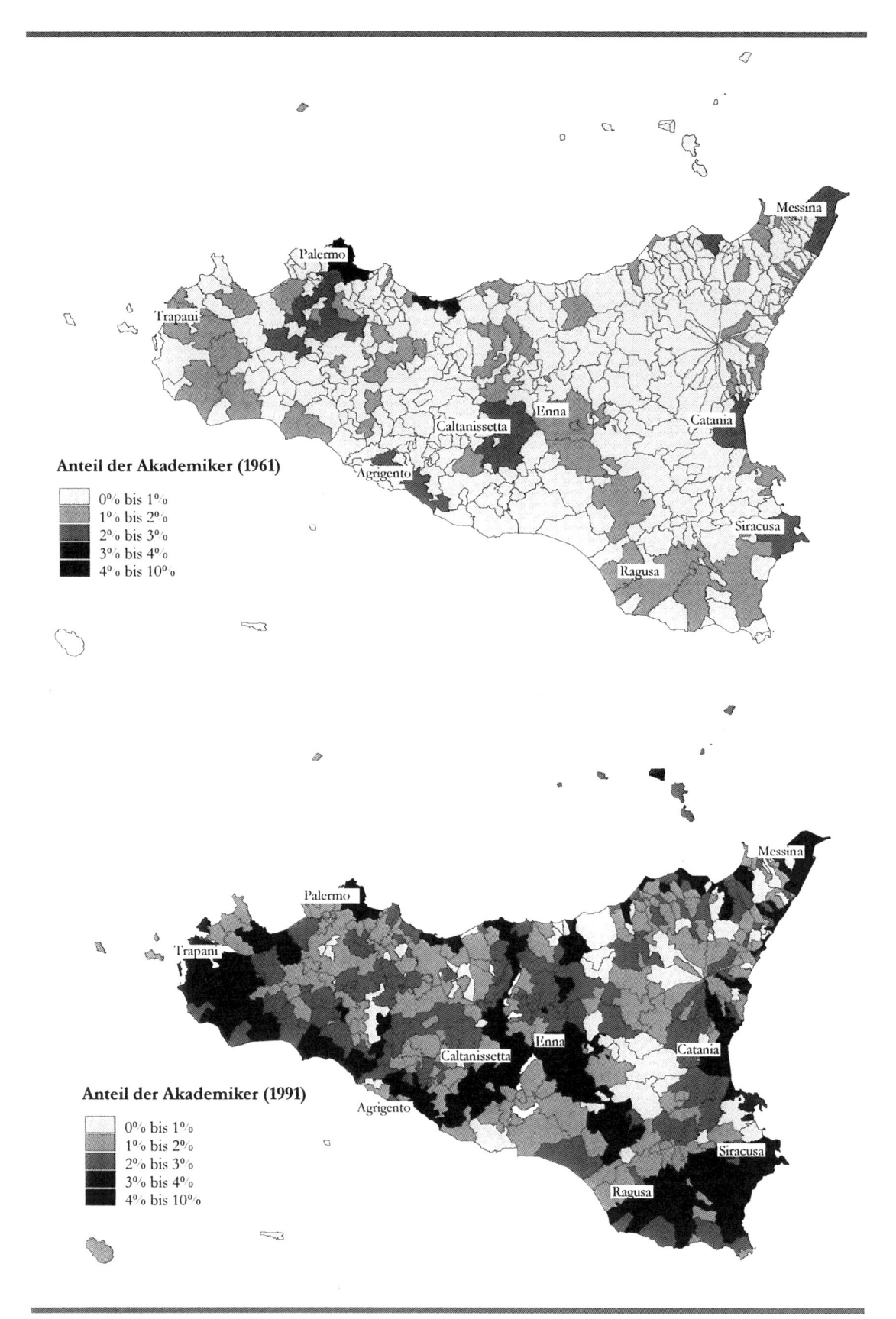

0% bis 1%
1% bis 2%
2% bis 3%
3% bis 4%
4% bis 10%

Karte 14: Akademikeranteil an der Wohnbevölkerung in den sizilianischen Gemeinden in den Jahren 1961 und 1991

Datenquelle: ISTAT - Censimento della popolazione 1961 und 1991; eigene Berechnung und Kartographie.

Die Bildungsexpansion im Hochschulbereich hat dazu geführt, dass ein akademischer Abschluss in Sizilien vom Privileg einer Oberschicht zu einem Massenphänomen geworden ist, welches sich im gesamten sizilianischen Territorium beobachten lässt. Wenngleich die räumlichen Disparitäten dieses Prozesses erkennbar sind, belegen die Zahlen, dass der akademische Abschluss heute selbst in abgelegenen Gemeinden keine Ausnahmeerscheinung darstellt. Gleichwohl ist mit der gestiegenen Akademisierung auch ein räumlicher Konzentrationsprozess von Akademikern in den größeren Gemeinden zu beobachten.

3.1.4 ZUR SOZIOKULTURELLEN DIMENSION DES HOCHSCHULABSCHLUSSES

Wenngleich die Sprache der Humankapitaltheorie impliziert, dass ein Hochschulabschluss einen absoluten Wert besäße, so stellt sich für den kulturellen Kontext die Frage nach dem sozial konstruierten Wert eines Bildungsabschlusses wie beispielsweise der italienischen *laurea*. Denn neben der rein formalen Funktion eines Hochschulabschlusses, dessen Besitz den Zugang zu bestimmten Berufen oder Einstellungswettbewerben (*concorsi*, s.u.) ermöglicht, besitzt die *Laurea* auch eine soziale Funktion, welche einen jungen Hochschulabsolventen oder eine junge Hochschulabsolventin von anderen Personengruppen des gleichen Alters unterscheidet. Diese kommt gerade dann zum Tragen, wenn man betrachtet, wie beide – also ein Jugendlicher mit oder ohne Hochschulabschluss – als Arbeitslose in ihrem lokalen Kontext leben.

Mit der Verleihung des Hochschulabschlusses, der *laurea*, ist in Italien bereits die Verleihung des Titels *dottore* oder *dottoressa* verbunden, also ein sprachliches Unterscheidungskriterium, welches im täglichen Leben bedeutungsvoll sein kann. Die Erwartung des Autors, dass man in Folge dieses Titels zumindest in kleinen Orten eine gute Kenntnis darüber habe, wer im Ort *laureato* oder *laureata* sei, wurde jedoch kaum erfüllt. Dies weist darauf hin, dass der Moment des Hochschulabschlusses – wenngleich in den Universitäten mit einer öffentlichen Disputation gefeiert – zunächst für den Lebensalltag von zweitrangiger Bedeutung ist. Das ließ sich auch daran erkennen, dass auf der Suche nach *laureati* die angesprochenen Schlüsselpersonen häufig im Ungewissen darüber waren, ob beispielsweise ein Cousin oder eine Cousine die Universität bereits abgeschlossen habe.

3.1.4.1 Junge Hochschulabsolventen als Privilegierte

Ein weiterer Hinweis auf die untergeordnete Bedeutung des Hochschulabschlusses ergab sich in Gesprächen über die lokale oder regionale Erwerbssituation junger Hochschulabsolventen. Insbesondere in den Expertengesprächen auf der lokalen Ebene, etwa in den Arbeitsämtern (*uffici di collocamento*) erwies es sich häufig als schwierig, überhaupt Aussagen zur Erwerbssituation junger Hochschulabsolventen zu bekommen, die sich nicht gleichzeitig auf die Gesamtheit der Jugendlichen (*i giovani*) oder zumindest auch auf Abiturienten (*diplomati*) bezogen. Oftmals stieß schon die Frage nach der

Erwerbssituation von jungen Akademikern auf Unverständnis. Diese Tatsache rührt daher, dass zwar die schwierige Beschäftigungssituation junger Universitätsabsolventen durchaus bekannt ist, diese aber gegenüber der sehr viel schwierigeren Lage der Pflichtschulabsolventen geradezu als zweitrangiges Problem erscheint. Somit gelten im Bewusstsein vieler Interviewpartner junge Hochschulabsolventen keinesfalls als Problemgruppe, sondern – in Relation zu allen anderen Jugendlichen – sogar als Privilegierte auf dem Arbeitsmarkt.

Wenn junge Hochschulabsolventen in Berufen arbeiten, die ihrem formalen Qualifikationsniveau nicht entsprechen, also statistisch ein Brain waste erkennbar ist, kann die *Laurea* durchaus vor harter körperlicher Arbeit schützen. Mehrere Interviewpartner haben beispielsweise im Familienbesitz eigene landwirtschaftliche Betriebe, die eine entsprechende körperliche Mitarbeit verlangen, von der die akademisch gebildeten Söhne offensichtlich befreit werden. Zwar entziehen sie sich nicht ihrer Verantwortung im Familienbetrieb, die schwere körperliche Arbeit lassen sie aber von anderen Jugendlichen des Ortes erledigen (vgl. Person 13).

Auch unter Kollegen in manuellen Berufen ist der Hochschulabschluss ein Distinktionsmerkmal, wie das Beispiel von Person 1 zeigt:

Ein Wirtschaftswissenschaftler aus Messina (Person 1) arbeitet neben seiner Tätigkeit als *lsu* (s.u.) im Tourismussektor und zusätzlich in seinem gelernten Beruf als Elektriker. Wenngleich ihm sein Universitätsabschluss im Beruf selbst keinen Nutzen bringt, wird er von seinen Kollegen *dottore* genannt und – nach eigenen Aussagen - mit entsprechendem Respekt behandelt. Beispielsweise achten seine Kollegen darauf, ihm keine schwere körperliche Arbeit aufzubürden.

3.1.4.2 Mangelndes Bewusstsein für den Studienabschluss als Humankapital

Abgesehen von den kulturellen Unterscheidungsmerkmalen ist das Bewusstsein für Bildung als Ressource oder als Humankapital sehr schwach ausgeprägt. Entsprechend wurde selbst in Expertengesprächen der Frage nach dem Brain drain junger Absolventen meist mit Unverständnis begegnet. Zwar sind auch im ländlichen Raum nahezu jedem Gesprächspartner junge Hochschulabsolventen persönlich bekannt, die in jüngerer Vergangenheit zum Arbeiten in den Norden gegangen sind, das Bewusstsein für den kollektiven Verlust von kostbarem Humankapital, und damit von lokalen oder regionalen Entwicklungspotentialen, ist jedoch nur in Ausnahmefällen vorhanden:

Lediglich der junge Bürgermeister von Montallegro, einem kleinen Ort der Provinz Agrigento mit einem sehr geringen Akademikeranteil in der Bevölkerung, drückte sein Bedauern darüber aus, dass die jungen Universitätsabgänger seines Ortes ihre Qualifikationen nicht in ausreichendem Maße dem Wohle der Gemeinschaft zur Verfügung stellten. Schließlich stünde das niedrige Bildungsniveau (*livello culturale*) der Bevölkerung seines Ortes der vorgesehenen touristischen Entwicklung entgegen. Viele Jugendliche würden zwar inzwischen an der Universität studieren, das Ergebnis sei jedoch lediglich ein „kulturelles Wachstum" (*crescita culturale*) der Individuen, nicht aber der Gemeinschaft.

Diese Enschätzung ist eine Folge der sogenannten ‚Parkplatzfunktion' der süditalienischen Universitäten, da die extrem hohe Jugendarbeitslosigkeit viele junge

Sizilianer zum Studium an die Universitäten treibt: dementsprechend ist auch die Erfolgsrate an den Universitäten im Süden sehr niedrig, was sich statistisch anhand hoher Studierendenzahlen und niedriger Absolventenzahlen an den drei sizlianischen Universitäten in den 1990er Jahren manifestiert (s.o.). Eine Absolventin umschreibt das Problem so:

> „die Studienentscheidung ist eher ein Experiment, um das Problem der Beschäftigungsfindung von sich fern zu halten, als die sachliche und ausgereifte Entscheidung eines Erwachsenen" (Person 10).

Da das Studium mit geringen Kosten verbunden ist und zudem im Falle der materiellen Bedürftigkeit öffentliche Zuschüsse gewährt werden, spielt die soziale Selektion beim Übergang von der Schule zur (nächstgelegenen) Universität kaum eine Rolle. Nach der sozialen Selektivität beim Hochschulzugang befragt, antwortet Interviewparter 15 aus Caccamo:

> „Natürlich gibt es auch solche, die es sich absolut nicht leisten können, aber die große Mehrheit... Nein, meiner Meinung nach gibt es das nicht mehr [die soziale Selektion, HJ], alle studieren" (Person 15).

Wenngleich gerade die Eltern ihre Kinder häufig zu einem Universitätsstudium anhalten, gibt es nach Studienende einen geringen elterlichen Erwartungsdruck bezüglich einer ‚Rendite' für die getätigte ‚Humankapitalinvestition'. Schließlich ist die finanzielle Belastung relativ gering und die Investition von Zeit wird kaum als solche empfunden. Nur in Ausnahmefällen wird das Studium an einer sizilianischen Universität als Zeit- oder Kosteninvestition begriffen.

Nachdem Interviewpartnerin 10 eine Verwaltungsausbildung abgeschlossen und bereits mehrere Jobs durchlaufen hatte, konnte sie sich dank einer Halbtagsbeschäftigung im Rahmen einer Arbeitsbeschaffungsmaßnahme den perönlichen Wunsch nach einem Psychologiestudium erfüllen. Da sich die Studentin selbst finanzierte und das Arbeitsleben kannte, hat sie nach eigenen Angaben zielstrebiger studiert, als ihre Kolleginnen aus dem Ort. Folglich war sie auch in ihrem Studienverlauf erfolgreicher, denn

> „Wer von seiner Sache überzeugt ist, kommt schneller voran" (Person 10).

Das Problem langer Studienzeiten von Studierenden, die das Studium als ‚Parkplatz' begreifen, gilt jedoch nur für das Studium in Sizilien selbst, wohingegen dasjenige an einer nord- oder mittelitalienischen Universität immer mit einem erheblichen Kostenaufwand verbunden ist.

Gesprächspartner 18 aus Palermo hat sich zum Zeitpunkt seines Studienbeginns ganz bewusst für das Studium der Philosophie an der Mailänder Privatuniversität ‚Cattolica' entschlossen, da nach seiner Einschätzung ein geisteswissenschaftliches Studium nur dann vielversprechende Berufsaussichten nach sich zieht, wenn man an einer sehr guten Universität studiert und somit einen qualifizierenden Abschluss erwirbt. Die beträchtliche finanzielle Investition für Studiengebühren sowie Unterkunft und Verpflegung in einer anderen Stadt hat sich für ihn schließlich rentiert, da er bei der Teilnahme am Einstellungswettbewerb für Lehrer in Sizilien als Bester abschnitt und ihm sogleich eine feste Stelle zugeteilt wurde.

Bei der Wahl des Hochschulstandorts greifen Selektionsmechanismen eher als bei der Abwanderung nach Studienende. Dies betrifft aufgrund höherer Unterhaltskosten und möglicher Studiengebühren an den Privatuniversitäten einerseits die soziale Selektion, andererseits wird auch wiederholt darauf hingewiesen, dass sich gerade die besten Abiturienten für ein Studium in Nord- oder Mittelitalien entscheiden.

3.1.5 ZUSAMMENFASSUNG

Die Region Sizilien blickt auf eine lange Hochschultradition zurück, die den sizilianischen Universitätsstandorten bis in die zweite Hälfte des 20. Jahrhunderts eine monopolähnliche Stellung in der tertiären Bildungsversorgung des Mezzogiorno sicherte. Erst mit dem Aufbau weiterer Universitäten in den übrigen süditalienischen Regionen, insbesondere in der Nachbarregion Kalabrien, hat sich diese Situation verändert.

Die 1990er Jahre brachten für Sizilien eine erneute Phase des Hochschulausbaus, der durch die Errichtung dezentraler Standorte der bestehenden Hochschulen gekennzeichnet war. Dies Entwicklung trug einerseits den weiterhin ansteigenden Studierendenzahlen Rechnung, bedeutete aber andererseits eine stärkere Orientierung der universitären Studiengänge an den ökonomischen Potentialen der neu ausgewählten Standorte.

Während unter den sizilianischen Hochschulen lediglich die Universität Messina eine Attraktivität als Studienort für Studierende aus der Nachbarregion Kalabrien darstellt, frequentieren sizilianische Studierende Hochschulen in ganz Italien, wobei mit Rom und den traditionsreichen norditalienischen Universitäten deutliche regionale Schwerpunkte zu erkennen sind.

Die akademische Ausbildung ist im heutigen Sizilien kein Privileg einer städtischen Oberschicht mehr, sondern hat sich in der zweiten Hälfte des 20. Jahrhunderts über die Bevölkerung der gesamten Insel ausgebreitet. Dieser Prozess der Akademisierung ist zum einen durch eine räumliche Konzentration in den großen Städten, zum anderen durch eine Feminisierung der Universitätsausbildung gekennzeichnet, so dass heute nahezu die Hälfte aller sizilianischen Akademiker Frauen sind.

Mit dem Prozess der Massenausbildung geht aber auch eine verbreitete Geringschätzung des Hochschulabschlusses einher, die ihre Ursache in der sogenannten „Parkplatzfunktion" italienischer Universitäten hat. Einerseits bringt zwar der Universitätsabschluss den Titel „dottore" mit sich und damit auch ein starkes soziales Distinktionsmerkmal, andererseits findet man gerade im ländlichen Raum nur ein schwaches Bewusstsein für Bildung als Entwicklungspotential oder wirtschaftliche Ressource.

3.2 ERWERBSREALITÄTEN VON HOCHSCHULABSOLVENTEN IN SIZILIEN

Die gängigen statistischen Indikatoren zur Beschreibung der Erwerbssituation der Bevölkerung sind die Arbeitslosenquote und die Erwerbstätigenquote, denen eine

Klassifizierung der Bevölkerung in die Erwerbstätigen, die Arbeitslosen und die Stille Reserve zugrunde liegt. Solche Maßzahlen sind für internationale und interregionale Vergleiche unerlässlich, jedoch lassen sich mit ihrer Hilfe lediglich sehr verallgemeinernde Beschreibungen regionaler Disparitäten vornehmen. Hierbei stellt sich die Frage, ob sie tatsächlich die beiden Phänomene ‚Arbeit' und ‚Arbeitslosigkeit' in allen soziokulturellen Kontexten gleichermaßen adäquat abzubilden vermögen.

Zumindest in der angelsächsischen Debatte einer Geographie der Arbeit ist die binäre Opposition zwischen ‚Arbeit' und ‚Arbeitslosigkeit', welche den genannten statistischen Indikatoren zugrunde liegt, in der Diskussion um postindustrielle Arbeitsmärkte in Frage gestellt worden (vgl. z.B. GREEN/TUROK 2000). Die Kritik lautet, dass die Beschreibungskategorien des sogenannten dichotomen Beschäftigungsmodells auf den modernen, männlichen Industriearbeiter zugeschnitten und für die Repräsentation der wachsenden Anzahl flexibler Beschäftigungsformen in postindustriellen Gesellschaften nicht länger adäquat seien.

Die Problematik der unzureichenden Beschreibungsqualität dieses dichotomen Arbeitsmodells wurde auch in Forschungen zur Erwerbsarbeit in Italien und insbesondere im italienischen Mezzogiorno wiederholt hervorgehoben, also im Kontext sogenannter präindustrieller Gesellschaften. NAMUTH stellt in ihrer Dissertation über den italienischen Arbeitsmarkt fest, dass das Phänomen der Arbeitslosigkeit an den kulturellen Kontext der Industriegesellschaften gebunden ist:

> „Das Phänomen der Arbeitslosigkeit ist ein Produkt der industrialisierten Gesellschaften. Vor der Industriearbeit, die sowohl die lohnabhängige Beschäftigung als auch die Figur des Arbeitslosen schuf, gab es wohl den Begriff der Armut (poverty), aber nicht die Verbindung von Mittellosigkeit und Ausschluß aus dem Produktionsprozeß" (NAMUTH 1992: 58).

Ein ähnlicher Verweis findet sich bei REYNERI (1996: 40), der in seinem italienischsprachigen Lehrbuch zur Soziologie des Arbeitsmarktes hervorhebt, dass die beiden statischen Beschreibungskategorien ‚beschäftigt' und ‚arbeitslos' für den Vergleich zwischen den altindustrialisierten Räumen mit großen Industriebetrieben in Norditalien und den traditionell landwirtschaftlich geprägten Gebieten im Süden des Landes ungeeignet seien, da sie die Komplexität der Beschäftigungsverhältnisse in Süditalien und den beiden Inseln nicht angemessen abbilden.

Erwerbsarbeit ist in Gesellschaften, welche in den Prozess der Industrialisierung im wesentlichen passiv einbezogen wurden, sehr viel stärker mit anderen Lebensbereichen verknüpft. In Bezug auf Sizilien schrieb hierzu die französische Geographin ROCHEFORT bereits 1961 in ihrer sozialgeographischen Dissertation zum Thema ‚Arbeit in Sizilien' (*Le travail en Sicile*):

> „Der Übergang zwischen Arbeit und Arbeitslosigkeit, zwischen Arbeitslosigkeit und Freizeit und zwischen Arbeit und Freizeit geschieht durch eine Reihe von weichen

Übergängen, so dass das aktuelle Konzept der ‚Vollzeitbeschäftigung' kaum von der Bevölkerung verstanden wird"[73] (ROCHEFORT 1961: 5, Übersetzung HJ.).

Im folgenden wird die Erwerbssituation der Hochschulabsolventen in Sizilien zunächst mit den Kategorien des dichotomen Beschäftigungsmodells beschrieben, bevor im zweiten Schritt eine differenziertere Betrachtung des Phänomens der Arbeit sizilianischer Hochschulabsolventen erfolgt.

3.2.1 DER AKADEMISCHE ARBEITSMARKT IN SIZILIEN IN DEN 1990ER JAHREN

Die Bildungsexpansion im tertiären Sektor hat gerade in den 1990er Jahren in Sizilien zu einer kontinuierlich steigenden Zahl von Akademikern geführt. Den offiziellen Erwerbsstatistiken zufolge ist deren Anzahl zwischen 1993 und 2000 um über 70.000 angestiegen, was einem Zuwachs um 36% entspricht; gleichzeitig ist eine Zunahme in der Erwerbsbevölkerung um über 50.000 Akademiker zu beobachten. Wenngleich die Beschäftigungssituation der Akademiker in Sizilien und im italienischen Mezzogiorno weiterhin als vergleichsweise entspannt zu bewerten ist, so wurde der rapide Beschäftigungsanstieg um über 41.000 Akademiker (entspricht +29%) von einem Anstieg der Zahl der Akademiker ohne Beschäftigung um über 30.000 begleitet.

Tabelle 14: Entwicklung der Erwerbssituation sizilianischer Akademiker zwischen 1993 und 2000

Akademiker in Sizilien	1993	1994	1995	1996	1997	1998	1999	2000	1993-2000	
Erwerbstätige	143.612	146.479	147.043	157.703	168.177	176.570	187.025	184.988	+41.376	*+29%*
Arbeitslose	9.700	11.630	13.301	16.617	16.199	19.333	18.430	18.946	+9.246	*+95%*
Erwerbspersonen	153.312	158.109	160.344	174.320	184.376	195.903	205.455	203.934	+50.622	*+33%*
Nichterwerbspersonen	42.560	41.434	44.529	51.744	55.868	55.499	60.236	62.732	+20.172	*+47%*
Bevölkerung nur Akademiker	195.872	199.543	204.873	226.064	240.244	251.402	265.691	266.666	+70.794	*+36%*
Akademiker in Sizilien	**1993**	**1994**	**1995**	**1996**	**1997**	**1998**	**1999**	**2000**	**1993-2000**	
Arbeitslosenquote	6,3 %	7,4 %	8,3 %	9,5 %	8,8 %	9,9 %	9,0 %	9,3 %	+3,0 %	
Erwerbstätigenquote	73,3 %	73,4 %	71,8 %	69,8 %	70,0 %	70,2 %	70,4 %	69,4 %	-3,9 %	
Erwerbsquote	78,3 %	79,2 %	78,3 %	77,1 %	76,7 %	77,9 %	77,3 %	76,5 %	+1,8 %	

Datenquelle: ISTAT, Forze di lavoro 1993-2000; Berechnung H. Jahnke 2004.

Rein statistisch mündet die Akademisierung der Bevölkerung lediglich zu etwas mehr als der Hälfte in einer Beschäftigung, denn gleichzeitig steigt die Zahl der

---

[73] "le passage du travail au chomage, du chomage au repos, du travail au repos s'effectue par une série de transitions insensibles et le concept si actuel de « plein-emploi » est une notion qui n'est presque jamais comprise par la population" (ROCHEFORT 1961: 5).

Nichterwerbspersonen mit einem akademischen Titel um über 20.000 und die Zahl der arbeitslosen Akademiker um über 9.000. Das Ergebnis dieser Entwicklungen ist der Rückgang der Akademikererwerbstätigenquote von 73,3% auf 69,4% und ein gleichzeitiger Anstieg der Akademikerarbeitslosenquote von 6,3% auf 9,3% mit einem Höhepunkt von 9,9% im Jahr 1998. Die Akademikerinnenarbeitslosenquote ist hierbei mit 13,1% (entspricht 11.973 Personen) deutlich höher als diejenige der männlichen Kollegen.

Vor dem Hintergrund des Anstiegs der allgemeinen Arbeitslosenquote in Sizilien von 19,3% im Jahr 1993 auf 24,0% im Jahr 2000, ist die negative Entwicklung des Akademikerarbeitsmarktes sogar noch verhalten, so dass sich trotz gestiegener Akademikerarbeitslosigkeit die relative Erwerbssituation der Akademiker sogar verbessert hat.

Im Vergleich zur Erwerbssituation der Akademiker in Sizilien erwies sich diejenige der Universitätsabsolventen während der gesamten 1990er Jahre als wesentlich problematischer. Zum Zeitpunkt der ersten Absolventenbefragung der 1990er Jahre (1991) waren drei Jahre nach Studienabschluss zwar noch über 66% der Absolventen in Sizilien beschäftigt, deren Anteil ging aber bei der Befragung 1995 auf knapp über 54% zurück und näherte sich 1998 wieder dem Wert von 60%. Spiegelbildlich erreichte die Arbeitslosenquote 1995 mit knapp 40% ihren Höhepunkt, bevor sie am Ende der 1990er Jahre wieder langsam zurückging.

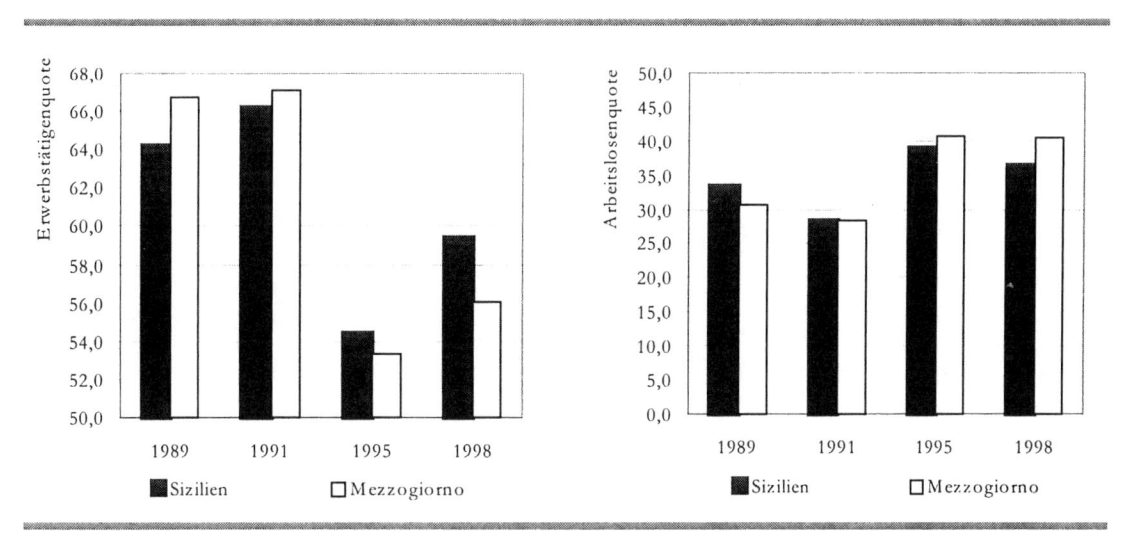

Abbildung 22: Erwerbstätigenquoten und Arbeitslosenquoten der Absolventen mit Wohnsitz in Sizilien und im Mezzogiorno jeweils drei Jahre nach Studienende

Anmerkung: Die regionale Zuordnung bezieht sich auf die Region des Wohnsitzes zum Zeitpunkt der Befragung
Datenquelle: ISTAT – diverse Hochschulabsolventenbefragungen; eigene Auswertung und Darstellung.

Die Arbeitslosenquoten von Hochschulabsolventen in Sizilien drei Jahre nach Studienabschluss bleiben mit über 40% auf einem hohen Niveau, die regionalen Werte liegen jedoch unterhalb derjenigen des übrigen Mezzogiorno.

3.2.2 Erwerbssituation sizilianischer Hochschulabsolventen zwischen Beschäftigung und Arbeitslosigkeit

Als Alternative zum bisher verwendeten dichotomen Arbeitsmarktmodell haben Accornero und Camignani bereits in den 1980er Jahren das Modell des mobilen Kontinuums entwickelt. Die Autoren schlagen vor, zur Repräsentation der Erwerbsrealitäten in Italien die klassische Dichotomie von ‚innerhalb' und ‚außerhalb'[74] des Arbeitsmarktes durch das Modell eines ‚mobilen Kontinuums' zu ersetzen, welches sich dreier Begriffspaare bedient, um die Arbeitsmarktpositionen der Erwerbsbevölkerung adäquater beschreiben zu können (vgl. NAMUTH 1992: 138).

Andauernd	Kurzfristig
Doppelbeschäftigung	Teilzeitbeschäftigung
Institutionalisiert (regulär)	Nicht institutionalisiert (irregulär)

Abbildung 23: Beschreibungskategorien des Arbeitsmarktmodells des „mobilen Kontinuums"

Quelle: Accornero/Camignani, nach NAMUTH 1992: 138.

Der Fragebogen der Absolventenbefragung des Jahres 1995 berücksichtigt die Kategorien dieses Modells, so dass die Befragungsergebnisse eine genauere Analyse der Arbeitsmarktposition der Betroffenen drei Jahre nach Studienabschluss ermöglichen. Neben den Kategorien ‚beschäftigt', ‚arbeitslos' und ‚arbeitsuchend' wurden noch die Beschäftigungsform, der zeitliche Umfang der Beschäftigung, Nebentätigkeiten sowie die Einbindung in Weiterbildungsmaßnahmen erfragt.

Teilt man dem dichotomen Arbeitsmarktmodell folgend die 7.259 Hochschulabsolventen des Jahres 1995 mit Wohnsitz in Sizilien in die gegebenen Kategorien ‚beschäftigt', ‚ohne Beschäftigung' und ‚Stille Reserve', so ergibt sich eine Verteilung von 59,4% Beschäftigten (entspricht 4.313) und 40,6%, die angeben, keiner Erwerbsarbeit nachzugehen. Von Letzteren gehört ein geringer Anteil (6,4% der Gesamtheit) der ‚Stillen Reserve' an, also denjenigen, die nach eigenen Angaben nicht aktiv Arbeit suchen (vgl. FASSMANN/MEUSBURGER 1997: 86).

Entsprechend diesem Modell sind in Abbildung 23 die sizilianischen Absolventen des Jahres 1995 nach ihrer Position auf dem Arbeitsmarkt im Jahr 1998 dargestellt. Die Größe der Quadrate symbolisiert die prozentuale Verteilung der einzelnen Subgruppen in Sizilien. Die weißen Quadrate stellen den Anteil derjenigen dar, die nach eigenen Angaben keinerlei Beschäftigung nachgehen, die schwarzen denjenigen der fest Angestellten. Diese beiden Kategorien repräsentieren somit die beiden Idealtypen des dichotomen Modells in ihrer Reinform.

---

[74] Vgl. beispielsweise den Artikel: "Young in, old out": nuovi pattern di mobilità nell'economia italiana" von CONTINI/RAPITI 1994.

Darüber hinausgehend wurde hier eine dritte Kategorie (grau) eingeführt, welche all diejenigen umfasst, die sich zum Zeitpunkt der Befragung weder eindeutig der Gruppe der fest Angestellten noch der Gruppe derjenigen ohne jegliche Beschäftigung zuordnen lassen und im folgenden als Hybride bezeichnet werden. Zu dieser Gruppe gehören beispielsweise die Arbeitslosen in Weiterbildungsmaßnahmen, die gelegentlich oder saisonal Beschäftigten, die irregulär Beschäftigten, aber auch Festangestellte in Weiterbildungsmaßnahmen oder doppelt Beschäftigte.

	Beschäftigung	Anzahl	in %
1	Nur in Weiterbildung	1.290	17,8%
2	Weiterbildung und einzelne Arbeitsstunden	77	1,1%
3	Selbständig und Weiterbildung	466	6,4%
4	Fest angestellt und Weiterbildung	142	2,0%
5	Befristet angestellt und Weiterbildung	304	4,2%
6	Saisonal angestellt und Weiterbildung	0	0%
7	Gelegentlich angestellt und Weiterbildung	56	0,8%
8	Irregulär beschäftigt und Weiterbildung	235	3,2%
9	Arbeitslos	1.471	20,3%
10	Arbeitslos mit einzelnen Stunden	108	1,5%
11	Nur selbständig	1.263	17,4%
12	Nur fest angestellt	935	12,9%
13	Nur befristet angestellt	611	8,4%
14	Nur saisonal angestellt	10	0,1%
15	Nur gelegentlich angestellt	85	1,2%
16	Nur irregulär beschäftigt	208	2,9%
Gesamt		7.261	100,0%

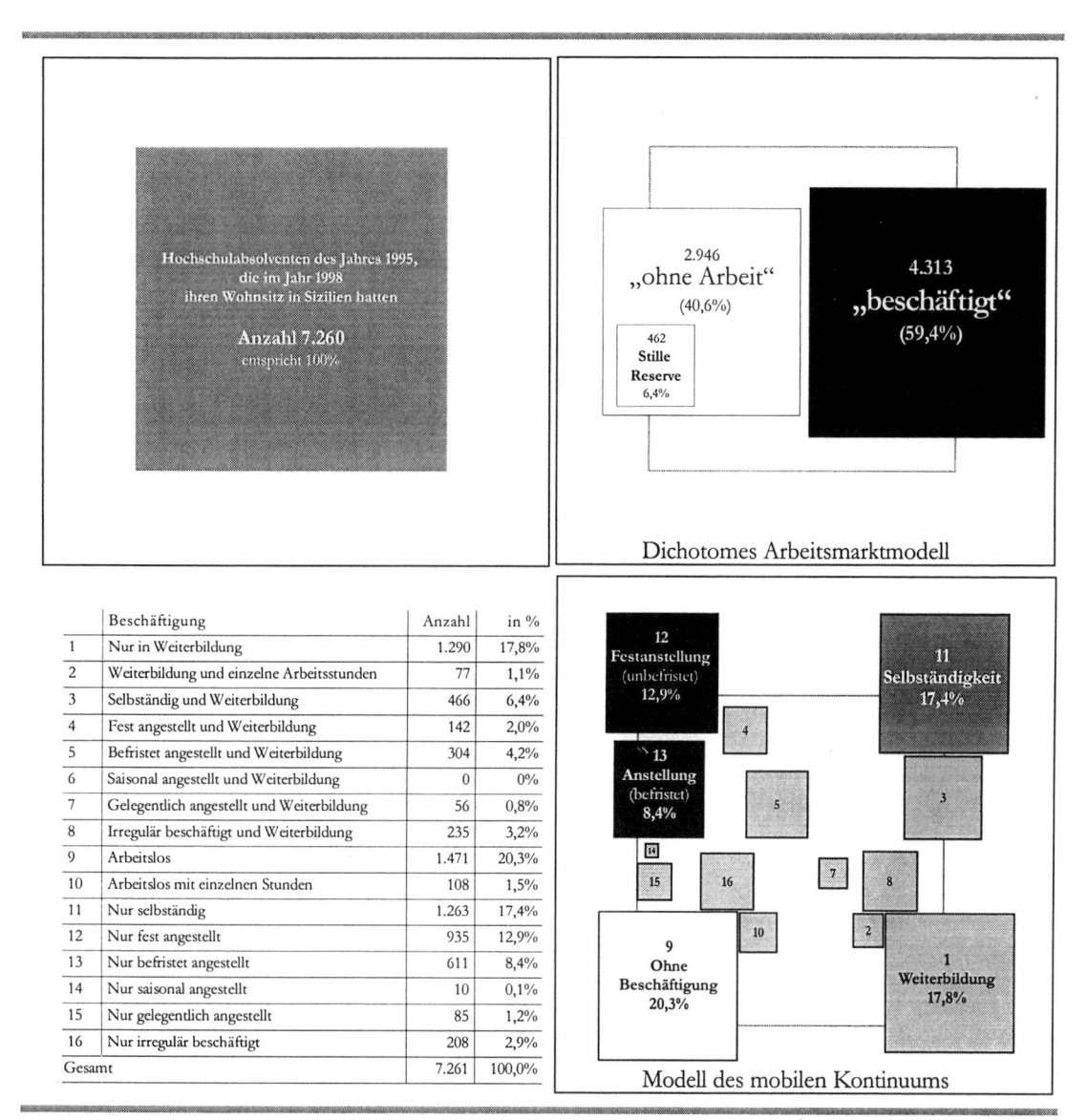

Abbildung 24: Erwerbssituation sizilianischer Hochschulabsolventen des Jahres 1995 im Jahr 1998 nach dem dichotomen Arbeitsmarktmodell und nach dem Modell des mobilen Kontinuums

Datenquelle: ISTAT, Inserimento professionale dei laureati : Indagine 1998; Auswertung und Darstellung H. Jahnke 2004.

Nach diesen Zuordnungskategorien befindet sich die Mehrheit der 7.261 Absolventen in Sizilien (66,8%) in diesen hybriden Beschäftigungsverhältnissen und nur ein Drittel ist eindeutig einer der beiden Kategorien des dichotomen Modells zuzuordnen. Drei Jahre nach Studienabschluss arbeitet lediglich jeder Achte (12,9%) in einer festen Anstellung, 8,4% in einer befristeten Anstellung; 17,4% sind selbständig und 17,8% nehmen zum Befragungszeitpunkt an einer Weiterbildung teil. Einer von fünf Befragten (20,3%) gibt an, gar keiner Beschäftigung nachzugehen. Darüber hinaus befindet sich mehr als jeder neunte Absolvent noch neben seiner Beschäftigung als Angestellter oder Selbständiger zusätzlich in einer Weiterbildungsmaßnahme, mehr als 6% arbeiten in irregulären Beschäftigungsverhältnissen, fast 5% arbeiten gelegentlich oder saisonal.

Die Analyse der Daten der Absolventenbefragung nach dem Modell des mobilen Kontinuums verdeutlicht, dass die klassischen Arbeitsmarktstatistiken die Erwerbsrealitäten der Mehrheit der sizilianischen Hochschulabsolventen nicht angemessen abbildet. Die ‚Hybriden' befinden sich zum Befragungszeitpunkt in Arbeitsmarktpositionen, die - in Bezug auf den formalisierten Arbeitsmarkt - weder als ‚drinnen' noch als ‚draußen' bezeichnet werden können. Hinter der berechneten Arbeitslosenquote von 36,6% verbirgt sich folglich eine Realität der Erwerbsbeschäftigungen (zum Zeitpunkt der Befragung), derzufolge zunächst ‚nur' jeder Fünfte tatsächlich keiner Beschäftigung nachgeht, wohingegen die deutliche Mehrheit von zwei Dritteln von den idealtypischen Beschreibungskategorien des dichotomen Arbeitsmarktmodells nicht adäquat erfasst werden. Die Grenzziehung zwischen Arbeitslosigkeit und Arbeit verschleiert gewissermaßen diesen Teil der Erwerbsrealitäten junger sizilianischer Hochschulabsolventen zum Zeitpunkt der Befragung.

3.2.3 Langsamer Übergang vom Studium ins Arbeitsleben

Neben der Grenzziehung zwischen den Bereichen ‚Beschäftigung' und ‚Arbeitslosigkeit', die sich als synchrone Grenze der Arbeit bezeichnen ließe, gibt es noch eine weitere Grenze, die in einer zeitlichen Sukzession die beiden Lebensbereiche Studium und Arbeitswelt voneinander trennt. Der ‚Übergang vom Studium in das Erwerbsleben', den beispielsweise die Dissertation von ROLFES (1996) über den Arbeitsmarkt junger Akademiker suggeriert, impliziert zwei unterschiedliche Lebensphasen, die in den Biographien junger Hochschulabsolventen zeitlich nacheinander auftreten. Absolventenbefragungen, deren Ziel die Untersuchung dieses Übergangs darstellt, werden daher in der Regel etwa zwei bis drei Jahre nach Studienende durchgeführt, da davon ausgegangen wird, dass zu diesem Zeitpunkt der Übergang bereits abgeschlossen ist.

Wie die Analyse der Befragungsergebnisse für die sizilianischen Hochschulabsolventen jedoch zeigt, weicht der tatsächliche Übergang vom Studium in die Arbeitswelt deutlich von dieser modellhaften Vorstellung ab. Vielmehr zeigt sich auch hier, dass der idealtypische Ablauf Studienende – Arbeitsuche – Arbeitsleben, eher die Ausnahme darstellt: 42,3% der sizilianischen Absolventen haben bereits während des Studiums gearbeitet. Von diesen übt jeder Vierte (10,7% von allen) noch drei Jahre nach Studienende die gleiche Tätigkeit aus. Aus Sicht der Beschäftigten betrachtet, hat jeder Fünfte von diesen die gleiche Tätigkeit bereits während des Studiums ausgeübt. Bei den

Festangestellten steigt deren Anteil auf etwa ein Drittel; ein wenig höher ist diese Zahl bei den irregulär Beschäftigten. Selbst unter den selbständig Arbeitenden ging jeder Sechste seiner Aktivität bereits während des Studiums nach.

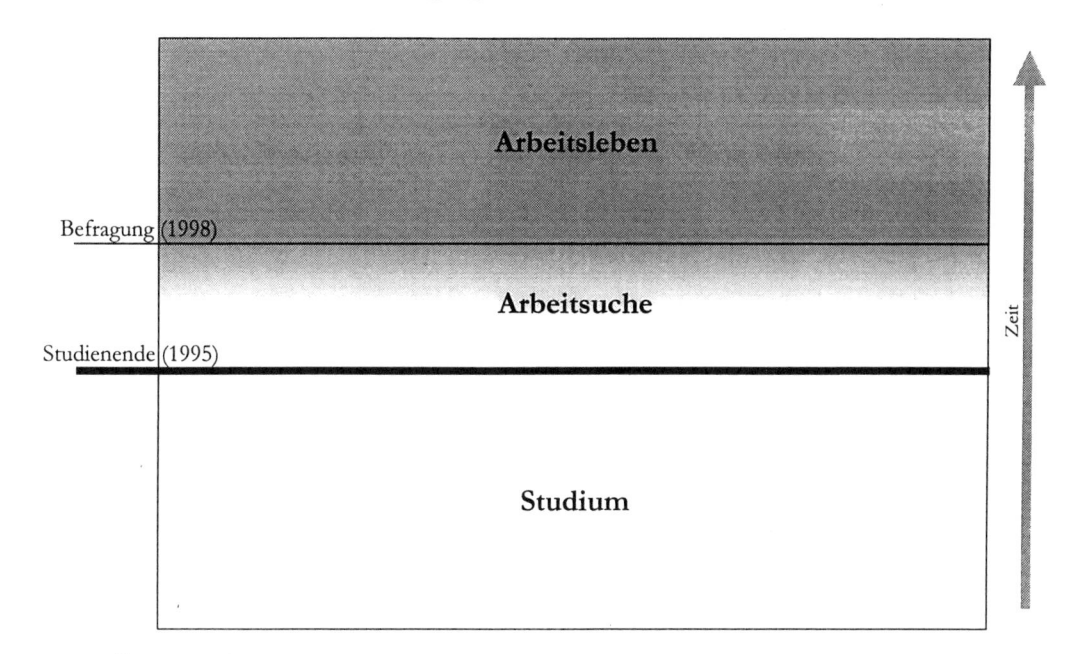

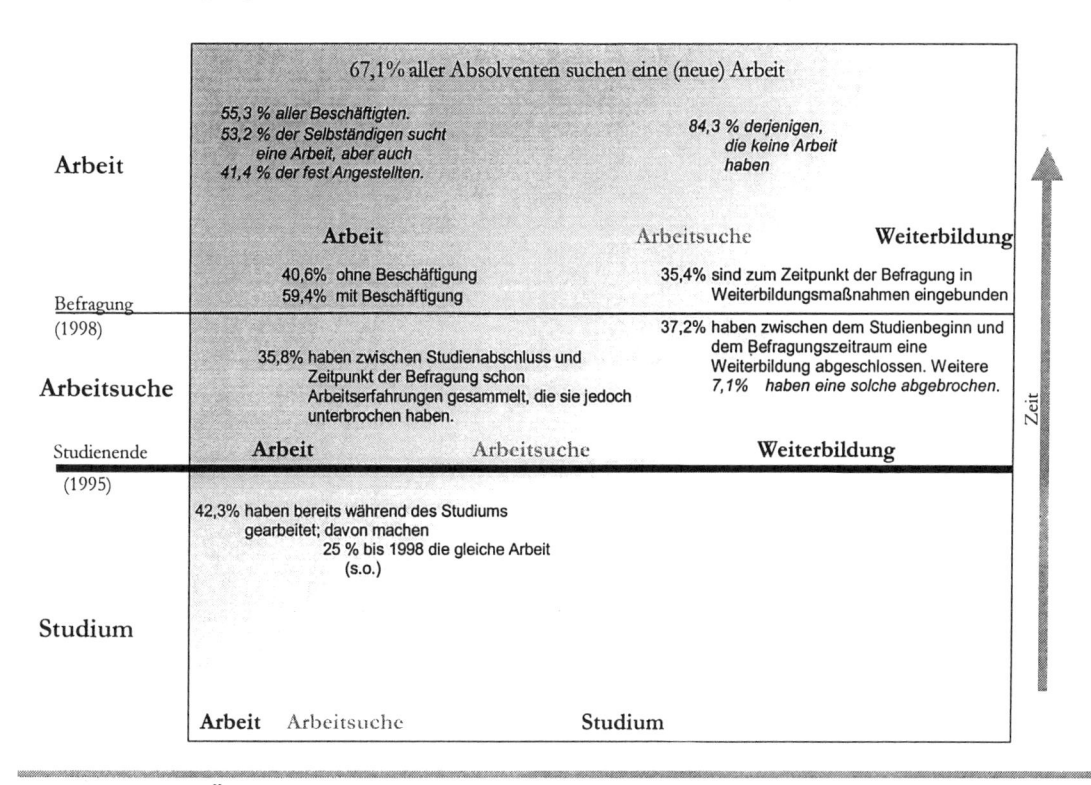

Modellhafter Übergang vom Studium in das Arbeitsleben

- Arbeitsleben
- Befragung (1998)
- Arbeitsuche
- Studienende (1995)
- Studium

Übergang der sizilianischen Absolventen vom Studium in das Arbeitsleben

67,1% aller Absolventen suchen eine (neue) Arbeit

Arbeit:
- 55,3 % aller Beschäftigten.
- 53,2 % der Selbständigen sucht eine Arbeit, aber auch
- 41,4 % der fest Angestellten.

84,3 % derjenigen, die keine Arbeit haben

Arbeit | Arbeitsuche | Weiterbildung

- 40,6% ohne Beschäftigung
- 59,4% mit Beschäftigung

- 35,4% sind zum Zeitpunkt der Befragung in Weiterbildungsmaßnahmen eingebunden

Befragung (1998)

Arbeitsuche:
- 35,8% haben zwischen Studienabschluss und Zeitpunkt der Befragung schon Arbeitserfahrungen gesammelt, die sie jedoch unterbrochen haben.

- 37,2% haben zwischen dem Studienbeginn und dem Befragungszeitraum eine Weiterbildung abgeschlossen. Weitere 7,1% haben eine solche abgebrochen.

Studienende (1995)

Arbeit | Arbeitsuche | Weiterbildung

- 42,3% haben bereits während des Studiums gearbeitet; davon machen
- 25 % bis 1998 die gleiche Arbeit (s.o.)

Studium

Arbeit | Arbeitsuche | Studium

Abbildung 23: Übergang vom Studium in das Arbeitsleben – Modell und Realität sizilianischer Absolventen

Datenquelle: ISTAT: Inserimento professionaliedei laureati : Indagine 1998; Auswertung und Darstellung H. Jahnke 2004.

In den drei Jahren nach Studienende – der klassischen Suchphase – haben über 35% der sizilianischen Absolventen bereits Arbeitserfahrungen gemacht. Etwas höher liegt der Anteil derjenigen, die im Rahmen einer Weiterbildung ihre Studienphase weiter ausgedehnt haben (37,2%). Auch die Arbeitsuche endet bei der Mehrheit der Befragten nicht mit der Arbeitsfindung: mehr als zwei Drittel (67,1%) der befragten Sizilianer geben an, eine Arbeit zu suchen.

Der Anteil der Suchenden variiert erwartungsgemäß mit der aktuellen Beschäftigungssituation: bei den Nichtbeschäftigten lag er in Sizilien bei 84,3%, aber auch unter den Beschäftigten und Selbständigen suchte mehr als die Hälfte (55,3% bzw. 53,2%) eine neue Arbeit. Selbst bei den fest Angestellten in einem unbefristeten Anstellungsverhältnis lag der Anteil der Suchenden noch bei 41,4%.

Diese Zahlen verdeutlichen, dass sich für die meisten Hochschulabsolventen in Sizilien der Übergang vom Studium in das Arbeitsleben weniger stark als Einschnitt manifestiert, als dies die modellhafte Vorstellung von der Sukzession unterschiedlicher Lebensphasen suggeriert. Die zeitliche Abfolge von ‚Studienleben – Arbeitssuchphase – Arbeitsleben' trifft bei den Hochschulabsolventen in Sizilien nur in den seltensten Fällen zu. Vielmehr konnte gezeigt werden, dass bei der Mehrheit der Befragten alle drei Bereiche in zeitlicher Parallelität ablaufen, wenngleich mit unterschiedlichen Schwerpunkten. Die Arbeitssuche beginnt formal häufig schon in der Schulzeit, faktisch oft mit dem Studienbeginn, tritt nach dem Studienende in den Vordergrund und hält auch nach der Arbeitsfindung weiter an. Zudem arbeiten einerseits viele Sizilianer schon während des Studiums und verbleiben auch nach Studienende in dieser Tätigkeit, andererseits partizipiert ein steigender Absolventenanteil an Weiterbildungsmaßnahmen und verlängert somit die eigentliche Studienphase. Aus Sicht der betroffenen Akteure bedeutet diese Erwerbsrealität, dass in der Praxis das Ende des Studiums sehr viel weniger als ein Moment der Entscheidung erlebt wird, von dem aus eine neue Richtung eingeschlagen werden muss.

3.2.4 Hybride Beschäftigungsformen zwischen Arbeit und Familie

Auch die Abgrenzung zwischen Arbeit bzw. Arbeitsleben und Familie bzw. Privatleben findet sich in der Beschäftigungspraxis nicht in der dichotomen Trennung wieder, welche die Opposition der Begriffe impliziert[75]. Bis heute hat sich die italienische Familie als ökonomische und soziale Funktionseinheit erhalten, wobei vor allem im ländlichen Raum die agrarische Produktion den wirtschaftlichen Mittelpunkt bilden kann. Gleichwohl ist auch hier eine zunehmende Verlagerung auf Aktivitäten außerhalb der Landwirtschaft zu beobachten. Dessen ungeachtet bleiben viele Familien auch nach einem Umzug in die Stadt ökonomisch und soziologisch mit der Landwirtschaft verbunden (vgl. BAGNASCO 1988: 53; NAMUTH 1992: 151f.).

---

[75] Dies wird auch auf der sprachlichen Ebene deutlich, da in der italienischen Sprache der Gegenbegriff zu Privatleben (*vita privata*) nicht die Arbeit darstellt, sondern das öffentliche Leben (*vita pubblica*).

In der soziologischen Literatur über Italien wird unterschieden zwischen dem Typus der ‚nuklearisierten Familie', also der modernen Kleinfamilie (in Norditalien vorherrschend), und dem Typus der ausgedehnten Familie (im Dritten Italien und im Mezzogiorno vorherrschend), die mehr als zwei Generationen umfasst. Während im sogenannten ‚Dritten Italien' die ausgedehnte Familie häufig als Produktionsgemeinschaft fungiert, besitzt die Familie im Mezzogiorno die Integration der Einkommen der einzelnen Familienmitglieder als Ziel. Nicht soziale Mobilität (wie im Norden des Landes) steht hier im Vordergrund, sondern vielmehr die Integration aller Einkommen der Familienmitglieder als Überlebensstrategie. Produktion erfolgt im Mezzogiorno häufig für den Eigenverbrauch, und die Figur des Hauptverdieners als Doppelbeschäftigter in der verarbeitenden Industrie und in der eigenen Landwirtschaft ist weit verbreitet. In den Großstädten des Südens ist die Beschäftigung in der öffentlichen Verwaltung und in der Bauindustrie zudem eine häufige Einnahmequelle (vgl. NAMUTH 1992: 151f.).

Die Organisation der Familie als Produktionseinheit äußert sich beispielsweise in einem gemeinsamen Familienbudget, aus dem Investitionen einzelner Familienmitglieder bezahlt werden müssen. Dies betrifft auch Studienentscheidungen an einer auswärtigen Universität oder Formen der Selbständigkeit, die im Familienverband organisiert werden müssen, da sie in der Regel mit größeren finanziellen Investitionen verbunden sind.

Mehrere Interviewte sprechen fast beiläufig von den familiären Erwerbsbetrieben, die häufig mit der landwirtschaftlichen Produktion in Verbindung stehen. Person 13 und Person 14 aus Caccamo, Person 19 aus Salemi, und zwei Interviewpartner aus Milena (Person 8 und Person 9) berichten von ihren Familienbetrieben, in denen Oliven angebaut und weiterverarbeitet werden. Als Familienmitglieder sind sie auch nach dem Hochschulabschluss – wenngleich in unterschiedlichem Maße – aktiv in den Produktions- und Planungsprozess involviert.

Von den Familienbetrieben wird fast ausschließlich in der ‚Wir'-Form gesprochen. Der anfänglichen Nachfrage des Interviewers, ob es das eigene Unternehmen oder ein Familienbetrieb sei, wurde von den Befragten meist mit Unverständnis begegnet: denn der Familienbetrieb gehört der Familie und wird vom Familienoberhaupt geleitet, wie ein junger Wirtschaftswissenschaftler aus Salemi beschreibt:

> „Schon seit meiner Kindheit haben wir ihn [den Betrieb, HJ.] langsam aufgebaut, folglich wird er von meinem Vater geleitet. Wenn ich selbst nicht dort mitarbeiten kann, versuche ich Arbeiter hinzuschicken, ich versuche also auch ihn zu leiten, auch wenn ich manchmal mehr Zeit investiere. Ich bezweifle aber stark, ob ich ihn weiterführen werde. Abgesehen davon, dass wir drei Kinder sind, also ich... dann meine Schwester, aber die ist in diesem Bereich nicht besonders kompetent, und mein Bruder, der aber viel jünger ist als ich und noch studiert. Also bin ich derzeit der Einzige, der meinem Vater helfen kann. Auch wenn in der Zukunft auch mein Bruder in Frage käme […] Zusammen mit meinem Vater führe ich auch den landwirtschaftlichen Betrieb, denn mein Vater ist schon pensioniert und der Betrieb ginge sonst verloren. Also verbringe ich die notwendige Zeit hier, und wenn ich frei habe, gehe ich dorthin, um den Betrieb voranzubringen" (Person 19).

Auch die Aufnahme oder Beendigung der Selbständigkeit eines jungen Hochschulabsolventen wird gewissermaßen per Familienbeschluss entschieden. Interviewpartner 34 hat beispielsweise über mehrere Jahre versucht, sich als Agrarwissenschaftler in Palermo selbständig zu machen und eine eigene Beratungsfirma zu gründen. Dazu benötigte er eine eigene angemietete Wohnung mit Büroraum in zentraler Lage der Stadt sowie eine Grundausstattung von Möbeln und Büromaterialien. Seine Phase der Selbständigkeit wurde als Familieninvestition verstanden, und folglich auch in Absprache mit der Familie wieder abgebrochen, nachdem sie sich über einen längeren Zeitraum als unrentabel erwiesen hatte.

3.2.5 ZUSAMMENFASSUNG

Betrachtet man die Erwerbsrealitäten junger sizilianischer Hochschulabsolventen, die sich hinter dem statistischen Befund der Arbeitslosigkeit verstecken, so erweist sich das Phänomen der Arbeit selbst als eine „Kunst des Überlebens mit Hilfe von tausend Beschäftigungen" (REYNERI 1984: 20, zit. bei GIORDANO 1992: 259), wie sie für den italienischen Mezzogiorno charakteristisch ist. Dabei weisen die Beschäftigungsformen befragter Absolventen zumindest im ländlichen Raum ein hohes Maß an Flexibilität und Selbständigkeit auf, wie es für extraindustrielle bzw. extramoderne Gesellschaften charakteristisch ist.

Aus der Sicht der Absolventen selbst sind die Übergänge zwischen Arbeit und Arbeitslosigkeit, Studium und Arbeit sowie zwischen dem Privatleben in der Familie und der Arbeit sehr viel weicher, als dies in Industriegesellschaften der Fall ist. Folglich ist der Moment des Studienendes weniger als Weichenstellung zwischen dem ‚Eintritt in das Arbeitsleben' oder dem ‚Eintritt in die Arbeitslosigkeit' zu verstehen. Viele Absolventen wissen die Frage, ob sie nun ‚arbeitslos' oder ‚beschäftigt' seien, nicht einmal zu beantworten, da die eindeutigen Zuordnungskriterien der Statistischen Ämter zu weit von ihren eigenen Erwerbsrealitäten entfernt sind. Selbst die gesellschaftlichen Institutionen, in denen sie sich bewegen, sprechen diesbezüglich keine eindeutige Sprache, da sie aufgrund der vielen Beschäftigungsfördermaßnahmen die Gelichzeitigkeit von formeller Arbeitslosigkeit und tatsächlicher Beschäftigung zulassen. Dies zeigt das folgende Kapitel.

3.3 INSTITUTIONELLE RAHMENBEDINGUNGEN DER ERWERBSARBEIT JUNGER HOCHSCHULABSOLVENTEN

Der Übergang vom Studium in das Erwerbsleben wird in starkem Maße durch die institutionellen Rahmenbedingungen gesteuert, deren Anspruch und alltägliche Praxis das Verhalten der befragten Hochschulabsolventen mitbestimmen. Nach Studienende wird beispielsweise der Moment des Eintritts in die Arbeitslosigkeit erst mit dem Gang zum Arbeitsamt als Realität eindeutig erfahrbar. Ebenso können sich die Praktiken der Vergabe von Stellen im öffentlichen Dienst auf die räumliche Mobilität auswirken.

Gerade die zweite Hälfte der 1990er Jahre war nach der Beschäftigungskrise zu Beginn des Jahrzehnts durch eine Reihe von Beschäftigungsmaßnahmen gekennzeichnet, deren oberste Priorität dem Abbau der Jugendarbeitslosigkeit im italienischen Mezzogiorno und damit auch in Sizilien eingeräumt wurde. Wenngleich die Teilnahme an diesen Programmen nicht auf die Gruppe der Hochschulabsolventen beschränkt war, so stellten sie doch eine wichtige Zielgruppe der Programme dar. Im Folgenden werden die institutionellen Rahmenbedingungen der Erwerbsarbeit unter dem Aspekt der Auswirkungen auf das Erwerbs- und Mobilitätsverhalten der Hochschulabsolventen untersucht.

3.3.1 POSTO UND *CONCORSO*

Für viele Menschen im Mezzogiorno, so auch für die Hochschulabsolventen, ist die unbefristete Stelle im öffentlichen Dienst, der sogenannte *posto*, die ideale berufliche Situation (*sistemazione*) (GIORDANO 1992: 254). Für Akademiker führt der Weg zur Anstellung auf Lebenszeit in der Regel über einen Einstellungswettbewerb, dem ein mehrstufiges Auswahlverfahren zugrunde liegt. *Posto* für Akademiker bedeutet zum einen die beliebte Anstellung als Lehrer in einer öffentlichen Schule, zum anderen aber auch unterschiedliche Anstellungen in öffentlichen Verwaltungen, so zum Beispiel auf Gemeinde-, Provinz- oder Regionalebene. Dort gibt es auch Stellen, die vorwiegend nach sozialen Kriterien durch die *Uffici di collocamento* (s.u.) vergeben werden, wobei es sich hierbei fast ausnahmslos um Stellen mit einem niedrigen Qualifikationsniveau (Pflichtschulabschluss) handelt. Diese Option des bewussten Brain waste halten sich jedoch erstaunlich viele Akademiker in Sizilien offen.

Interviewpartnerin 21 aus Santa Ninfa hat durch die Teilnahme an einem *concorso* eine Stelle als Verkehrspolizistin gefunden. Wenngleich dieser Beruf in keinem Zusammenhang mit ihrem Hochschulabschluss steht, ist die studierte Juristin mit der finanziellen Sicherheit dieser Stelle sehr zufrieden. Langfristig hofft sie, durch eine interne Verwaltungslaufbahn innerhalb der Polizeihierarchie aufsteigen zu können und dann eine ausbildungsadäquate Stelle bekommen zu können.

In der Tat erweist sich der *concorso* auch für die Hochschulabsolventen von 1995 als erfolgreiches Modell: immerhin geben 18,6% der beschäftigten Absolventen, die ursprünglich aus Sizilien kommen, an, ihre derzeitige Beschäftigung über einen *concorso* gefunden zu haben[76]. Auch für die weitere Stellensuche ist die Teilnahme an solchen Wettbewerben einer der wichtigsten Kanäle: von den 4.211 beschäftigten Absolventen suchen 2.247 eine neue Beschäftigung, von denen wiederum 1.435 (entspricht 63,9%) angeben, an öffentlichen Ausschreibungen teilzunehmen. Noch größer ist die Teilnahme unter den arbeitslosen sizilianischen Absolventen, die zu fast drei Vierteln (73,6%, nämlich 1.829 von 2.484) auf diesem Weg versuchen, eine Erwerbsbeschäftigung zu finden.

Während sich in Medizin, Jura, Wirtschaftswissenschaft, Agrar- und Ingenieurswissenschaft Stellen im öffentlichen Dienst beispielsweise in Ministerien, lokalen oder regionalen Verwaltungsstellen anbieten, ist für Pädagogen, Geistes- und Naturwissenschaftler sowie Politik- bzw. Sozialwissenschaftler die Anstellung als Lehrer die vorrangige Berufsperspektive. Darüber hinaus bewerben sich aber auch Absolventen anderer Fachbereiche, z.B. Agrarwissenschaftler und Architekten für diese Stellen. Die

---

[76] Die Frage nach dem Kanal der Stellenfindung wurde lediglich von 3.322 Absolventen beantwortet, von denen 618 angaben, ihre Stelle über die Teilnahme an einem *pubblico concorso* bekommen zu haben.

Teilnehmerzahlen des letzten Lehrer-*concorso* beweisen, dass Lehrerstellen für Absolventen fast aller Fachbereiche beliebt sind.

Die Rekrutierung von Lehrern in den staatlichen Schuldienst erfolgte in Italien bis zum Ende der 1990er Jahre auf der Basis von landesweiten *concorsi*, die in unregelmäßigen Abständen in den einzelnen Provinzen des Landes durchgeführt werden. Auf der Basis dieser Prüfungsergebnisse können sich die Teilnehmer auf offene Lehrerstellen in einzelnen Regionen bewerben, bzw. sich auf eine Warteliste (sog. '*graduatoria*') setzen lassen, bis ihnen eine feste Lehrerstelle angeboten wird. Während für die Bewerbung auf Stellen als Sekundarschullehrer die *laurea* (Universitätsabschluss) eine notwendige Bedingung ist, reicht für die Stellen als Kindergärtner und Grundschullehrer der Abschluss einer *scuola magistrale* (Institution für die Ausbildung von Erziehern), bzw. eines *istituto magistrale* (Institution für die Ausbildung von Grundschullehrern) aus.

Seit 1990 hatte es in Italien keinen weiteren *concorso a cattedra* (Einstellungswettbewerb für Sekundarschullehrer) und lediglich einen einzigen für Kindergärtner und Grundschullehrer gegeben, so dass inzwischen in den meisten Regionen die Wartelisten des 1990er *concorso* abgearbeitet worden waren. Viele Lehrerstellen wurden zudem in der Zwischenzeit gestrichen oder waren unbesetzt geblieben. Gleichzeitig hatte sich seit 1991 eine hohe Zahl junger Universitätsabsolventen mit dem Berufsziel des Lehrers angesammelt, die seit Jahren auf die Ausschreibung des nächsten *concorso a cattedra* gewartet hatten und in der Zwischenzeit mit Zeitverträgen als *precari* (wörtl. „Vorläufige") bzw. mit Vertretungsstunden (*supplenze*) oder berufsfremden Beschäftigungen ihren Unterhalt verdienten.

Erst Bildungsminister Luigi Berlinguer beschloss einen massiven Stellenausbau an den italienischen Schulen und ließ 1999 *concorsi* für Kindergärtner, Primar- und Sekundarschullehrer durchführen, zu denen sich im Mai 1999 insgesamt etwa 1,4 Mio. Kandidaten anmeldeten. Nach Auswertung der schriftlichen und mündlichen Prüfungen wurden in den darauf folgenden Schuljahren 2000-01 und 2001-02 landesweit jeweils 30.000 Lehrer neu eingestellt, von denen nach gesetzlicher Vorgabe die Hälfte auf der Basis der Ergebnisse des sogenannten '*concorsone*', die andere Hälfte an *precari* (Lehrer mit befristeten Verträgen) vergeben wurden, bzw. Lehrer die bereits an mindestens 360 Tagen *supplenze* in Schulen gemacht hatten[77].

Der ‚Jahrhundert-Wettbewerb' war für die Sekundarschullehrer der letzte *concorso* seiner Art, da seit 2002 nicht mehr das Prüfungsergebnis entscheidend ist, sondern die erfolgreiche Teilnahme an einer der neu gegründeten *scuole di specializzazione per l'insegnamento secondario* (SSIS). Im Jahr 2000 wurden die ersten SISS eingerichtet, welche zwar in die Universitäten eingegliedert sind, gleichzeitig aber in Zusammenarbeit mit den regionalen Schulbehörden betrieben werden. Damit entspricht diese zweijährige

---

[77] Quellen: www.istruzione.it/news/comunicati/m_assunzioni300801.shtml vom 6. Juli 2002;

www.bollettinodellavoro.it/scuola/327scuola.htm vom 6. Juli 2002;

www.unimi.it/sisuni/39/39riv3.html vom 6. Juli 2002.

Ausbildung einer Mischform aus dem in Deutschland üblichen Referendariat und einem Aufbaustudiengang.

Viele Absolventen haben sich daher bereits im Vorfeld bemüht, ihre Chancen nicht nur durch mehrmonatige Prüfungsvorbereitung, sondern auch durch den Erwerb zusätzlicher Qualifikationen (*titoli*) etwa durch Praxiserfahrung in Schulen zu verbessern. Hierzu haben mehrere Interviewte entweder zeitlich befristete Vertretungen in öffentlichen Schulen gemacht, oder für ein geringes Entgeld in Privatschulen unterrichtet.

3.3.2 UFFICI DI COLLOCAMENTO

Die *uffici di collocamento* erfüllen ähnliche Funktionen, wie die Arbeitsämter in Deutschland, da auch sie – zumindest ihrem Anspruch nach – das Ziel der Vermittlung zwischen Arbeitgebern und Arbeitnehmern verfolgen. Durch sie werden vor allem Stellen in der öffentlichen Verwaltung sowie in großen privatwirtschaftlichen Unternehmen vermittelt, die unter bestimmten Bedingungen gezwungen sind, auch einen festgelegten Prozentsatz an Langzeitarbeitslosen von den Wartelisten der Arbeitsämter einzustellen. Die Vermittlungspraxis erfolgt auf der Basis sogenannter *graduatorie*, d.h. Ranglisten, in denen alle Personen mit einem bestimmten Qualifikationsniveau nach ihrem Punktestand aufgeführt wurden. Der Punktestand ermittelt sich nach der Dauer der gemeldeten Arbeitslosigkeit (*anzianità*), der familiären Belastung (z.B. abhängige Kinder, pflegebedürftige Eltern etc.), der ökonomischen Dringlichkeit und dem Alter der Person.

Dieses System der öffentlichen Stellenvermittlung arbeitet mit einer bemerkenswerten Transparenz. Beispielsweise gibt es auf der Homepage des sizilianischen *assessorato regionale del lavoro, della previdenza sociale, della formazione professionale e dell'emigrazione* einen Online-Rechner, in den jeder Interressierte seine Daten eingeben kann, um seine persönliche Punktzahl zu ermitteln[78]. Verfolgt der Betroffene darüber hinaus, für welche Punktzahl bestimmte Stellen in einzelnen *uffici di collocamento* vermittelt werden, können sich Stellensuchende ein sehr gutes Bild über die eigenen Einstellungschancen machen und eventuell eine strategische Ummeldung des Wohnsitzes in den Bereich eines anderen Arbeitsamtes vornehmen. In manchen lokalen *uffici di collocamento* hängen diese Listen sogar als Computerausdrucke aus, so dass für jeden Bewohner der Gemeinde ersichtlich ist, wer innerhalb einer bestimmten Qualifikationsgruppe aktuell den höchsten Punktestand besitzt und somit die nächste frei werdende Stelle angeboten bekommen wird. Der Autor hat dies beispielsweise im *ufficio di collocamento* in Bronte (Provinz Catania) beobachtet, wo die Wände des Warteraums mit Namenslisten zugehängt waren, die dem damaligen Punktestand entsprechend geordnet waren.

Die Praxis der Arbeitsvermittlung durch die *uffici di collocamento* richtet sich – zumindest im Bereich der niedrig qualifizierten Arbeit – primär nach sozialen Kriterien: aufgrund

---

[78] www.regione.sicilia.it/lavoro/utilita/punti16.htm, vom Juli 2003.

der geschilderten Gewichtung der Sozialpunkte erfolgt die Stellenzuteilung zunächst an den Familienvorstand (*capo famiglia*) bedürftiger Familien. Diese Vergabepraxis führt schließlich dazu, dass es nur wenige Familien gibt, in denen alle Mitglieder arbeitslos sind. Einen bestehenden Familienverband vorausgesetzt, ist die soziale und ökonomische Belastung der Arbeitslosigkeit damit für alle Familien erträglich. Andererseits bedeutet diese Vermittlungspraxis aber auch, dass in Regionen mit hoher Erwerbslosigkeit junge Leute von diesem Segment des Arbeitsmarktes systematisch ausgeschlossen werden. Dies erklärt einen Teil der extrem hohen Arbeitslosigkeit unter niedrig qualifizierten Jugendlichen in Italien.

Aufgrund der aktuell geringen Einstellungszahlen im öffentlichen Dienst erfüllen die *uffici di collocamento* in der Praxis im wesentlichen die Rolle der Verwaltung von Arbeitslosigkeit, so dass sie am Ende der 1990er Jahre sukzessive durch die sogenannten *Agenzie per l'impiego* ersetzt wurden, von denen eine aktivere Vermittlungstätigkeit der Arbeitslosen erwartet wird. Mit der Umstellung verbunden ist eine Übertragung der Verantwortlichkeit dieser Agenturen vom Zentralstaat auf die einzelnen Regionen. Gleichzeitig werden die vorher üblichen, gedruckten Karteikarten durch eine EDV-technische Erfassung ersetzt und bestehende Karteibestände durch eine grundlegende Neuzählung (*censimento*) in den Jahren 1999 und 2000 aktualisiert. Dieser Umstellungsprozess verlief zum Zeitpunkt der Befragung in Sizilien mit erheblichen Schwierigkeiten und Verzögerungen, so dass die Meldefrist mehrfach verlängert werden musste und in einzelnen Ämtern die EDV-Erfassung noch nicht funktionsfähig war.

Von der Zentrale der *agenzia regionale per l'impiego* in Palermo wurde dem Autor im Frühjahr 1999 eine Datei mit dem Erhebungszwischenstand zur Verfügung gestellt, welche einen Einblick in das formale Ausbildungsniveau der Eingeschriebenen vermittelt: von den bis dahin gemeldeten 16.384 Arbeitslosen besaßen 2.287 (entspricht 14%) einen Hochschulabschluss. Von diesen waren etwas mehr als 100 älter als 40 Jahre, mehr als die Hälfte zwischen 30 und 40 Jahren und alle übrigen 30 Jahre oder jünger. Wenngleich diese Zahlen keinerlei Aussagen über das tatsächliche Ausmaß der Arbeitslosigkeit in Sizilien erlauben, so belegen sie dennoch, dass die Einschreibung in die Listen des *collocamento* auch für Akademiker eine Rolle spielt.

Die geschilderten Vermittlungspraktiken haben dazu geführt, dass sich in Sizilien die meisten Jugendlichen nach Beendigung der Pflichtschuljahre in die Listen des *collocamento* eintragen, selbst wenn sie weiterhin eine Schule bzw. später eine Universität besuchen. Mit der Meldung beim *collocamento* sind zwar zunächst keine unmittelbaren finanziellen Vorteile verbunden, mit der Dauer der Einschreibung (*anzianità*) werden aber Potentiale aufgebaut, die in der Zukunft den Berufseinstieg erleichtern können und somit mittelbare Vorteile bedeuten. Auch bei fortschreitender Qualifikation eröffnet es die Möglichkeit, sich eines Tages für eine sichere Stelle in der öffentlichen Verwaltung zu bewerben. Dies betrifft zwar überwiegend Stellen mit einem niedrigen Qualifikationsniveau, aber auch die Teilnahme an einzelnen Einstellungswettbewerben für Stellen mit einer höheren Qualifikationsanforderung setzen den Nachweis der formalen (Langzeit-)Arbeitslosigkeit voraus.

Von den beschäftigten Absolventen des Jahres 1995 sind in Sizilien zwar lediglich 3,4% (entspricht 143) durch die Vermittlung des *ufficio di collocamento* an ihre Stelle gelangt, bei der Stellensuche spielt diese Institution für eine Mehrheit der Absolventen jedoch zumindest formal die wichtigste Rolle. In der Gruppe der Erwerbslosen suchen fast zwei Drittel (64,0%, entspricht 1.590) auf diesem Wege eine Stelle, und selbst in der Gruppe der erwerbstätigen Absolventen ist mehr als jeder vierte Erwerbstätige (26,3% der Arbeitsuchenden) beim ‚*collocamento*' als arbeitsuchend eingeschrieben[79].

Neben der Hoffnung auf eine erfolgreiche Arbeitsvermittlung gibt es aber auch noch eine weitere Motivation für die Arbeitslosmeldung, welche in Hinblick auf die Mobilität und Erwerbsperspektiven junger Hochschulabsolventen noch wichtiger ist. Die Mehrzahl der nationalen oder europäischen Programme zur Bekämpfung der (Jugend-) Arbeitslosigkeit richtet sich ausschließlich an Personen, die auf den Listen des *collocamento* erfasst sind. Dies gilt beispielsweise für die Teilnahme an Arbeitsbeschaffungsmaßnahmen für Langzeitarbeitslose (>24 Monate) (z.B. *lavori socialmente utili* oder *lavori di pubblica utilità*), Weiterbildungsmaßnahmen (*corsi di formazione*) oder auch die Teilnahme an den PIP (*Piani d'inserimento professionale*) (s.u.), denn der Nachweis der Arbeitslosigkeit erfolgt über einen Ausweis (*libretto*) des *ufficio di collocamento*.

Da vor allem im ländlichen Raum Siziliens die Einschreibung in die Listen des *collocamento* bereits unter Jugendlichen sehr verbreitet ist und somit die meisten Universitätsabsolventen bei Studienende schon formal Langzeitarbeitslose sind, bedeutet der bei Studienende akkumulierte Punktestand ein Kapital, das man vorzugsweise gegen eine feste Stelle im öffentlichen Dienst eintauscht. Die zahlreichen Beschäftigungsmaßnahmen zur Bekämpfung der Jugendarbeitslosigkeit im Mezzogiorno, die seit den späten 1980er Jahren und verstärkt in der zweiten Hälfte der 1990er Jahre in Italien umgesetzt wurden, passen sich diesbezüglich genau den Bedürfnissen der jungen Arbeitslosen und somit auch der arbeitslosen jungen Hochschulabsolventen (nach den Kriterien des *collocamento*) an. Selbst ein befristeter Arbeitsvertrag über sechs Monate kann dann eine riskante Investition darstellen und ist nur dann attraktiv, wenn er mit einer langfristigen Beschäftigungsperspektive verbunden ist. Dies kann dazu führen, dass Arbeitsverträge mit privatwirtschaftlichen Arbeitgebern mitunter so gestaltet werden, dass sie den formalrechtlichen Anforderungen der Kriterien der Arbeitslosigkeit durch das *collocamento* Rechnung tragen.

Einer Absolventin des ingenieurwissenschaftlichen Fachbereichs (Person 32) wurde von einem Ingenieurbüro in Palermo eine befristete Stelle angeboten, womit eine Aufhebung ihres Arbeitslosenstatus verbunden gewesen wäre. Gleichzeitig bekam sie jedoch den Hinweis eines ihr persönlich bekannten Ingenieurs, dass es in naher Zukunft eine attraktive Arbeitsbeschaffungsmaßnahme (*lpu*) in der Provinz Agrigento geben würde, mit der zudem die Aussicht auf eine dauerhafte und lukrative Zusammenarbeit als freie Ingenieurin der Provinz verbunden wäre. Da für die Teilnahme an den *lpu* die formale Arbeitslosigkeit Voraussetzung war, hat sie mit dem Ingenieurbüro in Palermo einen Teilzeitvertrag als freie Mitarbeiterin geschlossen, der für sich genommen zunächst unattraktiver erschien, dafür aber mit der formellen Arbeitslosigkeit der *uffici di collocamento* kompatibel war. Zudem konnte sie dadurch ihre Zukunftsinteressen in der Provinz Agrigento weiter verfolgen.

---

[79] Daten nach ISTAT – *Indagine sugli sbocchi professionali dei laureati del 1995 nel 1998*; eigene Auswertung.

3.3.3 ARTICOLO 23, LSU UND LPU

Eines des wichtigsten Elemente des sizilianischen Arbeitsmarktes für Jugendliche im ländlichen Raum sind die Beschäftigungsmaßnahmen im gemeinnützigen Bereich. Diese traten erstmalig mit einem italienischen Gesetz (*legge 67/88*) aus dem Jahr 1987 in Kraft und stellten eine frühe, umfassende Maßnahme zur Bekämpfung der Jugendarbeitslosigkeit dar. Anschließend wurde es in Sizilien mit dem Artikel 23 (*articolo 23*) umgesetzt, so dass in der Folge die Teilnehmer an dieser Maßnahme in Öffentlichkeit und Presse als „*articolisti*" bezeichnet wurden. Ziel der Beschäftigungsmaßnahme war die Einbindung von jungen Arbeitslosen in die Aufgaben der lokalen öffentlichen Verwaltungen, vorzugsweise in dem Allgemeinwohl dienlichen Projekten mit einem innovativen oder experimentellen Charakter. In der Praxis arbeiteten die *articolisti* üblicherweise anfänglich 40 Stunden, später 80 Stunden monatlich in einer öffentlichen Verwaltung mit.

Das Programm erfreute sich von Beginn an großer Beliebtheit und bot allein in Sizilien anfänglich etwa 42.000 Jugendlichen die Möglichkeit eines Zusatzverdienstes von 400.000 Lire (ca. 200 Euro), die später auf 800.000 Lire (ca. 400 Euro) monatlich erhöht wurden. Im Jahr 1995 wurde der Artikel 23 per Gesetz Nummer 85/95 aus dem Jahre 1995 reformiert und förderte fortan sogenannte *lavori socialmente utili*, also sozial nützliche Tätigkeiten, denen im Jahr 1999 in Sizilien noch über 31.000 Personen nachgingen, von denen viele noch aus der ‚Gründergeneration' stammen. Wie bei allen übrigen Beschäftigungsprogrammen behalten auch die Teilnehmer an den *lsu* ihren Status als Arbeitslose bei, können also weitere Punkte für ihre *anzianità* ansammeln[80].

Für viele sizilianische Jugendliche bot und bietet das Programm die Möglichkeit der Finanzierung eines Studiums an einer nahe gelegenen sizilianischen Universität, da sie durch das zusätzliche Einkommen die entstehenden Kosten zumindest teilweise kompensieren können. Obwohl das Programm die meiste Zeit für Akademiker gesperrt war, haben von den über 31.000 im Jahr 1999 eingeschriebenen *lsu* 664 einen Hochschulabschluss. Die Anzahl der Akademiker geht jedoch sehr viel schneller zurück als die Gesamtzahl der *lsu* (1998 waren es noch 765 Akademiker)[81].

Beschäftigungspolitisch wird der *articolo 23* und sein Nachfolgegesetz über die *lsu* nahezu von allen beteiligten Parteien als wenig erfolgreich bezeichnet, da diese Maßnahme immer noch über 30.000 sizilianische Jugendliche an oftmals sinnlose Tätigkeiten bindet. Denn auch ohne die *lsu* würde heute kaum jemand in Sizilien ernsthaft von einem Personalmangel in der öffentlichen Verwaltung sprechen. Vielmehr herrscht im Wesentlichen Einigkeit darüber, dass die Präsenz der *lsu* häufig eher die ohnehin vorhandene Überbelegung fördert. Als Reisender in Sizilien begegnet man den *lsu* nicht

---

[80] Diese Zahlen beruhen auf Angaben des sizilianischen Arbeitsministeriums in Palermo, vgl. auch SVIMEZ (2001: 786), deren Zahlen deutlich höher liegen.

[81] Vermutlich liegt die tatsächliche Zahl der Akademiker noch deutlich höher, da viele „*articolisti*" neben dieser Beschäftigungsmaßnahme eine Universität besuchen. Deren Studienabschluss wird jedoch nicht zwangsläufig an die Zentralverwaltung gemeldet, so dass die Statistiken die Zahl der Absolventen der Bildungsrealität hinterherhinkt.

selten in Touristeninformationszentren, was nach den Erfahrungen des Autors der Tourismusförderung nur bedingt zuträglich erscheint.

Als extremes Beispiel einer solchen Fehlbesetzung kann das Tourismusbüro an der Autobahnraststätte Tremestieri in der Provinz Messina erwähnt werden, wo der Autor im April 1999 im Laufe des Nachmittags fünf junge Hochschulabsolventen interviewte, die als ehemalige *articolisti* von der Provinz Messina in das Programm der *lavori socialmente utili* übernommen wurden. Vier von ihnen waren Hochschulabsolventen der Fächer Wirtschaftswissenschaft, Jura und Politikwissenschaft, während der Fünfte nach zehn Studienjahren noch auf seinen Abschluss wartete. Der Älteste war 40 Jahre alt, die Übrigen 36, 32, 30 und 29, zwei von ihnen hatten eigene Familien. Für ihre Tätigkeit als Touristenberater interessierten sie sich kaum, verfügten weder über ausreichende Ortskenntnisse, noch über einen adäquaten Überblick über das zu verteilende Informationsmaterial. Da sie diese Tätigkeit ohnehin nur als Wartezeit begreifen, halten sie eine Einarbeitung in ihr Aufgabengebiet für eine unnötige Zeitverschwendung.

Demgegenüber gibt es auch Fälle, in denen die *Lavori socialmente utili* ihrem Namen durchaus gerecht werden, wie das Beispiel von Interviewpartnerin 10 aus Petralia Soprana, einem kleinen Ort im Gebirge der Madonie zeigt.

Vor zehn Jahren wurde sie aufgrund ihrer Ausbildung als Buchhalterin eingestellt, hat aber in der Zwischenzeit ein Psychologiestudium absolviert. Da sie sich als Buchhalterin ohnehin überflüssig vorkam, ist es ihr gelungen, durch Eigeninitiative ihren Aufgabenbereich in den Bereich der Sozialarbeit zu verschieben, wo sie sich nun mit viel Engagement um benachteiligte Jugendliche kümmert.

„in der Zwischenzeit habe ich versucht, meinen Beitrag innerhalb der Gemeindeverwaltung so umzugestalten, dass ich von meinem Universitätsabschluss Gebrauch machen kann. Ich stieß auf viel Entgegenkommen, wenngleich mir keine wirkliche Aufgabe als Psychologin zugeteilt wurde, aber ich beschäftigte mich nun mit Projekten der Vorsorge, zum Beispiel Probleme von Jugendlichen - aber eben immer noch im Rahmen der *lsu*" (Person 10).

Erst diese neue Tätigkeit erfüllt sie mit beruflicher Zufriedenheit, da sie nun endlich das Gefühl hat, eine sinnvolle Arbeit zu tun:

„Das, was ich nun mache, ist äußerst nützlich […] denn vorher gab es hier keinen Psychologen, und folglich auch keine professionelle Auseinandersetzung mit diesen Problemen. Und das halte ich mit Sicherheit für sehr nützlich" (Person 10).

Die Interviewten, die in der Regel von Anfang an als *articolisti* an dieser Beschäftigungsmaßnahme teilgenommen haben und inzwischen als *lsu* übernommen wurden, bewerten das Programm rückblickend als äußerst zweischneidig. Auf der einen Seite hat die finanzielle Unterstützung Vielen ein Universitätsstudium ermöglicht oder zumindest erleichtert:

„ich muss sagen, dass es mir sehr nützlich war, denn wenn ich nicht jeden Monat die Sicherheit dieser 800.000 Lire gehabt hätte, wie hätte ich dann studieren können?" (Person 10).

Auf der anderen Seite war für viele Teilnehmer die eigentliche Motivation zur Teilnahme weniger die monatliche Vergütung als vielmehr die Erwartung, über die *lsu* einen Fuß in den Arbeitsmarkt der öffentlichen Verwaltung zu setzen und auf diesem Wege früher oder später eine Festanstellung zu bekommen. Die Hoffnung auf einen *posto* wurde im Laufe der Jahre auch immer wieder durch Gerüchte über eine tatsächliche Übernahme in einen regulären Arbeitsvertrag genährt. Interviewpartnerin 14 aus Caccamo stellt das so dar:

> „Calogero ist ein *articolista*. Jetzt stellen sie ihn vielleicht ein, über die ganze Zeit haben sie Jahresverträge gemacht, die alljährlich erneuert wurden, und jetzt geben die vielleicht denjenigen, die schon seit Beginn dabei waren, sogar einen Dreijahresvertrag, und die leben dann weiter mit der Hoffnung, dass sie nicht mehr herausgeworfen werden. Die ‚*articolisti*' haben den Vorteil, dass sie viele Dinge unter einen Hut bringen können, in dem Sinne, dass sie nur vormittags wenige Stunden fest angestellt sind und nachmittags was Anderes finden, um ihr Einkommen aufzurunden" (Person 14).

Trotz einer weit verbreiteten Unzufriedenheit, die vereinzelt sogar aufgrund der Enttäuschung über die ausgebliebene Einstellung in eine regelrechte Wut auf die *lsu* umschlägt, möchte von den Interviewten nun keiner den Fehler begehen, kurz vor dem möglicherweise entscheidenden Moment der Übernahme aufzugeben: eine Handlungsstrategie, die sich mit den Jahren der Teilnahme selbst verstärkt. Die vermeintliche ökonomische Sicherheit der *lsu* entpuppte sich somit als ewige Ungewissheit in einem Zwischenstadium:

> „Aber [als *articolista*, HJ.] ist es auch nicht schön, denn wie willst du eine Familie aufbauen, solange du weißt, na gut – wie die meisten Sachen hier werden sie die Teilnehmer am Ende nicht mehr rausschmeißen, aber eine lebenslange Sicherheit hast du auch nicht. Nicht lebenslang, weil... gut du rundest dein Gehalt auf, aber du kannst darauf nicht deine Zukunft bauen. Du kannst nicht einmal planen, zum Beispiel wenn du heiraten möchtest, oder ein Haus kaufen. Auf eine solche unsichere Sache kannst du nicht einmal eine Hypothek aufnehmen. Wie sollst du das machen, verstehst du? Es ist immer eine Übergangssituation. Wenn es gut geht, gut" (Person 14).

Somit hat die Teilnahme an den *lsu* trotz der erwähnten Handlungsspielräume auch viele *articolisti* räumlich an ihren Heimatort gebunden und zeitlich von anderen Aktivitäten abgehalten. Interviewpatner 15 hat beispielsweise wegen seiner *lsu* den Gedanken an einen Erasmus-Studienaufenthalt verworfen:

> „[ich bin nicht ins Ausland gegangen, HJ], denn unter anderem habe ich während des Studiums [als *aritolista*, HJ] gearbeitet, ich hatte nicht einmal die Zeit wegzugehen" (Person 15).

Da die Nachteile des Programms von allen Beteiligten erkannt wurden, gab es am Ende der 1990er Jahre Versuche, die formalen Vorgaben weiter zu lockern, damit sich die Beteiligten auch andere Beschäftigungshorizonte eröffnen konnten. Beispielsweise verbessert ein Hochschulabsolvent seine Einstellungschancen als Lehrer durch Vertretungen in öffentlichen oder Privatschulen, denn diese Arbeitserfahrung gibt ihm zusätzliche Punkte. Folglich hat man den *articolisti* die Möglichkeit eingeräumt, sich für die Dauer dieser Tätigkeiten von ihren *lsu* unbezahlt beurlauben zu lassen, ohne dabei den Anspruch auf eine Rückkehr zu verlieren. Zwei Interviewpartner haben gerade von dieser Möglichkeit Gebrauch gemacht:

> „seit zwei Jahren arbeite ich als Lehrer in einer Sekundarschule. Daher bin ich zeitweilig von den Aktivitäten der *lsu* befreit gewesen" (Person 13).

oder

> „wir können auch Vertretungen machen und wenn die Vertretungszeit vorbei ist, kehren wir wieder zu unserer Arbeit zurück" (Person 15).

Als Alternative zu den *lsu* wurden die sogenannten *lpu* (*lavori di pubblica utilità*) eingeführt, die per gesetzlicher Grundlage aus dem Jahr 1997 für etwa 10.000 junge Sizilianer die Möglichkeit eines Arbeitsvertrages nach privatrechtlichen Bedingungen eröffnet. Dieses Programm ist im Gegensatz zu den *lsu* an konkrete Projekte gebunden, die zwar ebenfalls von Nutzen für die Allgemeinheit sein sollen, darüber hinaus aber auch eine ökonomische Rentabilität versprechen, die auf der Basis von Private-public-partnerships realisiert wird (z.B. Projekte zum Ausbau der Infrastruktur oder im Bereich der Tourismusentwicklung). Die *lpu* sehen zunächst eine Förderung von einem Jahr vor, beinhalten aber die Möglichkeit der Verlängerung auf zwei Jahre. Arbeitgeber ist wiederum der öffentliche Dienst oder eine Körperschaft mit öffentlicher Beteiligung, die im Idealfall die Mitarbeiterin oder den Mitarbeiter der *lpu* nach zwei Jahren in ein unbefristetes Arbeitsverhältnis übernimmt. Wenngleich auch diese Option aus Sicht der Teilnehmer mit viel Ungewissheit behaftet ist und letzten Endes zunächst nicht die gewünschten Sicherheiten verspricht, machen zwei der befragten Absolventen von dieser Option Gebrauch. Person 32 vertraut den vagen Aussagen des Verantwortlichen, den sie persönlich kennt und schätzt:

> „Von der Provinzverwaltung Agrigento habe ich einen Anruf bekommen, direkt vom Berufsverband der Ingenieure, wo mir gesagt wurde: L. hör zu, dieses Projekt startet bald, bleib dabei... Versuche dich interessiert zu zeigen, versuche reinzukommen, denn am Ende könnte etwas dabei herausspringen" (Person 32).

Person 10 ist hingegen aufgrund ihrer generell negativen Erfahrung mit den Versprechen des öffentlichen Dienstes sehr viel skeptischer:

> „eigentlich sollten sie mit 10.000 von uns [*lsu*, HJ] privatrechtliche Arbeitsverträge machen [...] 10.000 von uns und ich bin eine von diesen 10.000, die einen privatrechtlichen Arbeitsvertrag mit einer öffentlichen Körperschaft bekommen sollen, so eine Art Anstellung, so dass ich meinen Arbeitsstatus ändern werde. Von einer Arbeitslosen zur Beschäftigten mit einem einjährigen privatrechtlichen Arbeitsvertrag, der bis zu drei Jahren verlängerbar ist. – Aber alles kommt von der Regionalverwaltung, auch die Gelder, die dann von der Behörde weitergetragen werden sollen, die dich betreut. Daher ist das alles eine unsichere Sache, denn die Behörden sind klein, und wir sind viele und es scheint mir schwierig, dass die Körperschaft über genügend finanzielle Mittel verfügt, um uns alle fest anzustellen. Daher wird es schon bei Jahresende die ersten Probleme bei der Neuauflage des Projekts geben. Darauf kann ich mich nicht verlassen, absolut nicht" (Person 10).

Falls sich auch diese Pläne wiederum als unzutreffend erweisen sollten, ist auch im Falle der Teilnahme an der *lpu* die Rückkehr in den Status der *lsu* vorgesehen.

Somit bewegen sich zumindest die *lsu* immer in einem undefinierten Bereich, der formal fest an den Status der Arbeitslosigkeit gebunden ist, gleichzeitig aber auch viele Merkmale eines Beschäftigungsverhältnisses im öffentlichen Dienst trägt: den Arbeitgeber, den Arbeitsort, und die feste – wenn auch sehr niedrige – Bezahlung. Somit erweisen sich die *lsu* als seltsames - wenn nicht sogar paradoxes – Doppelkonstrukt von Arbeitslosigkeit und Arbeit. Dies äußert sich in der Ratlosigkeit der befragten Betroffenen die von ihren *lsu* teilweise als Arbeit (*lavoro*) sprechen, wohingegen andere die Betonung darauf legen, dass es sich vertraglich weder um ein Arbeitsverhältnis noch bei der Bezahlung um einen Lohn handelt: Während Interviewpartnerin 10 die Bezeichnung der *lsu* als *lavoro* vehement von sich weist:

"ich bekomme eine Arbeitslosenentschädigung. Es gibt kein Arbeitsverhältnis, die Bezahlung ist sehr niedrig, denn ich bekomme um die 800.000 Lire" (Person 10).

spricht beispielsweise Person 15 von seiner *lavoro* (Arbeit) wenn er seine Tätigkeit als *lsu* meint.

Die *lsu* sind somit sowohl aus Perspektive der Beteiligten als auch in Hinblick auf das Beschäftigungsziel ein sehr ambivalentes Projekt: einerseits hat der finanzielle Rahmen für einzelne Interviewte die Durchführung eines Studiums ermöglicht, andererseits ist damit auch ein Vertragsverhältnis verbunden, welches unter den Aspekten räumlicher Mobilität, aber auch anderer Arbeitserfahrungen für zehn Jahre als Hemmschuh gewirkt hat.

Solange die Sozialisation in die Arbeitswelt ausschließlich im öffentlichen Dienst erfolgt, ist zudem das Ziel, Jugendlichen eine praktische Arbeitserfahrung zu ermöglichen, eher kontraproduktiv, da sich der öffentliche Dienst gerade in Sizilien den Kriterien von Wirtschaftlichkeit und Effizienz regelhaft entzieht. Darüber hinaus sind viele *lsu* aufgrund ihrer enttäuschten Hoffnungen auf eine feste Stelle nach zehn Jahren verbittert. Eine Interviewpartnerin spricht sogar von „staatlich organisierter Schwarzarbeit" (Person 10).

3.3.4 Weiterbildungsmassnahmen

Neben den genannten Beschäftigungsmaßnahmen bieten auch die Weiterbildungseinrichtungen *centri di formazione professionale* eine Beschäftigungsmöglichkeit für die Hochschulabsolventen des Mezzogiorno. Nach Angaben von Dssa. Martinico vom *Ufficio provinciale di lavoro* in Trapani gab es 1999 allein in Sizilien ungefähr 7.000 bis 8.000 Ausbilder, genau so viele wie im übrigen Italien zusammen. Viele von diesen haben auch einen akademischen Abschluss. Die Kurse werden in Bereichen wie Forstwirtschaft, Tourismusentwicklung, Informatik oder auch in handwerklichen Berufen angeboten und sind für eine Dauer von ein bis zwei Jahren konzipiert. Die Kursleiter werden nach Stunden bezahlt, aber auch die Kursteilnehmer bekommen eine Aufwandsentschädigung in Höhe von 8.000 Lire (ca. 4 Euro) täglich ausbezahlt.

Interviewpartner 13, ein Agrarwissenschaftler aus Caccamo in der Nähe von Palermo, hat über vier Jahre in unterschiedlichen Bereichen als Dozent solcher Weiterbildungskurse (*corsi di formazione*) gearbeitet. Der Unterricht richtete sich einerseits an schwer erziehbare Kinder, andererseits war er im Bereich von Reintegrationsprogrammen bzw. von Erwachsenenbildung tätig. Mit den Studieninhalten des interviewten Kursleiters hatten diese Tätigkeiten nur bedingt zu tun. Für seine Unterrichtsstunden wurde er nach eigenen Angaben mit 100.000 Lire (ca. 50 Euro) pro Stunde vergütet.

Um den Übergang zwischen der theoretischen Schul- bzw. Universitätsausbildung und der beruflichen Praxis zu gestalten, gibt es aber auch für junge Hochschulabsolventen eine wachsende Zahl von Weiterbildungsmaßnahmen, die den Erwerb weiterer Qualifikationen und somit unmittelbare Wettbewerbsvorteile auf dem Arbeitsmarkt einerseits und teilweise auch zusätzliche Punkte bei der Teilnahme an *concorsi* andererseits mit sich bringen. Diese Kurse werden entweder vollständig mit öffentlichen

Mitteln (EU, Staat, Region) oder mit Unterstützung durch eine Teilnehmergebühr finanziert. Hierzu zwei Beispiele:

Eine 31jährige Biologin (Person 33) aus Santo Stefano nimmt zum Befragungszeitpunkt gerade an einem Weiterbildungsprogramm zum Thema der Wasserreinigung teil, um sich auf diese Weise weiterzuqualifizieren und möglicherweise zusätzliche Punkte bei ihrer Teilnahme am Lehrer-*concorso* zu bekommen.

Interviewpartnerin 14, eine Geologin aus Caccamo, macht eine Weiterbildung für Lehrer an einem universitätsnahen Institut in Palermo. Da sie ihr Studium kurz nach dem großen Lehrer-*concorso* abgeschlossen hat, versucht sie, auf diesem Wege – eine Art Referendariat, welches zukünftigen Lehrern eine praxisnahe Ausbildung ermöglicht – sich die Option eines Seiteneinstiegs in den Lehrerberuf offen zu halten. Nach einer strengen Aufnahmeprüfung hat sie sich nun zur regelmäßigen Teilnahme an diesem Kurs verpflichtet, für den sie zudem noch eine Kursgebühr von ca. 800 Euro pro Jahr bezahlt. Während der gesamten Kursdauer von zwei Jahren besteht jeden Nachmittag Anwesenheitspflicht, wodurch sich die Absolventin in ihren Entwicklungsmöglichkeiten sehr eingeschränkt fühlt. Schließlich kann sie dadurch nur in geringem Umfang im örtlichen Büro eines Geologen mitarbeiten und befürchtet, sich somit auch die Chance auf eine längerfristige Zusammenarbeit zu verbauen. Zudem ist auch der Wert dieser neuen Weiterbildung auf dem regionalen Arbeitsmarkt fraglich, da es bislang keine derartigen Kurse gegeben hat:

> „Abgesehen davon, dass du zwei Jahre verlierst, denn das sind zwei Jahre, in denen du trotz allem nichts anderes machen kannst […] Aber wenn du in diesen zwei Jahren nichts findest, weil du doch die ganze Zeit beschäftigt bist... Denn stell dir vor, von zwei bis sieben, der Einkommensausfall, dann die Kosten für Fahrten, Bücher, alles..." (Person 14).

Das zunehmend unüberschaubare Angebot an Weiterbildungsmaßnahmen, welches im Wesentlichen durch öffentliche Förderprogramme vorangetrieben wurde, stellt für die teilnehmenden Interviewpartner eine Arbeitsmarktelement mit vielen Unbekannten dar, da es keine Erfahrungswerte über den späteren Wert der attestierten Qualifikationen auf dem Arbeitsmarkt gibt. Auf der einen Seite bieten sich dadurch für junge Akademiker neue, periodisch anfallende Erwerbsmöglichkeiten, die sich reibungslos in das bestehende Netz hybrider Beschäftigungsformen einfügen. Auf der anderen Seite gestalten sich viele Weiterbildungen als Vollzeitbeschäftigung, noch dazu mit sehr strengen Anwesenheitskontrollen, so dass Konflikte mit traditionellen Wegen der Berufsqualifikation und Arbeitsfindung - etwa durch eine langjährige Mitarbeit in einer lokalen Praxis oder Kanzlei - auftreten können.

Um diese Lücke zu schließen, gibt es im Rahmen des nationalen Beschäftigungspaktes in Italien zwei weitere Programme, die eine Kombination von Weiterbildung auf der einen Seite und bezahlter Berufspraxis auf der anderen anbieten: die *piani d'inserimento professionale* (*pip*) und die *corsi di formazione e lavoro*. Beide Programme richten sich direkt an die potentiellen Arbeitgeber – private Unternehmen oder auch öffentliche Körperschaften (*enti pubblici*) -, die auf diese Weise qualifiziertes Personal unter erheblichen finanziellen Vorteilen bezüglich der Steuern und Sozialabgaben zunächst für eine begrenzte Zeit einstellen, jedoch verbunden mit der Verpflichtung, zumindest einen Teil später in ein festes Beschäftigungsverhältnis zu übernehmen.

3.3.5 Piani d'inserimento professionale (PIP)

Die *piani d'inserimento professionale* beruhen ebenfalls auf den italienischen Beschäftigungsfördermaßnahmen, die im Rahmen des europäischen Sozialfonds in Ziel 2-Gebieten durchgeführt werden. Die sogenannten *pip* wurden auf nationaler Ebene per Gesetz (*legge 451/94*) aus dem Jahr 1994 ermöglicht und in Sizilien durch die Regionalgesetzgebung (*legge regionale 30/97*) im Jahr 1997 umgesetzt[82]. Das Programm richtet sich an 19 bis 32jährige Arbeitslose - im Falle einer nachweislichen Arbeitslosigkeit von mehr als 24 Monaten bis 35 Jahre -, die nebenbei keine Einkünfte aus selbständiger Arbeit haben. Die PIP sollen jungen Arbeitslosen mit einem höheren Qualifikationsniveau die Möglichkeit geben, ein einjähriges bezahltes Praktikum in einer Firma zu absolvieren. Die Praktikumsstellen müssen über die Berufsgenossenschaften und Verbände bei der regionalen Arbeitsbehörde beantragt werden. Die Arbeitszeit umfasst maximal 100 Stunden monatlich und der Arbeitgeber verpflichtet sich, dem Praktikanten auch Ausbildungsunterricht (*ore di formazione*) anzubieten, der vollständig durch öffentliche Gelder bezahlt wird. Arbeitgeber können sowohl Privatunternehmen als auch öffentliche Einrichtungen mit einem wirtschaftlichen Zweck sein. Die Vergütung der Praktikanten beträgt 8.000 Lire pro Stunde (etwa 4 Euro), die zu einem Viertel vom Arbeitgeber und zu drei Vierteln von der öffentlichen Hand getragen werden. Der Arbeitslosenstatus des Praktikanten bleibt in dieser Zeit bestehen. Innerhalb dieses Programms wurden laut Daten des *assessorato regionale per il lavoro* im Jahr 1999 alleine in Sizilien insgesamt etwa 45.000 Stellen geschaffen, von denen wiederum mindestens 1.631 (entspricht 3,6%) von Akademikern ausgefüllt wurden[83].

Im Jahr 1999 hat das Programm darüber hinaus noch eine Modifikation erfahren, die jungen Arbeitslosen aus dem Mezzogiorno die Möglichkeit eröffnete, ein solches Praktikum in Nord- oder Mittelitalien durchzuführen. Die kalkulierten Zusatzkosten für Unterkunft und Verpflegung wurden mit einer zusätzlichen Finanzierung von 1 Mio. Lire monatlich (ca. 500 Euro) vom Staat getragen (vgl. Person 16).

Unter den Interviewpartnern spielten die *piani d'inserimento professionale* eine untergeordnete Rolle, was auch dadurch bedingt sein mag, dass die meisten von ihnen nebenbei als Selbständige arbeiten. Lediglich die Frau eines Interviewpartners (Person 15) nahm an diesem Programm teil. Nach Angaben eines Agrarwissenschaftlers aus Palermo (Person 34) wurden die *pip* zumindest zu diesem Zeitpunkt noch mit einem gewissen Misstrauen betrachtet, was sich darauf gründete, dass die öffentlichen Mittel nicht direkt an den Praktikanten, sondern an den Arbeitgeber ausgezahlt wurden und somit die Auszahlung des Geldes mit einem weiteren Unsicherheitsfaktor behaftet war. Er wusste auch von (nicht verifizierten) Fällen zu berichten, in denen Arbeitgeber das Geld überhaupt nicht ausbezahlten.

---

[82] Aufgrund des Sonderstatuts der Region Sizilien werden können auf der Insel nationale Richtlinien durch regionale Beschlüsse modifiziert werden.

[83] Die Angabe des höchsten Bildungsabschlusses der Teilnehmer war zum Zeitpunkt der Erhebung (März 1999) jedoch noch sehr unvollständig, da erst 20-25% der Projekte vollständig ausgewertet waren. Rechnet man also diese Angaben auf die Gesamtheit hoch, so käme man auf 6.000 bis 7.000 Akademiker.

3.3.6 Contratti di formazione lavoro

Über die *contratti di formazione lavoro* haben Unternehmen die Möglichkeit, junge Mitarbeiter zwischen 16 und 25 Jahren - im Falle der Hochschulabsolventen bis 29 Jahren und bei nachweislicher Arbeitslosigkeit von über einem Jahr bis 32 Jahren - für zunächst 12 Monate unter vorteilhaften Bedingungen zu beschäftigen. Die Arbeitgeber bekommen hierfür sowohl steuerliche Vergünstigungen als auch beträchtliche Zuschüsse zu den Sozialabgaben. Darüber hinaus erlaubt ihnen dieser Vertrag, ihre Mitarbeiter für einen begrenzten Zeitraum unter Tarif zu bezahlen. Im Gegenzug gewährleisten die Arbeitgeber - innerhalb eines festgelegten Rahmens - für ihre jungen Mitarbeiter firmeninterne oder externe Weiterbildungsmaßnahmen (*corsi di formazione*), welche gegenüber dem regionalen Arbeitsministerium nachgewiesen werden müssen. Zudem verpflichten sie sich, nach Ablauf eines Jahres mindestens 60% der Neueinstellungen in ein unbefristetes Beschäftigungsverhältnis zu übernehmen. Halten sich die Unternehmen nicht an diese Vereinbarung, müssen sie die Vergünstigungen anschließend zurückerstatten. Das Ausmaß der finanziellen Erleichterungen (*agevolazioni*) variiert je nach Sitz des Unternehmens und der Region des Arbeitsplatzes.

Aufgrund des Sonderstatuts der Region Sizilien sind die Bedingungen hier besonders günstig, da die Unternehmen auch nach Ablauf der zwölf Monate noch weitere sechs Jahre ermäßigte Sozialbeiträge für die Angestellten in unbefristeten Verträgen bezahlen. Aus Sicht potentieller Investoren ist dieses Beschäftigungsprogramm ein attraktives Angebot, da es die Lohnkosten in einem solchen Umfang senkt, dass die möglichen Risiken einer Investition in Sizilien nahezu ausgeglichen werden[84].

Beide Programme verfolgen das politische Ziel der regionalen Beschäftigungsförderung in Sizilien. Letzten Endes wird sowohl mit den *pip* als auch mit den *Contratti di formazione e lavoro* die Brücke zwischen Studium und Arbeitswelt geschlagen. Da beide Programme in Sizilien zum Zeitpunkt der Befragung erst angelaufen sind, konnte noch keiner der interviewten Hochschulabsolventen von Erfahrungen in diesem Bereich berichten. Theoretisch füllen sie jedoch die funktionale Lücke zwischen der reinen Weiterbildung, die aus Absolventensicht als risikoreiche Zeitinvestition betrachtet wird, und der Festanstellung, die aus Sicht potentieller Arbeitgeber ein zu hohes Investitionsrisiko in sich birgt.

Neben den erwähnten Beschäftigungsprogrammen, deren vorrangiges Ziel entsprechend den Vorgaben des Europäischen Sozialfonds die Bekämpfung der Jugendarbeitslosigkeit darstellt, gibt es eine unübersichtliche Zahl von EU-Förderprogrammen, die zwar nicht unmittelbar auf Beschäftigungszuwachs ausgerichtet sind, sich aber indirekt auf die Erwerbsbeschäftigung und somit gleichzeitig auf das Mobilitätsverhalten junger Hochschulabsolventen auswirken können.

Im ländlichen Raum hat beispielsweise im Zeitraum der Befragung die öffentliche Förderung des Olivenanbaus einen erheblichen Einfluss auf die agrarische Tätigkeit gehabt. Mehrere Hochschulabsolventen, deren Familien einen eigenen landwirtschaftlichen Betrieb besitzen,

---

[84] Interview mit Dott. Nino Borruso am 27. März 2001 und telefonisch mit Dott. Guido Fienga von der Telekommunikationsfirma Wind am 10. April 2001.

haben sich in den letzten Jahren auf den Anbau und die Weiterverarbeitung von Oliven spezialisiert. Interviewpartner 10 aus Milena erklärt dies damit, dass man von der EU Gelder für den Olivenanbau bekäme, ohne jedoch die Oliven abgeben zu müssen. Zudem kann diese Förderung noch geschickt mit Zuschüssen für den biologischen Anbau oder Unternehmensförderprogrammen kombiniert werden, so dass diese landwirtschaftliche Aktivität bei äußerst geringem Zeitaufwand einen attraktiven Nebenerwerb der Familie darstellt.

Förderprogramme der Europäischen Union, die den Agrarsektor betreffen, können sich somit ebenfalls auf die Beschäftigungssituation junger Hochschulabsolventen, vor allem im ländlichen Raum, auswirken. Aufgrund der starken Agrartradition trifft man häufig die Konstellation, dass Eltern einen landwirtschaftlichen Nebenerwerbsbetrieb besitzen und auch aktiv betreiben, der jedoch lediglich mit Hilfe von EU-Förderprogrammen Gewinne erwirtschaften kann. Die hierfür notwendige Antragstellung fällt dann in die Hände der Kindergeneration, die in der Regel über einen höheren Bildungsabschluss verfügt als die Eltern – insbesondere, wenn es sich um junge Hochschulabsolventen handelt.

3.3.7 ZUSAMMENFASSUNG

Durch die Rahmenprogramme der Europäischen Union sowie des italienischen Beschäftigungspaktes bedingt gab es am Ende der 1990er Jahre in den Regionen des italienischen Mezzogiorno eine Vielzahl von Beschäftigungsfördermaßnahmen, deren Zielsetzung der Abbau der Jugend- und Langzeitarbeitslosigkeit in den betroffenen Regionen war. Hierbei wurde die Strategie verfolgt, Jugendlichen durch Weiterbildungen oder subventionierte Beschäftigungen erste Arbeitserfahrungen und somit den Zugang zum Arbeitsmarkt zu ermöglichen. Bezüglich der Zielsetzung, Jugendliche aus der Arbeitslosigkeit zu lösen, erwiesen sich manche Programme, beispielsweise die *lsu*, jedoch als wenig erfolgreich, da sie die Betroffenen sogar dazu ermutigten, mittelfristig am Status der formellen Arbeitslosigkeit festzuhalten.

Denn in der Wahrnehmung der interviewten sizilianischen Hochschulabsolventen mangelt es ihnen nicht an Arbeitserfahrung, vielmehr gehen fast alle Absolventen zumindest einer Erwerbsbeschäftigung nach. Aus ihrer Sicht gibt es vor allem einen Mangel an sicheren und unbefristeten Stellen auf dem Arbeitsmarkt. Die Teilnahme an Beschäftigungsprogrammen stellt somit einerseits eine willkommene Ergänzung des bestehenden Spektrums an Erwerbsbeschäftigungen dar, andererseits genießt auch unter Akademikern die Festanstellung im öffentlichen Dienst oberste Priorität. Der *posto* als Lehrer erfreut sich im ländlichen Raum nach wie vor einer besonderen Beliebtheit, denn dieser Beruf garantiert ein gesichertes Einkommen und lässt zudem genug Spielraum für anfallende Nebentätigkeiten, beispielsweise im eigenen Familienbetrieb oder einer kleinen selbständigen Beschäftigung.

Die Beschäftigungsprogramme werden in der Perspektive der Absolventen häufig als erste Schritte zum ersehnten *posto* verstanden, so dass sie sich bezüglich ihrer Zielsetzung als kontraproduktiv erwiesen haben: Anstatt junge Menschen für den Arbeitsmarkt zu mobilisieren, haben sie vielmehr eine Reihe von Jugendlichen in einer Arbeitsbeschaffungsmaßnahme ‚immobilisiert'. Das ausgedehnte Angebot an neuen Beschäftigungsprogrammen, die an eine Arbeitslosmeldung gebunden waren, hat zudem deren Eigenwert gesteigert. Für die Aufnahme einer tatsächlichen Beschäftigung kann sich die Aufgabe des Status eines Langzeitarbeitslosen sogar bremsend auswirken, da sie in gewisser Weise als Investition verstanden werden kann.

Für junge Hochschulabsolventen in Regionen mit schlechten Beschäftigungsperspektiven ist die Dokumentation der Arbeitslosigkeit in den Listen des *collocamento* somit ein wichtiges Ressourcenpotential, welches im Laufe der Jahre an Wert gewinnt. Diese Praxis führt dazu, dass der eigene lückenlose „Arbeitslosenlebenslauf" im Mezzogiorno, der sich zudem in einem messbaren Punktestand (*punteggio*) ausdrückt und den Zugang zu bestimmten Beschäftigungsprogrammen und – in der hoffnungsvollen Perspektive mancher Absolventen – eines Tages den Zugang zu einem *posto* ermöglicht, bei jeder Entscheidung für oder gegen die Annahme eines Arbeitsvertrags in die Waagschale geworfen wird. Denn mit dem Antritt einer befristeten Stelle gehen wertvolle Punkte auf dem Weg zu einem möglichen späteren *posto* einerseits und Ansprüche auf die Teilnahme an Arbeitsbeschaffungsmaßnahmen andererseits verloren. Letztere sind zwar finanziell wenig attraktiv, sie besitzen aber gegenüber einer befristeten Beschäftigung den Vorteil, dass die Teilnehmer formell weiter als Arbeitslose auf den Listen des *collocamento* registriert bleiben und somit ihren Punktestand nicht verlieren.

Da die Einschreibung in die Listen des *collocamento* immer am Ort des ersten Wohnsitzes (*residenza*) erfolgt, hat sie auch für die Mobilitätsentscheidungen der Betroffenen wichtige Konsequenzen. Denn die Wahl des offiziellen Wohnsitzes bedeutet bezüglich der Vermittlungsdienste des *collocamento* immer eine strategische Entscheidung. Für die Beibehaltung der *residenza* in Sizilien spricht, dass man sich zum einen die Teilnahmemöglichkeit an Arbeitsprogrammen der Region Sizilien als Ziel 1-Fördergebiet der Europäischen Union bzw. der diversen Förderprogramme des Mezzogiorno und zum anderen die (theoretische) Anwartschaft auf eine Festanstellung (*posto*) erhält.

Denn die Teilnahme an allen Beschäftigungs- und Weiterbildungsprogrammen ist immer an den Nachweis der (formalen) Arbeitslosigkeit durch die *uffici del collocamento* gebunden. Bei manchen Programmen ist eine Langzeitarbeitslosigkeit von mehr als 24 Monaten entweder Teilnahmebedingung oder zumindest vorteilhaft, da sich die Altersgrenze dann auf 35 Jahre erhöht. Zudem ermöglichen diese Programme den Teilnehmern, ihren Status als Arbeitslose im Sinne des *collocamento* beizubehalten. Sie sind also auf der einen Seite weiterhin formal arbeitslos gemeldet und können auch weitere Punkte ansammeln, auf der anderen Seite fallen sie der offiziellen Erwerbsstatistik zufolge, die über das Statistische Amt ISTAT durch die Befragung der *forze di lavoro* ermittelt wird, nicht mehr in die Kategorie der Arbeitslosen. Indem sie die formelle Arbeitslosigkeit nach institutionellen Kriterien zu einer Teilnahmebedingung machen, fügen sich die Beschäftigungsprogramme in idealer Weise in die bestehende institutionelle und kulturelle Tradition der *uffici di collocamento* ein. Als Folge wird gleichzeitig nachfolgenden Generationen von Jugendlichen signalisiert, dass auch sie sich bereits mit 16 Jahren sicherheitshalber beim *collocamento* melden sollten, denn schließlich gibt es keine

Gewissheit darüber, welche Rolle dieses formale Kriterium viele Jahre später spielen kann.

Gleichzeitig tragen die Beschäftigungsprogramme in gewisser Weise auch den Bedürfnissen und Anforderungen vieler junger Sizilianer gerade im ländlichen Raum Rechnung, da diese durch die Teilnahme weder ihren Arbeitslosenstatus noch die über Jahre akkumulierte *anzianità* verlieren. Unter diesen Bedingungen kann auch eine Bezahlung von ca. 400 Euro monatlich für eine Halbtagsbeschäftigung, zeitlich begrenzt auf die Dauer eines Jahres, als Nebenbeschäftigung sinnvoll erscheinen. Zum einen behalten die Interviewten ihren Arbeitslosenstatus und damit ihre theoretische Option auf eine spätere Festanstellung im öffentlichen Dienst, zum anderen erlaubt der zeitliche Rahmen weitere Nebentätigkeiten im Rahmen von Selbständigkeit oder Mitarbeit in der Familie.

3.4 Rationalitäten der Sesshaftigkeit sizilianischer Hochschulabsolventen

In den beiden vorherigen Abschnitten konnte gezeigt werden, dass sowohl die soziale Praxis des Übergangs zwischen Studium, Arbeitsuche und Arbeitsleben als auch die institutionellen Rahmenbedingungen der Erwerbsarbeit bzw. der Arbeitslosigkeit den Eintritt und den Verbleib in der Arbeitslosigkeit nach dem Studium für die Betroffenen selbst nicht in der Weise erfahrbar machen lassen, wie es die offiziellen Arbeitslosenquoten oder Erwerbstätigenquoten in der Außenperspektive suggerieren.

Darüber hinaus konnten auf der Basis der narrativen Interviews weitere Rationalitäten herausgearbeitet werden, welche die aus ökonomischer Sicht vermeintlich irrationale Sesshaftigkeit arbeitsloser sizilianischer Hochschulabsolventen nachvollziehbar machen. Diese lassen sich drei unterschiedlichen Aspekten zuordnen, die für den angenommenen Zusammenhang zwischen räumlicher Mobilität und Erwerbstätigkeit sizilianischer Hochschulabsolventen relevant sind:

1. Die soziokulturelle Dimension räumlicher Mobilität, also die Frage, welche Wertigkeit der Entscheidung für oder gegen eine Abwanderung in einem kulturellen Kontext zugeschrieben wird, der seit Jahrhunderten von Emigration geprägt ist.

2. Die Rolle von Familie und sozialen Netzen, verbunden mit der Frage, auf welche Weise die Familie auf die Mobilitätsentscheidung einwirken kann.

3. Die imaginierten und erfahrenen Geographien, also die Frage nach den existierenden Raumbildern vom eigenen und fremden Raum in den Köpfen der Befragten. Hierbei stellt sich die Frage nach Informationsverzerrungen im Sinne von auftretenden Diskrepanzen zwischen den gezeigten statistischen Evidenzen und den existierenden Raumbildern.

3.4.1 Soziokulturelle Dimensionen räumlicher Mobilität in Sizilien

Ähnlich der Bildung besitzt auch das Phänomen der räumlichen Mobilität unterschiedliche soziokulturelle Dimensionen, die sich aus der Geschichte der Insel bzw. den Geschichten der einzelnen Orte Siziliens ableiten.

Wenngleich Sizilien laut RENDA (1963: 44f.) nach der nationalen Einigung etwas später als andere Regionen Italiens von der Emigration betroffen war, so setzte hier nach der Jahrhundertwende eine massenhafte Emigrationswelle ein, die im Jahr 1913 mit 146.000 registrierten Auswanderern ihren Höhepunkt erreichte. Diese erste große Auswanderung richtete sich vor allem nach Nord- und Südamerika sowie nach Australien, hatte aber trotz der großen Distanzen auch damals bereits einen hohen Anteil an saisonalen Wanderungen, deren Ausmaß durch klimatische Schwankungen gesteuert wurde: Eine schlechte Agrarsaison ließ die Zahl der Abwanderer unmittelbar in die Höhe schnellen, wobei viele zum nächsten Saisonbeginn wieder zurückkehrten. Trotz starker Rückwanderung spricht RENDA für den Zeitraum zwischen 1901 und 1911 von 240.000 definitiven sizilianischen Emigranten (RENDA 1963: 51, 100).

Nach dem Zweiten Weltkrieg setzte die zweite Emigrationswelle ein, so dass die Anzahl der definitiven Abwanderer allein zwischen 1951 und 1961 auf insgesamt fast 400.000 anstieg. Diese zweite Auswanderung richtete sich jedoch weniger auf die Überseegebiete als vielmehr auf das sogenannte Industriedreieck in Norditalien. Die saisonale oder längerfristige Beschäftigung in Norditalien, in der Schweiz oder in Deutschland wurde damit für viele Sizilianer zur Normalität (RENDA 1963: 100, 106).

Als Konsequenz der massenhaften Emigration vor allem aus dem ländlichen Raum ist neben der beträchtlichen Bevölkerungsdezimierung in einzelnen Orten die Omnipräsenz der Emigration im Denken der Bevölkerung zu erwähnen, da es kaum eine sizilianische Familie gibt, die nicht Verwandte in Übersee, in Mitteleuropa oder zumindest in Norditalien hätte[85]. Im kollektiven Gedächtnis wirken die großen Emigrationswellen bis heute auf die Handlungen der sizilianischen Bevölkerung, so dass sogar von der Emigration als einer Geisteshaltung Siziliens („*condizione spirituale della Sicilia*") gesprochen werden kann (RENDA 1963: 85)[86]. Diese beinhaltet für die Betroffenen die Vorstellung, dass die Unwegsamkeiten, die das Leben auf der Insel bereitet, lediglich durch Abwanderung überwunden werden können.

Abwanderung ist in Sizilien jedoch nicht immer mit einer Flucht aus der Armut gleichzusetzen. Grundsätzlich lassen sich vereinfachend zwei unterschiedliche gedankliche Traditionslinien unterscheiden: zum einen die Emigration der Besitzlosen aus der Misere des ländlichen Raums und zum anderen die Kulturreisen der städtischen Oberschicht. Wenngleich Emigration und Kulturreise durchaus in die gleichen Zielgebiete führen können, unterscheiden sie sich dadurch, dass es sich bei Ersterer um

---

[85] Vgl. RENDA 1963: 22.

[86] In Bezug auf Irland, eine weitere europäische Region mit einer langen Emigrationstradition, spricht SHUTTLEWORTH von der Emigration als „part of the collective psyche" (1993: 324) der Bevölkerung.

eine „erzwungene", bei Letzterer um eine „freiwillige" Mobilität handelt. Hieraus ergeben sich auch sehr unterschiedliche kulturelle Bewertungen.

Wie bereits im Kapitel zur soziokulturellen Dimension der *laurea* herausgearbeitet wurde, grenzen sich die *laureati* als relativ Privilegierte tendenziell von den Verhaltensweisen der Jugendlichen mit einem niedrigeren Bildungsabschluss ab. Dies betrifft nicht nur die Erwerbsbeschäftigungen der Befragten, sondern auch die Nutzung bestehender Migrantennetzwerke. Darüber hinaus besitzt aber auch die Entscheidung für oder gegen eine Abwanderung nach Norditalien oder in das Ausland auch eine eigene kulturelle Wertigkeit, die sich durch die Einordnung in die eine oder andere Migrationstradition ergibt.

3.4.1.1 Räumliche Mobilität der Unterprivilegierten: Emigration

Der Begriff *emigrazione* wird in der Geschichte des ländlichen Sizilien mit der Flucht aus Armut und Misere assoziiert. Aufgrund der langen Emigrationsgeschichte, die Besitz- und Erwerbslose in Krisenzeiten zur Auswanderung nach Übersee oder in die Industriegebiete des Nordens gezwungen hat, beinhaltet *emigrazione* nicht nur die Konnotation des Scheiterns sondern auch diejenige der endgültigen Abwanderung. Diese Erfahrung ist bis heute in Form von Erzählungen beispielsweise von Verwandten noch immer sehr präsent:

Person 32 aus Santo Stefano berichtet von ihrer Familie mütterlicherseits, die in den Nachkriegsjahrzehnten zur Emigration gezwungen war. Lediglich ihre Mutter, der es ökonomisch etwas besser ging, hatte damals in Sizlien bleiben können:

> „Meine Onkel und Tanten sind weggegangen, als sie noch jung waren, na ja, so etwa 30, denn hier war die Situation so, wie sie damals eben war. Sie waren zusammen mit meiner Mutter vier Geschwister, und drei von ihnen haben sich entschlossen wegzugehen. Meiner Mutter ging es damals [wirtschaftlich] etwas besser, so dass sie bleiben konnte" (Person 32).

Diese Tradition der *emigrazione* lebt aber nicht nur in Form von Erzählungen, sondern auch durch die kontinuierliche Rückwanderung ehemaliger Emigranten und die fortbestehenden Austauschbeziehungen zu den Emigranten in den norditalienischen und mitteleuropäischen Emigranten-Communities weiter. Denn viele der Orte, die in der Vergangenheit von massiver Auswanderung betroffen waren, pflegen nicht nur einen informellen Austausch mit ihren „Kolonien" sondern auch einen institutionalisierten Austausch, der meist von den Bemühungen einzelner Bürgermeister in Sizilien abhängig ist.

Der Bürgermeister von Montallegro in der Provinz Agrigent bemüht sich um einen aktiven Austausch zwischen seinem Ort und den *„Montallegresi all'estero*[87]. Hierzu hat er beispielsweise eine Broschüre und ein Video über die kulturellen Traditionen seines Ortes erstellen und in den Kolonien in Norditalien, Kanada und Deutschland verteilen lassen. Zudem gibt es zweimal wöchentlich eine Busverbindung zwischen Montallegro und Mannheim, in dessen

---

[87] Einwohner aus Montallegro, die im Ausland leben.

Stadtteil Rheinau viele ‚Montallegresi' leben. Ähnliche Aktivitäten wurden auch aus anderen Gemeinden des ländlichen Sizilien (z.B. Milena) berichtet.

Innerhalb dieser Tradition bewegt sich auch die häufig erwähnte neue Abwanderung von jugendlichen Bauarbeitern oder Handwerkern, also manuellen Arbeitskräften. Bei dieser relativ neuen Abwanderung von Jugendlichen wird von einer *„terza emigrazione"* gesprochen, zumal auch sie endgültig erscheint:

> „Die gehen weg. Es gibt viele Jugendliche, die nicht mehr zurückgekommen sind. Die kommen dann im Sommer. Die sind dort gewesen, angeworben um zu arbeiten, und jetzt arbeiten sie. Vielleicht wechseln sie die Arbeit, was weiß ich – im Laufe des Lebens, aber sie bleiben immer da. Davon gibt es leider sehr viele" (Person 28).

Gerade von dieser klassischen Emigrationstradition grenzen sich die interviewten Hochschulabsolventen ganz explizit ab, was sich auch darin äußert, dass viele sogar den Kontakt zu den Remigranten meiden. Person 19 aus Salemi beispielsweise unterhält zu seinen zurückgekehrten Onkels und Tanten keinerlei Kontakt:

> „Da gibt es irgendeinen Onkel, der mir nichts bedeutet, ich habe keinen Kontakt mit ihm, aber der ist in Deutschland gewesen. Jetzt ist er zurückgekommen, weil er im Ruhestand ist. Dann habe ich noch eine andere Tante, die in den 60er Jahren in Amerika war und jetzt zurückgekehrt ist [...] Es gibt noch einen, der beispielsweise nach Venezuela gegangen ist, der ist hierher zurückgekehrt, er hat sich hier ein Stück Land gekauft und lebt jetzt hier" (Person 19).

Die zunächst nahe liegende Vorstellung, die bestehenden Netzwerke als Brücke in den Arbeitsmarkt Nord- oder Mittelitaliens zu nutzen, ist für fast alle Befragten vollkommen fernliegend, da die Verwandten in Norditalien oder Deutschland, die als Industriearbeiter ausgewandert sind, keinerlei Kontakte zum Arbeitsmarkt oder gar zum kulturellen Milieu von Akademikern besitzen. Lediglich spezifische Konstellationen machen diesen Schritt sinnvoll:

Person 32 aus Santo Stefano hat versucht, nach einer Phase der Unzufriedenheit mit dem Studium der Ingenieurswissenschaft in Palermo sich über eine Tante in den USA vor Ort für das Studium an einer amerikanischen Universität zu bewerben. Dieser Schritt machte aber nur deswegen Sinn, weil ein Sohn dieser Tante, ein „amerikanischer Cousin" vor Ort, ebenfalls Ingenieurwissenschaft studiert hatte und sie sich somit von diesem Aufenthalt konkrete Hilfestellungen erwarten konnte.

Während die Netzwerke der Elterngeneration auf junge Akademiker eher einengend und abstoßend wirken, können Verwandte und Freunde, die erst in den letzten Jahren ins Ausland gegangen sind, als Stützpunkte für Studienaufenthalte oder Arbeitsuche durchaus hilfreich sein.

Interviewpartnerin 10 hat für eine Weiterbildung mehrere Monate bei ihrem Cousin in der Nähe von Paris gewohnt, da sie sich diesen Aufenthalt sonst nicht hätte leisten können:

> „Ich bin nach Paris gegangen, weil es dort diesen Kurs gab. Ich konnte als Gast bei Freunden wohnen, weil mein Cousin eine Französin geheiratet hat, und daher hatte ich diese Möglichkeit. Sonst hätte ich mir das finanziell absolut nicht erlauben können" (Person 10).

Da Hochschulabsolventen gegenüber ihren Altersgenossen mit einem niedrigeren Abschluss aber auf dem Arbeitsmarkt besser gestellt sind, kommt diese Handlungsoption insbesondere in den soziokulturellen Kontexten großer Emigrations-

bzw. Remigrationsgemeinschaften lediglich als allerletzte Handlungsoption in Frage: Resigniert bringt eine 37jährige Psychologin diese Vorstellung folgendermaßen zum Ausdruck:

> „Am Ende werde ich [weggehen, HJ.] müssen, ich habe das Gefühl, dass ich aufgeben werden muss, denn... na ja... Für mich ist Arbeit gewiss nicht alles, aber ich kann auch nicht auf der Straße schlafen. Ich muss eine Lösung finden, denn Garantien gibt es keine" (Person 10).

Wenngleich nahezu alle Befragten andere Absolventen nennen konnten, die zum Befragungszeitpunkt in Nord- oder Mittelitalien arbeiteten, so wurde die *fuga di cervelli* von *laureati* im Vergleich zur massenhaften Abwanderung von Jugendlichen mit niedrigem Bildungsabschluss als geringfügiges Problem wahrgenommen. Denn der Zusammenbruch der Bauwirtschaft, der merkliche Rückgang der öffentlichen Bauaufträge in den 1990er Jahren und der daraus resultierende Beschäftigungsrückgang zwang insbesondere Jugendliche mit einem Pflichtschulabschluss in die Emigration, so dass beispielsweise im Belice-Tal von einer dritten Emigrationswelle (*terza emigrazione*) gesprochen wird. Diese verläuft nach einem ähnlichen Muster wie die Gastarbeiterauswanderung in den 1960er Jahren, so dass teilweise ganze Familien ihre Heimat verlassen müssen. Diese Tendenz wird nicht nur in mehreren Expertengesprächen deutlich, sondern ist auch im Bewußtsein der interviewten Hochschulabsolventen vorhanden.

Interviewpartnerin 28 berichtet von einer massiven Abwanderung junger Menschen aus Bivona und den umliegenden Gemeinden, sie spricht sogar von einer regelrechten „Entvölkerung" ihres Ortes. Dabei nimmt sie die jungen Hochschulabsolventen explizit von dieser Abwanderungswelle aus:

> „Hier gibt es einfach keine Jugendlichen mehr. Zudem war gerade dieses ein Dorf, welches besonders von jungen Leuten bewohnt war. Heute beobachtet man nur noch diese Entvölkerung: es gibt sie nicht mehr, das heißt, sie ist drastisch reduziert.. die junge Bevölkerung. Unglaublich. Alle in Richtung...[Norden, HJ.]. Aber keine Hochschulabsolventen, das sind alles junge Leute – was weiß ich, Abiturienten, Mittelschulabsolventen – die weggegangen sind, um Arbeit zu suchen" (Person 28).

Interviewpartnerin 14 aus Caccamo, einem kleinen Ort in der Nähe von Palermo, antwortet auf die Frage, ob sie *laureati* kenne, die aus Sizilien weggegangen seien:

> „So richtig weggegangen, daran kann ich mich nicht entsinnen. Aber junge Leute aus Caccamo ohne Hochschulabschluss gehen weg. Es gibt junge Leute – was weiß ich – vielleicht Maurer, oder so was... die hier nichts... jetzt gibt es hier nicht mehr viel. Die Bauwirtschaft ist blockiert, na ja, aber um eine Zukunft zu haben... oder Leute, die gar keinen spezifischen Beruf haben, die gehen weg, um was anderes zu finden. Zum Beispiel die Söhne der Nachbarn, die unter uns wohnen, da ist sogar die ganze Familie weggegangen, um eine Arbeit zu finden: einer ist Krankenpfleger, der andere arbeitet als Maurer. Was die Eltern machen, weiß ich nicht. Die sind nach Alessandria gegangen, die ganze Familie. Und auch viele andere Jugendliche, auch alleine, aber alles keine Hochschulabsolventen. Normalerweise finden die Hochschulabsolventen immer irgendetwas, zumindest die, die ich kenne. Früher oder später findest du immer irgendwas, zumindest ein Auskommen. Ich spreche nicht von einer Arbeit, die dich alle Sorgen vergessen lässt, aber irgendein Auskommen findest du" (Person 25).

Auch bezüglich der Wanderungskanäle zeichnen sich deutliche Unterschiede zwischen den Jugendlichen mit niedrigerem Qualifikationsniveau und den Jungakademikern ab. Während die Emigration Ersterer nach Auskunft der Interviewten an die bestehenden Emigrantennetzwerke anknüpfen und folglich tendenziell wieder als Kettenwanderung (*chain migration*) in bestimmte Orte Norditaliens oder des Auslands verläuft, kommt den interviewten Hochschulabsolventen zufolge diese Option für *laureati* zunächst kaum in Frage. Deren Abwanderung wird eher als temporärer Karrieresprung verstanden:

> „Manche gehen zum Beispiel weg, um zu unterrichten, etwa eine vorübergehende Beschäftigung im Norden. Die gehen dahin, um Punkte zu bekommen. Aber als... Abiturienten, ja, von denen hört man öfter, dass sie zu Freunden fahren, und von dort aus irgendeine Arbeit suchen. Und wenn sie sich wohl fühlen, bleiben sie auch da. Solche Fälle kenne ich, und davon gibt es viele. [...] Abiturienten gibt es genug, die weggehen, Hochschulabsolventen weniger" (Person 19).

Die Vorstellung, in die Fußstapfen der ausgewanderten Verwandten zu treten und mit ihrer Hilfe vor Ort eine Arbeit zu suchen, wird für Hochschulabsolventen als letzte Möglichkeit in Betracht gezogen. Eine Interviewte stellt bezüglich der vielen ihr bekannten Hochschulabsolventen in Norditalien fest:

> „In allen Fällen, die ich kenne, gibt es diese verwandtschaftlichen Beziehungen nicht, in dem Sinne, dass man denken würde: ‚Ich gehe dahin, weil ich dort Verwandte habe'" (Person 32).

Aufgrund der Relativität der Problematik von Arbeitslosigkeit und Abwanderung junger Hochschulabsolventen gegenüber den geringer qualifizierten Jugendlichen gibt es zumindest im ländlichen Raum keinerlei Bewusstsein für das spezifische Problem einer *fuga di cervelli* also der Abwanderung (wörtl. Flucht) junger Akademiker. Auf diesen Begriff angesprochen verweisen mehrere Experten zum einen auf die Studienmobilität, welche die besten Abiturienten an die norditalienischen Universitäten treibt, zum anderen auf die massive Abwanderung von Juristen und Lehrern nach Norditalien in den 1980er Jahren.

Während in den ländlichen Auswanderergebieten *emigrazione* eher als Ausdruck des Scheiterns gelesen wird, und somit eine negative Konnotation besitzt, gibt es noch einen zweiten Traditionsstrang, in den sich räumliche Mobilität einordnen lässt.

3.4.1.2 Räumliche Mobilität der Privilegierten: Studienreisen

Im Gegensatz zu Auswanderungsregionen wie Sizilien, wo die Emigration als Ausweg aus der heimischen Misere eher negative Assoziationen hervorruft, ist in der Vorstellung moderner Industriegesellschaften sowie der privilegierten städtischen Bevölkerung Mobilität grundsätzlich positiv konnotiert (vgl. z.B. HUSEN/POSTLETHWAITE 1994: 1650). Dahinter steht das Bild eines modernen, weltoffenen Menschen, der sich in fremden Kulturen ähnlich leichtfüßig bewegt wie in der Eigenen. Die Form dieser räumlichen Mobilität ist diejenige des Studiums und des Reisens, welche in gewisser Weise auch mit einer Vorstellung von Reisen als Bildung und als Erweiterung des eigenen kulturellen Horizontes verbunden ist. Ökonomische Zwänge spielen keine Rolle; vielmehr ist das Reisen selbst Ausdruck des eigenen Wohlstands. Die Erfahrung des

Fremden, die Fähigkeit, sich in anderen Kulturen zu bewegen, wird hierbei zum Statussymbol.

Alle Absolventen aus Palermo, aber auch Person 16 aus Castellammare berichten voll Stolz von ihren Auslandsaufenthalten, deren Anlässe zunächst immer Sprachreisen oder Studienaufenthalte waren, und in späteren Lebensphasen häufig von emotionalen Bindungen bestimmt wurden (Personen 11, 12, 16, 17, 18, 35). Aufenthalte im Ausland werden hier als positive Erfahrungen, als kultureller Wertzuwachs verstanden, auch in Hinblick auf die Rückkehr nach Italien.

Interviewpartnerin 16 aus Castellammare hat schon zu Schulzeiten an einem Englischkurs in der Nähe von London teilgenommen. Mit der Familie, bei der sie anfänglich gegen Bezahlung gewohnt hat, entwickelte sich im Laufe der Jahre eine wechselseitige Freundschaft, so dass sie immer wieder für Sprachkurse in diese Familie zurückgekehrt ist.

Innerhalb dieser Traditionslinie würde räumliche Mobilität selbst dann nicht mit dem Begriff der *emigrazione* bezeichnet, wenn es sich um einen arbeitsbedingten Auslandsaufenthalt von langer Dauer handelte. Vielmehr haben die Angehörigen dieser Gruppe im Laufe von Schul- und Studienzeit internationale Freundschaftsnetzwerke in ganz Italien sowie in anderen Ländern aufgebaut, in denen sie sich nun frei bewegen können. Im Gegensatz zu den Emigrantenkolonien besitzen diese keine festen, räumlich und sozial gebundenen Strukturen, sondern sind eher als lockere Netzwerke zu verstehen.

Interessant ist hierbei, dass gerade die Interviewpartner dieser Gruppe keine Berührungsängste mit den italienischen Emigrantengemeinschaften im Ausland haben, da sie dort nicht zugehörig sind und sich somit in diesen frei bewegen können. Mehrere Absolventen berichten, dass sie während ihrer frühen Auslandsaufenthalte in italienischen Restaurants oder italienischen Geschäften gejobbt haben, deren Kontaktaufnahme unabhängig von persönlichen Netzwerken in der Heimat ausschließlich vor Ort erfolgte: Person 11 hat in Deutschland in einer Salumeria gejobbt, Person 16 in England in einer Pizzeria, Person 12 in London bei einer Dame aus Neapel gelebt.

3.4.1.3 Die Mobilitätsentscheidung als rationales Kostenkalkül

Der Entscheidung für oder gegen die Abwanderung nach Nord- oder Mittelitalien liegt zudem ein rationales Kostenkalkül zugrunde, welches von mehreren Absolventen im ländlichen Raum angeführt wurde. Auf die Frage, warum sie denn trotz Arbeitslosigkeit und artikulierter Unzufriedenheit mit ihrer aktuellen (Nicht-)Erwerbssituation nicht einfach in den Norden gingen, wurde wiederholt eine fiktive Kostenberechnung angestellt, die als Zusatzkosten für einen arbeitsbedingten Umzug 1,5 Mio. italienische Lire (entspricht ca. 750 Euro) monatlich für Unterkunft, Verpflegung und regelmäßige Heimfahrten zugrunde legt. Da diese Kosten nicht entstehen, solange man zu Hause bei den Eltern oder in einer Wohnung im Familienbesitz lebt, scheint diese Berechnung auch bei einem bescheidenen Lebensstil realistisch, wenn nicht sogar knapp kalkuliert.

Diese Summe muss also als Differenz vom erwarteten oder angenommenen Nettoeinkommen für eine Tätigkeit in Norditalien abgezogen werden, so dass etwa ein Monatsnettoeinkommen von 750 Euro lediglich die entstehenden Zusatzkosten für einen Umzug decken würde. Zudem werden dann noch Einkünfte aus diversen Erwerbsaktivitäten in Sizilien in die Gesamtrechnung eingebracht, die im Falle eines Umzugs wegfallen würden: Dies bedeutet, dass ein Absolvent, der in Sizilien monatliche Einkünfte von 750 Euro hat, in einer anderen Stadt monatlich 1.500 Euro verdienen müsste, um schließlich über das gleiche Einkommen verfügen zu können.

Interviewpartner 9 aus Milena macht die folgende Rechnung auf: Eine vierköpfige Familie kann im ländlichen Sizilien mit 1,5 Mio. ITL (ca. 750 Euro) monatlich problemlos auskommen, denn zum einen entstehen dort keine Mietausgaben, zum anderen sind die laufenden Ausgaben für Lebensmittel äußerst gering, da sehr viele Produkte im eigenen Betrieb angebaut werden oder über Tausch von Verwandten oder Freunden kommen. Eine Umzugsentscheidung wäre für eine solche Familie mit erheblichen Mehrkosten verbunden, die nicht nur Miete und Verpflegung beträfen, sondern darüber hinaus auch Kosten für den Babysitter oder andere Hilfeleistungen des täglichen Lebens, die in einer anderen Stadt bezahlt werden müssten.

Ein ähnliches Kalkül macht auch Interviewpartnerin 32 aus Santo Stefano, die zum Zeitpunkt des Interviews 1,8 Mio. ITL (ca. 900 Euro) monatlich verdient, mit denen sie ihr eigenständiges Leben in Palermo finanzieren kann.

> „Inzwischen habe ich einen normalen Lohn von 1,8 Mio. Lire (ca. 900 Euro). Das ist nicht besonders viel, aber wenn du bedenkst, dass ich noch in Palermo bin, wo die Ausgaben noch... also ich kann sie noch verkraften, mit 1,8 Mio. kannst du da sogar leben" (Person 32).

Da in Italien das durchschnittliche Einstiegsgehalt für Jungakademiker bei etwa 1000 Euro liegt, ist dem hier geschilderten Kostenkalkül zufolge der Umzug nach Norditalien nur dann eine finanziell rentable Entscheidung, wenn die Betroffenen zu Hause über keinerlei Einkünfte verfügen und im Zielgebiet ein deutlich überdurchschnittliches Einkommen zu erwarten haben. Das Zusammentreffen beider Fälle ist eine seltene Konstellation, so dass ein Stellenangebot in Mailand oder Rom nur in Ausnahmefällen eine ökonomische Rentabilität mit sich bringt.

Folglich sind es eher andere Faktoren wie Familie und Partnerschaft, berufliche Zufriedenheit, eine langfristige Sicherheit oder eine interessante Weiterbildung, die junge Hochschulabsolventen aus Sizilien weg bewegen. Rein ökonomisch ist die Arbeitsmigration, so lange sie aus der Position der Wohnung in der elterlichen Familie erfolgt, zumindest in der Anfangszeit sogar als Investition zu betrachten.

Interviewpartnerin 16 aus Castellammare, die im Rahmen einer Weiterbildungsmaßnahme ihrem Partner nach Rom gefolgt ist, verdient dort 1,8 Mio. Lire (ca. 900 Euro) zuzüglich Essensmarken im Wert von 200.000 Lire (ca. 100 Euro), was angesichts der hohen Lebenshaltungskosten in Rom nicht einmal die laufenden Kosten deckt:

> „Das ist ein minimales und kleines Gehalt, um in einer großen Stadt wie Rom zu leben, wo die Preise – gerade im Jahr des Giubileo [2000-Jahr-Feier der Kirche, HJ.] besonders hoch sind, so dass man sich sogar einschränken muss. Mit 1,8 Mio. lebt man in Palermo prächtig" (Person 16).

Eine ähnliche Erfahrung macht Interviewpartner 34 aus Palermo, der über die Teilnahme an einer öffentlichen Ausschreibung eine Stelle beim Forschungsinstitut ISMEA in Rom bekommen hat. Da er bereits in Palermo aus geschäftlichen Gründen eine Wohnung unterhalten hatte, traten als Zusatzkosten des Umzugs immer noch die Mietdifferenz zwischen Rom und Palermo, die zusätzlichen Verpflegungskosten sowie die Kosten für regelmäßige Flüge nach Palermo hinzu. Diese unternimmt er vorwiegend aus geschäftlichen Gründen, weil er in Sizilien weiterhin als Selbständiger erwerbstätig ist. Diesen Nebenerwerb möchte er nicht aufgeben, da sein Vertrag in Rom zeitlich befristet ist und er deswegen diese Sicherheit aufrechterhalten möchte. Durch den Umzug sind seine monatlichen Kosten enorm angestiegen, so dass er trotz einer Vollzeitstelle in einer öffentlichen Forschungseinrichtung weiterhin auf die Unterstützung durch seine Eltern angewiesen ist.

Arbeitsmigration selbst innerhalb Italiens ist also in der Praxis nur unter bestimmten Rahmenbedingungen eine ökonomisch rationale Entscheidung, da die Abwanderung mit erheblichen Zusatzkosten verbunden ist, die durch den Verbleib in der heimatlichen Umgebung vermieden werden können. Betrachtet man Migration als rein ökonomisches Kalkül, so muss das zu erwartende Nettoeinkommen zunächst nicht nur die Zusatzkosten für Miete und Verpflegung, sondern zudem auch auch diejenigen für regelmäßige Heimfahrten oder - im Falle einer eigenen Familiengründung - für die Kinderbetreuung abdecken. Zusätzlich gehen in diese Rechnung noch alle in Sizilien erzielten Nebeneinkünfte mit ein.

Da das Einkommensniveau in Italien für Berufseinsteiger nur selten 1.000 Euro übersteigt, bedeutet dies in der Praxis, dass die Abwanderung aus Sicht der zu Hause lebenden jungen Hochschulabsolventen zunächst als Zusatzinvestition für die elterliche Familie zu sehen ist. Letzten Endes spielt hierbei die ökonomische Situation der Familie und deren emotionale Bindung eine wichtige Rolle.

3.4.2 DIE ROLLE VON FAMILIE UND SOZIALEN NETZEN

Die Familie spielt in Italien allgemein und speziell im ländlichen Raum Süditaliens und der Inseln eine besondere Rolle, so dass in der deutschsprachigen geographischen Literatur im Zusammenhang mit der italienischen Familienstruktur häufig von ‚Familismus' gesprochen wird. Dieser Begriff besitzt jedoch spätestens seit dem Erscheinen des Buchs *Le basi morali di una società arretrata* (Die moralischen Grundlagen einer rückständigen Gesellschaft) von E.C. Banfield im Jahr 1955 in der Kombination des „familismo amorale" im Mezzogiorno eine negative Konnotation, so dass seine Verwendung zu vermeiden ist (vgl. TICHY/ROTHER 2000: 338).

3.4.2.1 *Familie als Wohngemeinschaft*

Unabhängig von der normativen Bewertung der stärkeren ökonomischen und emotionalen Bindung innerhalb italienischer Familien wirkt sich die Familie unmittelbar auf das Mobilitätsverhalten junger Hochschulabsolventen aus[88]. Die

---

[88] Vgl. hierzu ausführlicher die jüngere Untersuchung von BONIFAZI 1999b.

Mobilitätsentscheidung ist in der Regel keine individuelle sondern eine kollektive Entscheidung innerhalb des Familienverbands. Die räumliche Nähe zu Eltern und Geschwistern hat hierbei für viele befragte Absolventen einen direkten Einfluss auf eine mögliche Mobilitätsentscheidung, da sie sich emotional stark verbunden und gleichzeitig auch den Eltern gegenüber verpflichtet fühlen. Für die meisten Sizilianer ist die Familie der zentrale Lebensmittelpunkt. Fast alle Befragten wohnen auch nach Studienende im Elternhaus oder zumindest in einer Wohnung im Familienbesitz, da die meisten sizilianischen Eltern dafür Sorge tragen, allen ihren Kindern eine eigene Wohnung zur Verfügung zu stellen. GIORDANO (1992: 323) spricht in diesem Zusammenhang von einem „Hunger nach Häusern", der sich aus dem „Hunger nach Land" entwickelt hat.

Der Absolventenbefragung des ISTAT zufolge wohnt drei Jahre nach dem Hochschulabschluss tatsächlich mehr als die Hälfte der „immobilen" Absolventen (53,5%) und der Rückkehrer (50,2%) in der elterlichen Wohnung und ein weiteres Drittel mit der Partnerin oder dem Partner zusammen. Umgekehrt wohnen lediglich 11% der Immobilen und 15,4% der Rückkehrer alleine oder mit Freunden zusammen. Hierbei ist nicht ausgeschlossen, dass es sich auch dann um eine Wohnung im Familienbesitz handelt[89].

Eine im ländlichen Raum häufig anzutreffende Wohnform beschreibt Interviewpartner 19 aus Salemi, der seit seiner Hochzeit zusammen mit seiner Frau in einer separaten Wohnung im Haus der Eltern wohnt (siehe auch Person 15). In Palermo ist hingegen häufig das Modell der eigenen Wohnung anzutreffen (Person 12, Person 35). Der unbegründete Auszug noch vor der Hochzeit etwa zum Zeitpunkt der Volljährigkeit ist in Sizilien gerade im ländlichen Raum ein wenig verbreitetes und gesellschaftlich kaum akzeptiertes Modell:

> „Hier gibt es das einfach nicht, dass man mit 18 weggeht, um alleine zu wohnen, zumindest sind es nur sehr wenige Fälle, deren prozentualer Anteil ist sehr niedrig" (Person 28).

Schließlich stellt die Großfamilie als Wohngemeinschaft einen eigenen und unumstößlichen Wert dar. Ein Interviewter aus Eraclea Minoa spitzt den Gedanken der erweiterten Familie als Wohneinheit noch zu:

> „wir wohnen alle zusammen. Meine Familie ist immer noch intakt" (Person 31).

Das Wohnen in der Familie bedeutet aber nicht nur ein einfaches Zusammenleben im Sinne einer Wohngemeinschaft, sondern geht noch weit darüber hinaus. Alle wichtigen Entscheidungen des Lebens werden in der Regel von der Familie beraten und letzten Endes von dieser beschlossen.

Interviewpartnerin 32 aus Santo Stefano berichtet, dass die Familie ihrem Bruder nahegelegt habe, sich nach zwei Jahren erfolgloser Arbeitsuche in Sizilien beim anderen Bruder in Biella nach einer Arbeit umzusehen.

Interviewpartner 34 aus Palermo, der für einige Monate als Erasmus-Student in Spanien war, ist dort nicht länger geblieben, weil es ihm – nach eigenen Angaben - von seiner Familie nicht nahegelegt wurde:

---

[89] Datenquelle: ISTAT – inserimento professionale dei laureati – Indagine 1998; Berechnung H. Jahnke.

„Meine Familie hat mir das.. weder von meiner Familie, noch von meiner Universität wurde mir das angetragen. Es gab keinen Druck, dort zu bleiben" (Person 34).

Die gemeinsamen Entscheidungsfindungsprozesse in den Familien beruhen zudem darauf, dass die Familie immer als ökonomische Einheit begriffen wird, und somit beispielsweise auch das Studium an einer norditalienischen Privatuniversität aus dem Familienbudget bezahlt wird. Dies bleibt nicht ohne Konsequenzen für Mobilitätsentscheidungen, denn die eigene Mobilität bedeutet eine zusätzliche Belastung der Familienkasse. Die hohen Kosten für die Teilnahme an auswärtigen Einstellungswettbewerben (*concorsi*), die durch Anfahrt und Unterbringung entstehen, halten beispielsweise Person 29 aus Montallegro von der Teilnahme an Einstellungswettbewerben für den öffentlichen Dienst außerhalb Siziliens ab.

3.4.2.2 Familie als Lebensgemeinschaft

Während also die räumliche Nähe zur Familie und der Verbleib im Heimatort für viele als selbstverständliche Normalität angesehen wird, wurde von denjenigen, die zum Zeitpunkt der Befragung außerhalb Siziliens arbeiten, der Wert der Familie erst aus der Distanz erkennbar. Interviewpartner 18, der in Deutschland glücklich verheiratet ist, dort mit seiner eigenen Familie lebt und zudem eine feste Stelle als Lehrer hat, sieht als wesentliches Manko seiner Lebenssituation die räumliche Distanz zu seinen Eltern:

„Wenn ich es bereue [weggegangen zu sein, HJ.], dann nur aus persönlichen Gründen, denn meine Eltern leben hier [in Palermo] und sind schon älter" (Person 18).

Interviewpartnerin 16 aus Castellammare, die in ihrem Leben ebenfalls viel im Ausland gelebt hat und inzwischen mit ihrem Partner in Rom wohnt, vermisst die Nähe der Familie, seit sie sich mit dem Gedanken der Gründung einer eigenen Familie trägt. Interviewpartnerin 17 ist nach einem mehrjährigen Studium in Amerika nach Italien zurückgekehrt, lebt aber inzwischen in einer elterlichen Wohnung in Rom.

Über die emotionale Bindung und die konkrete Unterstützung der Familie hinaus kann sich auch die lokale Reputation der eigenen Familie auf die Mobilitätsentscheidung auswirken. Zum einen kann die Familie soziales Kapital, also über Jahrzehnte an einem Ort aufgebauten Netzwerke zur Verfügung stellen, zum anderen besitzt auch die Reputation der Familie einen symbolischen Kapitalwert, der in der Regel ebenfalls an den Ort gebunden ist.

Für Interviewpartnerin 35, Juristin in Palermo, ist der gute Ruf ihrer Familie beim Aufbau eines eigenen Kundenstamms ein Vorteil, den sie nach dem Umzug in eine andere Stadt nicht geltend machen könnte. Bezüglich ihrer beabsichtigten Selbständigkeit sagt sie:

„eine Sache ist, dass dich die Leute kennen und du aus einer angesehenen Familie kommst, die angenehme Menschen sind, die immer gearbeitet haben, geachtete Menschen, um es genau zu sagen. Draußen [in Norditalien, HJ.], in diesen großen Kanzleien, ist alles vollkommen unpersönlich, das sind Kanzleien von bis zu 100 Mitarbeitern, oder 50 Mitarbeitern, so dass es weniger individuell ist, du fällst überhaupt nicht auf, und das Ganze endet damit, dass du nur noch für die Kanzlei arbeitest, und kaum deinen eigenen Kundenstamm aufbauen kannst" (Person 35).

Ist der Familienverband hingegen nicht oder nicht mehr intakt, bzw. nicht den geltenden Normvorstellungen entsprechend, kann die Familie umgekehrt auch abstoßend und damit mobilitätsfördernd wirken. Person 11 aus Palermo beispielsweise suchte schon während des Studiums die Distanz zu ihrer Familie:

> „Mir ging es eigentlich immer am besten, wenn ich weg von Palermo war, oder wenigstens nicht in meiner Familie. Das ist auch... Es ist nicht nur die Stadt, sondern auch die familiäre Situation, die dich wegtreibt oder nicht... Ich weiß auch nicht, es gibt viele Gründe, die wichtig sind. Für mich war der Auslöser [wegzugehen] nicht, dass ich mir gesagt hätte: jetzt bin ich hier, wenn ich nicht weggehe, lerne ich keine Sprachen und bleibe arbeitslos. Das war es überhaupt gar nicht" (Person 11).

3.4.2.3 Feste Partnerschaft als eigene Familie

Neben der elterlichen Familie spielt aber auch die eigene Partnerschaft eine wichtige Rolle für die Mobilitätsentscheidungen. Während für eine ungebundene Person die kurzfristige Entscheidung für einen Fortzug bei der Konstellation bestimmter Rahmenbedingungen immer eine Handlungsoption sein kann, so sinkt deren Wahrscheinlichkeit mit dem Moment der Heirat oder der festen Bindung. Denn fortan wird faktisch das aktuelle, kumulierte Einkommen beider Partner in die Waagschale für oder gegen eine Wanderung geworfen:

> „Dann habe ich geheiratet, mein Mann arbeitet hier, und ich kann nicht einfach alleine weggehen" (Person 28).

oder

> „Aber weißt du, nachdem ich geheiratet habe... also wenn ich, wenn mir ein wirklich großartiges Angebot gemacht würde, würde ich gehen. Aber wenn ich nur das bekommen kann, was ich hier habe, bleibe ich lieber hier [...] Jetzt bin ich verheiratet und bleibe natürlich bei meiner Frau" (Person 15).

Auch Interviewpartner 19 aus Salemi hat alle Umzugsabsichten begraben, seit seine Frau eine feste Arbeit gefunden hat:

> „Vorher war ich der einzige, der gearbeitet hat, denn meine Frau beendete gerade ihr Studium, und nach der Hochzeit wäre sie mir [im Umzugsfalle, HJ.] gefolgt. Aber nun arbeitet sie hier, warum sollte ich weggehen? Es gibt keinen Grund für eine solche Entscheidung. Also habe ich mich entschieden... [hier zu bleiben, HJ.] es sei denn, die Zukunft bringt sehr grundlegende Veränderungen, das weiß ich nicht" (Person 19).

Beruhend auf der Erfahrung zurückliegender Emigrantenschicksale werden die Fälle, in denen eine junge Familie durch die Arbeitsmobilität eines Partners getrennt wurde, als menschliche Tragödien erfahren. Person 32 erzählt von einer Freundin, die als Lehrerin mit einem kleinen Kind nach Cuneo in Norditalien gegangen ist in der Hoffnung, sich in wenigen Jahren wieder nach Sizilien versetzen zu lassen:

> „Hier gibt es eine junge Frau, die die *magistrale* [Pädagogische Hochschule, HJ.] besucht hat. Sie ist mit einem verheiratet, der hier gegenüber wohnt... Sie haben ein Kind, eine Tochter.. Sie [die Mutter, HJ.] ist zum Arbeiten nach Cuneo gegangen.. mit ihrer Tochter, und hat ihren Mann hier gelassen. Das sind Unannehmlichkeiten, die du auf dich nimmst, weil du arbeiten musst. Sie ist also mit dem Kind weggegangen, hat sich da oben eine Wohnung gemietet etc.. Der Mann pendelt zwischen Cuneo und Lucca, einem kleinen Ort hier in der Nähe hin und her, und sie arbeitet in Cuneo, natürlich immer in der Absicht, sich eines Tages versetzen zu lassen. Aber das dauert immer Jahre. Ich glaube, es

sind mindestens drei Jahre, also nicht wenig. Es funktioniert nicht, dass du dorthin gehst und sagst: Oh, jetzt möchte ich gerne nach Hause zurück" (Person 32).

Da die Studienphase in die Altersklasse der festen Paarbindungen fällt, erweist sich häufig auch die Studienmobilität als definitiv. Die zahlreichen Mobilitätsentscheidungen von Person 8 und Person 35 aus Palermo wurden durch partnerschaftliche Bindungen beeinflusst, ebenso der Verbleib von Person 17 in den USA und Person 18 in Deutschland.

Interviewpartner 34, der als Single in Rom lebt, macht die Entscheidung für seinen zukünftigen Lebensort davon abhängig, wo er die Frau seines Lebens kennenlernt:

„So wie ich mich kenne, werde ich da leben, wo ich eine Frau finde, mit der ich zusammen leben möchte. [...] Falls ich gleichzeitig in Rom eine Arbeit und eine Frau haben werde, werde ich in Rom leben" (Person 34).

3.4.2.4 Lokal gebundenes Sozialkapital

Neben den familiären Strukturen erweisen sich aber auch persönliche Kontaktnetzwerke bei der Suche nach einer Erwerbsarbeit als wichtige und oftmals entscheidende Stütze.

Von allen befragten sizilianischen Absolventen des Jahres 1995, die drei Jahre nach dem Hochschulabschluss einer Beschäftigung nachgehen, gibt ein Drittel (33%) an, die aktuelle Stelle mit Hilfe von Familienmitgliedern oder Freunden bekommen zu haben. Dieser Wert liegt bei den Immobilen und den Rückkehrern etwas höher, bei den Arbeitsmobilen erwartungsgemäß deutlich darunter. Gleichwohl gibt auch von den Sizilianern, die außerhalb Siziliens arbeiten, fast jeder Vierte an, die eigene Stelle über den Einsatz von Sozialkapital bekommen zu haben. In allen Fällen spielt die Familie die wichtigste Rolle bei der Vermittlung.

Gerade im Bereich der Universitäten und außeruniversitären öffentlichen Forschungseinrichtungen wird die Bedeutung sozialer Netzwerke immer wieder hervorgehoben, was sich in diesem Bereich bremsend auf die Mobilität auswirken kann, bzw. die Rückkehr von Akademikern nach einem Auslandsaufenthalt erschwert.

Interviewpartnerin 17, die an renommierten Universitäten in Frankreich und den USA studiert hat, bemerkte nach ihrer Rückkehr nach Italien ein diffuses Misstrauen gegenüber den Auslandsstudierenden, und leitet daraus ab, dass ein Auslandsstudium in beruflicher Hinsicht für den akademischen Arbeitsmarkt Italiens zumindest in den Geisteswissenschaften wenig Vorteile verspricht:

„Es gibt so ein gewisses Misstrauen gegenüber denjenigen, die weggehen [...] Von vielen wird es nicht gerade mit Enthusiasmus gesehen. Im Gegenteil: eine ewige Leier ist, dass man seine Kontakte verliert, wenn man weggeht, und teilweise stimmt das auch, es ist keine Legende sondern wahr. Ein italienischer Professor betrachtet dich mit Vorbehalten wenn du... [...] Die sehen ausländische Universitäten immer wie Konkurrenten, wie eine Universität, die dich entführen könnte. Wenn du einmal weggehst, hast du nicht mehr das Recht zurückzukehren: Ich kenne solche Fälle..." (Person 17).

Auch jenseits des universitären Forschungsbereichs erweisen sich persönliche Kontakte grundsätzlich als äußerst wertvoll. Dies gilt sowohl für die Vergabe von Referendariats- und Praktikumsstellen in den Fachbereichen Jura, Wirtschaftswissenschaften und Ingenieurwissenschaften, als auch für die Vergabe von Lehrerstellen in öffentlichen oder privaten Schulen.

Jenseits der – direkten oder vermittelten - Bekanntschaft des potentiellen Arbeitgebers sind aber auch verläßliche Informationen aus den Insiderkreisen der öffentlichen Verwaltung wichtig, um zum einen über Stellenausschreibungen informiert zu werden, zum anderen aber auch, um die Tragweite und Qualität – etwa von Beschäftigungsprogrammen – beurteilen zu können.

Person 32 erfuhr von den neu ausgeschriebenen *lpu* lediglich über einen ihr persönlich bekannten Professor, der sie bereits vor der öffentlichen Ausschreibung der Stellen informierte und ihr dringend anempfahl, sich dafür zu bewerben, da er langfristig von einer Umwandlung in ein unbefristetes Beschäftigungsverhältnis zwischen ihr und der Provinz Agrigento ausging.

Familiäre und soziale Bindungen besitzen somit neben ihrer sozialen auch immer eine räumliche Dimension, die bestehenden oder angedachten Mobilitätsabsichten hemmend gegenüberstehen. Die unmittelbare Nähe zu Familie, Freunden und Bekannten – sofern sie nicht als Belastung empfunden wird – bietet neben den unmittelbaren ökonomischen Vorteilen ein Ressourcenpotential im Sinne der Sozialkapitaltheorie, welches sich auch räumlich bindend auswirkt.

Die sizilianische Erfahrung der Emigration lehrt, dass mit einer Abwanderung immer eine Schwächung, wenn nicht gar der Verlust dieser Verbindungen einhergeht. Eine Mobilitätsentscheidung bereits zum Studienbeginn kann somit schon zu einer ersten Destabilisierung der bestehenden Netzwerke beitragen und spätere Mobilitätsentscheidungen weniger verlustreich erscheinen lassen.

3.4.3 Imaginierte und erfahrene Geographien - Der eigene und der fremde Raum

Die Mobilitätsbereitschaft der interviewten Hochschulabsolventen ist in hohem Maße abhängig vom Vorstellungsbild des eigenen Raums einerseits und des jeweiligen potentiellen Zielgebietes andererseits. Als Grundlage einer Mobilitätsentscheidung dienen den Absolventen meist Raumdichotomien, die der Kategorie des eigenen Raumes „*qua*" (hier), die Kategorien des jeweils anderen Raumes „*fuori*" (draußen) gegenüberstellen. Diesen beiden Raumtypen werden dann bestimmte Merkmale zugeschrieben, welche die Entscheidung für oder gegen eine Abwanderung unmittelbar beeinflussen.

3.4.3.1 Raumkategorien des „Hier"

Die Raumkategorien des ‚Hier' beziehen sich entweder auf den eigenen Ort (*qua*, hier in...) oder auf die gesamte Region Sizilien (*in Sicilia*), bisweilen auch explizit auf den gesamten Mezzogiorno (*al Sud; nel Mezzogiorno*).

„Qua è molto difficile"

Alle drei Räume, vorzugsweise aber die Region, werden generell mit dem Problem der Erwerbslosigkeit und der wirtschaftlichen Schwäche in Verbindung gebracht. Schwierigkeiten der Erwerbsfindung einerseits und die darüber hinaus generell unbefriedigenden Erwerbsbedingungen andererseits sind für fast alle Interviewten eine gegebene Eigenschaft Siziliens:

> „Hier ist es sehr schwierig" (Person 10).

> „Hier, besonders in Sizilien gibt es tatsächlich sehr wenige Arbeitsplätze, das ist das Problem" (Person 15).

Die grundlegende Problematik auf dem sizilianischen Arbeitsmarkt wird in den Gesprächen als gegebenes Faktum konstatiert und darüber hinaus selten differenziert, spezifiziert oder näher analysiert, so dass selbst hypothetische Problemlösungen erst gar nicht denkbar sind. Denn schließlich ist es – aus Sicht der Sprecher - der Raum selbst (in der Regel Sizilien), dem diese Probleme inhärent sind. Die Verantwortung für die immer wieder beklagte Beschäftigungsmisere von Jugendlichen wird hierbei weder einzelnen Personen noch greifbaren Institutionen angelastet, sondern gewissermaßen der Insel Sizilien, die in der sprachlichen Kommunikation oft personalisiert und damit zum Akteur wird:

> „Leider ist Sizilien kein Land, das seinen Kindern Garantien gibt" (Person 10).

Demgegenüber werden die formal verantwortlichen Akteure niemals für das Nichtfunktionieren von bürokratischen oder logistischen Strukturen verantwortlich gemacht, im Gegenteil:

> „oft sitzen die falschen Personen auf den falschen Stellen. Wahrscheinlich würden die gleichen Personen an der richtigen Stelle mehr bringen. Aufgrund unterschiedlicher Mechanismen – zufällige oder gewollte – entstehen jedoch am Ende paradoxe Situationen" (Person 10).

Interviewpartnerin 16 aus Castellammare, die mehrere Monate nach dem Ende ihres Weiterbildungskurses in Palermo immer noch auf die Abschlussprüfungen und ihre Zertifikate wartet, nimmt dies beispielsweise als Normalität Siziliens hin:

> „Der Kurs ist zwar vorbei, aber die Abschlussprüfungen sind noch nicht gelaufen. So funktionieren die Dinge hier" (Person 16).

Ein Wirtschaftswissenschaftler aus Salemi (Person 19) klagt darüber, dass Sizilien sein politisches Sonderstatut nicht zugunsten einer besseren Politik ausnutzt, und bedient sich hierbei einer grammatikalisch unpersönlichen Konstruktion, gebunden an den Raum:

> „denn in Sizilien denkt und handelt man nach nordafrikanischer Manier, wie man so schön sagt. Das ist verrückt, eine Schande!" (Person 19).

Bezüglich der Beschäftigungsmisere von Jugendlichen wird selten eine spezifische räumliche Differenzierung vorgenommen, vielmehr ist es Konsens, dass es „in Sizilien" oder „im Süden" generell keine Arbeit gibt. Die Möglichkeit, durch einen Umzug innerhalb der Insel die eigene Erwerbssituation verbessern zu können, wird als Handlungsoption faktisch ausgeschlossen. Als einzige Binnendifferenzierung wird bisweilen diejenige zwischen den Großstädten, v.a. Palermo und den kleinen Orten angenommen. Die besseren Erwerbsmöglichkeiten in den Großstädten werden vor allem von Hochschulabsolventen angeführt, die sich selbständig machen wollen oder als freie Mitarbeiter in Praxen oder Kanzleien arbeiten möchten.

Dabei gibt es aber auch Fälle, in denen vor allem die spezifische lokale Situation als problematisch erachtet wird. Eine interviewte Juristin aus Montallegro sieht die Probleme der Beschäftigungsfindung, aber auch des mangelnden kulturellen Niveaus zunächst in ihrem spezifischen Teil Siziliens, der Provinz Agrigent:

> „hier mangelt es an Arbeit und an der Möglichkeit, dein Leben so zu gestalten, wie du es möchtest, also wie ich es möchte. Hier überlebt man, man lebt nicht" (Person 29).

wohingegen die Situation in Palermo als Universitäts- und Hauptstadt schon besser ist.

Interviewpartnerin 10, die in Petralia Soprana, einem kleinen Ort in den Madonien lebt, verdient einen Teil ihres Lebensunterhalts mit einer eigenen Shiatsu-Praxis, die sie gerne weiter ausbauen möchte. In Petralia selbst ist es für sie nahezu unmöglich, eine eigene Klientel aufzubauen, da diese Form der Therapie den kulturellen Horizont der Einwohner ihres Ortes übersteigt und ihr daher eher mit Misstrauen begegnet wird. Folglich hat sie ihre Praxis in Palermo, wo ihr die notwendige Aufgeschlossenheit und Neugierde entgegengebracht werden.

Auch für Ingenieure eröffnen sich in Palermo Erwerbsmöglichkeiten in der Privatwirtschaft, da es dort eine Reihe von Ingenieursbüros gibt, in denen – wenngleich mit schlechter Bezahlung – auch Mitarbeiter gesucht werden.

Die Ingenieurswissenschaftlerin aus Santo Stefano (Person 32) hat auch nach Studienende die zusätzlichen Unterhaltskosten in Palermo auf sich genommen, um in der Nähe potentieller Erwerbsmöglichkeiten zu bleiben, dort zu arbeiten, und somit der Lethargie des eigenen Ortes zu entfliehen:

> „ich bin in Palermo geblieben, denn die Vorstellung, hierher zurückzukommen, hat mich überhaupt nicht berührt, denn hierher kommst du, um nichts zu tun" (Person 32).

„La mia terra"

Auf der anderen Seite wird die Raumkategorie des „Eigenen" in fast jedem Interview als Heimatkategorie über alle übrigen Kategorien gestellt. Emotionale Ortsbindung, Heimatliebe, wird hier neben der familiären Bindung als selbstverständlich bindende und somit unumstößliche Tatsache angeführt. Immer wieder sprechen Absolventen von „*la mia terra*" („meine Heimat", wörtlich „meine Erde"), die – allen Unwegbarkeiten zum Trotz - als absolute und nicht objektivierbare Begründung sowie als ultimatives Argument gegen eine Umzugsentscheidung angeführt wird. Dies findet sich in kaum übersetzbaren Formulierungen wie

> „ich bin hier, weil ich meine Heimat liebe und absolut nicht aus Sizilien weggehen möchte. Für mich wäre es ein Drama, aus Sizilien weggehen zu müssen" (Person 10).

oder

> „ganz offen gesagt, liebe ich diese Orte" (Person 27).

oder

> „Ich hatte immer Lust, hier in Sizilien zu bleiben" (Person 28).

Auch eine interviewter Mathematiker, der in seiner Ausdrucksweise ansonsten eher nüchtern ist, zieht nichts aus Sizilien weg, da er einer sehr unbefriedigenden Erwerbssituation zum Trotz mit seiner Lebenssituation zufrieden ist:

> „Ich fühle mich hier wohl, ganz ehrlich, ich fühle mich an meine Wurzeln gebunden" (Person 15).

oder

> „Leider kann man sich seine Wurzeln nicht aussuchen und es fällt uns schwer wegzugehen, mir ganz besonders... also ganz persönlich würde ich lieber in Sizilien bleiben und mich nicht weiter entfernen" (Person 28).

„Lontana dalla tua terra, ti rendi conto..."

Während die emotionale Heimatbindung einerseits als Schicksal hingenommen wird, kann andererseits auch die Erfahrung des Fremden erst so etwas wie ein Heimatgefühl entstehen lassen. Für die 33jährige Ingenieurin, die aus beruflichen Gründen mehrere Jahre in Palermo gewohnt hat, ist der Heimatort Santo Stefano di Quisquina erst dort zu einem wichtigen emotionalen Ruhepunkt geworden:

> „als ich hierher [zurück] gekommen bin, habe ich mich vollkommen entspannt. Santo Stefano ist ein Ort, der mich einfach an Nichts denken lässt, denn du kommst nach Hause, zu essen gibt es auch immer genug. Ich meine, du musst dich nicht sorgen, musst dich um nichts kümmern, folglich ist es ruhig – Palermo kennst du ja: das ist chaotisch, voller Lärm und Müll – hier kommst du her und vergisst dich einfach selbst." (Person 32)

Person 16 aus Castellammare ist in ihrem Leben schon sehr viel gereist und lebt seit mehreren Monaten mit ihrem Freund in Rom, wo sie sich sehr wohl fühlt. Gleichzeitig wird sie sich gerade dort ihrer Wurzeln bewußt:

> „weit weg von deiner Heimat, von deinen Ursprüngen, und auch von deiner Familie, wirst du dir bewusst, dass du [...] trotz allem zurückkehren möchtest. [...] Ich verspüre nicht diesen Drang, unbedingt bleiben zu müssen, aber mein Traum ist trotzdem zurückzukehren, aber im Moment habe ich diesen Drang nicht" (Person 16)

Interviewpartnerin 17 aus Palermo, die ebenfalls über einen sehr weiten geographischen Erfahrungshorizont verfügt, beschreibt die Relativität ihres Urteils über Palermo, je nach dem, von wo sie kommt: Die Rückkehr aus den USA sei ihr nämlich gerade wegen der großen kulturellen Unterschiede leichter gefallen als die Rückkehr aus Frankreich oder Rom:

> „Paradoxerweise ist es leichter nach einem USA-Aufenthalt nach Palermo zurückzukehren, denn im Vergleich zu den USA hat Palermo in meinen Augen andere Vorteile: nämlich die Tatsache sich zu Hause zu fühlen, Freunde... aber... der Vergleich zwischen Rom und Palermo ist problematisch: Palermo verliert definitiv, denn Rom hat trotz allem alle Vorteile, die für mich in Palermo so wichtig sind, zusätzlich die ganz objektiven Vorteile, die Rom gegenüber Palermo hat" (Person 17).

Für Interviewpartner 34 aus Palermo, der inzwischen in Rom lebt, ist eindeutig nicht Sizilien die Raumkategorie für Heimat, sondern ausschließlich seine Heimatstadt Palermo:

> „Ich würde nicht in Sizilien leben wollen, nur um in Sizilien zu leben. Ich würde in Sizilien leben, um in Palermo zu sein, meiner Heimatstadt [...] das heißt, ich wohne lieber in Rom als beispielsweise in den Nebrodi" (Person 34).

3.4.3.2 Raumkategorien des „Draussen"

Als Gegenkategorie des unspezifischen „Hier" wird in Gesprächen die Kategorie des Fremden meistens mit *„fuori"* (draußen), *„all'estero"* (im Ausland) oder *„al nord"* (im Norden) bezeichnet. Diese Kategorien des „Draussen" werden mit guten oder ausgezeichneten Erwerbsmöglichkeiten auf der einen Seite, aber einer geringeren Lebensqualität auf der anderen in Verbindung gebracht.

„Der Norden besteht aus Unternehmen, er besteht aus Fortschritt..."

Bezogen auf die Erwerbsmöglichkeiten in Norditalien gibt es eine realistische, bisweilen sogar optimistisch verklärende Einschätzung der tatsächlichen Situation, die nicht nur auf Pressemeldungen, sondern vor allem auch auf persönlichen Erzählungen beruht. Nahezu alle Befragten kennen Familienangehörige, Freunde und Verwandte, die „im Norden" leben und arbeiten oder zumindest dort gearbeitet haben. Da deren Emigration fast ausschließlich aus Beschäftigungsgründen erfolgte, hat sich ein Bild von „dem Norden" als Arbeitsraum und nicht als Lebensraum gefestigt:

> „Der Norden besteht aus Unternehmen, er besteht aus Fortschritt...was sollst du da oben, also ich meine im Sinne von... [Leben, HJ.]? (Person 28).

Somit ist die Vorstellung, dass man in Norditalien jederzeit Arbeit bekommen könnte, sehr verbreitet. Viele Interviewpartner, darunter auch Experten, berichten von Stellen in Norditalien, die nicht besetzt wurden. Das folgende Beispielzitat einer seit Jahren arbeitslosen Psychologin ist hierfür symptomatisch:

> „Im Norden habe ich sehr gute Beschäftigungschancen. Überleg dir mal: In Genua gab es jetzt einen Einstellungswettbewerb für 36 Psychologen: nur acht Kandidaten haben sich überhaupt beworben" (Person 10).

Mit jedem Bekannten, der zum Arbeiten in den Norden geht, verfestigt sich dieses Bild. Dabei fallen die konkreten Arbeitssucherfahrungen der Befragten durchaus unterschiedlich aus, je nachdem, ob von Sizilien aus eine Arbeit gesucht wird oder direkt vor Ort in Norditalien oder im Ausland. Sucht man vor Ort eine Erwerbsbeschäftigung, so verläuft die Arbeitssuche offensichtlich reibungslos:

Person 11 ist beispielsweise für einen Masterstudiengang nach Heidelberg gegangen. Da sie vom dortigen Studienangebot sehr bald enttäuscht war, fasste sie den Entschluss, die Zeit im Ausland dazu zu nutzen, erste Arbeitserfahrungen zu sammeln. Nach einer kurzen Phase als Verkäuferin in einem sizilianischen Lebensmittelgeschäft wechselte sie bald in die Zentrale einer großen italienischen Modekette und machte dort - zu ihrem eigenen Erstaunen - sehr schnell Karriere.

Diesen immer wieder hervorgehobenen, durch Einzelbeispiele belegten, vermeintlich rosigen Beschäftigungsaussichten zum Trotz erweisen sich schriftliche Bewerbungen von Sizilien aus in der Praxis als wenig erfolgreich. Ein Wirtschaftswissenschaftler (Person 19) und zwei Ingenieurswissenschaftlerinnen (Person 16, Person 32) berichten davon, dass sie auf ihre Bewerbungen aus Sizilien niemals Antworten erhalten hätten. Diese wurden erst dann beantwortet, wenn sie eine Absenderadresse in Norditalien oder im entsprechenden Ausland angegeben haben:

Nachdem ein befreundeter Studienkollege zum Arbeiten nach München gegangen ist, fasste auch die Interviewpartnerin 32 den Entschluss, sich „im Norden" zu bewerben. Ihre erste Bewerbungskampagne blieb ohne Erfolg:

> „Also habe ich Lebensläufe verschickt, aber niemand hat mir je geantwortet... wirklich niemand" (Person 32).

In einer zweiten Phase hat sie die Bewerbungen von ihrem Kollegen in München versenden lassen, mit einer Münchener Absenderadresse, woraufhin sie mehrere Antworten bekommen hat. Auch Person 16 hatte sich zunächst erfolglos von Palermo aus beworben, bevor sie dem Beispiel ihres Freundes folgte und dazu überging, eine Absenderadresse in Rom zu verwenden:

> „Seit ich meinen Wohnsitz verlagert habe, stelle ich fest, dass ich sehr viel bessere Chancen habe" (Person 16).

Da sie schon häufig von solchen Fällen gehört hat, versucht sie sich dieses Phänomen aus Sicht der Arbeitgeber zu erklären:

> „Auch bei meinem Freund haben wir die gleiche Erfahrung gemacht, wir haben einen Vergleich angestellt, und das ist wirklich zu komisch. Ich vermute, dass ein Betrieb, der jemanden neu einstellen möchte...Wenn sie sehen, dass diese Person erst einmal umziehen muss, zweifeln sie daran, dass diese Person die nötigen Opfer bringen wird, während eine Person, die bereits umgezogen ist, schon genau weiß, was es heißt, in einer anderen Stadt zu leben, denn es ist nicht leicht, alleine in einer fremden Stadt zu wohnen und in einer anderen Welt zu leben. Wir haben diesen Vergleich gemacht und es war wirklich so" (Person 16).

Die Vorstellung, dass es in Norditalien oder im Ausland mehr Beschäftigungsmöglichkeiten gäbe und zudem die Arbeitsbedingungen dort durch bessere Karrieremöglichkeiten (z.B. Amerika, Person 17, Person 33) sowie größere „Effizienz" und „Professionalität" (z.B. Frankreich, Person 33) gekennzeichnet sind, werden auch durch die eigenen Erfahrungen bestätigt, so dass die meisten Gesprächspartner eine größere berufliche Befriedigung gefunden haben, sobald sie außerhalb Siziliens gearbeitet haben:

> „Verona war eine sehr schöne Erfahrung" (Person 25).

„Zum Arbeiten ist es fantastisch, aber als Gesellschaft..."

Dennoch scheinen aus Sicht mancher Interviewter gute Arbeitsbedingungen geradezu zwangsläufig eine schlechtere Lebensqualität mit sich zu bringen. Interviewpartnerin 32 ist von dem Besuch in der Familie ihrer amerikanischen Tante fast traumatisiert:

> „Als Arbeitsort sind die USA fantastisch, ohne große Anstrengungen glaubst du, alles machen zu können, was du willst, aber als Gesellschaft ist es wirklich ganz anders, die Leute sehr viel kühler, immer viel zu hektisch, und alle denken ein bisschen zu viel an sich selbst. Und hier verlässt du dann... Sizilien ist wunderschön, d.h. es bietet keine Arbeit, es hat gar nichts, aber für mich ist es... wunderschön. Es ist sehr warm, du bist fröhlich.. das heißt, du bist arm aber fröhlich, und das ist trotz allem sehr wichtig. In Amerika war alles zu hektisch, auch meine Cousins, ich meine, ich habe sie gesehen, ich habe mich wohlgefühlt, aber nur Freitagabend und Samstag, denn bereits der Sonntag dient der Vorbereitung auf Montag, alles ist dort also ganz anders. Die ganzen übrigen Tage sahst du nie jemanden, denn von morgens bis abends haben sie gearbeitet, und schließlich habe ich gesagt: o.k., Du findest Arbeit, du findest Geld, aber du findest andere Dinge nicht mehr. Nein, habe ich mir gesagt und habe das Interesse verloren" (Person 33).

Auch die erfolgreiche Jungakademikerin aus Palermo machte in Amerika die Erfahrung, dass die großartigen Arbeitsbedingungen auch ihren Preis haben. Obgleich ihr Freund und zukünftiger Mann in Amerika lebt, hat sie sich entschlossen, nach Italien zurückzukehren, was sie als „existentielle Entscheidung" bezeichnet:

> „der Akademikerarbeitsmarkt ist insgesamt sehr viel freier und offener als in Italien. Ich würde sagen, dass es – unter beruflichem Aspekt – ein Selbstmord war, nach Italien zurückzukommen, aber da es nicht nur den Beruf gibt... Es war vielmehr eine existentielle Entscheidung" (Person 17).

3.4.3.3 Geographien der Arbeit und Geographien der Lebensqualität in Italien

Die verbreitete Vorstellung von paradiesisch anmutenden Beschäftigungsmöglichkeiten *„al nord"* werden innerhalb Italiens noch weiter regional differenziert. Grundlegend nehmen die Erwerbsmöglichkeiten von Norden nach Süden linear ab, was sehr häufig an den Städten Mailand, Bologna und Rom festgemacht wird. Während sich nach verbreiteter Vorstellung in Mailand problemlos eine Arbeit finden lässt, gestaltet sich dies in Rom schon sehr viel schwieriger. Geradezu komplementär zu dieser durchaus statistisch nachweisbaren Geographie des italienischen Arbeitsmarktes existiert eine vorgestellte „emotionale Geographie" Italiens, mit einem ebenfalls linear verlaufenden Süd-Nord-Gefälle.

Immer wieder anzutreffen ist eine dezidierte Abneigung gegenüber der Stadt Mailand, die geradezu als symbolisierter Raum von Arbeit und schlechtem Leben gilt. Ein Interviewter berichtet von Kollegen, die in den Norden gegangen sind, und antwortet auf die Frage nach den Zielgebieten der Wanderungen:

> „Zunächst einmal nach Mailand, weil man da Arbeit findet, dann kommen sie immer weiter runter [in Richtung Süden, HJ], denn Mailand gefällt niemandem – vor allem in die Emilia und nach Rom" (Person 27).

Auch Interviewpartnerin 16, die eine qualifikationsadäquate Stelle außerhalb von Sizilien suchte, zieht Rom gegenüber Mailand eindeutig vor:

> „Ich musste ohnehin in eine große Stadt umziehen – entweder Mailand oder Rom – und ich bevorzuge Rom gegenüber Mailand. Mailand ist zu ... [Lachen]... zu ‚bedeckt'. Ich bin nämlich ein Typ, der sich auch vom Wetter beeinflussen lässt [...] Mailand ist eine Stadt mit wenig Sonne, viel Nebel und nur Arbeit, verstehst du?" (Person 16)

Eine Absolventin, die in Mailand arbeitet, fühlt sich sogar dazu legitimiert, sich alle paar Monate bei ihrem Arbeitgeber krank zu melden, da sie auch nach mehreren Jahren noch immer unter der Stadt und ihrem Heimweh nach Sizilien leide.

Auch die beiden palermitanischen Interviewpartnerinnen, die nach Auslandsaufenthalten nach Italien zurückkehren, folgen bei ihrer Standortwahl der beschriebenen „mental map". Während für die Doktorarbeit von Person 17 ohnehin nur bestimmte Universitäten in Frage kommen –

> „natürlich hatte ich meine Präferenzen, ich hätte Bologna und Rom gegenüber Bari und Cagliari vorgezogen, hätte aber auch Bari und Cagliari angenommen, wenn ich dort genommen worden wäre" (Person 17).

schließt die Juristin, die nach ihrer geplanten Rückkehr aus Deutschland theoretisch in ganz Italien Arbeit suchen kann, Mailand kategorisch aus:

> „Ich würde beispielsweise nie nach Mailand gehen [...] Bologna ist schön, auch von der menschlichen Seite, aber Mailand nicht. [...] Alles südlich von Bologna ist machbar" (Person 11).

Person 32 aus Santo Stefano war sowohl in Amerika als auch in Frankreich und Norditalien (Biella), um dort nach Arbeit zu suchen. Wenngleich Teile ihrer Familie inzwischen in Biella leben und sie das Städtchen in höchsten Tönen lobt

> - „es ist wunderschön, ein hübsches, ruhiges und sauberes Städtchen, mit maximalem Respekt für alles" (Person 32) -

fühlte sie sich dort gleichermaßen unwohl, so dass sie schon nach wenigen Tagen nach Sizilien zurückgekehrt ist. Der Bericht von ihrer Rückfahrt mit dem Auto durch Italien liest sich wie eine emotionale Geographie des Landes:

> „von einem bestimmten Punkt an bekam ich von der dortigen Ruhe geradezu Übelkeit. Dann sind wir runtergefahren, wir sind dann mit dem Auto nach Sizilien gefahren, und je weiter wir runterkamen... Du kommst nach Florenz und schon beginnt ein bisschen Lärm, du kommst nach Rom und schon war es richtig laut, du kommst nach Neapel und es war ein Dröhnen, und du kommst hierher und schon ändert sich die Situation. Und vielleicht hatte es auch damit zu tun, mit der Tatsache dass... also ich hab vorher nur davon reden hören, als ich den Spleen im Kopf hatte, in die USA zu gehen, sagten mir alle: ‚Ah, aber Sizilien! Die Sonne! Der Himmel!' Und ich sagte: ‚Ach was, Blödsinn'. Was machst du denn mit dem Himmel und der Sonne, du findest sie überall... und plötzlich... und plötzlich wird es wichtig, auch die Sache mit den Menschen. Die Menschen sind anders... sie sind höflich, ich habe überall höfliche Menschen getroffen, freundlich, zuvorkommend, aber.. ich weiß auch nicht, es gibt irgendetwas, das anders ist, ich weiß es nicht. Und gleichzeitig denke ich, wenn du eine Arbeit findest, das wichtige ist eine Arbeit" (Person 32).

Imaginierte Geographien können die Mobilitätsabsichten junger Hochschulabsolventen beeinflussen. Die Vorstellungen der Beschäftigungsmöglichkeiten Amerikas, Deutschlands oder Norditaliens tragen hierbei zumindest in den Auswanderungsgebieten die Züge der Berichterstattung der Emigranten und Remigranten. Hierbei paart sich das Bild von einem florierenden Arbeitsmarkt „im Norden" mit demjenigen eines unmenschlichen und emotional unterkühlten Lebensraums, dessen gesellschaftliches Leben vom Effizienzdenken des industriellen Arbeitsprozesses überprägt ist. Diese kompensatorische Logik zeigt sich auch bei den interviewten Rückkehrern. Zwar steigt bei ihnen tendenziell die Unzufriedenheit mit den Arbeitsbedingungen in Sizilien, gleichzeitig nimmt aber auch die Zufriedenheit mit den Lebensbedingungen zu.

Die räumliche Dichotomie des Arbeitsmarktes, die oftmals in den Kategorien von „hier" und „draussen" artikuliert wird, fügt sich paradoxerweise in eine Rationalität der Immobilität ein. Denn die Vorstellung, dass man „draussen" jederzeit eine Arbeit bekommen könne, mindert – gewissermaßen dem Modell von Angebot und Nachfrage folgend - den Wert und das Prestige dieser Option. Dann kann diese Gedankenkonstruktion dazu führen, dass die Suche nach einer Tätigkeit im Norden auf den Zeitpunkt verschoben wird, wenn es im „Hier" keine Handlungsoptionen mehr gibt.

Erst im Moment der tatsächlichen Suche offenbaren sich dann auch die möglichen Zugangsbarrieren zum Arbeitsmarkt.

3.4.4 Rationalität des Wartens

Eine weiteren wichtigen Hinweis für das Verständnis der beschriebenen Handlungsrationalitäten der sizilianischen Hochschulabsolventen liefert der Kulturanthorpologe Christian GIORDANO, der die starke Verhaftung der Mitglieder mediterraner Gesellschaften in tradierten Handlungsweisen mit der gedanklichen Verknüpfung von Erfahrungsraum und Erwartungshorizont erklärt.

Das moderne Projekt der Aufklärung erklärt GIORDANO mit der

> „zunehmenden Kluft zwischen Erfahrungsraum und Erwartungshorizont in den nord- und mitteleuropäischen Ländern. [...] Phänomene wie die Aufklärung und die industrielle Revolution, die im Grunde für die Entstehung der modernen Gesellschaften massgebend gewesen sind, wären ohne das Auseinanderklaffen von Erfahrungsraum und Erwartungshorizont im Bewusstsein der Handelnden gar nicht denkbar [...].
>
> Die Gesellschaften, deren Mitglieder die Kluft zwischen Erfahrungsraum und Erwartungshorizont nicht kennen, sind dagegen in der Regel durch die auffälligen Beharrungstendenzen von Kulturtraditionen gekennzeichnet. Persistenz der traditionellen Denk- und Handlungsmuster beruht also im Gegensatz zur urban-industriellen Betrachtungsweise nicht auf monotoner Wiederholung, dumpfer Gewöhnung oder unüberlegter Nachahmung, sondern auf dem erfahrungsbedingten und historisch geprägten Bewusstsein, dass die Zukunft letztendlich wie die Vergangenheit aussehen wird." (GIORDANO 1992: 509)

Bezogen auf die Beschäftigungsperspektiven von Akademikern lehrt die Vergangenheit die jungen Hochschulabsolventen, dass sich das Warten auf eine unbefristete Stelle früher oder später auszahlen wird. Diese Vorstellung begründet sich nicht nur auf die gelebten Erfahrungen von Familienmitgliedern, Freunden und Bekannten, die als Erzählungen Eingang in das kollektive Gedächtnis gefunden haben, sondern findet sich beispielsweise auch in den institutionellen Verteilungspraktiken von freiwerdenden Arbeitsplätzen durch die Arbeitsämter (*collocamento*) wieder. Sowohl die Verteilung von Stellen als auch die Teilnahme an den meisten Beschäftigungsmaßnahmen ist an eine bestimmte Dauer der Arbeitslosigkeit gebunden, so dass sich das vermeintlich irrationale Erfahrungswissen konstituiert, dass Langzeitarbeitslosigkeit einen Eigenwert im Kampf um die Ressource Arbeit besitzt. Folglich werden die erworbenen Anwartschaften und Positionen, aus denen sich erfahrungsgemäß immer irgend etwas noch Unvorhersehbares entwickeln kann, nur ungern gegen staatliche oder privatwirtschaftliche Versprechungen ohne langfristige Garantien eingetauscht.

Den grundsätzlichen Wunsch in Sizilien zu bleiben vorausgesetzt, gibt auch die Vorstellung florierender Arbeitsmärkte im Norden der Rationalität des Wartens weitere Nahrung. Denn nicht unzureichende Informationen über die (gute) Arbeitsmarktsituation im Norden bremsen die Entscheidung zur Mobilität, sondern gerade das Wissen um die guten Beschäftigungsaussichten im Norden, die sogar in den Erzählungen einzelner Absolventen geradezu verklärt werden. Denn wer die Vorstellung hat, jederzeit gehen zu können, besitzt auch die Freiheit, den Moment der Abwanderung selber bestimmen zu können.

3.4.5 Zusammenfassung

Der in Sizilien weit verbreiteten Sesshaftigkeit junger arbeitsloser Hochschulabsolventen, die in einer makroperspektivischen Betrachtung zunächst als irrationales Verhalten erscheint, liegen unterschiedliche Handlungsrationalitäten zugrunde, die sich in aller Regel auf persönliche Erfahrungen im unmittelbaren familiären oder lokalen Kontext begründen.

Während in der Vorstellung moderner Gesellschaften räumliche Mobilität zunächst als eigenständiger Wert erachtet wird, ist dies in Sizilien lediglich in der Tradition einer kleinen privilegierten Bevölkerungsgruppe der Fall. Im soziokulturellen Kontext einer Emigrationsgeschichte steht Emigration im kollektiven Gedächtnis für den letzten Ausweg aus der wirtschaftlichen Misere und ist häufig Ausdruck des Scheiterns. Zudem ist die Abwanderung nach Nord- oder Mittelitalien in Zeiten eines gestiegenen Wohlstandniveaus und aufgrund der zusätzlich entstehenden Kosten für Miete und Versorgung lediglich in jenen Fällen ökonomisch rational, in welchen ein deutlich überdurchschnittliches Gehalt erzielt wird.

Die durch Abwanderung entstehende räumliche Distanz zu Familie, Freunden und Bekannten bringt zudem mit sich, dass bestehendes und häufig lokal gebundenes Sozialkapital durch Abwanderung seinen Wert verliert und damit die Chancen auf eine Stelle auf dem sizilianischen Arbeitsmarkt sinken. Denn in der Praxis erweist sich die räumliche Nähe zu bestehenden Kontaktnetzwerken als wichtigster Schlüssel auf dem Weg in eine dauerhafte Erwerbsbeschäftigung. Somit verbleiben viele Absolventen in der Hoffnung, über bestehendes Kontaktnetzwerke einen Eintritt in den sizilianischen Arbeitsmarkt zu bekommen.

Zudem konnte mit Hilfe der geführten Interviews herausgefunden werden, dass der Verbleib in der Arbeitslosigkeit in Sizilien keinesfalls auf ein Informationsdefizit bezüglich der besseren Erwerbsmöglichkeiten in Norditalien zurückzuführen ist. Vielmehr gibt es eine verbreitete Vorstellung florierender Arbeitsmärkte in Norditalien, insbesondere im Raum Mailand, die eine Erwerbsaufnahme jederzeit möglich erscheinen lassen. Gerade diese Überschätzung der Erwerbsmöglichkeiten „im Norden" führt zu einem kontinuierlichen Aufschub der Wanderungsentscheidung. Denn komplementär zum bestehenden Nord-Süd-Gefälle der Erwerbsmöglichkeiten existiert die Vorstellung eines Süd-Nord-Gefälles der Lebensqualität, die aus Sicht der Zurückgebliebenen im heimatlichen Sizilien am höchsten ist.

3.5 SIZILIANISCHE HOCHSCHULABSOLVENTEN IN DER EUROPÄISCHEN WISSENSGESELLSCHAFT

Ähnlich wie in den übrigen Regionen des Mezzogiorno verläuft der Übergang Siziliens in die europäische Wissensgesellschaft vergleichsweise langsam. Zwar blickt die Insel im Gegensatz zu den meisten süditalienischen Regionen auf eine Jahrhunderte alte Universitätstradition zurück und besitzt zudem mit den drei traditionsreichen Universitäten Palermo, Catania und Messina eine umfassende Hochschulausstattung. Der Akademikeranteil an der Bevölkerung bleibt aber vergleichsweise gering. Nach der ersten Bildungsexpansion der 1960er und 1970er Jahre in Italien, welche den Hochschulausbau in den benachbarten süditalienischen Regionen vorangetrieben hat, war die zweite Hochschulexpansion der 1990er Jahre von der Gründung dezentraler Hochschulstandorte in den peripheren Lagen der Insel gekennzeichnet, die häufig mit der Einrichtung neuer Studiengänge einhergingen.

Die steigende Bildungsbeteiligung in Sizilien, die sich in wachsenden Studierendenzahlen ausdrückt, spiegelt sich jedoch kaum in der Entwicklung der Absolventenzahlen wider, die während der 1990er Jahre nahezu konstant geblieben ist, und somit nicht dem steilen Anstieg in den Regionen Nord- und Mittelitaliens folgte. Der geringen ‚Produktivität' sizilianischer Universitäten – gemessen an dem Verhältnis von Studienanfängern und Studienabsolventen – zum Trotz, haben die 1990er Jahre zu einer Antieg des Anteils von Akademikern an der sizilianischen Bevölkerung beigetragen. Die absolute Akademikerzahl ist allein in den 1990er Jahren schneller gewachsen als in den drei Jahrzehnten zuvor.

Für den Übergang in die Wissensgesellschaft ist jedoch nicht nur eine erhöhte Anzahl von Akademikern in der Gesamtbevölkerung kennzeichnend, sondern gleichzeitig auch ein Eindringen des akademischen Wissens in den wirtschaftlichen Produktionsprozess. Dieser drückt sich statistisch aus in einem steigenden Akademikeranteil an der Erwerbsbevölkerung und einer zügigen Integration junger Akademiker in den Arbeitsmarkt. Gerade der Übergang sizilianischer Hochschulabsolventen vom Studium in das Erwerbsleben erweist sich jedoch als schwierig, so dass ein erheblicher Teil junger sizilianischer Universitätsabsolventen schon vor dem Studium oder in den ersten Jahren nach Studienende die Insel verlässt. Hierbei folgen sie dem statistisch nachweisbaren, bestehenden Gefälle auf dem sizilianischen Arbeitsmarkt, wobei die Mobilität tendenziell in den Fachbereichen am höchsten ist, welche die besten Erwerbschancen aufweisen. Zurück bleibt eine erschreckend große Gruppe junger Akademiker, die noch drei Jahre nach Studienende in der Arbeitslosigkeit verharren und damit in ökonomischer Perspektive als ungenutzte Potentiale der Wissensgesellschaft erscheinen.

Wie aber lässt sich die hohe Sesshaftigkeit junger arbeitsloser Hochschulabsolventen angesichts einer steigenden Nachfrage nach akademischem Wissen in allen ökonomischen Bereichen erklären? Warum folgt ein erheblicher Anteil von Absolventen nicht dem bestehenden Gefälle auf dem italienischen Akademikerarbeitsmarkt? Welche Schlüsse lassen sich hieraus für den Übergang Siziliens in die Wissensgesellschaft ziehen?

Während der Verbleib in der Arbeitslosigkeit aus makroökonomischer Perspektive als irrationales Verhalten erscheint, erweist sie sich in den Erzählungen betroffener Absolventen als Ergebnis kulturell angepasster, rationaler Handlungsstrategien, deren langfristiges Ziel eine dauerhafte Beschäftigung in Sizilien ist.

Zum einen ist vor allem im ländlichen Raum Siziliens das Bewusstsein von einer universitären Ausbildung als Humankapitalressource noch wenig verbreitet, so dass der Hochschulabschluss *laurea* zwar als soziales Differenzierungsmerkmal, aber kaum als ökonomisches Potential wahrgenommen wird. Dies kann dadurch bedingt sein, dass die Zeit des Universitätsstudiums vor allem im ländlichen Raum weniger als Humankapitalinvestition denn als „Parkplatz" angesehen wird. Schon während der Studienzeit stellt das Studium selbst nur eines von mehreren Aktivitätsfeldern dar, zu denen meist eine aktive oder passive Arbeitssuche, kleine Erwerbsarbeiten sowie ökonomische oder soziale Aufgaben in der Familie gehören. Während in der Vorstellung eines Lebensphasenmodells Studium, Arbeitssuche und Erwerbsarbeit in einer zeitlichen Sukzession auftreten, in der die Arbeitssuche vor allem durch Erwerbslosigkeit gekennzeichnet ist, verlaufen diese Aktivitäten bei den meisten interviewten Absolventen parallel und in einem zeitlichen Kontinuum. Die Gleichzeitigkeit von Arbeitssuche, Studium oder Weiterbildung sowie Erwerbsarbeit stellt vor allem im ländlichen Raum ebenso den Regelfall dar, wie die enge Verflechtung dieser Tätigkeiten mit den Erwerbsaktivitäten der Familie, welche als ökonomische Einheit alle Erwerbsentscheidungen ihrer Mitglieder beeinflusst.

Die verbreitete Arbeitslosigkeit ist also keinesfalls zwingend mit Beschäftigungslosigkeit, Armut oder sozialer Isolation gleichzusetzen, sondern stellt in der Wahrnehmung vieler junger Sizilianer ein notwendiges Übel auf dem Weg zur ersehnten Dauerbeschäftigung im öffentlichen Dienst dar. Anders als beispielsweise in Deutschland, wo mit zunehmender Dauer der Arbeitslosigkeit die Chancen auf eine Stellenfindung sinken, können die institutionellen Strukturen in Sizilien sogar bewirken, dass die formelle Arbeitslosigkeit mit der Dauer einen messbaren Eigenwert entwickelt, der in Hinblick auf eine spätere Beschäftigung handfeste Vorteile versprechen kann. Zum einen verbessert aufgrund eines Punktesystems die Langzeitarbeitslosigkeit die Einstellungschancen im öffentlichen Dienst, zum anderen eröffnet sie den Zugang zu den vielen Beschäftigungs- und Weiterbildungsprogrammen, die einen weiteren wertvollen Baustein im komplexen Netz hybrider Aktivitätsfelder darstellen.

Da aufgrund der institutionellen Struktur und des soziokulturellen Hintergrunds der Moment des Eintritts in die Arbeitslosigkeit in Sizilien kaum als Einschnitt erfahren wird, ist auch die Frage nach der Abwanderung kein fassbarer Entscheidungsmoment, sondern ein Gedankenprozess in einem zeitlichen Kontinuum. Aufgrund der langen Emigrationstradition ist die Abwanderung in den Norden eine Handlungsoption, die kontinuierlich mitgedacht wird und lediglich in Krisenmomenten in den Vordergrund tritt. Die Emigrationserfahrungen von älteren Verwandten und Bekannten haben einerseits gelehrt, dass sich im Norden zwar leicht eine Arbeit finden lässt, der gewonnene ökonomische Wohlstand jedoch mit erheblichen Einbußen in der Lebensqualität bezahlt werden muss. Zudem war in den meisten Fällen auch die

Rückkehr in die Heimat, sofern sie überhaupt erfolgt ist, mit Schwierigkeiten verbunden, so dass sich Emigration als Verbesserung der Lebenssituation in Sizilien ausschließlich in ökonomischer Sicht als effektiv erwies.

In der Denktradition klassischer Emigrationsregionen erscheint die unfreiwillige Abwanderung in den Norden auch heute noch als Ausdruck des Scheiterns und besitzt somit eine kulturell negativ beladene Konnotation. Vor diesem Hintergrund und in Hinblick auf das langfristige Ziel einer Erwerbsarbeit in Sizilien stellt das kontinuierliche Hinauszögern der Wanderungsentscheidung tatsächlich ein rationales Verhalten dar. Aufgrund der beträchtlichen Differenz der Lebenshaltungskosten zwischen dem Heimatort und einer Stadt in Norditalien erweist sich die Annahme einer Erwerbsbeschäftigung im Norden kurzfristig nur dann als ökonomisch rational, wenn das erwartete Einkommen im Zielgebiet der Wanderung deutlich über dem bestehenden Durchschnitt liegt. Folglich ruft auch das Wissen um florierende Arbeitsmärkte in Norditalien nicht zwingend eine Wanderungsentscheidung hervor.

Den Prämissen der Wissensgesellschaft - nämlich der wachsenden ökonomischen Bedeutung akademischen Wissens - stehen viele junge Hochschulabsolventen in Sizilien noch unwissend gegenüber. In ihrer Erfahrungswelt ist der akademische Abschluss *laurea* vor allem in Bezug auf die Stellenvergabe im öffentlichen Dienst und im Bildungssystem von Bedeutung. Nicht zuletzt der starke Stellenabbau in der öffentlichen Verwaltung Italiens hat dazu geführt, dass die Akademikerarbeitslosigkeit in Sizilien angestiegen ist. In einem Arbeitsmarkt, der vermehrt von Selbständigkeit und privatwirtschaftlichen Arbeitsverhältnissen gekennzeichnet ist, stellen sich junge Hochschulabsolventen heute eher die Frage nach dem ökonomischen Wert ihrer erworbenen Qualifikationen.

Bei genauerem Hinsehen erweisen sich die offiziellen Arbeitslosenstatistiken als unzureichendes Beschreibungsmaß, da sie die Beschäftigungsrealitäten in extraindustriellen Arbeitsmärkten nicht angemessen wiedergeben. Denn es besteht Grund zu der Annahme, dass das akademische Wissen der jungen Hochschulabsolventen schleichend in die ökonomischen Produktionsprozesse einsickert. Allein bei der Bewältigung administrativer Hürden für die Teilnahme an EU-Förderprogrammen erweist sich das an der Universität erworbene Wissen als wertvoll. Der Weg Siziliens in die europäische Wissensgesellschaft, in der das akademisch erworbene Wissen einen ökonomischen Wert gewinnt, wird somit auch indirekt durch die Europäische Union selbst bereitet.

In Bezug auf die Anschlussfähigkeit von peripheren Regionen wie Sizilien oder den italienischen Mezzogiorno an gesamteuropäische Entwicklungen sowie bezüglich der Attraktivität der Region als Investitionsstandort der Wissensgesellschaft ist der Verbleib junger Hochschulabsolventen von entscheidender Bedeutung. Ihre vorübergehende massive Unterbeschäftigung ist möglicherweise ein Übergangsphänomen im Transformationsprozess zur Wissensgesellschaft. Das manifeste Problem der schlechten Beschäftigungsmöglichkeiten junger Hochschulabsolventen in Sizilien könnte sich in Zeiten knapper Humanressourcen sogar als Vorteil erweisen, wenn es gelingt, dieses Potential im Wettstreit um die Standorte von Arbeitsplätzen wirksam einzusetzen.

Für eine solche Entwicklung gibt es in Sizilien seit den 1990er Jahren deutliche Anzeichen, insbesondere im Technologiezentrum Etna Valley bei Catania. Am Anfang der dortigen Erfolgsgeschichte steht Pasquale Pistorio, der Präsident der Firma STMicroelectronics, eines der weltweit größten Halbleiterherstellers mit einem Weltmarktanteil von über 5%. Pistorio entschloss sich im Jahr 1984, im Industriegebiet am südlichen Rand seiner Heimatstadt Catania einen ersten Produktionsstandort zu eröffnen.

Der entscheidende Entwicklungsimpuls kam aber erst durch die Eröffnung einer großen und modernen Waferfabrik, die im Jahre 1997 ihre Produktion aufnahm. Dadurch ist das Unternehmen auf eine Größe von etwa 3.500 Angestellten im Jahr 2001 angewachsen, von denen drei Viertel einen Hochschulabschluss oder ein Abitur besitzen. Es handelt sich also nicht – wie im Falle der berüchtigten „Kathedralen in der Wüste" um verlängerte Werkbänke, sondern vielmehr um einen selbständigen Forschungs- und Entwicklungsstandort.

Der Erfolg von ST-Microelectronics legte den Grundstein für Etna Valley. Inzwischen haben sich etwa 20 multinationale Unternehmen angesiedelt, darunter Nokia (seit 1999), Omnitel (Vodafone), Nortel, IBM, Alcatel, Olin, Telspazio, Openline, Computer science Corporation und etwa 200 lokale Betriebe. Dort arbeiten weitere 3000 Personen. Zudem befinden sich hier zwei Gründerzentren (BIC Sicilia und Global Communication), in denen junge lokale Unternehmerinnen und Unternehmer eine Existenz aufbauen können.

Für Investoren in Sizilien erweist sich die Immobilität der sizilianischen Jungakademiker in mehrfacher Weise als Vorteil. Bei der Konferenz MEDNET zur Entwicklung der Kommunikationstechnologien im Mittelmeerraum im Jahr 2001 sagten mehrere Investoren, dass die sizilianischen Mitarbeiter bei gleichwertiger Ausbildung nicht nur billiger, sondern auch besonders teamfähig seien und ihrem Unternehmen mehr Loyalität und Treue entgegenbrächten. Gerade im hochmobilen Segment der Kommunikationstechnologie ist dies gegenüber anderen Regionen ein wichtiger Vorteil, wie Samy Gattegno von Alcatel feststellt:

> "Im Norden verlassen die Mitarbeiter nach zwei Jahren die Firma und machen sich selbständig. Im Süden sind sie hingegen ihrem Unternehmen treu und bleiben um Jahre länger, so dass unsere Investition in die Person auch ihre Früchte trägt".[90]

---

[90] „Nel Nord, dopo due anni lasciano l'azienda e si mettono in proprio. Nel Sud sono fedeli, rimangogo per più anni e il nostro investimento sulla persona da i suoi frutti" (in La Sicilia 23. August 2001, Übersetzung HJ.).

Zusammenfassung und Ausblick

Der Übergang Europas in die postindustrielle Wissensgesellschaft hat entscheidende Konsequenzen für die europäische Regionalentwicklung: Die Wissensgesellschaft ist gekennzeichnet durch eine wachsende Zahl von Akademikern und den Prozess des Eindringens akademischen Wissens in nahezu alle Lebensbereiche. Parallel werden andere Formen des Wissens verdrängt. Die Wissensgesellschaft ist in besonderem Maße das Produkt ihres eigenen Handelns, ein autopoietisches System, dessen Produktion in gesteigertem Maße auf der Ebene immaterieller Güter stattfindet, die ihrerseits eine besondere (kulturelle) Kontextsensitivität besitzen. Für die Teilnahme peripherer Regionen an dieser Wissensgesellschaft ist die akademische Ausbildung der Bevölkerung eine notwendige Voraussetzung, die in Hinblick auf die regionale Entwicklung eine besondere Aufmerksamkeit verdient. Während die Ressourcen der Agrar- und Industriegesellschaft durch die naturräumlichen Bedingungen und die physische Distanz zu den Zentren bestimmt war und somit die Situation der Peripheralität in gewisser Weise prädestiniert, avanciert in der postindustriellen Wissensgesellschaft die kulturelle Distanz zu den Wissensformen der Zentren zur wichtigsten Determinante für die Teilhabe an aktuellen Entwicklungen.

Aus diesen veränderten Rahmenbedingungen nähren sich in den peripheren Regionen wie dem italienischen Mezzogiorno Hoffnungen auf eine eigenständige wirtschaftliche Entwicklung. Durch einen aktiven Aufbau von Humanressourcen können die Peripherien aus ihrer Situation der sozioökonomischen Peripheralität entkommen und an den Entwicklungen in den Zentren teilhaben. Von Seiten regionaler Planung bedarf es hierfür zunächst massiver Anstrengungen im Bereich der akademischen Hochschulausbildung und im zweiten Schritt einer Nutzung dieser Ressourcen, d.h. einer Integration von Akademikern in den wirtschaftlichen Produktionsprozess. Dieser Entwicklung stehen zwei Hürden entgegen: zum einen drohen die aufgebauten Ressourcen aufgrund besserer Entwicklungsmöglichkeiten abzuwandern und damit Teil eines Brain drain zu werden. Zum anderen können diese Ressourcen in der Arbeitslosigkeit ungenutzt bleiben oder in Beschäftigungsverhältnissen unterhalb des erworbenen Qualifikationsniveaus als Brain waste verkümmern.

Wenngleich der italienische Mezzogiorno ein großes Entwicklungspotential besitzt, weisen die Statistiken für die 1990er Jahre beunruhigende Entwicklungen auf: nach einer Phase der Konsolidierung in den 1980er Jahren nahmen die regionalen Disparitäten zwischen Norden und Süden im darauffolgenden Jahrzehnt stetig zu. Diese Entwicklung betraf sowohl klassische Indikatoren des Wirtschaftswachstums und der Beschäftigung als auch das spezifische Arbeitsmarktsegment der Akademiker. Messbar wird dies anhand der wachsenden regionalen Disparitäten des Akademikeranteils an der Bevölkerung, der Akademikerarbeitslosigkeit und des Akademikeranteils in der Gruppe der Erwerbspersonen.

Hierfür gibt es zwei Gründe: Zum einen haben die Studierenden an den Universitäten des Mezzogiorno eine geringere Erfolgsquote, was wiederum auf das mangelnde Bewusstsein für den Hochschulabschluss als Qualifikationsmerkmal bzw. als Humankapital zurückzuführen ist. Lange Zeit wurde das Hochschulstudium als „Parkplatz" und der Hochschulabschluss weniger als persönliche Qualifikation denn als Zugangsbedingung für eine gut bezahlte Festanstellung im öffentlichen Dienst wahrgenommen.

Zum anderen leidet der Mezzogiorno unter der starken Abwanderung von Akademikern und insbesondere jungen Hochschulabsolventen, die den Süden in die Rolle des Humanressourcenlieferanten für die dynamischen Wirtschaftsregionen des Nordens drängt. Zwar kehren viele Akademiker nach einem längeren Aufenthalt in einer nord- oder mittelitalienischen Region in den Mezzogiorno zurück, gleichwohl erweist sich die Süd-Nord-Wanderung für die meisten als Einbahnstraße. Die Zielgebiete dieser Migration sind zum einen die klassischen norditalienischen Regionen Lombardei und Piemont, zum anderen aber auch die Emilia Romagna, Toskana und Umbrien sowie der italienische Nordosten.

Hier zeigt sich, dass gerade die jungen Absolventen der Fachbereiche Ingenieurswissenschaft, Wirtschaftswissenschaft, Jura und Naturwissenschaften den Mezzogiorno verlassen. Das im Mezzogiorno produzierte Wissen kommt folglich zu beträchtlichen Teilen dem Norden zugute, und zwar besonders in denjenigen Fachbereichen, die auf der technischen Ebene oder der Symbolebene der Wissensgesellschaft operieren. Durch Brain drain fällt der Mezzogiorno somit in die Rolle des Humanressourcenlieferanten für die Regionen Mittel- und Norditaliens.

Dieser Brain drain ist jedoch eher als Brain overflow zu interpretieren, denn nicht die starke Abwanderung, sondern eher die schwierige Beschäftigungssituation von Absolventen im Mezzogiorno und Sizilien führt dazu, dass die endogenen Humanressourcen nur unzureichend genutzt werden. Neben der hohen Arbeitslosigkeit ist aber auch ein zusätzlicher Brain waste bei den Erwerbstätigen festzustellen, denn ein beachtlicher Teil arbeitet in Beschäftigungsverhältnissen, die unterhalb des formalen Qualifikationsniveaus liegen.

Diese gemessenen Zahlen stellen jedoch nur einen Zwischenzustand in einem sehr sensiblen (Un)gleichgewicht dar, welches unmittelbar auf die aktuelle Arbeitsmarktsituation reagiert. Denn traditionell fungiert die Emigration als Ventil des italienischen Arbeitsmarktes, was sich auch für den Akademikerarbeitsmarkt zeigt. Eine Verbesserung der Beschäftigungssituation im Mezzogiorno verlangsamt die Abwanderung und verstärkt die Rückwanderung, während sich umgekehrt ein anhaltender Anstieg der Akademikerarbeitslosigkeit verstärkend auf die Abwanderung und bremsend auf die Rückwanderung auswirkt.

Gleichwohl verharrt nahezu die Hälfte der befragten Absolventen auch drei Jahre nach dem Hochschulabschluss in einem Stadium der Arbeitslosigkeit, anstatt dem bestehenden Gefälle auf dem italienischen Akademikerarbeitsmarkt zu folgen. Folglich bleiben diese Potentiale weitgehend ungenutzt und verlieren mit der Zeit sogar noch an

Wert, sofern sie nicht durch erwerbsfremde Tätigkeiten wie Weiterbildungen und Vorbereitungen für die Teilnahme an Einstellungswettbewerben kontinuierlich erneuert werden.

Die Gründe für dieses – in einer neoklassischen Logik - irrationale Mobilität der „Ressource Wissen" liegen darin begründet, dass die Umsetzung und räumliche Mobilität von personengebundenem Wissen durch andere Einflussfaktoren gesteuert wird als andere Kapitalarten. Während sich für die Beschreibung von Mobilität die makroanalytische Betrachtung aggregierter Daten als sinnvoll erweist, bedarf es für deren Erklärung anderer Methoden. Denn die räumliche Mobilität von Akademikern wird durch kulturelle und soziale Faktoren beeinflusst, die in jeder Region eine eigene Ausprägung erfahren.

Für die Untersuchung des Mobilitätsverhaltens und der Erwerbssituation junger Hochschulabsolventen wurden in der vorliegenden Untersuchung biographisch angelehnte, narrative Interviews durchgeführt, die ein hermeneutisches Verstehen der dem Handeln zugrunde liegenden Handlungsrationalitäten ermöglichen. Hierbei konnte gezeigt werden, dass die beiden Basiskategorien des Zusammenhangs von Migration und Beschäftigung im prä- oder außerindustrialisierten Sizilien andere soziokulturelle Wertigkeiten haben als in unseren hochmodernen Industriegesellschaften.

Im Gegensatz zu diesen erweisen sich die beiden Beschreibungskategorien Arbeitslosigkeit und Arbeit für die Erwerbssituationen der meisten Hochschulabsolventen in Sizilien als unzureichend. Der Begriff der *disoccupazione* ist in der Erfahrungswelt junger sizilianischer Hochschulabsolventen an die Einschreibung in die Listen der lokalen Arbeitsämter *uffici di collocamento* gebunden, die in der Praxis die meisten Jugendlichen bereits mit 16 Jahren vollziehen. Diesen formalen Status behält man – auch als späterer Hochschulabsolvent - in der Regel so lange, bis man einen *posto* in der öffentlichen Verwaltung bekommen hat, bzw. das erzielte Einkommen aus anderen Tätigkeiten die vorgegebenen Einkommensgrenzen übersteigt. Erst dann erlischt der Status als *disoccupato*.

Dies bedeutet, dass faktisch nahezu alle Interviewten *disoccupati* im Sinne des *ufficio di collocamento* sind, gleichzeitig aber unabhängig davon anderen, in der Regel legalen Aktivitäten nachgehen. Insbesondere im ländlichen Raum ist die Kombination einer formalen Arbeitslosigkeit mit einer regelmäßigen Beschäftigungsmaßnahme (z.B. *lsu*) sowie diversen Aktivitäten als Selbständige oder Mitarbeiter im Familienbetrieb keine Seltenheit. Auch die langwierige und zeitaufwändige Vorbereitung auf die nationalen Einstellungswettbewerbe (*concorsi*), beispielsweise für Lehrerstellen, fällt hierbei in die Kategorie von *lavoro*. Arbeitslosigkeit (*disoccupazione*) und Arbeiten (*lavoro*) bewegen sich folglich auf unterschiedlichen Referenzebenen, so dass bei den meisten Absolventen beides gleichzeitig zutrifft.

Da zudem die meisten Beschäftigungsprogramme den formellen Arbeitslosenstatus als Zugangsbedingung voraussetzen, dieser darüber hinaus meist auch während und nach der Beschäftigungsmaßnahme erhalten bleibt, erweist sich auch die institutionelle Ebene als widersprüchlich. Dies wurde auch beim Ausfüllen des ISTAT-Fragebogens deutlich, denn mehrere Hochschulabsolventen fragten bereits an der Gabelfrage „Üben Sie eine Arbeitsaktivität aus" („*Svolge un attività lavorativa?*") nach, ob sie Ja oder Nein ankreuzen sollten. Hinter dieser Unsicherheit steht aber nicht der Gedanke, dass sie ihren formellen Status als Arbeitslose leugnen wollen, sondern vielmehr der Zweifel, ob sich die Frage auf den offiziellen Status des *collocamento*, oder auf die tatsächlichen Erwerbsbeschäftigungen bezieht.

In der sozialen Praxis bedeutet dies, dass der Status der Arbeitslosigkeit weder spürbar, noch erkennbar ist. Da sich fast alle jungen Sizilianer schon zu Schulzeiten arbeitslos melden, gibt es am Studienende keinen erlebten Moment des Eintritts in die Arbeitslosigkeit. Das Studienende selbst wird weniger als das Ende eines Lebensabschnitts erfahren, was auch der Tatsache geschuldet ist, dass die Mehrheit der sizilianischen Absolventen in diesem Moment noch bei den Eltern lebt. Zudem verläuft die Mehrzahl der Aktivitäten unverändert weiter und – anders als beispielsweise in Deutschland – auch der Gang zum Arbeitsamt bleibt aus. Die institutionellen Rahmenbedingungen ermöglichen somit die Gleichzeitigkeit von Arbeitslosigkeit, Studium oder Weiterbildung und kleinen Erwerbsaktivitäten.

Darüber hinaus wird auch die subjektive Belastung der Arbeitslosigkeit bzw. die Unzufriedenheit mit der aktuellen Erwerbstätigkeit bzw. den aktuellen Erwerbstätigkeiten durch die grundsätzlich problematische Erwerbssituation der Gleichaltrigen stark relativiert. In einem Kontext, in dem es nach weit verbreiteter Vorstellung ohnehin keine Arbeit gibt, ist man tendenziell auch mit weniger zufrieden, zumindest solange es die begründete Hoffnung auf eine Besserung der Situation gibt. Diese Perspektive ist bei jungen Akademikern eher gegeben als bei Personen mit einem niedrigeren Abschluss.

Wenngleich Arbeitslosigkeit für junge Hochschulabsolventen in Sizilien nicht mit einer finanziellen staatlichen Unterstützung nach dem Modell der deutschen Arbeitslosenhilfe oder der Sozialhilfe verbunden ist, wirkt sich die institutionelle Struktur der Arbeitslosigkeit eher hemmend auf die Mobilitätsentscheidungen der Absolventen aus. Denn die vielen kleinen Beschäftigungsmaßnahmen, die an den formalen Status der Arbeitslosigkeit gebunden sind, machen die Wartezeit auf den erhofften *posto* am Wohnort leichter erträglich, da an deren Teilnahme immer auch die Hoffnung an eine mögliche Übernahme in ein festes Beschäftigungsverhältnis gebunden ist.

Ganz andere Konsequenzen lassen diesbezüglich die jüngeren Weiterbildungsmaßnahmen erwarten, die eine tatsächliche Vollzeitbeschäftigung verlangen. Die Teilnahme an diesen Programmen drängt die Absolventen aus ihrem komplexen Netz von Erwerbsaktivitäten und familiärer Mitarbeit, macht nach Ablauf des Programms aber auch die Beschäftigungslosigkeit erfahrbarer. Sofern sie – ähnlich dem Studium in einer anderen Region – zudem mit Investitionskosten verbunden sind, steigen auch die Renditeerwartungen, was den Druck auf eine nachfolgende Beschäftigung und damit auf eine mögliche Wanderungsentscheidung erhöhen kann.

Im Gegensatz zu den großen Auswanderungsbewegungen im 19. und im 20. Jahrhundert, die einen Ausweg aus der damals herrschenden Misere boten, hat der steigende Wohlstand in Sizilien und den anderen Regionen des Mezzogiorno dazu geführt, dass Auswanderung weniger eine Überlebensstrategie als eine Handlungsoption zur Verbesserung der eigenen Situation darstellt. Gerade für junge Hochschulabsolventen bedeutet dies, dass Migrationsentscheidungen in Ruhe bedacht und abgewogen werden können. In einem Kontext, wo die Mehrheit der Betroffenen noch in der elterlichen Wohnung bzw. in einer Wohnung im Familieneigentum lebt und die Versorgung in der Regel über den elterlichen Haushalt gewährleistet wird, steigen die relativen Kosten der Abwanderung in erheblichem Maße an.

In der Praxis zeigt sich, dass selbst im Falle eines Beschäftigungsangebots in einer Stadt Nord- oder Mittelitaliens die Abwanderung aus Sizilien in der Regel zunächst eine zusätzliche finanzielle Belastung für das Familienbudget darstellt. In Abhängigkeit von der Lebenssituation des Absolventen kommen zu den entstehenden Unterhaltskosten für Wohnung und Essen noch Kosten für regelmäßige Heimfahrten bzw. –flüge oder für den Babysitter in der Fremde, die durch den Verbleib in der Heimat zunächst nicht entstehen würden. Zu den ökonomischen Kosten kommen auch die emotionalen Belastungen, die in einem kulturellen Kontext, der in starkem Maße auf die Familie und soziale Beziehungen sowie - damit verbunden - auch auf eine besonders ausgeprägte Ortsbindung aufgebaut ist, noch höher zu bewerten sind als in modernen Industriegesellschaften.

Hinzu kommt, dass die räumliche Mobilität einen kulturellen Eigenwert besitzt, der in starkem Maße vom soziokulturellen Kontext der einzelnen Person abhängig ist. Hierbei gilt es zwei Traditionslinien zu unterscheiden. Die erste verweist auf die klassische Emigrationstradition, die als unfreiwillige Abwanderung aus einer Situation der Armut und der ökonomischen Misere negativ konnotiert ist. Die Einordnung in diese Tradition verweist auf eine Geschichte des Scheiterns und ist vor allem in den traditionell von Emigration gekennzeichneten Regionen des ländlichen Sizilien anzutreffen. Die zweite Traditionslinie der räumlichen Mobilität ordnet sich in die Geschichte der privilegierten, meist urbanen Schichten ein, die nicht aus Not, sondern aus Neugierde und Reiselust in die Welt gezogen sind. Der Aufenthalt in einem europäischen Ausland oder in den USA würde hier nicht als Scheitern interpretiert, sondern ist Ausdruck von Bildung, Wohlstand und Luxus. Hierzu gehört sowohl die Mobilität während des Studiums als auch die Mobilität nach Studienende, sofern sie als freiwillige Migration geschieht.

Aus der langen Emigrationstradition der Insel heraus hat sich im kollektiven Gedächtnis klassischer Auswanderungsgebiete das Bild des Nordens als ein zwar ökonomisch prosperierender Raum festgesetzt, der jedem eine Beschäftigung ermöglichen kann. Darüber hat sich aber auch die Vorstellung einer dort ausschließlich auf Erwerbsarbeit ausgerichteten Gesellschaft gefestigt, welche als lebensfeindliche und unmenschliche Umwelt wahrgenommen wird. Die Entscheidung, die unbefriedigende Erwerbssituation in Sizilien durch einen Umzug in den Norden zu verbessern, wird dann auf einen unbestimmten Zeitpunkt in der Zukunft verschoben. Diese Rationalität des Wartens begründet sich auf die möglicherweise unzutreffende Annahme, dass man außerhalb Siziliens jederzeit eine Arbeit finden könne, sofern man nur wolle.

Der Verbleib vieler Hochschulabsolventen in einer unzureichenden Erwerbssituation in Sizilien ist aus regionalökonomischer Sicht nicht eindeutig zu bewerten. Auf der einen Seite verkümmern die wertvollen Humanressourcen und verlieren kontinuierlich an Wert, ohne dass die jungen Hochschulabsolventen einen adäquaten Beitrag zur regionalökonomischen Entwicklung leisten würden, sofern sie nicht durch effektive Weiterbildungsmaßnahmen kontinuierlich erneuert werden. Auf der anderen Seite verhindert die starke regionale Verankerung einen noch stärkeren Brain drain, der die Insel weiterer Entwicklungspotentiale berauben würde. Das Vorhandensein vieler junger, gut ausgebildeter Akademiker erweist sich in Kombination mit niedrigen Löhnen und Investitionshilfen für die Anwerbung hochqualifizierter Arbeitsplätze als wertvolles Argument, wie das Beispiel von Etna Valley zeigt. Diese materielle Entlohnung eines Hochschulabschlusses trägt zur Entwicklung eines Bewusstseins für den Wert akademischen Wissens bei. Für den Anschluss an die europäische Wissensgesellschaft ist dies eine notwendige Voraussetzung.

Methodisch konnte in der Arbeit gezeigt werden, dass die ausschließliche Analyse sekundärstatistischer Daten zwar eine wichtige Grundlage für die Beschreibung der beiden Phänomene Migration und Erwerbstätigkeit darstellen, gleichzeitig jedoch lediglich als Ausgangspunkt für weitere Untersuchungen dienen kann. Denn bei genauerer Betrachtung zeigt sich, dass schon bei der Datenerhebung gedankliche Kategorien zugrunde gelegt werden, die an ihren soziokulturellen Entstehungskontext der modernen Industriegesellschaften gebunden sind. In außerindustriellen oder außermodernen Gesellschaften, wie in der Region Sizilien verlieren sie an Beschreibungsqualität, so dass analytische, statistische Verfahren wenig erkenntnisversprechend sind.

Für einen hermeneutischen Ansatz, der die Rekonstruktion von Handlungsrationalitäten in einem fremden Kulturraum zum Ziel hat, kommen lediglich offene und qualitative Erhebungsmethoden in Frage. Ziel dieses Teils der Arbeit war dabei weniger die Schaffung neuer fester typologischer Kategorien und deren Quantifizierung, als vielmehr die Rekonstruktion eines breiten Spektrums unterschiedlicher, durchaus auch widersprüchlicher Rationalitäten, die sich bisweilen auch einer rationalistischen Logik entziehen. Eine solche Herangehensweise scheint in den Augen des Autors nicht nur von geographischem oder ethnologischem Interesse zu sein, sondern beinhaltet einen deutlichen Handlungsbezug. Denn das Verstehen fremder Denkmuster ermöglicht in Bezug auf regionalpolitische Fördermaßnahmen und Interventionsprogramme ein höheres Maß an Vorhersagbarkeit ihrer Auswirkungen.

GIORDANO konnte nach langjähriger Forschung in Sizilien zeigen,

> "dass die Industrialisierung als staatlich geplante Entwicklungsstrategie nur einen geringfügigen Wandel der Werte, Normen und Institutionen mediterraner Gesellschaften herbeigeführt hat. Im Gegenteil, man kann sich des Eindrucks nicht erwehren, dass die Denk- und Handlungsmuster der vergangenen Agrargesellschaften des Mittelmeerraums in angepasster Form die industriellen Entwicklungsprojekte infiltriert haben. Der Industrialisierungsprozess in mediterranen Gesellschaften hätte somit eine 'Traditionalisierung' erfahren, die die geplante unilineare Verwirklichung der 'industriellen Kultur' verhindert hat" (GIORDANO 1992: 196).

Aufgrund der gezeigten kulturellen Einbettung von Handlungsmustern lassen sich die aus dieser Arbeit gewonnenen Ergebnisse kaum auf andere periphere Regionen übertragen. Dabei wären ähnliche Untersuchungen zum Phänomen der Erwerbssituation und der regionalen Mobilität junger Akademiker auch für andere benachteiligte Regionen wie etwa die neuen Bundesländer in höchsten Maße wünschenswert. Erstaunlicherweise mangelt es noch immer einer umfassenden Analyse, die neben einer Bestandsaufnahme versucht, die Phänomene „Arbeit" und „Wanderung" nicht isoliert, sondern in einem weiteren soziokulturellen Kontext zu begreifen.

Literaturverzeichnis

ACHENBACH, H. (1981): Nationale und regionale Entwicklungsmerkmale des Bevölkerungsprozesses in Italien. (= Kieler Geographische Schriften 54) Kiel.

ADAMS, W. (1968): The brain drain. London.

AGNEW, J. (1996): Time Into Space : The myth of 'backward' Italy in modern Europe. In: Time & Society 5 (*1*), pp. 27-45.

ALATAS, S. F. / BABER, Z. / EVERS, H.-D. / MENKHOFF, T. / SER, T. E. (2001): Knowledge Societies : An overview of issues and theories. http://home.t-online.de/home/hdevers/knowledgesocieties.htm 06/2003.

ALLEN, J. (2000): Power/economic knowledge. In: Bryson, John R. et al. (eds.): Knowledge, space, economy. London. pp. 15-33.

ALTBACH, P. G. (1998): Comparative perspectives on higher education for the Twenty-First Century. In: Higher Education Policy 11 (*4*), pp. 347-356.

ALTIERI, G. (1991): La struttura dell'occupazione in Italia e la sua evoluzione. In: ALTIERI, G. (1991): Tra Nord e Sud. Lavoro, disoccupazione, immigrazione: l'esperienza italiana negli anni Ottanta. Roma. pp. 15-37.

ALTIERI, G. (1991): Tra Nord e Sud. Lavoro, disoccupazione, immigrazione: l'esperienza italiana negli anni Ottanta. Roma.

ALTIERI, G. (1992): Caratteristiche e tipologia della disoccupazione in Italia. (= Ires-Ministero del lavoro.) Roma.

ANDERSSON, A. E. (1985): Creativity and regional development. In: Papers of the Regional Science Association *56*, pp. 5-20.

ARORA, A. / FOSFURI, A. / GAMBARDELLA, A. (2002): Markets for technology in the knowledge economy. In: International Social Science Journal 54 (*171*), pp. 115-128.

BAGNASCO, A. (1977): Tre Italie. La problematica territoriale dello sviluppo italiano. Bologna.

BAGNASCO, A. (1988): La costruzione sociale del mercato. Bologna.

BAGNASCO, A. (1999): Tracce di comunità. Bologna.

BÄHR, J. (1983): Bevölkerungsgeographie : Verteilung und Dynamik in globaler, nationaler und regionaler Sicht. Stuttgart.

BÄHR, J. (2003): Binnenwanderungen : Konzepte, Typen, Erklärungsansätze. In: Geographische Rundschau 55 (*6*), S. 4-8.

BARBAGLI, M. (1974): Disoccupazione intellettuale e sistema scolastico in Italia. Bologna.

BARBAGLI, M. (1982): Educating for unemployment : politics, labour markets, and the school system : Italy 1859-1973. New York (Übers. von R. Ross).

BARRETT, A. (2001): Return Migration of Highly Skilled Irish into Ireland and their Impact on GNP and Earnings Inequality. In: OECD (ed.): The International Migration of the Highly Skilled. Paris. pp.151-160.

BARSOTTI, O. / LECCHINI, L. (1994): Social and Economic Aspects of Foreign Immigration to Italy. In: FASSMANN, H. / MÜNZ, R. (eds.): European Migration in the Late Twentieth Century : Historical Patterns, Actual Trends, and Social Implications. Aldershot. pp. 81-92.

BEAVERSTOCK, J. V. (1990): New International Labour Markets : the Case of Professional and Managerial Labour Migration within Large Chartered Accountancy Firms. In: Area 22, pp. 151-158.

BEAVERSTOCK, J. V. (1991): Skilled International Migration: An Analysis of the Geography of International Secondments within Large Accountancy Firms. In: Environment and Planning A 23, pp. 1133-1146.

BEAVERSTOCK, J. V. (1994): Skilled International Labour Migration : World Cities and Banking Organizations. In: Geoforum 25, pp. 323-338.

BECKER, G. S. (1964): Human Capital. New York.

BELL, D. (1973): The coming of post-industrial society : A venture in social forecasting. New York.

BERNING, E. (1988): Hochschulwesen im Vergleich : Italien - Bundesrepublik Deutschland. Geschichte, Strukturen, aktuelle Entwicklungen. (= Bayerisches Staatsinstitut für Hochschulforschung und Hochschulplanung 20) München.

BIANCHI, L. (2001): La mobilità dei cervelli: rischio di fuga delle risorse umane qualificate. In: Informazioni Svimez X (4/5), pp. 17-19.

BIRINDELLI, A. M. (1992): Foreigners in Italy: Socio-demographic characteristics using data Sources. IAS-IASA-IF Conference. Wien

BISHOP, J. (1994): Overeducation. In: HUSÉN, T. / POSTLETHWAITE, T. N. (eds.)(1994): The International Encyclopedia of Education. 2nd ed. Exeter. pp. 4249-4255.

BLAUG, M. (1985): Where are we now in the economics of education? In: Economics of Education Review 4 (1), pp. 17-28.

BÖHME, G. (1993): Alternativen der Wissenschaft. 2.Aufl. Frankfurt a.M..

BÖHME, G. (1997): The structures and prospects of knowledge society. In: Social Science Information 36 (3), pp. 447-468.

BÖHME, G. / STEHR, N. (1986): The Knowledge Society. Dordrecht.

BOLAFFI, G. (1994): Italien. In: HEINELT, H. (Hg.): Zuwanderungspolitik in Europa : Nationale Politiken - Gemeinsamkeiten und Unterschiede. Opladen. S. 271-285.

BONAGUIDI, A. / TERRA ABRIMI, V. (1996): The Pattern of Internal Migration: the Italian Case. In: REES, P. et al. (eds.): Population Migration in the European Union. Chichester et al.. pp. 231-245.

BONIFAZI, C. (1999a): „Ho fatto il militare": Esploratori al di là del muro. In: BONIFAZI, C. et al. (eds.)(1999): Giovani che non lasciano il nido : Atteggiamenti, speranze, condizioni all'uscita da casa. (Working Papers dell'Istituto di Ricerche sulla Popolazione 01/99) Roma. pp. 38-42.

BONIFAZI, C. (1999b): „Voglio andare via/via da casa mia, non per tanto, ma per un anno..."; propensioni e disponibilità alla mobilità territoriale. In: BONIFAZI, C. et al. (eds.)(1999): Giovani che non lasciano il nido : Atteggiamenti, speranze, condizioni all'uscita da casa. (Working Papers dell'Istituto di Ricerche sulla Popolazione 01/99) Roma. pp. 43-49.

BONIFAZI, C. (ed.). (1999c): Mezzogiorno e Migrazioni Interne. (Istituto di ricerche sulla popolazione, monografie 10/1999). Roma.

BONIFAZI, C. / HEINS, F. (1996): Return Migration in the Italian Immigration System: A Reexamination. [Le migrazioni di ritorno nel sistema migratorio italiano: un riesame]. In: Studi Emigrazione/Etudes Migrations XXXIII (122), pp. 273-303.

BONIFAZI, C. / HEINS, F. (2000): Long-term Trends of Internal Migration in Italy. In: International Journal of Population Geography 6 (2), pp. 111-131.

BONIFAZI, C. / MENNITI, A. / MISITI, M. / PALOMBA, R. (1999): Giovani che non lasciano il nido : Atteggiamenti, speranze, condizioni all'uscita da casa. (=Working Papers dell'Istituto di Ricerche sulla Popolazione 1/99) Roma.

BOURDIEU, P. (1983): Ökonomisches Kapital, kulturelles Kapital, soziales Kapital. In: KRECKEL, R. (Hg.): Soziale Ungleichheiten. Göttingen.

BRENNAN, J. (1993): Students, Courses and Jobs: the Relationship between Higher Education and Work. London.

BRENNAN, J. (1996): Higher Education and Work. London.

BROWN, R. H. (1993): Modern Science: Institutionalization of Knowledge and Rationalization of Power. In: The Sociological Quarterly 34 (1), pp. 153-168.

BRUNOTTE, E. / GEBHARDT, H. / MEURER, M. / MEUSBURGER, P. / NIPPER, J. (Hg.)(2001): Lexikon der Geographie in vier Bänden. Heidelberg, Berlin.

BRÜTTING, R. (1997): Italien-Lexikon : Schlüsselbegriffe zu Geschichte, Gesellschaft, Wirtschaft, Politik, Justiz, Gesundheitswesen, Verkehr, Presse, Rundfunk, Kultur und Bildungseinrichtungen. (= Grundlagen der Romanistik 20) Berlin.

BRYSON, J. R. / DANIELS, P. W. / HENRY, N. / POLLARD, J. E. (2000): Knowledge, space, economy. London.

BÜCHEL, F. / WITTE, J. (1997): The Incidence and Consequences of Overeducation among Young Workers in the United States and Germany : A Comparative Panel Analysis. In: Vierteljahreshefte zur Wirtschaftsforschung 66 (*1*), S. 32-40.

BÜCHEL, F. / FRICK, J. R. / WITTE, J. C. (2002): Regionale und berufliche Mobilität von Hochqualifizierten - Ein Vergleich Deutschland - USA. In: BELLMANN, L. / VELLING, J. (Hg.)(2002): Arbeitsmärkte für Hochqualifizierte. (=Beiträge zur Arbeitsmarkt- und Berufsforschung 256) Nürnberg. S. 207-243.

CAMPANI, G. (1994): Les courants migratoires en Italie. In: Migration 35, pp.5-49.

CAO, X. (1996): Debating 'Brain Drain' in the Context of Globalization. In: Compare 26/*3*, pp. 269-285.

CARNOY, M. (1994): Education and the Labour Market. In: HUSÉN, T./ POSTLETHWAITE, T. N. (eds.)(1994): The International Encyclopedia of Education. 2nd ed. Exeter. pp. 1703-1707.

CARNOY, M. (1997): The great work dilemma : education, employment and wages in the new global economy. In: Economics of Education Review 16 (*3*), pp. 247-254.

CASTELLS, M. (2001): Das Informationszeitalter I. Die Netzwerkgesellschaft. Opladen.

CENSIS (ed.) (2002a): 36° rapporto sulla situazione sociale nel paese. Roma.

CENSIS (ed.) (2002b): Un capitale intellettuale da valorizzare: Indagine conoscitiva sul fenomeno della fuga dei cervelli all'estero. Roma.

CERVANTES, M. G. D. (2002): The brain drain: Old myths, new realities. In: OECD Observer 05/2002 www.oecd.org.

CHESNAIS, J. C. (1991): Migration from Eastern to Western Europe, past (1946-89) and future (1990-2000). Relazione presentata alla Conference of Ministers on the Movement of Persons coming from Central and Eastern European Countries, 24-25 January 1991. Vienna.

CHIELLINO, C. (1989): Kleines Italien-Lexikon : Wissenswertes über Land und Leute. München.

CHIELLINO, C. / MARCHIO, F. / RONGONI, G. (1995): Italien. 3. neubearb. Aufl. München.

CHISHOLM, L. (1999): The transition to a knowledge society and its implications for the European social model. (=Discussion paper presented at the XVII° Symposium on Science and Culture in Bruges, 30 September/1 October 1999).

CHISWICK, B. R. (1994): Immigrants' Education and Economic Performance. In: HUSÉN, T. / POSTLETHWAITE, T. N. (eds.)(1994): The International Encyclopedia of Education. 2nd ed. Exeter. pp. 2737-2740.

CHORAFAS, D. N. (1968): The Knowledge Revolution : An Analysis of the International Brain Market and the Challenge to Europe. London.

CONTINI, B. / RAPITI, F. (1994): „Young in, old out": nuovi pattern di mobilità nell'economia italiana. In: Lavoro e relazioni industriali *3/94*.

CORTESE, A. (1987): Il mercato del lavoro tra economia e società. Milano.

DAVID, P. A. / FORAY, D. (2002): An introduction to the economy of the knowledge society. In: International Social Science Journal 54 (*171*), pp. 9-23.

DE HAAN, G. / POLTERMANN, A. (2002): Funktion und Aufgaben von Bildung und Erziehung in der Wissensgesellschaft. (= Papers der Forschungsgruppe Umweltbildung 2-167) Berlin.

DE LUCA, L. / BRUNI, M. (1993): Unemployment and labour market flexibility: Italy. Genf.

DECANINI, C. R. / PALOMBA, R. (1999): I giovani in famiglia: Quanti, con chi? In: BONIFAZI, C. et al. (eds.)(1999): Giovani che non lasciano il nido : Atteggiamenti, speranze, condizioni all'uscita da casa. (Working Papers dell'Istituto di Ricerche sulla Popolazione 01/99). Roma. pp. 9-12.

DERRIDA, J. (2001): Die unbedingte Universität. (frz. Orig. L'université sans condition). Frankfurt a.M.

DERRIDA, J. (2001): Glaube und Wissen : Die beiden Quellen der 'Religion' an den Grenzen der bloßen Vernunft. In: Derrida, J. / Vattimo, G. (Hg.): Die Religion. Frankfurt a.M.. S. 9-106.

DIEKMANN, A. (1999): Empirische Sozialforschung : Grundlagen, Methoden, Anwendungen. 5. Aufl. Reinbek.

DOLGIKH, E. (1995): Determinants of migration potentials among Russian physicists. In: Studi Emigrazione/Etudes Migrations XXXII (*117*), pp. 144-158.

DRÜKE, H. (2000): Italien: Wirtschaft, Gesellschaft, Politik.. Opladen.

DUNNING, J. H. (2000): Regions, Globalization and the Knowledge Economy: The Issues Stated. In: DUNNING, J. H. (ed.): Regions, Globalization and the Knowledge-based Economy. Oxford. pp. 7-41.

ECO, U. (2000): Mein verrücktes Italien. Verstreute Notizen aus vierzig Jahren. Berlin.

EKELAND, A. (2001): Indicators for Human Resources and Mobility. In: OECD (ed.)(2001): Innovative People: Mobility of skilled personnel in national innovation systems. Paris, pp 17-32.

ENDERS, J. / BORNMANN, L. (2002a): Internationale Mobilität von bundesdeutschen Promovierten. In: BELLMANN, L. /VELLING, J. (Hg.)(2002): Arbeitsmärkte für Hochqualifizierte. (=Beiträge zur Arbeitsmarkt- und Berufsforschung 256) Nürnberg. S. 357-374.

ENDERS, J. / BORNMANN, L. (2002b): Internationale Mobilität bundesdeutscher Promovierter - Eine Sekundäranalyse der Kasseler Promoviertenstudie. In: Mitteilungen aus der Arbeitsmarkt- und Berufsforschung *1/2002*, S. 60-73.

EUROPÄISCHE KOMMISSION (1999): EUREK - Europäisches Raumordnungskonzept : Auf dem Wege zu einer räumlich ausgewogenen und nachhaltigen Entwicklung der Europäischen Union. http://inforegio.cec.eu.int 6/2003.

EUROPÄISCHE KOMMISSION (2003): Die soziale Lage in der Europäischen Union 2002 - Kurzfassung. Brüssel.

EUROPEAN COMMISSION (1997): Towards a Europe of knowledge. Communication from the Commission, COM(97)563 final. Brussels.

EVERS, H.-D. (1999): Globalisierung der Wissensgesellschaft : Ansätze einer neuen Entwicklungstheorie. (= Universität Bielefeld, Fakultät für Soziologie, Working Paper 310) Bielefeld.

EVERS, H.-D. (2000a): Epistemic Cultures: Towards a New Sociology of Knowledge. (= Universität Bielefeld, Fakultät für Soziologie, Working Paper 330) Bielefeld.

EVERS, H.-D. (2000b): Globalisation, Local Knowledge and the Growth of Ignorance: the Epistemic Construction of Reality. In: Southeast Asian Journal of Social Science 28 (*1*), pp. 13-22.

FÄGERLIND, I. / SAHA, L. J. (1983): Education and National Development : A Comparative Perspective. Oxford.

FAINI, R. / GALLI, G. / GENNARI, P. / ROSSI, F. (1997): An empirical puzzle: falling migration and growing unemployment differentials among Italian regions. In: European Economic Review 41 (*3-5*), pp. 571-579.

FASSMANN, H. / KOHLBACHER, J. / REEGER, U. (1995): Forgetting skills at the borderline : foreign job-seekers on the Viennese labour market. In: Studi Emigrazione/Etudes Migrations XXXII (*117*), pp. 78-89.

FASSMANN, H. / MEUSBURGER, P. (1997): Arbeitsmarktgeographie : Erwerbstätigkeit und Arbeitslosigkeit im räumlichen Kontext. (= Teubner Studienbücher zur Geographie) Stuttgart.

FIELDS, G. S. (1994): Labor Market and Educational Expansion. In: HUSÉN, T. / POSTLETHWAITE, T. N. (eds.)(1994): The International Encyclopedia of Education. 2nd ed. Exeter. pp.3179-3184.

FINDLAY, A. M. (1988): From settlers to skilled transients : the changing structure of British international migration. In: Geoforum 19, pp. 401-410.

FINDLAY, A. M. (1990): A migration channels approach to the study of high-level manpower movements : a theoretical perspective. In: International Migration 28 (*1*), pp. 15-24.

FINDLAY, A. M. (1993): New Technology, High-Level Labour Movements and the Concept of the Brain Drain. In: OECD (ed.): The Changing Course of International Migration. Paris. S. 149-159.

FINDLAY, A. M. / GARRICK, L. (1990): Scottish emigration in the 1980s : a migration channels approach to the study of international migration. In: Transactions of the Institute of British Geographers 15, pp. 177-192.

FINDLAY, A. M. / GOULD, W. T. S. (1989): Skilled international migration : a research agenda. In: Area 21, pp. 3-11.

FINDLAY, A. / LI, F. L. N. / JOWETT, A. J. (1996): Skilled International Migration and the Global City: A Study of Expatriates in Hong Kong. In: Transactions of the Institute of British Geographers 21, pp. 49-61.

FINLEY, M. / MACK SMITH, D. / DUGGAN, C. (1989): Geschichte Siziliens und der Sizilianer. München.

FLICK, U. (1998): Qualitative Forschung : Theorien, Methoden, Anwendung in Psychologie und Sozialwissenschaften. 3. Aufl.. Reinbek.

FOUCAULT, M. (1981 [1969]): Archäologie des Wissens. (frz. Orig. L'archéologie du savoir) Frankfurt a.M..

FRANCESCO, C. D. (1978): The growth and crisis of Italian higher education during the 1960s and 1970s. In: Higher Education 7 (*2*), pp. 193-212.

FRANCESCO, C. D. (1988a): Der Arbeitsmarkt für Universitätsabsolventen in Italien. In: Beiträge zur Hochschulforschung 3, S. 357-365.

FRANCESCO, C. D. (1988b): Zur Lage der Forschung über das Hochschulwesen in Italien. In: Beiträge zur Hochschulforschung 3, S. 283-294.

FRANCOVICH, L. (2002): Le migrazioni intellettuali in Europa e in Italia. Roma.

FREUND, B. (1993): East-West versus South-North Migration : The Case of Germany. In: COMITE, L. di / CANDIA, M. (eds.): Economia e Demografia del Bacino Mediterraneo (= Università degli studi di Bari, dipartimento per lo studio delle società mediterranee) Bari. pp. 133-151.

FREUND, B. (1997): Staatsbürger aus entwickelten marktwirtschaftlichen Ländern in Frankfurt am Main und Umgebung. In: Frankfurter Statistische Berichte 59 (*1*), S.7-22.

FREUND, B. (1998): Frankfurt am Main und der Frankfurter Raum als Ziel qualifizierter Migranten. In: Zeitschrift für Wirtschaftsgeographie 42 (*2*), S.1-15.

FUCHS, J. (1991): Das Bildungswesen in Italien. In: Schulmanagement 22 (*4*), S. 31-34.

GANS, P. / KEMPER, F.-J. (2003): Ost-West-Wanderungen in Deutschland - Verlust von Humankapital für die neuen Länder? In: Geographische Rundschau 55 (*6*), S. 16ff..

GEIPEL, R. (1976): Zur Entstehungsgeschichte des Forschungsansatzes "Geographie des Bildungsverhaltens". In: Mitteilungen der Österreichischen Geographischen Gesellschaft 118, S. 3-8.

GIARDA, P. (1993): L'Università italiana tra diversificazione, inefficienza e autonomia finanziaria. In: Rivista internazionale di scienze sociali 101 (*Jan-March/93*), pp. 69-90.

GIORDANO, C. (1986): Vom Reisebericht zur systematischen Anthropologie : Mediterrane Gesellschaften als 'Verkehrte Welten'. In: GIORDANO, C. / GREVERUS, I.-M. (Hg.): Sizilien : die Menschen, das Land und der Staat. (= Schriftenreihe des Instituts für Kulturanthropologie und europäische Ethnologie der Universität Frankfurt a.M. 24) Frankfurt a.M.. S. 15-52.

GIORDANO, C. (1989): Die Kluft zwischen Staat und Gesellschaft in mediterranen Kulturen. In: Kultur - anthropologische Festschrift für Eva-Maria Greverus. (= Institut für Kulturanthropologie und Europäische Ethnologie der Universität Frankfurt, Notizen 30) Frankfurt a.M.. S. 197-218.

GIORDANO, C. (1992): Die Betrogenen der Geschichte : Überlagerungsmentalität und Überlagerungsrationalität in mediterranen Gesellschaften. Frankfurt a.M., New York.

GIORDANO, C. / GREVERUS, I.-M. (Hg.)(1986): Sizilien : die Menschen, das Land und der Staat. (= Schriftenreihe des Instituts für Kulturanthropologie und europäische Ethnologie der Universität Frankfurt a.M. 24) Frankfurt a.M..

GIORDANO, C. (1993): Informelle Ökonomie und Selbsthilfe. Zur Funktion des 'Zweiten Netzwerkes' in Süditalien und Polen. In: VESTER, M. (Hg.)(1993): Unterentwicklung und Selbsthilfe in europäischen Regionen. Hannover. S. 291-309.

GLEBE, G. (1997): Statushohe ausländische Migranten in Deutschland. In: Geographische Rundschau 49 (*7-8*), S. 406-412.

GORENSTEIN, S. E. A. (1998): Introduction : Knowledge Systems. In: Knowledge and Society. Research Annual 11. Stanford, Connecticut. S. 1-14.

GORENSTEIN, S. E. A. (1998): Knowledge and Society. Research Annual 11. Stanford, Connecticut.

GORZ, A. (1994): Kritik der ökonomischen Vernunft. Sinnfragen am Ende der Arbeitsgesellschaft. Hamburg.

GORZ, A. (2000): Arbeit zwischen Misere und Utopie. Frankfurt a.M..

GORZ, A. (2001): Welches Wissen? Welche Gesellschaft? Textbeitrag zum Kongress „Gut zu wissen - Links zur Wissensgesellschaft" am 4.-6. Mai 2001 in Berlin.

GOULD, W. T. S. (1988): Skilled international Labour Migration: an Introduction. In: Geoforum 19 (*4*), pp. 381-385.

GOULD, W. T. S. (1990): Occupational Continuity and International Migration of Skilled Workers : The Case of Mersey Port Workers. In: International Migration 28 (*1*), pp. 3-14.

GRECIC, V. (1995): Migration of scientists and professionals from the Republic of Serbia. In: Studi Emigrazione/Etudes Migrations XXXII (*117*), pp. 117-127.

GREEN, A. G. / TUROK, I. (2000): Employability, Adaptability and Flexibility : Changing Labour Market Prospects. In: Regional Studies 34 (7), pp. 599f..

GROSSE, E.-U. / TRAUTMANN, G. (1997): Italien verstehen. Darmstadt.

GRUBEL, H. G. (1994): Economics of brain drain. In: HUSÉN, T. / POSTLETHWAITE, T. N. (eds.)(1994): The International Encyclopaedia of Education. 2nd ed. Exeter. pp. 554-561.

GYARFASOVA, O. / KUSKA, M. (1997): The Brain Drain: Causes and Contexts. (The Potential Migration of Scientists and Researchers from the Slovak Republic.) In: Sociologia 29 (2), pp. 191-209.

HALABY, C. N. (1994): Overeducation and Skill Mismatch. In: Sociology of Education 67 (1), pp. 47-59.

HALARY, C. (1994): Les Exilés du Savoir. Les migrations scientifiques internationales et leurs mobiles. Paris.

HARTOG, J. (2000): Over-education and earnings: where are we, where should we go? In: Economics of Education Review 19, pp. 131-147.

HAUG, S. (1997): Soziales Kapital : Ein kritischer Überblick über den aktuellen Forschungsstand. Mannheim.

HAUG, S. (2000a): Klassische und neuere Theorien der Migration. (=Arbeitspapiere des MZES 30) Mannheim.

HAUG, S. (2000b): Soziales Kapital und Kettenmigration : Italienische Migranten in Deutschland. (=Schriftenreihe des Bundesinstituts für Bevölkerungsforschung 31) Opladen.

HAYEK, F. V. (1945): The Use of Knowledge in Society. In: American Economic Review XXXV (4), pp. 519-530.

HEIDENREICH, M. (2001): Die Debatte um die Wissensgesellschaft. www.uni-bamberg.de/sowi/europastudien/erlangen.htm. 06/2003.

HEINRICHSMEYER, W. / GANS, O. / EVERS, I. (1980): Einführung in die Volkswirtschaftslehre. 3. Aufl.. Stuttgart.

HELLIWELL, J. F. / PUTNAM, R. D. (1995): Economic Growth and Social Capital in Italy. In: Eastern Economic Journal 21 (3/1995), pp. 295-308.

HILLMANN, F. (2000): Italien - das europäische 'Ellis Island' der 90er Jahre? In: SCHMALS, K. (Hg.): Migration und Raum. Opladen. S. 183-202.

HILLMANN, F. / KRINGS, T. (1996): Einwanderer aus Entwicklungsländern nach Italien und ihre Integration in den informellen Arbeitsmarkt am Beispiel der 'domestica' und 'vu cumprá'. In: Die Erde 127, S. 127-143.

HRYNIEWICZ, J. / JALOWIECKI, B. / MYNC, A. (1992): The Brain Drain in Poland. Warsaw.

HUSÉN, T. / POSTLETHWAITE, T. N. E. (1994): The International Encyclopedia of Education. 2nd ed. Exeter.

IRDAC - INTERNATIONAL RESEARCH AND DEVELOPMENT ADVISORY COMMITTEE OF THE COMMISSION OF THE EUROPEAN COMMUNITIES (1992): Skills Shortages in Europe, IRDAC Opinion.

IREDALE, R. (2001): The Migration of Professionals: Theories and Typologies. In: International Migration 39 (5), Special Issue 1/2001: International Migration of the Highly skilled, pp. 7-26.

IREDALE, R. / APPLEYARD, R. T. (2001): Introduction. In: International Migration 39 (5), Special Issue 1/2001: International Migration of the Highly skilled, pp. 3-6.

ISTAT (2001): Movimento migratorio della popolazione residente : Iscrizioni e cancellazioni anagrafiche. Anno 1999. Roma.

ISTAT (1990): Indagine 1989 sugli sbocchi professionali dei laureati. Collana d'informazione ed. 1990 17. Roma.

ISTAT (1994): Indagine 1991 sugli sbocchi professionali dei laureati. Collana d'informazione ed. 1994 1. Roma.

ISTAT (1996): Inserimento professionale dei laureati : Indagine 1995. (= Informazioni speciali 10 -1996) Roma.

ISTAT (2000): Inserimento professionale dei laureati : Indagine 1998. (= Informazioni 28 -2000) Roma.

ISTAT (2002): Lo stato dell'università : I principali indicatori. Roma.

ISTAT (2003): I laureati e il mercato del lavoro - Inserimento professionale dei laureati : Indagine 2001. Roma.

JAHNKE, H. (1996a): Die Persistenz des Zentralismus im französischen Hochschulwesen : Eine Untersuchung der universités. (unveröffentlichtes Studienabschlussarbeit).

JAHNKE, H. (1996b): Die französischen universités : Zentralistische Tendenzen in der jüngeren Entwicklung. In: Beiträge zur Hochschulforschung 4/1996, S. 295-318.

JAHNKE, H. (2001a): Processi di concentrazione delle conoscenze nelle regioni italiane - Il caso dei neolaureati. In: Rivista geografica italiana 108 (*4*), pp. 583-597.

JAHNKE, H. (2001b): Mezzogiorno e knowledge society: i rischi di 'spreco' e 'fuga' delle risorse umane. In: Rivista economica del Mezzogiorno XV (*4*), pp. 749-762.

JAHR, V. / SCHOMBURG, H. / TEICHLER, U. (2002): Mobilität von Hochschulabsolventinnen und - absolventen in Europa. In: BELLMANN, L. / VELLING, J. (Hg.)(2002): Arbeitsmärkte für Hochqualifizierte. (=Beiträge zur Arbeitsmarkt- und Berufsforschung 256) Nürnberg. S. 317-345.

JENSEN, O. M. (2001): Mappa mundi universalis - Pyramid of Knowledge. (=Paper prepared for The Association of American Geographers, 97th Annual meeting in New York, session 4.3.35, March 1st 2001.) unpublished manuscript.

JÖNS, H. (2003): Grenzüberschreitende Mobilität und Kooperation in den Wissenschaften : Deutschlandaufenthalte US-amerikanischer Humboldt-Forschungspreisträger aus einer erweiterten Akteursnetzwerkperspektive. (= Heidelberger Geographische Arbeiten 116) Heidelberg.

KEMPER, F.-J. (2003): Binnenwanderungen in Deutschland: Rückkehr alter Muster? In: Geographische Rundschau 55 (*6*), S. 10-15.

KIKER, B. F. / SANTOS, M. C. / MENDES DE OLIVEIRA, M. (1997): Overeducation and Undereducation: Evidence for Portugal. In: Economics of Education Review 16 (*2*), pp. 111-125.

KING, R. (1987): Italy. (= Western Europe Economic & Social Studies) London.

KING, R. (1992): Patterns of Italian Migrant Labour : The Historical and Geographical Context. (Center for Mediterranean Studies Occasional Papers n.4) Bristol.

KING, R. (1993a): Recent Immigration to Italy: Character, Causes and Consequences. In: GeoJournal 30 (*3*), pp. 283-292.

KING, R. (1993b): Why do people migrate? The geography of departure. In: KING, R. (ed.): The new geography of European migrations. London, New York. pp. 17-46.

KING, R. / SHUTTLEWORTH, I. (1995): Education, identity and migration : the case of young highly-educated Irish emigrants. In: Studi Emigrazione/Etudes Migrations XXXII (*117*), pp. 159-176.

KING, R. / SHUTTLEWORTH, I. / WALSH, J. (1996): Ireland : the Human Resource Warehouse of Europe. In: REES, P. et al. (eds.): Population Migration in the European Union. Chichester et al.. pp. 207-230.

KING, R. / SHUTTLEWORTH, I. (1995): The emigration and employment of Irish graduates. In: European Urban and Regional Studies 2 (*1*), pp. 21-40.

KNORR-CETINA, K. (1999): Epistemic cultures - how the sciences make knowledge. Cambridge.

KNORR-CETINA, K. (2002): Wissenskulturen : Ein Vergleich naturwissenschaftlicher Wissensformen. Frankfurt a.M..

KNOX, P. L. / MARSTON, S. A. (2001): Humangeographie. Heidelberg.

KOMMISSION DER EUROPÄISCHEN GEMEINSCHAFTEN (2000): Sechster periodischer Bericht über die sozioökonomische Lage und Entwicklung der Regionen in der Gemeinschaft. http://inforegio.cec.eu.int. 8/2002.

KOMMISSION DER EUROPÄISCHEN GEMEINSCHAFTEN (2001): Zweiter Bericht über den wirtschaftlichen und sozialen Zusammenhalt. http://inforegio.cec.eu.int. 08/2002.

KÖRNER, H. (1990): Internationale Mobilität der Arbeit. Darmstadt.

KÖRNER, H. (1998): The „Brain Drain" from Developing Countries - an Enduring Problem. In: Intereconomics 33 (*1*), pp. 26-29.

KRINGS, T. (1995): Internationale Migration nach Deutschland und Italien im Vergleich. In: Geographische Rundschau 47 (*7-8*), S. 437-442.

LAMNEK, S. (1988): Qualitative Sozialforschung. Band 1: Methodologie. 1. Aufl. Weinheim.

LAMNEK, S. (1995a): Qualitative Sozialforschung. Band 1: Methodologie. 3. korr. Aufl. Weinheim.

LAMNEK, S. (1995b): Qualitative Sozialforschung. Band 2: Methoden und Techniken. 3. korr. Aufl. Weinheim.

LANE, R. E. (1966): The Decline of Politics and Ideology in a Knowledgable Society. In: American Sociological Review 31, pp. 650.

LASAULX, A. V. (1879): Sicilien. Ein geographisches Charakterbild. Vortrag gehalten am 15 December 1878 in dem Musiksaale der Universität zu Breslau. Bonn.

LASAULX, A. V. (1883): Irland und Sicilien. Vortrag, gehalten zum besten des Pädagogiums in Godesberg am 15. Januar 1883. In: FROMMEL, W. / PFAFF, F. (Hg.): Sammlung von Vorträgen für das deutsche Volk, Zehnter Band. Heidelberg. S. 171-220.

LASH, S. U. J. (1996): Economies of Signs and Space. London et al..

LATOUR, B. (1998): Wir sind nie modern gewesen. Versuch einer symmetrischen Anthropologie. Frankfurt a.M..

LI, F. L. N. / FINDLAY, A. / JOWETT, A. J. / SKELDON, R. (1996): Migrating to learn and learning to migrate : A study of the experiences and intentions of international student migrants. In: International Journal of Population Geography 2 (1), pp. 51-67.

LIVINGSTONE, D. N. (1995): The spaces of knowledge: contributions towards a historical geography of science. In: Environment and Planning D: Society and Space 13, pp. 5-34.

LIVINGSTONE, D. N. (2000): Making space for science. In: Erdkunde 54 (4), pp. 285-296.

LODA, M. (1986): Bemerkungen zur Situation der Hochschulen in Süditalien : Die Universitäten Cosenza und Neapel. In: Beiträge zur Hochschulforschung 3, S. 309-328.

LODA, M. (1989): Das „Dritte Italien" : zu den Spezifika der peripheren Entwicklung in Italien. In: Geographische Zeitschrift 77, S. 180-194.

LOGAN, I. B. (1992): The Brain Drain of Professional, Technical and Kindred Workers from Developing Countries : Some Lessons from the Africa-US Flow of Professionals (1980-89). In: International Migration 30, pp. 289ff..

LÖWITH, K. (1990): Der Mensch inmitten der Geschichte. Philosophische Bilanz des 20. Jahrhunderts. Stuttgart.

LYOTARD, J.-F. (1979 [1986]): Das postmoderne Wissen. Ein Bericht. 3. Aufl. Wien.

MAHROUM, S. (2001): Europe and the immigration of highly skilled labour. In: International Migration 39, pp. 27-43.

MAIWORM, F. / TEICHLER, U. (1993): Transition to Work : The Experiences of Former ERASMUS Students. London.

MAIWORM, F. / STEUBE, W. / TEICHLER, U. (1991): Learning in Europe : The ERASMUS Experience. A Survey of the 1988-89 ERASMUS Students. London.

MALACIC, J. (1995): Brain drain from Slovenia in the light of regional transitions. In: Studi Emigrazione/Etudes Migrations XXXII (117), pp. 106-116.

MALECKI, E. J. (2000): Knowledge and Regional competitiveness. In: Erdkunde 54, S. 334-351.

MANSELL, R. / WEHN, U. E. (1998): Knowledge Societies : Information Technology for Sustainable Development. Published for the United Nations Commission on Science and Technology for Development. Oxford.

MARINO, M. L. (1988a): Zur Lage der Universitäten in Italien. In: Beiträge zur Hochschulforschung 3, S. 253-261.

MARINO, M. L. (1988b): Die italienische Universitätsgesetzgebung. In: Beiträge zur Hochschulforschung 3, S. 275-282.

MARTIN, R. / TYLER, P. (2000): Regional Employment Evolutions in the European Union: A Preliminary Analysis. In: Regional Studies 34 (7), pp.601-616.

MARTINELLI, D. (2002): A Brain Drain among Young PhDs : Mirage or Reality? In: OECD (ed.): The International Migration of the Highly Skilled. Paris. pp. 125-132.

MARTINOTTI, G. (1996): Four populations : human settlements and social morphology in the contemporary metropolis. In: European Review 4 (1), pp. 3-23.

MAYRING, P. (1996): Einführung in die qualitative Sozialforschung : Eine Anleitung zu qualitativem Denken. Weinheim.

MENCARINI, L. (1999): Le migrazioni interne meridionali nelle ricerche dell'ultimo ventennio. In: BONIFAZI, C. (ed.)(1999): Mezzogiorno e Migrazioni Interne. (= IRP- Istituto di Ricerche sulla Popolazione monografie 10) Roma. pp. 17-52.

MEULEMEESTER, J.-L. D. / ROCHAT, D. (1995): A Causality Analysis of the Link between Higher Education and Economic Development. In: Economics of Education Review 14 (4), pp. 351-361.

MEUSBURGER, P. (1991): Ausbildungsniveau und regionale Disparitäten der Wirtschaftsstruktur : Neuere Forschungstrends in der Geographie des Bildungs- und Qualifikationswesens. In: Geographische Rundschau 43 (11), S. 652-657.

MEUSBURGER, P. (1998): Bildungsgeographie : Wissen und Ausbildung in der räumlichen Dimension. Heidelberg, Berlin.

MEUSBURGER, P. (2000): The Spatial Concentration of Knowledge. In: Erdkunde 54, S. 352-364.

MEUSBURGER, P. (2002a): Brain drain. In: BRUNOTTE, E. et al. (Hg.): Lexikon der Geographie. Bd. 1/4. Heidelberg. S. 201.

MEUSBURGER, P. (2002b): Wissen. In: BRUNOTTE, E. et al. (Hg.): Lexikon der Geographie. Bd. 4/4. Heidelberg. S. 44-47.

MEUSBURGER, P. / SCHMIDT, A. (1996): Ausbildungsniveau und regionale Mobilität. Zur Abwanderung von Hochqualifizierten aus Vorarlberg. In: HORVATH, T. / NEYER, G: (Hg.): Auswanderungen aus Österreich. Von der Mitte des 19. Jahrhunderts bis zur Gegenwart. Wien, Köln, Weimar. S. 411-431.

MIOSGA, M. (1995): Räumliche Disparitäten in Europa und Perspektiven zukünftiger Entwicklung. In: Geographische Rundschau 47 (3), S. 144-149.

MITSOS, A. (2001): The Territorial Dimension of Research and Development Policy : Regions in the European Research Area. Paper presented at the Conference 'The Regions and Research and Development and Innovation Policy : The Challenges and Prospects of Territorialisation' in Valencia, 23. February 2001. http://europa.eu.int/comm/research/area/regions.html. 08/2002.

MOHR, H. (2002): Räumliche Mobilität von Hochschulabsolventen. In: BELLMANN, L. / VELLING, J. (Hg.)(2002): Arbeitsmärkte für Hochqualifizierte. (=Beiträge zur Arbeitsmarkt- und Berufsforschung 256) Nürnberg. S. 249-277.

MONTANARI, A. (1993): La Geografia del brain drain : Il caso dell'Italia nel contesto internazionale. In: Rivista geografica italiana 100, pp. 703-728.

MONTANARI, A. (1995): Skilled migrations from Italy. In: Studi Emigrazione/Etudes Migrations XXXII (117), pp. 42-53.

MONTANARI, A. / CORTESE, A. (1993a): South to North migration in a Mediterranean perspective. In: KING, R. (ed.): Mass migration in Europe : The legacy and the future. London. pp. 212-233.

MONTANARI, A. / CORTESE, A. (1993b): Third World immigrants in Italy. In: KING, R. (ed.): Mass migration in Europe : The legacy and the future. London. pp. 275-291.

MORONE, T. (1995): Immigrationsland Sizilien : Historischer und politischer Hintergrund der Migration Siziliens. In: Informationsdienst zur Ausländerarbeit 1995 (11), S. 64-67.

MOULIER-BOUTANG, Y. (2001): Marx in Kalifornien : Der dritte Kapitalismus und die alte politische Ökonomie. In: Aus Politik und Zeitgeschichte 52-53, S. 29-37.

MOULIER-BOUTANG, Y. (2002): Richesse, propriété, liberté et revenu dans le 'capitalisme cognitif'. In: Multitudes 5, pp. 1-11. www.samizdat.net/multitudes. 08/2003.

MÜNZ, R. (1997): Phasen und Formen der europäischen Migration. In: ANGENENDT, S. (Hg.): Migration und Flucht : Aufgaben und Strategien für Deutschland, Europa und die internationale Gemeinschaft. (=Schriftenreihe der Bundeszentrale für politische Bildung, Band 342) Bonn. S. 34-47.

MURRAY, P. / WICKHAM, J. (1990): Irish graduate migration and the Single European Market. In: Studies 79, pp. 56-62.

NAMUTH, M. (1992): Arbeitsmarktstrategien in Italien (1980-1991) : Flexibilisierung als Überlebensstrategie und als Maßnahme gegen illegale Beschäftigung? Frankfurt.

NAMUTH, M. (Hg.) (1990): Modell Italien? Neues aus dem Land der Traditionen. Stuttgart.

NEAVE, G. (1994): Editorial to the special theme: The mobility of brains. In: Higher Education Policy 7 (4), pp. 9f..

NUTZ, M. (1991): Räumliche Mobilität der Studierenden und Struktur des Hochschulwesens in der Bundesrepublik Deutschland : Eine Analyse des Entscheidungsverhaltens bei der Studienortwahl und der Einzugsgebiete der Universitäten. (=Kölner Geographische Arbeiten 54) Köln.

NYBORG, P. (1996): International Student Mobility : the Nordic experience. In: European Journal of Education 31 (2), pp. 193-203.

OECD (1992): From Higher Education to employment. Paris.

OECD (1996a): Bildung auf einen Blick. OECD - Indikatoren. Paris.

OECD (1996b): Bildung auf einen Blick. Analyse. Paris.

OECD (1996c): The knowledge-based economy. Paris.

OECD (1997): Economic surveys 1996-1997, Italy. Paris.

OECD (1998): Human Capital Investment. An International Comparison. Paris.

OECD (2000): Italy. (=OECD Economic Surveys) Paris.

OECD (2001a): Understanding the Digital Divide. Paris.

OECD (2001b): Italy. (=OECD Territorial Reviews) Paris.

OECD (2001c): Innovative people : Mobility of skilled personnel in national innovation systems. Paris.

OECD (2002a): International Mobility of the Highly Skilled. (=OECD Proceedings) Paris.

OECD (2002b): International Mobility of the Highly Skilled. (=Policy Brief July 2002) Paris.

OECD (2003a): Bildung auf einen Blick. OECD-Indikatoren 2003. Paris.

OECD (2003b): Economic surveys : Italy. Paris.

PACI, M. (1992): Sviluppo del Mezzogiorno e capitale umano. In: Economia e lavoro *4/92*, pp. 3-13.

PALOMBA, R. (1999): I genitori: gli antagonisti inesistenti. In: BONIFAZI, C. et al. (eds.)(1999): Giovani che non lasciano il nido : Atteggiamenti, speranze, condizioni all'uscita da casa. (Working Papers dell'Istituto di Ricerche sulla Popolazione 01/99). Roma. pp. 31-37.

PALOMBINI, A. (ed.)(2001): Cervelli in fuga. Storie di menti italiane fuggite all'estero. Roma.

PARISI, P. (1974): Evoluzione e struttura della popolazione universitaria in Sicilia. In: Realtà del Mezzogiorno 18 (*4*), pp. 267-279.

PEET, R. (1998): Modern Geographical Thought. Oxford.

POHL, J. (1995): Italien dreigeteilt? Wirtschaftliche, politische und soziokulturelle Disparitäten südlich der Alpen. In: Geographische Rundschau 47 (*3*), S.150-155.

POLTERMANN, A. (2001): „Wissensgesellschaft" - Thesen und Themenfelder. www.bildung2010.de. 02/2002.

POMPILI, T. (1994): Structure and performance of less developed regions in the EC. In: Regional Studies 28 (*7*), pp. 679-693.

PSACHAROPOULOS, G. (1985): Returns to Education : A further international update and implications. In: Journal of Human Resources 20, pp. 583-604.

PSACHAROPOULOS, G. (1995): Building Human Capital for Better Lives. Washington.

PUTNAM, R. D. (1993): Making Democracy Work : Civic Traditions in Modern Italy. Princeton, N.J..

PUTNAM, R. D. (1995): Bowling alone : America's Declining Social Capital. In: Journal of Democracy 6, pp. 65-78.

PUTNAM, R. D. (1995): Bowling Alone, Revisited. In: The Responsive Community *1/95*, pp. 18-33.

RADERMACHER, F. J. (2001): Challenges 2025 - auf dem Weg in eine weltweite nachhaltige Wissensgesellschaft - der „europäische Weg". Vortrag gehalten auf dem Kongress „Gut zu wissen - Links zur Wissensgesellschaft" am 4.-6. Mai 2001 in Berlin.

REICH, R. (1991): The Work of Nations : Preparing Ourselves for 21st Century Capitalism. London.

RENDA, F. (1963): L'emigrazione in Sicilia 1652-1961. Palermo.

REYNERI, E. (1996): Sociologia del mercato del lavoro. Bologna.

RHODE, B. (1993): Brain drain, brain gain, brain waste : reflections on the emigration of highly educated and scientific personnel from Eastern Europe. In: KING, R. (ed.)(1993): The new geography of European migrations. London, New York. pp. 228-245.

RIFKIN, J. (2000): Access. Das Verschwinden des Eigentums. Warum wir weniger besitzen und mehr ausgeben werden. Frankfurt a.M..

ROCHEFORT, R. (1961): Le travail en Sicile : Etude de géographie sociale. Paris.

RODRIGUEZ, V. (1995): Skilled migration in Spain. In: Studi Emigrazione/Etudes Migrations XXXII (*117*), pp. 54-65.

ROLFES, M. (1996): Regionale Mobilität und akademischer Arbeitsmarkt : Hochschulabsolventen beim Übergang vom Bildungs- in das Beschäftigungssystem und ihre potentielle und realisierte Mobilität. (= Osnabrücker Studien zur Geographie 17) Osnabrück.

RORTY, R. (1989): Contingency, irony, and solidarity. [dt. Kontingenz, Ironie und Solidarität] Cambridge [dt. Frankfurt a.M.].

ROSOLI, G. (1993): Italy : Emergent Immigration Policy. In: KUBAT, D. (ed.): The Politics of Migration Policies : Settlement and Integration : The First World into the 1990s. New York. pp. 281-307.

ROTHER, K. (2003): Italiens Bevölkerung im Wandel der Gegenwart. ein geographisch-statistischer Bericht nach dem Zensus 2001. In: Europa regional 11 (*3*), S. 137-145.

ROTHER, K. / TICHY, F. (1999): Italien: Geographie, Geschichte, Wirtschaft, Politik. Darmstadt.

SAHA, L. J. / FÄGERLIND, I. (1994): Education and Development. In: HUSÉN, T. / POSTLETHWAITE, T. N. (eds.)(1994): The International Encyclopedia of Education. 2nd ed. Exeter. pp. 1648-1655.

SALT, J. (1981): International labour migration in Western Europe : a geographical review. In: KRITZ, M. M. / KEELY, C. B. / TOMASI, S. M. (eds.): Global trends in migration. Centre for migration studies. New York, pp. 3-37.

SALT, J. (1992a): The Future of International Labour Migration. In: International Migration review 26 (*4*), pp. 1077-1112.

SALT, J. (1992b): Migration processes among the highly-skilled in Europe. In: International Migration review 26, pp. 484-505.

SALT, J. / FINDLAY, A. (1989): International migration of highly-skilled manpower: theoretical and development issues. In: APPLEYARD, R. (ed.): The impact of migration on developing countries. OECD. Paris, pp. 159-180.

SALT, J. (1988): Highly-skilled International Migrants, Careers and Internal Labour Markets. In: Geoforum 19 (*4*), pp. 387-399.

SALT, J. (1997): International Movements of the Highly Skilled. (OECD International Migration Unit, Occasional Papers n.3) Paris.

SALT, J. / FORD, R. (1993): Skilled international migration in Europe : the shape of things to come? In: KING, R. (ed)(1993): Mass migration in Europe : The legacy and the future. London. pp. 293-309.

SCHMIDT, A. (1998): Zur Abwanderung von Hochqualifizierten aus Vorarlberg. Maschinengeschriebene Dissertation. Heidelberg.

SCHULTE, A. (1993): „Produktive Rückkehr?" Rückwanderung, Beschäftigungsproblematik und Kooperativen in einer abhängig entwickelten Region. Das Beispiel Süditalien. In: VESTER, M. (Hg.)(1993): Unterentwicklung und Selbsthilfe in europäischen Regionen. Hannover. S. 209-236.

SCHULTZ, T. W. (1963): The Economic Value of Education. New York.

SEGAL, A. (1993): An Atlas of International Migration. London, Melbourne, New Jersey.

SESTITO, P. (1995): Mobilità territoriale e mercato del lavoro. In: Economia & Lavoro 29 (*4*), pp. 3-19.

SHUTTLEWORTH, I. (1991): Graduate emigration from Ireland: a symptom of peripherality? In: KING, R. (ed.): Contemporary Irish Migration, Geographical Society of Ireland (=Special Publication 6). Dublin. pp. 83-95.

SHUTTLEWORTH, I. (1993): Irish graduate emigration: the mobility of qualified manpower in the context of peripherality. In: KING, R. (ed.)(1993): Mass migration in Europe : the legacy and the future. London. pp. 310-326.

SHUTTLEWORTH, I. / SHIRLOW, P. (1997): Youth Migration, Labour Market Restructuring and Locality in the West of Ireland. In: BLOTEVOGEL, H. / FIELDING, A.J. (eds.): People, Jobs and Mobility in the New Europe. Chichester et al.. pp. 139-152.

SIMON, D. (1999): Die Glaubensgesellschaft. Festvortrag anlässlich des XVIII. Deutschen Philosophie-Kongresses am 4. Oktober 1999 in Konstanz. Unveröffentlichtes Manuskript.

SOLOW, R. (1990): The labour market as a social institution. Cambridge.

STARK, O. (2002): The Economics of Brain Drain Turned on its Head. (Paper presented at the Annual bank Conference on Development Economics-Europe, Oslo, June 24-26 2002.) Oslo.

STARK, O. / HELMENSTEIN, C. / PRSKAWETZ, A. (1997): A Brain Gain with a Brain Drain.(= Zentrum für Internationale und Interdisziplinäre Studien University of Vienna (ed.): Occasional Papers Number

2/1997)

STARK, O. (2001): Inducing Human Capital Formation: Migration as a Substitute for Subsidies. (= Reihe Ökonomie des Institut für Höhere Studien, Wien 100) Wien.

STEHR, N. (1994a): Knowledge Societies. London.

STEHR, N. (1994b): Arbeit, Eigentum und Wissen : Zur Theorie von Wissensgesellschaften. Frankfurt a.M..

STEHR, N. (2001a): Moderne Wissensgesellschaften. In: Politik und Zeitgeschichte 36, S. 7-14.

STEHR, N. (2001b): Wissen und Wirtschaften. Frankfurt a.M..

STEINBICKER, J. (2001): Zur Theorie der Informationsgesellschaft : ein Vergleich der Ansätze von Peter Drucker, Daniel Bell und Manuel Castells. Opladen.

STRAUBHAAR, T. (2000): International mobility of the highly skilled : brain gain, brain drain or brain exchange. (= HWWA discussion paper 88) Hamburg.

STRAUBHAAR, T. / WOLTER, A. (1997): Europäische Arbeitsmärkte im Zeitalter der Globalisierung. In: Hamburger Jahrbuch für Wirtschafts- und Gesellschaftspolitik 42, S. 101-123.

SÜNKER, H. / TIMMERMANN, D. / KOLBE, F.-U. (Hg) (1995): Bildung, Gesellschaft, soziale Ungleichheit : Internationale Beiträge zur Bildungssoziologie und Bildungstheorie. Frankfurt a.M..

SVIMEZ (ed.) (1999): Rapporto 1999 sull'economia del Mezzogiorno. Bologna.

SVIMEZ (ed.) (2001): Rapporto 2001 sull'economia del Mezzogiorno. Bologna.

SZYDLIK, M. (1997): Consequences of Allocation Processes in the Labor Market: A Comparison of the United States and Germany. In: Vierteljahreshefte zur Wirtschaftsforschung 66 (*1*), S. 41-46.

TCHALAKOV, I. (1992): External migration amongst Bulgarian scientists in the beginning of 1990. Sofia.

TEICHLER, U. (1996): Student Mobility in the Framework of ERASMUS : findings of an evaluation study. In: European Journal of Education 31 (*2*), S. 153-179.

TEICHLER, U. / MAIWORM, F. (1997): The ERASMUS Experience : Major Findings of the ERASMUS Evaluation Research Project. Luxemburg.

TESSARING, M. / WERNER, H. (1975): Beschäftigungsprobleme von Hochschulabsolventen im internationalen Vergleich. Göttingen.

THERBORN, G. (1986): Why some people are more unemployed than others. London.

TODISCO, E. (1992): Il sistema universitario per lo sviluppo del Mezzogiorno, in collaborazione con Antonio Golini, Atti del Convegno Formez su „Ricerca scientifica e sviluppo del Mezzogiorno: l'esperienza del Formez", Roma 31 gennaio-1 febbraio 1991. Roma.

TODISCO, E. (1993): Intellectual, professional and skilled migrations. In: Studi Emigrazione/Etudes Migrations XXX (*112*), pp. 574-590.

TREIBEL, A. (1999): Migration in modernen Gesellschaften : Soziale Folgen von Einwanderung, Gastarbeit und Flucht. (= Grundlagentexte Soziologie). 2. Aufl.. Weinheim, München.

TREMBLAY, K. (2001): Student Mobility between and towards OECD Countries: A Comparative Analysis. In: OECD (ed.): The International Migration of the Highly Skilled. Paris. S. 39-67.

TRIGILIA, C. (1992): Sviluppo senza autonomia. Effetti perversi delle politiche nel Mezzogiorno. Bologna.

UNDP (ed.) (2003): Arab Human Development Report 2003: Building a Knowledge Society. New York.

UNESCO (ed.) (2001): Medium-Term Strategy 2002-2007: Contributing to peace and human development in an era of globalization through education, the sciences, culture and communication.(= draft 31 C/4). Paris.

VALIOUKOV, V. / SIMANOVSKY, S. (1993): Brain drain from Russia: problems, prospects and ways of regulation. Rapport présenté à la conférence organisée par l'OCDE à Vienne-Laxenburg les 18 et 19 février 1993 sur „East-West mobility of scientists and engineers". Paris.

VALUSSI, G. (ed.)(1993): L'Italia geoeconomica. 2nd ed. Turin.

VATTIMO, G. (2001): Società della conoscenza o società del gioco? In: La Stampa, 11 dicembre 2001.

VENTURINI, A. (1991): Immigration et marché du travail en Italie : données récentes. In: Revue européenne des migrations internationales 7, pp. 96-113.

WEILER, H. N. (2001): Wissen und Macht in einer Welt der Konflikte - zur internationalen politischen Ökonomie der Wissensproduktion. Vortrag gehalten auf dem Kongress „Gut zu wissen - Links zur Wissensgesellschaft" am 4.-6. Mai 2001 in Berlin.

WELTBANK (Hg.) (1999): Weltentwicklungsbericht 1998/99. Entwicklung durch Wissen. Frankfurt a.M..

WHITE, P. (1988): Skilled International Migrants and Urban Structure in Western Europe. In: Geoforum 19 (*4*), pp. 411-422.

WHITE, P. (1993): The social geography of immigrants in European cities: the geography of arrival. In: KING, R. (ed.)(1993): The new geography of European migrations. London, New York. pp. 47-66.

WITHOL DE WENDEN, C. (1995): East-West and North-South brain drain : a comparison of the flows in Western Europe. In: Studi Emigrazione/Etudes Migrations XXXII (*117*), pp. 90-97.

WOLBURG, M. (1996): On Brain Drain, Brain Exchange, Division of Labour and Economic Growth within a Common Market. (=Discussion Papers in Economic Policy N. 66) Hamburg.

WOLBURG, M. (2001): On Brain Drain, Brain Gain and Brain Exchange within Europe. Baden-Baden.

WOLTER, A. (1996): Determinanten des Qualifikationsanstiegs unter den Ausländern in der IAB-Beschäftigtenstichprobe. In: Mitteilungen aus der Arbeitsmarkt- und Berufsforschung *4/96*, pp. 616-629.

WOLTER, A. (1996): Multinationale Unternehmen als Kanal der Wanderung Höherqualifizierter : Ein Erklärungsrahmen für den Anstieg der Wanderung Höherqualifizierter in der EG. (=Discussion Papers in Economic Policy N. 64) Hamburg.

WOLTER, A. (1997a): Globalisierung der Beschäftigung : Multinationale Unternehmen als Kanal der Wanderung Höherqualifizierter innerhalb Europas. (=Schriftenreihe des Europa-Kollegs Hamburg zur Integrationsforschung 18) Baden-Baden.

WOLTER, A. (1997b): Qualifikationsspezifische Determinanten der Migration nach Deutschland. In: Mitteilungen aus der Arbeitsmarkt- und Berufsforschung 30 (*3*), pp. 657-662.

WOLTER, A. / STRAUBHAAR, T. (1997): Europeanisation of Production and the Migration of the Highly Skilled. (=HWWA-Diskussionspapier Nr.41) Hamburg.

WOLTER, A. / WOLBURG, M. (1996): Die Wanderung Höherqualifizierter als Trend der europäischen Binnenmigration : eine empirische Untersuchung am Beispiel der deutschen IAB-Beschäftigtenstichprobe. (= Europa-Kolleg Hamburg, Institut für Intergrationsforschung: Diskussionspapier 2). Hamburg.

WORLDBANK (2002): Constructing Knowledge Societies : New Challenges for tertiary Education. Washington.

ZNANIECKI, F. (1986 (Orig. 1940)): The social role of the man of knowledge. New Brunswick.

Anhang

Übersichtskarte der drei italienischen Landesteile

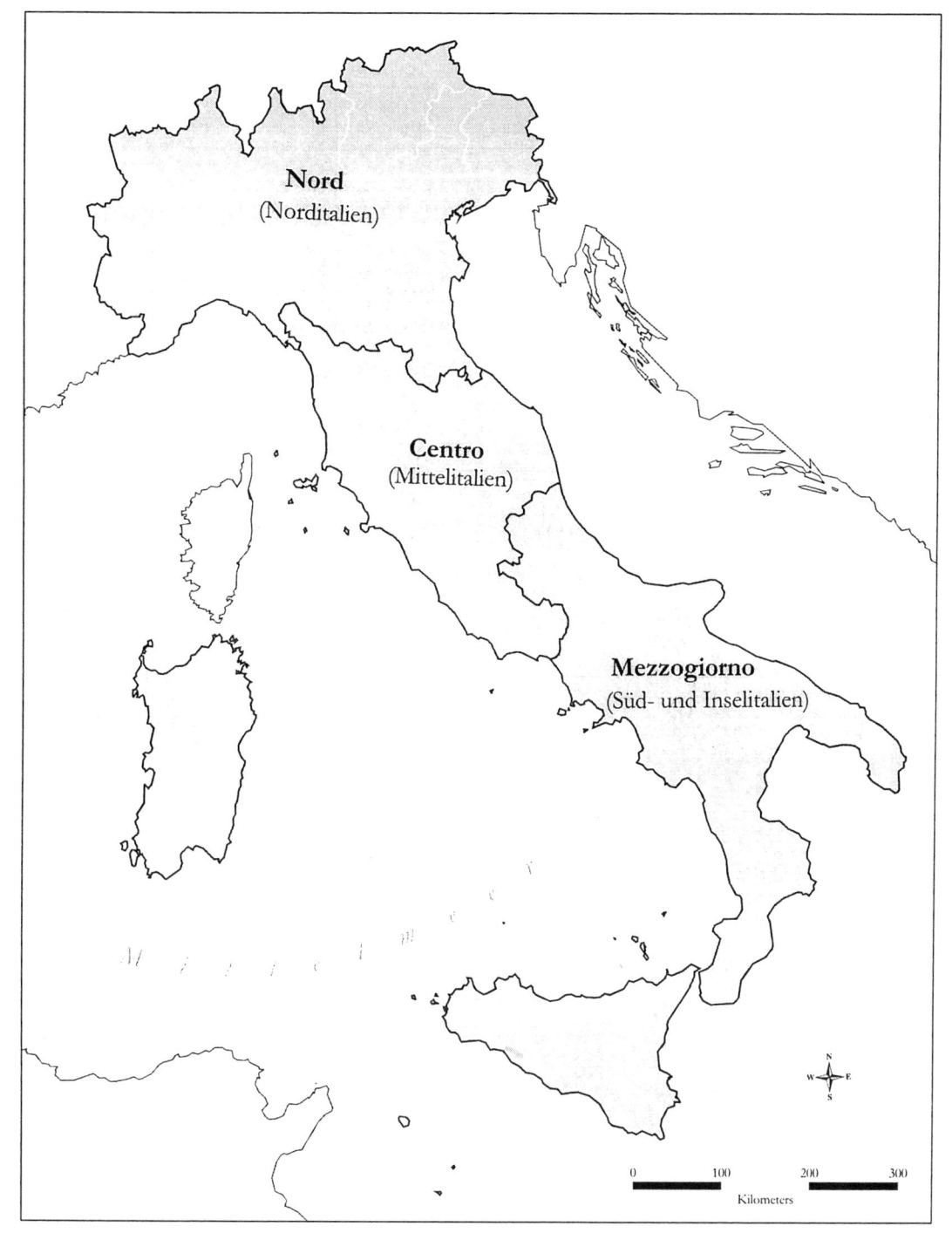

Entwurf und Kartographie: H. Jahnke 2004.

Übersichtskarte der italienischen Regionen

Entwurf und Kartographie: H. Jahnke 2004.

Übersichtskarte der italienischen Provinzen

Entwurf und Kartographie: H. Jahnke 2004.

Übersichtskarte der italienischen Universitätsstandorte

Entwurf und Kartographie: H. Jahnke 2004.

Pressespiegel zur "fuga di cervelli" aus dem Mezzogiorno

Die Veröffentlichung des Artikels: JAHNKE, H. (2001): *Mezzogiorno e knowledge society: i rischi di 'spreco' e 'fuga' delle risorse umane*, in der *Rivista economica del Mezzogiorno* (XV,4, pp. 749-762) rief in der italienischen Presse ein breites Echo hervor.

Indagine Svimez «Dal Mezzogiorno è fuga di cervelli»

Roma — A.A.A.Laureati Offresi. Sono i giovani del Sud, ingegneri, economisti

La Provincia di Cremona, 3-4-2002

Fuga dal Sud di «cervelli» laureati al Nord

ROMA «A. A. A. Laureati Offresi».

La Provincia di Como, 3-4-2002

LA RICERCA
Fuga di cervelli dal Meridione: uno su quattro «emigra» a Nord

È fuga di cervelli dal Meridione d'Italia. Sono ingegneri, medici, economisti, che lasciano le loro regioni per studio e poi non tornano. Secondo uno studio della Svimez sui laureati del Sud nel '95, quasi uno su 4 (il 23,5%) non tornerà più a casa, lavora al Nord. La percentuale

Corriere della Sera, 3-4-2002

Cervelli del Sud, un quarto fugge verso il Nord

DONATELLA TROTTA

Cervelli in fuga. Dal sud verso il nord

Il Mattino, 3-4-2002

Indagine Svimez: uno su quattro studia nel Centro-Nord e non torna più
Allarme dal Sud, cervelli in fuga

Il Mattino, 3-4-2002

Fuga di cervelli dal Sud, vanno al Nord per studiare e poi ci restano: è il destino di un ingegnere su tre

ROMA — Vanno al Nord e quasi uno su quattro (il to il titolo nelle università ta dagli studenti e laureati in

Il Messaggero, 3-4-2002

La Svimez: uno su 4 emigra al Nord
Fuga di cervelli dal Sud

ROMA. A.A.A.Laureati offronsi. Sono i giovani del Sud, ingegneri, economisti, medici, che lasciano le loro Regioni di provenienza - prima per seguire gli stu-

Giornale di Sicilia, 3-4-2002

Il Mezzogiorno perde risorse qualificate: un laureato su quattro emigra
Il Sud esporta cervelli

Allarme Svimez: un ingegnere su tre va a lavorare al Nord. In Sicilia fa la valigia il 70% dei manager e solo il 45% delle imprese ha un pc

L'ECONOMIA del Mezzogiorno è in ripresa ma non abbastanza da indurre le alte qualifiche a sforzi notevoli per creare sinergie con le aziende tali da dare sità meridionali hanno fatto tra i laureati in studi politico sociali (25,5%), economia (28,4%) e ingegneria (29%): in e nella comunicazione d'impresa, infatti, ancora non sfondano nelle aziende italiane, secondo il recentissimo Rapporto Dhi

Conquiste del Lavoro, 3-4-2002

SVIMEZ / Il 30% degli ingegneri trasferito al Nord
«Fuga dei cervelli» dal Sud emigra un laureato su quattro

La Gazzetta del Mezzogiorno, 3-4-2002

Liste der interviewten Absolventen

Person	Ort	m/f	Alter	Familienstatus	Laurea-Jahr	Uni	Typ	Datum
1	Messina	m	30	verheiratet	1997	Messina	Wirtschaft	21. Apr 99
2	Raccuia (ME)	m	32	verheiratet	2000	Messina	Wirtschaft	21. Apr 99
3	Sant'Angelo (ME)	m	29	ledig	1999	Messina	Jura	21. Apr 99
4	Messina	m	36	verheiratet	1993	Messina	Politikwissenschaft	22. Apr 99
5	Messina	m	40	verheiratet	1986	Messina	Politikwissenschaft	22. Apr 99
6	Troina (CT)	m	35	ledig	1993	Catania	Wirtschaftswissenschaft	26. Apr 99
7	Monterosso Almo (RG)	f	30	ledig	1995	Catania	Philosophie	27. Apr 99
8	Milena (AG)	m	29	ledig	1999	Palermo	Agrarwissenschaft	29. Apr 99
9	Milena (AG)	m	31	ledig	1998	Palermo	Literaturwissenschaft	29. Apr 99
10	Petralia Soprana (PA)	f	37	ledig	1997	Palermo	Psychologie	17. Apr 00
11	Palermo	f	28	ledig	1996	Palermo	Jura	18. Apr 00
12	Palermo	m	28	ledig	1997	Palermo	Philosophie	18. Apr 00
13	Caccamo (PA)	m	38	verheiratet	1991	Palermo	Agrarwissenschaft	20. Apr 00
14	Caccamo (PA)	f	25	ledig	1999	Palermo	Geologie	20. Apr 00
15	Caccamo (PA)	m	29	verheiratet	1994	Palermo	Mathematik	20. Apr 00
16	Castellammare (TP)	f	28	ledig	1998	Palermo	Ingenieurswissenschaft	20. Apr 00
17	Palermo	f	28	ledig	1996	Palermo	Literaturwissenschaft	25. Apr 00
18	Palermo	m	34	verheiratet	1988	Milano	Theologie	25. Apr 00
19	Salemi (TP)	m	31	verheiratet	1995	Palermo	Wirtschaftswissenschaft	26. Apr 00
20	Santa Ninfa (TP)	f	26	ledig	1999	Palermo	Jura	26. Apr 00
21	Santa Ninfa (TP)	f	26	ledig	1998	Palermo	Sprachen	26. Apr 00
22	Castelvetrano (TP)	f	32	ledig	1995	Palermo	Erziehungswissenschaften	26. Apr 00
23	Castelvetrano (TP)	f	31	verheiratet	1997	Palermo	Pädagogik	26. Apr 00
24	Castelvetrano (TP)	f	29	ledig	1993	Palermo	Pädagogik	26. Apr 00
25	Castelvetrano (TP)	f	30	verheiratet	1991	Palermo	Jura	26. Apr 00
26	Castelvetrano (TP)	f	30	ledig	1993	Palermo	Politikwissenschaft	26. Apr 00
27	Bivona (PA)	m	28	ledig	1997	Palermo	Wirtschaftswissenschaft	27. Apr 00
28	Bivona (PA)	f	31	verheiratet	1995	Palermo	Wirtschaftswissenschaft	27. Apr 00
29	Montallegro (AG)	f	26	ledig	1998	Palermo	Jura	27. Apr 00
30	Montallegro (AG)	m	30	verheiratet	1997	Palermo	Politikwissenschaft	27. Apr 00
31	Cattolica Eraclea (AG)	m	28	ledig	1998	Palermo	Architektur	28. Apr 00
32	Santo Stefano (PA)	f	33	ledig	1995	Palermo	Ingenieurswissenschaft	28. Apr 00
33	Santo Stefano (PA)	f	31	ledig	1996	Palermo	Biologie	28. Apr 00
34	Palermo	m	32	ledig	1992	Palermo	Agrarwissenschaft	29. Apr 00
35	Palermo	m	31	ledig	1993	Palermo	Jura	30. Apr 00
36	Gibellina (TP)	m	33	verheiratet	1993	Rom (Luiss)	Jura	01. Mai 00

Zusammenstellung H. Jahnke 2004

Liste der interviewten Experten

Name	Funktion	Datum	Ort
Carmelo Coleandro	Informatore del CID, Ufficio per i disoccupati alla Camera del lavoro Via Crociferi, Catania	6. April 1999	Catania
Tuccio Cuttugno	Segretaria Provinciale della CGIL (Confederazione Generale Italiana del Lavoro), Catania Via Crociferi, Catania	7. April 1999	Catania
Dott.ssa Laura Mammana	Ufficio Statistico e Programmazione dell'Università di Catania	7. April 1999	Catania
Dott.ssa Francesca Vercì	Ufficio Statistico e Programmazione dell'Università di Catania	7. April 1999	Catania
Anonymus	Assessorato regionale : Lavoro, previdenza sociale, formazione professionale ed emigrazione Via Pernice, 5 – Palermo	9. April 1999	Palermo
Roberto Foderà	ISTAT Palermo, Via Empedocle Restivo, 102 - 90144 Palermo	9. April 1999	Palermo
Dott. Badami	Euroconsigliere del Progetto EURES (European Employment Service) presso Agenzia regionale per l'impiego Via Imperatore Federico, 52 Palermo	12. April 1999	Palermo
Angelo Meli	Giornale di Sicilia	12. April 1999	Palermo
Anonymus	Regione Siciliana: Direzione regionale per la Programmazione	13. April 1999	Palermo
Anonymus	Regione Siciliana: Direzione Regionale per i rapporti extraregionali	13. April 1999	Palermo
Anonymus	Fondazione Angelo Curella	19. April 1999	Palermo
Patrizia Lovescovo	Uffico Delle Relazioni Internazionali dell'Università di Palermo Palazzo Steri	19. April 1999	Palermo
Dott. Giovanni Catalano	CONFINDUSTRIA, Ufficio rapporti economici Via E. Amari, 11 - 90139 Palermo	13. April 1999	Palermo
Signor Giovanni Pollina	Azienda regionale per l'impiego - Sezione lavoro Via Imperatore Federico, 51 90144 Palermo	23. April 1999	Palermo
Signora Valguernera	Assessorato al lavoro Via Pernice 5, Palermo	13. April 1999	Palermo
Prof. Vincenzo Guarrasi	Istituto delle Scienze antropologiche e geografiche Università di Palermo	14. April 1999	Palermo
Fabio Giambrone	Segretario del Sindaco Leoluca Orlando Palazzo delle Aquile Palermo	15. April 1999	Palermo
Arch. Baldassare di Dia	Assessorato regionale per il lavoro Via Imperatore Federico , 51 Palermo	15. April 1999	Palermo
Dott. Aiello	Assessorato regionale per il lavoro Via Imperatore Federico , 51 Palermo	15. April 1999	Palermo
Angela Antinoro	Sportello unico per le Attivita Produttive Assessorato Attività Produttive Via Ugo La Malfa, 34 90146 Palermo	16. April 1999	Palermo
Dott. Rione	Azienda per l'impiego,	16. April 1999	Palermo
Anonymus	Tourismus-Büro über die Stadt Messina und deren Umgebung	19. April 1999	Messina
Dott. Giuseppe Mannino	Centro di Calcolo Università di Messina	19. April 1999	Messina

Dott.ssa Elvira Larocca	Uffico Relazioni Internazionali e Scambi Culturali Università di Messina	19. April 1999	Messina
Dott. Domenico Romano	Capo ufficio Ex-ufficio di collocamento del Comune di Messina, heute Agenzia per l'impiego, Piazza Casa Pia, Messina	19. April 1999	Messina
Anonymus	Assessore per lo sviluppo economico Comune di Messina – Assessorato allo sviluppo economico	20. April 1999	Messina
Anonyma	Ufficio Europa Comune di Messina - Assessorato allo sviluppo economico	20. April 1999	Messina
Concetta Bruno	Informagiovani Messina Informazioni per l'Estero: Sportello EURES	21. April 1999	Messina
Marilena Sardella	Rete Civica di Messina Informagiovani Messina Informazioni per l'Estero: Sportello EURES	21. April 1999	Messina
Valentina Cocco	Centro di calcolo Università di Catania	22. April 1999	Catania
Anonymus	Ufficio per le relazioni pubbliche Comune di Catania	22. April 1999	Catania
Dott. Cassone	ufficio di collocamento di Siracusa	23. April 1999	Siracusa
Signora Sessa	Ufficio Provinciale Lavoro Via Necropoli Grotticelle 30	23. April 1999	Siracusa
Anonymus	Centro Informagiovani Siracusa	23. April 1999	Siracusa
Antonino Catania	Vice presidente della biblioteca comunale di Bronte Ex-Informagiovani	26. April 1999	Bronte
Anonymus	ufficio di collocamento Bronte	26. April 1999	Bronte
Carmelo Conticello	Schulberater Preside della scuola superiore di Regalbuto, Ex-Preside della scuola superiore di Troina	26. April 1999	Troina
Emanuele Dipasquale	Vice Sindaco di Ragusa	27. April 1999	Ragusa
Dott. Saladino	A.S.I. (Associazione delle Industrie)	27. April 1999	Ragusa
Anonymus	Informagiovani Ufficio per le relazioni pubbliche del Comune di Agrigento	28. April 1999	Agrigento
Dottssa Ferrante	Responsabile del Assesorato provinciale del lavoro	28. April 1999	Agrigento
Dott. X	Assessorato per lo sviluppo economico Responsabile della banca dati	28. April 1999	Agrigento
Dott. Mossuto	Unione industriale della provincia di Agrigento	29. April 1999	Agrigento
Dssa Martinico	Ufficio provinciale del lavoro – Trapani	30. April 1999	Trapani
Dott. Guarnotto	Vice-direttore Ufficio provinciale del lavoro – Trapani	30. April 1999	Trapani
Gaetano Mellia	Provincia regionale di Enna	4. Mai 1999	Enna
Sindaco di Gibellina	„Nuova generazione"	27. April 2000	Gibellina
Dott. Nino Borruso	Freier Rechtsanwalt Berater von Leoluca Orlando	27.März 2001	Palermo

Zusammenstellung H. Jahnke 2004.

Tabelle: Beschäftigungsentwicklung in Italien 1995 bis 2001

Beschäftigte	1995	1996	1997	1998	1999	2000	2001	Differenz 95-01	(in %)
Italien	20.025.976	20.125.080	20.207.323	20.435.218	20.691.620	21.079.775	21.514.420	+ 1.488.444	(+7,4%)
Männer	13.019.264	13.003.285	13.015.282	13.089.972	13.158.375	13.315.959	13.454.807	+ 435.543	(+3,3%)
Frauen	7.006.712	7.121.795	7.192.040	7.345.246	7.533.244	7.763.816	8.059.613	+ 1.052.901	(+15,0%)
Norditalien	10.300.908	10.390.145	10.431.434	10.524.248	10.704.443	10.906.807	11.090.129	+ 789.221	(+7,7%)
Mittelitalien	4.029.507	4.046.698	4.060.677	4.095.061	4.172.042	4.254.549	4.344.906	+ 315.399	(+7,8%)
Mezzogiorno	5.695.561	5.688.236	5.715.210	5.815.909	5.815.133	5.918.420	6.079.386	+ 383.825	(+6,7%)

Arbeitslose	1995	1996	1997	1998	1999	2000	2001	Differenz 95-01	(in %)
Italien	2.637.798	2.653.326	2.688.015	2.744.524	2.669.331	2.494.928	2.266.921	- 370.877	(-14,1%)
Männer	1.279.875	1.286.188	1.294.193	1.313.123	1.265.724	1.179.019	1.065.801	- 214.074	(-16,7%)
Frauen	1.357.925	1.367.140	1.393.821	1.431.401	1.403.607	1.315.909	1.201.122	- 156.803	(-11,5%)
Norditalien	729.768	714.117	706.002	679.294	611.154	535.048	462.900	- 266.868	(-36,6%)
Mittelitalien	450.298	444.158	438.832	431.365	421.919	383.690	348.100	- 102.198	(-22,7%)
Mezzogiorno	1.457.733	1.495.052	1.543.180	1.633.863	1.636.258	1.576.191	1.455.920	- 1.813	(-0,1%)

Erwerbspersonen	1995	1996	1997	1998	1999	2000	2001	Differenz 95-01	(in %)
Italien	22.663.774	22.778.407	22.895.337	23.179.741	23.360.950	23.574.704	23.781.341	+ 1.117.567	(+4,9%)
Männer	14.299.138	14.289.472	14.309.475	14.403.095	14.424.099	14.494.979	14.520.607	+ 221.469	(+1,5%)
Frauen	8.364.636	8.488.935	8.585.862	8.776.646	8.936.851	9.079.725	9.260.734	+ 896.098	(+10,7%)
Norditalien	11.030.676	11.104.262	11.137.437	11.203.541	11.315.598	11.441.854	11.553.030	+ 522.354	(+4,7%)
Mittelitalien	4.479.804	4.490.856	4.499.509	4.526.427	4.593.961	4.638.239	4.693.006	+ 213.202	(+4,8%)
Mezzogiorno	7.153.294	7.183.289	7.258.390	7.449.772	7.451.390	7.494.611	7.535.306	+ 382.012	(+5,3%)

Tabelle: Entwicklung der Akademikerzahlen 1993 bis 1999

Region	Akademiker 1993	In Prozent der Bevölkerung	Akademiker 1999	In Prozent der Bevölkerung	Differenz 1993-99	In Prozent
Piemonte	152.188	3,6%	221.992	5,2%	69,804	+ 45,9%
Valle d'Aosta	3.447	3,0%	5.591	4,7%	2,144	+ 62,2%
Lombardia	394.282	4,5%	558.805	6,2%	164,523	+ 41,7%
Trentino-Alto Adige	29.377	3,3%	42.231	4,6%	12,854	+ 43,8%
Bolzano-Bozen	11.851	2,7%	19.926	4,4%	8,075	+ 68,1%
Trento	17.526	3,9%	22.305	4,8%	4,779	+ 27,3%
Veneto	144.652	3,3%	235,02	5,3%	90,368	+ 62,5%
Friuli-Venezia Giulia	43.915	3,7%	64,261	5,5%	20,346	+ 46,3%
Liguria	78.071	4,7%	102,98	6,4%	24,909	+ 31,9%
Emilia-Romagna	171.482	4,4%	252,162	6,4%	80,680	+ 47,0%
Toscana	141.874	4,1%	192,734	5,5%	50,860	+ 35,8%
Umbria	35.774	4,4%	49,741	6,0%	13,967	+ 39,0%
Marche	62.559	4,4%	87,539	6,1%	24,980	+ 39,9%
Lazio	340.706	6,7%	420,327	8,1%	79,621	+ 23,4%
Abruzzen	50.272	4,0%	67,762	5,3%	17,490	+ 34,8%
Molise	12.841	3,9%	17,072	5,2%	4,231	+ 32,9%
Kampanien	229.755	4,1%	293,443	5,1%	63,688	+ 27,7%
Apulien	143.207	3,6%	188,268	4,6%	45,061	+ 31,5%
Basilicata	15.169	2,5%	23,52	3,9%	8,351	+ 55,1%
Calabria	77.536	3,8%	104,364	5,1%	26,828	+ 34,6%
Sicilia	195.872	3,9%	265,691	5,2%	69,819	+ 35,6%
Sardegna	51.791	3,2%	73,715	4,5%	21,924	+ 42,3%
ITALIEN	2374.769	4,2%	3267,22	5,7%	892,451	+ 37,6%
Nord	1017.414	4,1%	1483,042	5,9%	465,628	+ 45,8%
Centro	580.913	5,4%	750,342	6,8%	169,429	+ 29,2%
Mezzogiorno	776.442	3,8%	1033,835	5,0%	257,393	+ 33,2%

Datenquelle: ISTAT – Forze di lavoro Media 1993, 1999; Berechnung H. Jahnke 2004.

Tabelle: Standorte der sizilianischen Universitäten 2000

Universität	Standort	Fakultät	Laurea-Studiengang(C.L.)/ Diploma-Studiengang (D.U.)	Studierende 1999/2000	Studien- anfänger 1999/2000
Università di Catania	Caltagirone	Agraria	D.U. Produzioni vegetali	60	26
Università di Catania	Caltagirone	Economia	D.U. Economia e gestione dei servizi turistici	91	30
Università di Catania	Caltanissetta	Scienze politiche	C.L. Relazioni pubbliche	860	409
Università di Catania	Enna	Ingegneria	C.L. Ingegneria per l'ambiente e per il territorio	145	79
Università di Catania	Giarre	Lettere e Filosofia	D.U. Traduttori e interpreti	74	35
Università di Catania	Giarre (ab 1998)	Agraria	D.U. Produzioni vegetali	10	0
Università di Catania	Modica	Agraria	D.U. Produzioni animali	6	0
Università di Catania	Priolo	Ingegneria	D.U. Ingegneria delle infrastrutture	81	0
Università di Catania	Priolo	Ingegneria	D.U. Ingegneria elettrica	36	0
Università di Catania	Priolo	Ingegneria	D.U. Ingegneria elettronica	78	0
Università di Catania	Priolo	Ingegneria	D.U. Ingegneria meccanica	77	0
Università di Catania	Ragusa	Agraria	C.L. Scienze agrarie, tropicali e subtropicali	329	83
Università di Catania	Ragusa	Lingue e Letterature	C.L. Lingue e culture europee	240	228
Università di Catania	Ragusa	Lingue e Letterature	C.L. Studi comparatistici	140	138
Università di Catania	Siracusa	Architettura	C.L. Architettura	390	91
Università di Catania	Siracusa	Scienze Matematiche, Fisiche e naturali	D.U. Chimica	23	8
Università di Messina	Locri (RC)	Scienze politiche	D.U. Servizio sociale	207	38
Università di Messina	Modica	Scienze politiche	D.U. Servizio sociale	37	37
Università di Messina	Reggio Calabria (RC)	Lettere e Filosofia	D.U. Scienze e tecniche dell'interculturalità mediterranea	24	24
Università di Messina	Taormina	Economia	D.U. Economia e gestione dei servizi turistici	neu	0
Università di Palermo	Agrigento	Lettere e Filosofia	C.L. Conservazione dei beni culturali	577	225
Università di Palermo	Agrigento	Lettere e Filosofia	D.U. Operatore dei beni culturali	80	17
Università di Palermo	Agrigento	Giurisprudenza	D.U. Operatore della pubblica amministrazione	neu	0
Università di Palermo	Bivona	Agraria	C.L. Scienze forestali	247	0
Università di Palermo	Bivona	Agraria	C.L. Scienze forestali ed ambientali	261	89
Università di Palermo	Caltanissetta	Medicina e Chirurgia	C.L. Medicina e Chirurgia	93	39
Università di Palermo	Caltanissetta	Ingegneria	D.U. Ingegneria elettrica	54	28
Università di Palermo	Enna	Scienze politiche	C.L. Scienze politiche	294	128
Università di Palermo	Marsala	Agraria	D.U. Viticoltura ed enologia	47	29
Università di Palermo	Partinico	Architettura	C.L. Pianificazione territoriale ed urbanistica	60	31
Università di Palermo	Trapani	Giurisprudenza	C.L. Giurisprudenza	1683	363
Università di Palermo	Trapani	Giurisprudenza	D.U. Relazioni industriali	69	34
Università di Palermo	Trapani	Medicina e Chirurgia	D.U. Ostettrica/o	11	10
Università di Palermo	Trapani	Scienze Matematiche, Fisiche e Naturali	D.U. Biologia	46	21

Datenquelle: MURST (2001): Offerta formativa (www.muir.it); Zusammenstellung H. Jahnke 2004.

Beispielinterview 1

> Die Ingenieurswissenschaftlerin L. hat im Jahr 1995 ihren Studienabschluss an der Universität in Palermo erworben. Zum Zeitpunkt des Interviews ist sie 33 Jahre alt und lebt zwischen ihrem Heimatort Santo Stefano di Quisquina (im Süden der Provinz Palermo) und Palermo, wo sie als freie Mitarbeiterin in einem Ingenieurbüro tätig ist.
>
> Im Laufe des Gesprächs sprechen wir zunächst über ihren Ort, über Palermo und die dortigen Universität , bevor sie auf die schlechten Berufsaussichten von Nuklearingenieuren zu sprechen kommt. Sie beklagt die unzureichenden Studienbedingungen in Sizilien, aber auch die vergleichsweise niedrige Professionalität, mit der die meisten privaten Büros in Palermo arbeiten. Gleichwohl schätzt sie die Situation in Norditalien nicht sehr viel besser ein.
>
> Nach ihrem Studienende wollte sie von ihren Eltern unabhängig sein und verdiente sich mit schlecht bezahlten Jobs ihren Lebensunterhalt, um gleichzeitig unbezahlte Praktika machen zu können. Schließlich ist sie zu Verwandten in die USA gegangen, wo sie zwar bessere Berufsaussichten gehabt hätte, mit dem dortigen Leben aber nicht zurecht kam Heute bezeichnet sie das Weggehen als den größten Fehler, den sie begehen konnte, und beobachtet ähnliches bei Ihren Freundinnen und in ihrer Familie.
>
> L. spricht viel über andere junge Hochschulabsolventen, die nach erfolgloser Arbeitssuche in Sizilien schließlich mit Anfang 30 in den Norden gehen, um baldmöglichst über eine Versetzung – beispielsweise im öffentlichen Dienst – wieder in die Heimat zurückkehren zu können. Diesbezüglich ist sie sehr skeptisch, da es aus der Distanz immer schwieriger ist, eine Stelle zu finden.
>
> Trotz ihrer aktuellen Beschäftigung als freie Mitarbeiterin in einem Ingenieurbüro in Palermo hat sie die Möglichkeit, weiterhin arbeitslos gemeldet zu bleiben, um sich in naher Zukunft um eine freie Mitarbeiterstelle in einem Beschäftigungsprogramm bewerben zu können. Den Hinweis auf diese Stelle hat sie über ihre lokalen Netzwerke bekommen, was sie in ihrer Überzeugung bestätigt, dass es ein Fehler ist, aus Sizilien wegzugehen, wenn man eigentlich bleiben möchte.

Mi dicevano che qui a Santo Stefano c'è una realtà molto diversa da Bivona.
C'è una realtà molto diversa?
Nel senso che c'è più imprenditorialità, meno scuole, ecc.
Ma meno scuole perché credo che come paese sia già più tranquillo nel senso che anche non si impegn... cioè anche non so se poi effettivamente dico, non è che ho vissuto molto nella realtà di Santo Stefano, perché sono andata via a diciotto anni, e quindi da diciotto anni a questa parte non è che sono stata qua, non mi sono interessata veramente alla vita del mio paese. Però sì, rispetto a Bivona, vedo che Bivona e più impegnata a mantenere le scuole, a fare, a dire, insomma ne ha create di nuove. Santo Stefano non ne ha. Ora i problemi, che ci stanno dietro non li conosco per carità però fondamentalmente e una realtà che Bivona ha molto più scuole superiori, Santo Stefano ne aveva una ed e rimasta quella. Insomma, basta.
Avete una scuola superiore anche voi?
Magistrale, che formano molti maestri.. e niente poi l'università a Bivona doveva nascere a Santo Stefano. Per problemi logistici e andata a finire a Bivona, e poi insomma, a quanto pare i professori stessi non hanno molto amato questo fatto di trasferirsi a Bivona, di viaggiare e quindi l'hanno fatta richiamare a Palermo.
Ma doveva nascere originalmente qui?
Qui, sì. I locali, li stanno pure aggiustando. Andando verso Bivona, tu vedi, c'è una bella curva che fai.. e di fronte era un.. eh..questa cosa nasceva forse come, non lo so come convento, insomma come qualcosa che ora hanno fatto il finanziamento, stanno pure aggiustando tutto, il prospetto, insomma era carino, dovevano essere questi i locali per l'università. Praticamente non siamo riusciti nemmeno a completargli perché già l'università è andata via.. eh vuoi un caffè, qualcosina?
Prenderei un po' di acqua volentieri
- PAUSE -
Non è vero, perché stavo dicendo forse che a Santo Stefano ci sono più laureati. In realtà non è vero. Credo che la densità di laureati sia uguale
Ma c'è una densità forte, cioè, se prendiamo dieci giovani nel loro curriculum, quanti arrivano alla fine della scuola superiore secondo te, e quanti continuano all'università, e quanti si laureano alla fine?
Su dieci, numero di dieci? Ma su dieci, che ti posso dire fanno la scuola superiore sicuramente dieci a otto credo vanno tranquillamente alla scuola superiore, perché è l'unica.. anche perché in questi paesi c'è il genitore chi tiene moltissimo che il figlio possa avere un'istruzione superiore. Quindi sono pochi casi ormai di genitori che non considerano importante la scuola, l'istruzione. Quindi un buon otto ragazzi ci vanno sicuramente. All'università è un po' più difficile perché diventa anche un problema economico, per cui devi uscire fuori, devi fare l'università almeno a Palermo, quindi le spese sono diverse. Gli interessi devono essere pure superiori perché altrimenti insomma un ragazzo non riesce perché da noi l'università – non so se te ne sei accorto, però visto il numero è molto elevato di iscritti anche i professori stanno là a cercare di spazzare un po' di gente. In ingegneria i primi anni e così. Cioè i professori fanno una bella mazzata perché giustamente... Noi siamo arrivati all'università il primo anno che eravamo mille iscritti.

Solo in ingegneria?
Solo in ingegneria tra nucleare e aeronautica e qualche altro indirizzo, quindi eravamo mille. Dopo di che a metà del secondo anno eravamo duecento. Quindi dico, ti rendi conto che insomma.... Ed è gente che poi cambia, non necessariamente si ritira. Semplicemente va in altre facoltà, va in economia e commercio, almeno per i casi in ingegneria, economia e commercio, o fisica, o altre facoltà insomma, dalle […] matematiche insomma queste cose qua. Però su otto, su dieci elementi credo che sui cinquanta percento vanno all'università, e magari poi il cinquanta percento, credo che sicuramente un cinquanta percento arriva alla laurea. Dico per essere.. ma così dico... per.. magari le conoscenze che ho io, i miei amici chi sono andati all'università che bene o male si sono iscritti, hanno superato, alcuni si sono ritirati. Io ho avuto dei colleghi chi si sono ritirati, sono delle persone molto in gamba, cioè sinceramente migliori di me dal punto di vista scolastico. Si sono ritirati perché i professori sono stati abbastanza cattivi. Quindi per una questione di sfortuna, diciamo. E basta poi..
Invece la scelta dell'università è sempre Palermo o ci sono anche..
No, no, negli ultimi tempi.. C'è sempre stata la scelta Milano, quasi sempre Milano direi. Però negli ultimi tempi e diventata più grossa il numero di studenti che preferisce andare a Milano, qualcuno a Roma, qualcuno a Torino, insomma c'è.. attratti anche credo molto più dal fatto che alla fine dell'università hai più possibilità.
Ma sempre lì, non qui, vero? Le possibilità ci sono..
Al nord, ma anche per i laureati qua, e difficilissimo. Tu devi essere – o già in qualche modo inserito nell'ambiente del lavoro che poi vai a scegliere. Ingegnere allora, se io ho dietro i genitori che già sono infilati nel settore o qualche conoscenza ecco allora è possibile pure che io senza problemi... Io dopo la laurea ho fatto cinque anni di tirocinio vuoto direi perché alla fine cosa succede. A parte del fatto che non c'è una tendenza a migliorarsi io vedo .. io sto per ora, lavoro in uno studio a Palermo, questo studio sta prendendo dei lavori all'andiano, posti vuoti all'andiano. E c'è il confronto tra quello che vogliono gli americani, che richiedono a uno studio come tutto strapolati, come planimetrie come lavoro insomma e il livello ecco, che richiedono, che e ben diverso dal livello che si propone a Palermo. Un esecutivo fatto a Palermo non a niente a che vedere con un esecutivo fatto altrove, sempre dico al Nord d'Italia. C'è sempre qualche studio a Palermo o comunque Sicilia chi ha, cioè insomma è di un buon livello, però sono pochissimi, sono pochissimi e tu non ci vai, dici: voglio fare tirocinio dico che è difficile che ti fanno entrare pero bene o male il giro poi e sempre quello. E quindi tu ti devi accontentare di questi studi che hanno un livello mediocre, non tengono ad avere alti risultati perché il la... se ce l'hanno il lavoro, il lavoro lo fanno, quindi dico, non hanno bisogno di fare altro. E niente quindi non lo so: o ti accontenti di questo o devi pensare di andare veramente fuori. Lo sbaglio unico che si può fare e quello che ho fatto io ed e che ho deciso di andare fuori, non subito dopo la laurea, ma dopo i primi due o tre anni
Aspetta, tu ti sei laureata in che anno?
Novantacinque
Novantacinque, poi avevi la casa a Palermo, con altri studenti?
Si, si con altri studenti, ho vissuto, sono rimasta a Palermo, perché l'idea di venire qua, non mi ha nemmeno sfiorata, perché qua vieni a non fare niente. Eh guarda per esperienza personale tutti quelli che subito dopo la laurea, magari hanno fatto discipline un po' più ... come dire non ingegneria o medicina che bene o male ti consentono a lavorare ancora, o scienze.. se fanno scienze politiche, giurisprudenza o qualche altra cosa che già ti crea molti più problemi venendo in paese, perché ad un certo punto, se tu non lavori perché da premettere tu non riesci a trovare nemmeno un lavoro di babysitter o qualsiasi lavoro a Palermo, per poter dire: Va bene mi mantengo io. O comunque è difficile, non dico che è impossibile, e difficile per carità: se tu ti metti.. ti devi mettere a cercare.. io l'ho fatto, ho cercato di trovare qualsiasi lavoro per mantenermi a Palermo
Dopo la laurea
Si, dopo la laurea, perché dopo la laurea, o continui ad essere dipendente dai tuoi genitori oppure dici: faccio qualsiasi lavoro e magari mi mantengo. E quindi, niente. Se tu non hai la facoltà di restare, di farti mantenere dei genitori a Palermo, la prima cosa che pensi: e va beh, faccio risparmiare i soldi ai miei e ritorno a casa. Dopo qualche anno... delle mie amiche che hanno fatto questo, sono partite per .. una per Bologna un mese fa, ed e andata a insegnare, un'altra a Milano
laureate in che cosa?
una in farmacia, una in scienze politiche.
La prima in farmacia?
la prima in scienze politiche, e questa di qua non è riuscita a fare niente a Palermo se non la scuola privata. Scuola privata che poi è un altro campo interessantissimo perché tu l'unica cosa che puoi fare subito dopo la laurea senza grossi problemi e la scuola privata, perché ti pagano niente, ti sfruttano penso che meglio di cosi non possono fare e alla fine non ti pagano nemmeno. Cioè quei pochi soldi alla fine te li negano, ti dicono: non ce li abbiamo, te li diamo dopo, quindi alla fine tu sei costretto anche a rinunciare. E quindi niente, dopo queste esperienze che io ho fatto pure – a me l'insegnamento piaceva, io mi sono stancato dell'insegnamento con questa scuola privata
hai fatto pure la scuola privata?
Io ho fatto sì, sia un po' di scuola pubblica, quando sono andati in Italia i corsi di ricupero per permettere ai ragazzi un po' indietro di ricuperare, e mi sono trovata anche bene la, e sia i corsi di.. cioè nelle scuole private. Nelle scuola private c'è un'esperienza veramente negativa, che non ho sentito ancora uno.. ci sono veramente che ne parlano bene però è diverso, un'altra situazione. Magari stanno ad aspettare semplicemente l'insegnamento, c'è gente che si è laureata anche in ingegneria - secondo me terribile – che aspetta semplicemente di insegnare. Dico questa e un'altra

realtà poi. E niente, quindi, questa gente è andata via dopo diversi anni, dico ad un'età che ormai.. io ho 32 anni, questa mia amica ne ha 33, quindi a 33 anni decidere di lasciare il posto dove sei nata, sei cresciuta hai fatto tutto per andare a cercare lavoro fuori diventa anche pesante, no, secondo me diventa pesante sicuramente. Diventa pesante se non é quello che esattamente vuoi, cioè tu devi pensare se hai qualcuno, che è costretto ad uscire, è costretto a fare quello che gli viene; cioè la mia amica e uscita, e andata a Bologna, non è andata a fare qualcosa pertinente a scienze politiche, la sua facoltà. E andata a fare l'insegnamento. Che in ogni caso è qualcosa che gli permette di vivere, però fondamentalmente non e quello che vuole. Quindi diventa, se in questo senso dico andare fuori non è mai felice..

ma con l'intenzione di tornare e partita, oppure con l'intenzione veramente di andare lì?

No, no, l'intenzione di lavorare perché... cioè tu non puoi pensare di andare via per andar a lavorare col.. cioè pensando di ritornare. Perché sai che la realtà che lasci è questa. Cioè tu non puoi dire: Ah, tra cinque anni però posso ritornare in paese, cioè puoi ritornare in paese sì, va bene, se diventi miliardaio allora dici: allora io ritorno in paese, perché io non ho bisogno di lavorare.

No, ma c'è il discorso col trasferimento comunque. E più facile ho saputo, non so se è vero, però e più facile chiedere il trasferimento da Bologna in Sicilia che

ma con il tempo..

Si

e puoi dire dipende anche dalle.. si, c'è gente che... C'è una ragazza che ha fatto il magistrale, e sposata con un ragazzo che lavorava qua di fronte e anda... ha un bambino, una bimba – e andata a lavorare a Cuneo

Dov'è Cuneo, scusa?

Cuneo, e il nord, molto al nord. E un paesetto molto alto, una città molto alta, e – che stavo dicendo?

che lei era sposata

...e con una bambina, è salita, lasciando il marito qua... dico che sono dei disaggi a cui vai incontro perché devi lavorare. E quindi è andata via con la bambina, e andata ad affittarsi la casa la ecc. ecc. il marito fa la strada la strada Cuneo-Lucca, che è un paesino qua vicino ogni tanto e lei, proprio con l'intenzione di fare qualche anno a Cuneo sempre e poi farsi trasferire. Però questo dico sempre negli anni. Mi pare che sono almeno tre anni. Quindi non sono.. che tu vai a e dici: Oh, io ora vorrei ritornare a casa.. ci sono tre anni, in cui tu – con una bambina che e piccola, e che sta per crescere, la tieni lontano in ogni caso anche dal genitore. Cioè quando.. ti vedi anche tre volte all'anno perché lui lavora qua fa il veterinario, quindi non può nemmeno abbandonare e andare via. Insomma sono disaggi che in ogni caso pesano.

E quelli che vanno fuori, vanno proprio per i fatti loro, o ci sono legami tramite parenti emigrati ecc. O questo, non c'entra assolutamente?

No, no, penso proprio che questo non c'entra. C'è mia cugina, che studia a Milano, si è laureata a Milano e lavora a Milano, ma ci è andata perché – vah be - suo padre le ha chiesto se voleva andare fuori, Lei ha detto di sì ed è andata fuori, insomma..

da sola?

Si, si è affitata la casa, e poi se l'ha comprata ma dico insomma poi.. no, il legame con il parente, no, non credo.. anzi no, in tutti i casi che conosco io, no, non c'è il legame con qualche parente che ce l'ha e allora: io vado la, perché c'è mio parente. Per il lavoro già è diverso, per il lavoro, perché da studente ci sono ancora i genitori e tu sei ancora disponibile a farti mantenere dai genitori, mentre subito dopo la laurea, già diventa pesante, tu perché la vita media del laureato e sette anni. Quindi, quando tu finisci l'università a ventisei anni ed è normale ventisette anni, poi dipende dalla facoltà ovviamente – a ventisette anni diventa molto pesante pensare che i tuoi genitori ti devono mantenere, ti devono pagare il cinema, ti devono pagare la pizzeria, tutto.. diventa molto pesante. E quindi a quel punto diventa anche molto più difficile ad andare fuori almeno che hai dei genitori solidamente poggiati per cui insomma dicono: va beh, vattene a Milano, vai a vedere, noi ti paghiamo tutto e non hai problemi. Un sacco di persone devono andare fuori con questo appoggio necessario: un amico, un parente, dove tu puoi andare ad abitare i primi due mesi, perché avevo visto che bene o male due mesi ci vogliono per arrivare, girare e trovare lavoro, si. E basta. C'è mio fratello che è andato via a Biella. Allora mio fratello: uno praticamente è andato a Biella subito dopo la laurea ha fatto dei concorsi e ha vinto un concorso

laureato in.?

medicina, ed e andato a Biella, però già il mio fratello non aveva problemi nemmeno qua a lavorare. Cioè Piero quando è andato, il primo giorno, subito dopo la laurea ha lavorato sempre.

E perché se ne andato?

Spirito, credo di avventura, semplicemente, o comunque, non gli piaceva molto come...non è molto bello come va qua da noi, cioè è un po'...se tu hai delle idee, insomma, bene o male qua sei costretto ad accettare molte cose, anche dal punto di vista lavoro. Qua, alcune cose vanno in quel modo, non le cambi, non le puoi cambiare, diventa anche un po' pesante. E poi niente, lui siccome si è specializzato in pneumonologia e allora qua come pneumonologo c'era ben poco da fare. Allora ha fatto dei concorsi, poi ha vinto questi, insomma una volta che ha vinto, e difficile dire: No, non vado. Anche perché lui, anche per il militare aveva deciso di farlo al nord, ma cosi semplicemente per allontanarsi da qua e a vedere come poteva essere altrove. Quindi, gli era piaciuta la zona e lui è un tipo che si adatta facilmente, gli piace anche vedere cose nuove, stare in posti nuovi. Non vive la nostalgia: O dio, ho lasciato il paese. E quindi e andato là tranquillamente. La moglie, poi si è sposato con una ragazza di Palermo e se n'è andata tranquillamente pure. Con mio fratello a Biella, mio fratello laureato in scienze forestali, la facoltà che c'era a Bivona, qua non faceva niente, si è laureato, per due anni mi pare non ha fatto completamente niente se non scuola privata.

A quel punto quindi gli abbiamo detto tutti: ma perché non provi ad andare – perché nel frattempo avevo trovato questo studio, mi trovavo bene, insomma, bene o male si fa qua; tra qualche incarico con il comune e dei lavori privati insomma, un ingegnere ancora lavora. E Franco, niente, tutti gli abbiamo detto: vattene fuori, vattene fuori perché qui non fai niente e insomma se n'è andato a Biella da mio fratello, per due mesi, ha cominciato a lavorare, ha fatto diversi lavori: in un magazzino, al deposito, poi in una scuola, in segreteria, insomma alla fine praticamente a cominciato a fare l'insegnamento però nel frattempo..

Ma i primi lavori non erano al livello da laureato

No completamente, no lui si è portato una residenza là perché se mantieni, se te ne vai al nord in ogni caso mantieni la residenza qua, in ogni caso non fa niente. Perché loro sono stati molto chiari con mio fratello, con altri ragazzi, amici miei che sono andati su – li hanno detto chiaramente che – se loro prima non mettono a lavorare i loro ragazzi, non chiamano dall'esterno. Quindi se tu hai la residenza, ti trasferisci la residenza a Biella, allora sei sicuro che tra due mesi cominci a lavorare. Qualsiasi lavoro ovviamente, non...

Non ho capito.. che cosa c'entra la residenza?

La residenza è, se tu sei uno di Santo Stefano di Quisquina e te ne vai a Biella, vai a vivere a Biella. Quindi loro, se hanno dieci disoccupati, nove di Biella e uno di Santo Stefano, prima fanno lavorare i nove di Biella,

perché questi sono lavori tramite il collocamento..

...collocamento, si, si, si, parliamo.. ho scordato io il... E che stavo dicendo. Niente quindi

Dicevi questo legame del..

Si infatti, stavo dicendo sì, che dopo la laurea si diventa credo più interessante avere un legame perché vai a risparmiare un po' di soldi. Perché se te ne vai senza soldi, già, pensare di affittare una casa, almeno anche una stanza, dico, mangiare, vivere diventa anche pesante. Sempre se non c'è una famiglia che ti sta dietro da questo punto di vista. E poi basta

La tua storia, ancora non l'ho capita bene. Allora sei laureata nel 95

la mia.. Io sono andata negli Stati Uniti perché mi volevo trasferire là..

Sei rimasta a Palermo subito dopo la laurea e hai cercato lavoro qualsiasi per mantenerti..

No, cercavo lavoro come ingegnere, però ovviamente se non trovo lavoro come ingegnere nel frattempo cercavo qualsiasi altro lavoro.

E il lavoro come l'hai cercato? Tramite Gazette ufficiali

Ma, giornali che a Palermo vengono pubblicati. Il giornalino famosissimo, Il giornalino delle pulci, oppure [...] qualche altra cosa insomma dove ci sono annunci di lavoro, insomma, queste cose di qua

E hai mandato curriculum

Ho mandato curriculum, ma non mi hanno spediti.. allora all'inizio non ne ho spediti tanti, poi ho cominciato a spedirle.. Ah, questo e pure grazioso, te la devo raccontare almeno cosi per curiosità: allora io ho spedito dei curriculum e non mi ha mai chiamato nessuno.. veramente non mi ha mai risposto nessuno..

Li avevi mandati dove

In varie aziende italiane

In tutta l'Italia

Sì, sì, sì, sì.. quindi non mi hanno mai risposto. Poi c'era un mio amico che è andato in Germania perché lui lavora, fa il dottorato insomma, si è mosso con l'università, quindi c'era questo centro di ricerca in Germania insomma e se n'è andato là. Allora niente, mi ha detto: sai, ieri ho spedito un po' di curricula, sai, per le varie aziende. Dico: Oh, Da' perché non ne spedisci pure qualcuno per me. Mandavo tutto via internet e quindi dico: Invece di mettermi qui a spedire, visto che tu hai gli indirizzi, manda il tuo e manda il mio. E stata bellina la cosa perché alle mie lettere non ha mai risposto nessuno. Alle lettere di Davide che partivano dalla Germania

Ma tramite e-mail sempre

e-mail o anche. No, penso tutte e-mail, però lui evidentemente mette il mio indirizzo di Palermo. Quindi mandava l'e-mail dalla Germania, con l'indirizzo mio come se io fossi momentaneamente in Germania, anzi io spedì poi questa cosa.- A queste lettere, a questi inviti è arrivata la risposta, da qualsiasi azienda è arrivata la risposta a Palermo. Mi arrivavano in quel periodo diverse lettere

Via..posta

No, no, no, via.. Ah, sì, sì, sì via posta. Penso che insomma veramente quelle di Davide siano state forse alcune e-mail, alcune posta, credo, insomma, non ti so dire

Ma le risposte erano sempre via poste a Palermo

Via posta si, via posta tutte, tutte dicendo che erano graziosamente.. che ringraziavano per la cosa, non avevano però bisogno di questo profilo. E la stessa cosa è successo a Davide. La cosa strana fu che: se la lettera partiva da Palermo, non ricevo risposta. Se la lettera partiva da – non cambiava niente – cioè, non cambiava assolutamente niente perché io continuavo ad essere una cittadina.. una residente di Santo Stefano che abitava a Palermo. Quindi l'unica diversità era che la lettera o partiva da Palermo o partiva da Monaco. Quindi, questo fu un primo fatto grazioso, perché secondo me già ti indica qualcosa. Il secondo fatto fu che l'azienda, la stessa azienda prendeva.. chiamava per il colloquio e ha anche assunto dei miei colleghi a parità di curriculum per cui non c'erano diversità: tu hai fatto tale rispetto a me, quindi: a parità di curriculum il ragazzo – maschio – veniva chiamato. La ragazza nemmeno la risposta. Questo è successo per esempio con la FIAT. La FIAT in quel periodo in cui si faceva.. in cui ho fatto questi, queste domande ha assunto almeno tre colleghi miei, cioè che venivano da Palermo, lo si conosce i colleghi insomma del corso. Tre ragazzi qualcuno ha rifiutato pure perché non gli interessavano le condizioni ecc.,

ecc. ... le ragazze che abbiamo spedito, eravamo tre, quattro, non mi ricordo, abbiamo tutte spedite alla FIAT un curriculum, nessuna ha avuto risposta, non: Grazie, Le ringraziamo però non siamo interessati, no, nessuna risposta. E questo anche con qualche altra azienda. A quel punto, mi sono anche stancata, cioe mi ha innervosito più che altro la questione..
Cioè parliamo di un periodo di quanto tempo?
Ma, un anno metti. Variamente. Da premettere che io non...credo di non essere molto portata per il lavoro dipendente. Cioè vorrei realmente, se mi è possibile fare la libera professionista, cioè l'ingegnere che lavora nel suo studio, nello studio di altri, però chi fa il libero professionista. Indipendentemente dall'azienda, non mi piace come idea, cioè non mi stimola più che altro, perché altri colleghi che hanno lavorato, chi lavorano presso le aziende, insomma, devo dire la verità, non sono persone poi molto soddisfatte, nel senso che vengono inquadrato a fare un tipo di lavoro, devi fare quello, insomma, non hai possibilità di [...] personalmente. Quindi a me questo, anche mi interessa poco. E allora dopo, nel frattempo io quindi avevo trovato un lavoro. Avevo trovato un lavoro veramente non e vero. Avevo trovato uno studio che mi prendeva per fare il tirocinio, a Palermo, si, che mi pagava 500.000 lire al mese. Io ci tiravo appena le spese perché ci pagavo l'affitto, le spese di viaggio, e insomma mangiavo; non mi permettevo cinema, non mi permettevo ristoranti, non potevo fare niente. E mi davano 500.000 Lire e non puntualmente ogni mese. Un po cosi, quando potevano, quando volevano, però l'ho fatto, l'ho fatto anche perché insomma con quei soldi riuscivo a viverci, a Palermo, senza grossi arrivi da casa. Ci e stata una mia minca, che per esempio mi hanno proposto un segretariato per 500.000 Lire al mese, si e sentita offesa, ho detto: Ah io non mi sono laureata per lavorare per 500.000 Lire al mese e io non ho fatto niente e continuavo a fare niente. Questo per dire che la situazione e questa: O accetti, o non hai... anche nello studio, nei vari studi in cui sono andata io. Il problema e che tu non potevi dire: Senta, io non sono d'accordo, non voglio fare questo e te ne andavi, perché appena te ne andavi via tu, c'erano almeno cento ingegneri di fila che lavoravano anche gratis. Cioè se tu li dicevi: puoi venire qua allo studio, venivano anche senza soldi. Quindi tu dovevi accettare. Nel frattempo, va beh, vivevo l'idea di andare via però
... facendo questo lavoro per 500.000 Lire...
Si, pensavo di andare via però avevo un ragazzo a Palermo, allora c'erano problemi su e giù insomma tutte queste fisserie di qua e niente alla fine ho deciso che dovevo andare negli Stati Uniti, bellissimo, io vivevo l'idea dell'America, anche perché ci sono i miei parenti in America. Là era anche finalizzata per quello
Dove sono i parenti?
In Florida. Siccome sono... i miei zii sono andati via quando erano giovani, insomma trentenni, perché qua la realtà era quella che era, loro erano – con mia madre sono quattro fratelli e tre hanno deciso di andare via. Mia madre a quei tempi stava un po' meglio e allora lei ci è rimasta. I miei zii hanno laureato i figli...hanno laureato... i miei cugini si sono laureati, alla mia età lavorano da dieci anni, guadagnano molto bene nel senso che stanno bene, hanno – la cosa che mi colpiva di più che il mio cugino si è iscritto in ingegneria, si e laureato in ingegneria, aveva cominciato a lavorare in ingegneria, si e reso conto che non gli piaceva il lavoro di ingegnere, ha avuto il tempo di iscriversi in economia e commercio, laurearsi, trovare di nuovo il lavoro, un bellissimo lavoro e – guarda caso: ha la mia età. Dico la cosa mi...
Cugino americano?
Americano, si. La mia età, identico, preciso. E questo mi colpiva moltissimo, dico...cioè in Italia tu non hai il tempo di laurearti, trovare il lavoro e dire: Oh, guarda, forse mi sono sbagliata, vorrei fare un'altra cosa. Anche se io trovo un lavoro ti devi considerare molto fortunato. Invece il mio cugino ha potuto cambiare e evidentemente ha trovato il suo lavoro, poi alla fine. Da premettere che io oggi non sono molto felice a fare l'ingegnere, cioè penso che avrei voluto fare qualche altra cosa. L'altro ieri il mio ragazzo mi chiese: Ma cosa volevi fare. Ma io non lo so, perché qua, anche questa è un altra realtà. Non hai la possibilità di scegliere. Hai poche cose, per cui – o fai quello o vai via. Ovviamente puoi anche andare via, puoi anche fare la scelta [...] di andare via. Io sono stata poco coraggiosa, molto poco coraggiosa, perché mia madre quando fu mi voleva mandare negli Stati Uniti a studiare, mia zia – la sorella – diceva: Mandala qua, guarda, e bellissimo
Quando avevi diciotto...
Prima di andare all'università questo fatto
Ma eri già andata tu, negli Stati Uniti prima?
No, no, no, io vivevo per riflesso quanto raccontava mia zia. Siccome lei aveva... Guarda. Il problema, quale fu? Che loro andavano via da un paese dove lavorava il marito, e lei non poteva lavorare perché non c'era da lavorare. Era costretta a vivere male con i tre bambini perché non c'era da lavorare. Quindi, quando tu arrivi in America, mia zia – tieni conto – era soltanto con la terza media – quindi fondamentalmente una persona ignorante; mia zia cominciò ad andare a scuola in America, cominciò a farsi strada perché era una donna anche abbastanza intelligente, lei diventò manager in un azienda. Dico: sono piccole cose, però tu che vieni da niente, sono cose importantissime, perché tu dici: non e per colpa mia, e per colpa del mondo in cui vivo. Cioè, se tu ti sposti in un'altra realtà, in un'altra società, hai la possibilità anche di molto, di trovare anche quello che tu vuoi fare. Cosa che io non ho trovato mai, perché veramente non so che cosa mi piacerebbe fare. Questo però e tutto colpa mia, dico veramente; qua non c'entra nessuno. E niente... quindi mia madre mi voleva mandare negli Stati Uniti.
E tu avevi detto...
...e io ho detto no; ho detto di no, perché avevo i miei amici qua, perché avevo diciotto anni, e stupido lasciare il mondo dove stai, anche se non ci stai bene, ma a diciotto anni non hai pensieri, non hai niente: Dico: ma perché

devo andare negli Stati Uniti, non c'è motivo. Poi mi faceva paura l'idea che non conoscevo l'inglese, dico: Dio, come arrivo la, non conosco niente, nessuno, e quindi ho rifiutato, e me la sono pentita amaramente, devo dire. E niente, poi ho provato andare negli Stati Uniti, ah, quindi ho trovato questi vari lavori a Palermo, ho cambiato diversi studi, perché alla fine o non pagavano, o si lavorava male...
Sempre tirocinio come l'ingegnere.
Si sempre come ingegnere. Si, dico, poi mi è capitato anche fare lezioni private a casa però dico, sono piccoli fatti questi qua, bene o male non, non, non hanno importanza. Sono stato per un periodo anche senza lavorare perché lo studio dove lavoravo ha avuto delle disavventure e dopo di che – niente. Anzi, nel frattempo, quindi dopo che questo studio ha avuto i suoi problemi ci sono stati dei casini, insomma, ecc, ecc. Io ho deciso di andare negli Stati Uniti, per cui sono partita, sono arrivata la, ho visto che la mia laurea era recuperabile nel senso che facendo – credo – cinque esami potevo avere confermata la laurea di ingegnere meccanica. E quindi ero molto interessata, dico: finalmente posso venire fare qualcosina. Poi è nata il problema del permesso di soggiorno in America, quindi c'è tutta la vicenda, io sono venuta in Italia per fare quindi la richiesta di... della visa – cosa fattibile anche tra l'altro perché mia madre ha la cittadinanza americana – purissimo caso, mia madre non sapeva neanche che cosa aveva fatta in America, però aveva la cittadininza americana – faccende familiari. Quindi io come figlia di americana ho fatto la mia richiesta. Nel frattempo però – restavo qua in Italia aspettando – e passato un anno. E passato un anno e io ho trovato un lavoro – l'attuale lavoro. E niente, mi piaceva come lavoro, mi trovavo bene insomma, era un po' diverso da quello che avevo fatto fino a prima. E quindi niente, e cominciata a morire l'idea di andare negli Stati Uniti, anche perché gli Stati Uniti come lavoro è bellissimo, senza fare tubi tu pensi di poter fare tutto quello che vuoi, però come società e molto diversa, la gente molto più fredda, va troppo di corsa, pensa un po' troppo a se stessa e qui abbandoni... poi la Sicilia... è bella, cioè non ha lavoro, no ha niente, però... cioè per me è bellissima. E molto calda, sei all... cioè sei povera ma sei allegra, sei felice e questo è molto importante, comunque. In America invece era troppo di corsa, anche i miei cugini, voglio dire, li vedevo, ci stavo bene però il venerdì sera e il sabato, perché già la domenica è il giorno di preparazione a lunedì quindi del tutto diverso. Tutti gli altri giorni non vedevi nessuno perché dal mattino alla sera lavoravano, quindi bene o male ho detto: si, va beh, trovi il lavoro, trovi i soldi, però non trovi più altre cose, no, dico, ho perso interesse.
Non ho capito, scusa: tu sei partita poi, o no, per gli Stati Uniti?
Si, allora che ti stavo dicendo?
Quanto tempo?
Io ci sono stata dicembre, gennaio, febbraio, marzo – quattro mesi
Sempre stando nella famiglia e cercando lavoro là?
Si, si, si. No, non cercando lavoro. In quel periodo non ero interessata a cercare un lavoro. Ho fatto lezioni di inglese, ho aiutato mia zia nel suo ristorante, ho creato anche qualche problema al ristorante perché facevo i conti...gestivo la cassa, però dico ero [...] voglio dire, e [...] mia zia, ho fatto lezioni di inglese e vedevo un pochettino come potevo sistemare la mia laurea, perché mi interessava anche confermare, cioè andare a riconfermare la mia laurea. Quindi, questo fondamentalmente ho fatto. Anche perché sono partita per vacanza, quindi ho fatto i primi mesi – figurati non avevo mai visto i miei cugini – mai! Quindi erano... sono tantissimi loro là e insomma i primi due mesi sono passati cosi, e poi niente, le mie cose.
Il lavoro attuale, ti è arrivata la notizia negli Stati Uniti e sei tornata
No, no, no, io sono ritornata in Italia per registrare la situazione per la visa e dopo di che siccome tra domanda al consulato le varie domande, le varie cose è passato un buon...un anno sicuramente. Nel frattempo ovviamente io non potevo restare a Palermo così senza fare niente e ho detto: Cerco un lavoro e ho trovato questo lavoro.
E cos'è questo lavoro?
Sono in uno studio di progettazione di impianti.
A Palermo
A Palermo.
Praticamente non sei mai tornata a Santo Stefano?
No,
Cioé magari qualche mese, qualche settimana, ma non...
Quando mi avevo licenziato dallo studio, un mese, un mesetto sì. Sì, ma pura vacanza voglio dire, ero molto stressata, voglio dire: il pensiero di non avere ancora un lavoro, di non fare cose chi mi potessero piacere, mi davano preoccupazione. Quindi ero molto stanca, molto appesantita per cui quando sono venuta qua, mi sono molto rilassata. Santo Stefano è un paese che a me fa solitamente pensare a niente, perché tu arrivi a casa, da mangiare ce l'hai tranquillamente, dico non ti devi preoccupare di andare a procurare, quindi è calmo, quindi – Palermo tu la conosci: e incasinata, rumore, sporcizia – tu arrivi qua e non lo so, un po ti dimentichi – soprattutto se [...] sono stati tre mesi in cui non ho veramente pensato a lavorare ancora. Nel frattempo poi mio fratello era andato a Biella e io ho deciso che devo andare a Biella. A Biella – ah ecco, allora c'è una piccola correzione da fare, perché al ritorno dell'America io ho fatto domanda al consulato per il permesso e nel frattempo mio fratello si sposava, andava a Biella e io decidevo di andare a vedere Biella, perché nel frattempo dopo aver visto gli Stati Uniti dicevo: Ma porca miseria, se io trovassi lavoro in Italia, io ci resterei in Italia. E allora quindi, ti cercavi, ti giravi e allora sono arrivata a Biella, a Biella ho conosciuto della gente casualmente e mi dissero: Fai la domanda che possibilmente ti chiamano, ecc. ecc. abbiamo fatto la domanda alla posta, a quei tempi la posta cercava lavoro [...] lavoro, e basta poi, sono rientrata di nuovo qua.

Quanto sei stata a Biella
No, a Biella pochissimo tempo, due o tre settimane non mi ricordo, ma fu una cosa rapida perché mio fratello andava a cercare casa e allora siamo saliti tutti. Io ho pensato: vado a vedere un po' com'è e poi basta. In realtà dalla posta di Biella ci hanno chiamato, perché siamo stati io, mia cognata e mia sorella a fare la domanda. Eravamo là, c'erano queste domande e abbiamo detto: Facciamo. Infatti mia sorella per il momento e a Biella e lavora alla posta, però un lavoro di questi che si propongono tre mesi, tre mesi, con degli stacchi di tempo...
E che non c'entra niente con la laurea
No, no, no, non c'entra niente, però l'unica possibilità e... molti hanno detto a mia madre di non... Patrizia – mia sorella- l'ha accettato la prima volta per tre mesi. Ora le hanno chiamata per quattro mesi, lei è iscritta pure in ingegneria e Patrizia diceva: ora, va beh, se loro mi chiamano la prossima volta, non ci vado più perché ovviamente perdo un po' di tempo con le materie. E invece tutti quelli che conoscono così mia madre: Ah guarda, non fare questo errore, mandagliela perché poi alla fine dopo tre volte, mi pare, che ti chiamano così a spezzoni, alla fine ti assumono. E quindi hai la possibilità di fare anche carriera interna, una volta che magari, ti vai laureando poi fare anche carriera, insomma ti puoi ventilare nelle alte sfere. Basta questo insomma. Ci saranno altri fatti, ma non me li ricordo.
Il lavoro attuale ti soddisfa?
Il lavoro attuale, non mi soddisfa, mi soddisfa fino ad un certo punto. Da un certo punto in poi non mi soddisfa perché come ti dicevo, tendiamo a fare un lavoro che non è il massimo
ma sempre nell'ambito della...
...progettazione di impianti.
Cioè ingegneria nucleare non c'entra niente
No, no, no, no, ingegneria nucleare, ma no, nessuno, nemmeno quelli che hanno, che hanno preferito [...] nucleare lì a Milano non fanno l'ingegnere nucleare. Come nucleare in Italia non esiste più niente, c'è solo ricerca. Ricerca che è mal finanziata, per cui non puoi nemmeno dire: Faccio della ricerca insomma, che da delle soddisfazioni. Sei costretto a fare della ricerca avendo sempre problemi di soldi, di... cioè io ho fatto, la mia tesi era un progetto sperimentale. Abbiamo avuto problemi sempre per avere dei soldi per fare la cammiutà perché ce l'abbiamo fatto manualmente delle resistenzine da posizionare all'interno della cammiutà, resistenzine che si rompevano in cinque secondi perché erano di un sottile... cioè abbiamo fatto molta malavita e poi arrivata fine cioè io aspetto ancora la pubblicazione della mia tesi perché alla fine non è mai avvenuto perché poi il ragazzo successivo ha fatto bruciare tutte cose insomma, per dirti, i problemi sono quelli anche. Quindi la ricerca, non mi... a parte dico che come persona credo che non mi interessi, lo studio finalizzato alla ricerca non mi interessa. Pensavo di essere più pratica. Mi piacerebbe essere molto più pratica però ci sono sempre dei limiti, dei vincoli, tipo questo.
E questo lavoro e sempre pagato 500.000 Lire al mese?
No, no, no, si, ora ho uno stipendio normale di un milione e otto, insomma. Non e il massimo però, se tieni conto che ancora sono a Palermo, dove le spese, insomma riesco a mantenerle, insomma, con un milione e otto ci puoi anche vivere. Poi tieni conto che tu fai questo però ecco la cosa positivo degli studi, di questo studio, perché ho la possibilità di... e uno studio che lavora moltissimo, che conosce molta gente, per cui tu hai la possibilità anche di conoscere altra gente, cioè nasce magari la possibilità di altri lavori, di altri incarichi insomma, nel frattempo ti dai da fare anche per i fatti tuoi, cercando di fare altri lavori: ti proponi al comune, di... insomma, queste cose cosi, insomma. Nasce qualcosina, per cui ... non e neanche tanto facile perché anche qua c'è una [...] molto lunga, ma
E questo non e più tirocinio
no, no, no, questo e diciamo che...
diciamo un contratto a tempo determinato, o indeterminato?
No, io ho un particolare contratto, ma che ho richiesto io, perché in pratica è nata nel frattempo uno, non so se sai – di questo lavori socialmente utili, lavori di pubblica utilità, insomma tutta questa roba di qua. Alla provincia di Agrigento mi hanno chiamato, dicendomi dall'ordine di ingegneria direttamente, mi hanno detto: L., vedi che deve partire questo progetto, resta... cerca di interessarti, cerca di farne parte perché potrebbe avere dei risultati interessanti. Per cui in questo momento io faccio questo LPU, che e un lavoro di pubblica utilità. Siccome interessa... è relativo al mio campo, perché io sono... oggi sono diventata... abbiamo fatto un concorso ho fatto degli esami, sono [...] verificato degli impianti, perché è uscita tutta una normativa sul risparmio energetico, quindi si devono fare dei controlli sulle caldaie, sugli impianti di riscaldamento, i valori devono essere entro certi limiti, insomma tutta questa faccenda di qua. Siccome e abbastanza interessante, l'ho fatta anche perché quando fu, mi hanno detto: L., c'è una possibilità, che alla fine ci sia il concorso alla provincia, perché siccome ci vogliono delle persone specializzate in questo settore, la provincia non ne ha, quindi alla fine e possibile fare il concorso per avere questi elementi. Ovviamente questi elementi li pescherà da questo gruppo di persone. Quindi alla fine della storia io ho... i ragazzi di Palermo volevano fare un contratto di lavoro normale, la messa in regola insomma normale e io dovevo essere però disoccupata per questo LPU, e allora ho dovuto fare la disoccupata per cui ho il *lpu* e nel frattempo sono una collaboratrice dello studio. Quindi faccio la mia fattura come collaboratore esterno e basta.
E come mai questa scelta del lpu se prima mi dicevi, che ti vuoi sviluppare, che non vuoi avere vincoli professionali, ma il posto alla provincia sarà cosi?
No, questo e come collaborazione esterna.
Alla provincia pure?

Si, sarei collaboratore esterno però con vinc... Diciamo, economicamente sarei una stipendiata dalla provincia che sono stipendi anche abbastanza rispettabili, però la mia opera sarebbe sempre da prestata come un collaboratore esterno, come un professionista esterno. Cioè non sarebbe un... cioè io non sarei allo sportello della provincia, per cui regolata dalla provincia. Io ho le mie verifiche da fare quindi vengo, e una ... ecco e più una convenzione con la provincia, per cui divento stipendiata ma non... stipendiata, insomma, dico nasce la collaborazione con la provincia, cioè c'è il legame con la provincia, che ti paga, che ti fa tutto però io ho sempre lavoro.
E il fatto che ti e arrivata questa chiamata dalla provincia con il lpu ecc. è nato dal fatto che conosci qualcuno la oppure una cosa ufficiale che chiamano tutti...
No, hanno chiamato... erano... infatti c'è stato una selezione. A me è arrivata la notizia direttamente dall'ingegnere che era presidente, a quei tempi era presidente dell'ordine, ma è stato un bene che mi è arrivata dalla sua bocca direttamente perché mi ha telefonato a Palermo, perché altrimenti non l'avrei saputo perché la...
E tu conoscevi personalmente questa persona...
Si, era presidente dell'ordine, cioè siamo pochi in ingegneria in giro. Perché all'ordine bene o male c'è la riunione, c'è la convocazione, cioè alla fine ci conosciamo un po' tutti. E niente ecco lì ci siamo conosciuti anche lui come presidente dell'ordine tendeva a... a... e un tipo molto interessato per cui cerca di interessare tutti gli iscritti, di farsi conoscere, se ci sono delle novità te le fa sapere, in questo senso era molto attivo, cioè è lui come persona in genere, non perché io lo conoscevo personalmente o qualcosa del genere. E infatti lui l'ha fatto sapere a diversi colleghi ma ci è stato un concorso, cioè una selezione, perché i posti erano mi pare tredici...quindici, non mi ricordo, quindi ci sono state diverse persone, una trentina di persone che ci sono presentate anche perché richiedevano dei requisiti: la laurea o il diploma in apposite facoltà o comunque scuole di indirizzo particolare, quindi diciamo all'indirizzo energetico è stato la... poi c'entrava l'età, c'entrava qualche altro piccolo fattore insomma, piccolezze, alla fine insomma abbiamo superato la selezione in quindici, o forse c'erano due in soprannumero, insomma qualcosa del genere, comunque c'è stato un regolare... una regolare selezione. Poi c'è stato...alla fine del corso c'è stato l'esame con l'Enea, perché sono venuti direttamente da Firenze, da Roma diversi elementi dell'Enea e ci hanno fatto fare loro il... l'esame e infatti non siamo... non sono tutti che l'hanno superato insomma, l'esame insomma, siamo in numero ancora più ridotto. Per il resto insomma, era una cosa molto regolare molto tranquilla.
E adesso, l'idea di andare fuori non...
...non mi prende più.
non ti prende più
ma non perché ho trovato lavoro. Infatti ne parlavamo l'altro giorno, perché il mio ragazzo dice: L., guarda, se tu non ti senti soddisfatta, se vuoi andare fuori, ci possiamo andare. Dice lui, è un ragazzo – tra l'altro - che si è […] moltissimo, fa: mi piace conoscere, vedere, quindi, c'è anche questo dico è molto importante. E dice: se tu vuoi andare via, andiamo. Io sono pronto a ricominciare ad un'altra parte. E non sono più ispirata io... cioè non lo so, non mi pia... neanche Biella, dico, non mi è piaciuta. Nel senso che è bellissimo, una cittadina bella, calma, pulita, il rispetto massimo per tutto, però non lo so, forse a trent'anni diventa stupido forse, però anche difficile perché io mi ricordo, quando sono stata a Biella, arrivata ad un certo punto avevo la nausea del silenzio che c'era là. poi siamo cominciato a scendere, in macchina siamo poi venuti in Sicilia con la macchina, e man mano che si scendeva, tu arrivavi a Firenze e già cominciò un po di rumore, arrivavi a Roma e già c'era rumore, a Napoli c'era proprio fastuona, arrivavi qua dico, cambiava direttamente, cioè cambiava nettamente la situazione. Ed era forse anche legato a questo, questo fatto che... cioè io lo sentivo dire prima questo fatto, da quando avevo il pallino di andare via negli Stati Uniti, mi dicevano: Ah, ma la Sicilia, il sole, il cielo. Dicevo: A va beh, fisserie, io che te ne fai, del cielo, del sole, te lo trovi dovunque, comunque e poi diventa... non lo so, diventa importante, anche il fatto della gente. La gente è diversa, che ... e cortese guarda io ho trovato dovunque gente cortese, gentile, disponibile però non so, cambia, c'è qualcosa che è diverso, non lo so. Poi dico, se trovi lavoro...l'importante e comunque trovare lavoro. Poi c'è mio ragazzo che ha diverse attività, per cui se...
Qui a Santo Stefano o a Palermo
No, a Bivona che è il suo paese, a San Giovanni e niente, stanno cominciando a mettere su qualche altra cosa... Stiamo mettendo su un'allevamento di lumache. E quindi se va bene diciamo che diventa anche... a me piacerebbe fare altre cose che non sono relativamente legate alla... alla ingegneria. Per cui lui deve fare, farà una hall, una halls per la reabilitazione degli anziani era un campo pure interessante, voglio dire mi ci troverei anche ad aiutarlo, anche magari l'amministrativo però dico sono cose che mi piacciono. Non ti legano molto al mondo dell'ingegneria che è molto freddo e congelato direi. E quindi non lo so, diventa...se riesci a fare diverse cose, diventa anche... cioè diventa anche interessante. Ci puoi vivere, ecco. Anche perché quando ti capita l'incarico per cui devi fare una progettazione o qualche cosa insomma... ecco quelle sono cose dove tu magari devi... cioè puoi mettere un po' del tu devi andare di nuovo a studiare però già e uno studio finalizzato a qualc... alla realizzazione di qualcosa. Per esempio ora se va in porto abbiamo delle... della progettazione da fare, se va in porto veramente, della progettazione per quanto riguarda i siti, questi qua per la telefonia, le antenne insomma, non mi hanno mai fatto fare progettazioni di questo genere però dico: se dovesse capitare, nel momento in cui capita, se tu ti devi aprire un nuovo capitolo, ti devi mettere a studiare tutta la faccenda, vedere... perché c'è un po' di roba, sia dal punto di vista elettrico, sia dal punto di vista non lo so... dell'installazione stessa. Quindi diventa... cioè sono piccole cose, però piccole cose che magari, se guadagni e se sono cose che ti interessano riesci anche a riempirti la giornata, insomma. Mi accontento di poco.
Va, bene, grazie tante

Beispielinterview 2

> Die junge Wirtschaftsingenieurin D. lebt in Castellammare del Golfo, einem Ort mit etwa 20.000 Einwohnern ca. 50 km westlich von Palermo. D. hat in Palermo studiert, hat aber schon einen beträchtlichen Teil der Welt bereist. Neben Verwandten, die sie in den Vereinigten Staaten besucht hat, war sie häufig in England, um ihre Sprachkenntnisse zu perfektionieren. Um sich diese Aufenthalte zu ermöglichen, hatte sie weder scheu, einfache Arbeiten in der Gastronomie zu übernehmen, noch auf die Hilfe von ausgewanderten Verwandten zurückzugreifen. Da sie nach dem Studienende in Palermo keine Hoffnungen auf eine Stelle in Sizilien besaß, hat sie sich von vornherein auch in Nord- und Mittelitalien beworben. Ihre Bewerbungen blieben jedoch meist ohne Antwort, so dass sie gezwungen war, einfache Aushilfstätigkeiten in Sizilien aufzunehmen. Zudem hat sie an einem Aufbaustudium zur Tourismusentwicklung in Sizilien teilgenommen.
>
> Da ihr Lebenspartner mittlerweile in Rom lebt, hat sie sich von dort aus erfolgreich für eine geförderte Weiterbildungsmaßnahme in einer Firma im Sektor der Mikrotechnologie beworben. Diese neue Aufgabe macht ihr vor allem fachlich und inhaltlich sehr viel Spaß, so dass sie – abgesehen von der Vergütung – mit ihrer aktuellen beruflichen Situation sehr zufrieden ist. Zudem wird ihre Praktikumsstelle nach zwei Jahren mit hoher Wahrscheinlichkeit in eine normale Anstellung umgewandelt.
>
> Obwohl sie Rom als Stadt und Lebensraum sehr schätzt und sie dort eine hohes Maß an beruflicher Befriedigung findet, kann sie sich nicht vorstellen, langfristig außerhalb ihrer Heimat zu leben. Obwohl sie das Reisen als wahre Leidenschaft entwickelt hat, fühlt sie sich Sizilien in besonderem Maße verbunden.

Quando studiavi a Palermo abitavi qua a Castellammare o
No, abitavo a Palermo. Avevo un appartamento con altre ragazze.
... di Castellammare?
No, pure fuori sede. Si erano spostati per studiare a Palermo però anche di altri paesi non solo di Castellammare. Altri paesi qua vicino, vicino Palermo. Agrigento.
Che tu non conoscevi?
No, molti no, altri già li conoscevo.
Ma durante tutti gli studi hai abitato a Palermo?
Si, tranne l'ultimo anno che sono stato più a casa perché dovevo preparare la tesi, l'ho preparata, sono andata in un'azienda a Castelvetrano e quindi rimanevo a Castellammare perché era più vicino.
Come spostamenti all'estero durante gli studi oppure anche fuori dalla Sicilia, c'erano spostamenti per lavoro o per studio. Anche lavori di vacanza...
...part-time? Si. Io sono stata quasi ogni estate in Inghilterra e ho lavorato un paio di volte per potermi mantenere. E l'ultima volta sono stata dopo laureata, da primi di settembre fino a fine novembre, quasi due mesi e ho lavorato in un ristorante inglese, per imparare meglio la lingua. Ho frequentato un corso per fare il "first certificate" che sarebbe un attestato. E poi quando posso, parto, ma ormai penso che sarebbe difficile, adesso che lavoro insomma, le vacanze non sono tante.
E questi lavori che avevi fatto durante gli studi erano lavori di che tipo – e come li hai trovati?
Allora io all'estero ho lavorato sempre – prima in ristoranti italiani – ma perché me li indicavano magari altre persone che conoscevo a Londra, che stavano là e che ci avevano lavorato. Invece l'ultimo sono andato in un jobcenter e l'ho trovato... ho fatto l'application form e poi dopo una settimana mi hanno chiamato. Ho fatto il colloquio con la manager del ristorante
Stando già sul luogo
Si, io ho delle, conosco delle persone e tra l'altro sono qua inglesi. Perché la prima volta che sono stata in Inghilterra sono stata... ho pagato per restare in famiglia e poi – eravamo io e mia sorella – e poi avevamo fatto amicizia con questa famiglia e siamo ormai amici, nel senso che questa persona già ha comprato una casa qua a Castellammare e viene ogni sei mesi insomma. Abbiamo instaurato un bellissimo rapporto, per cui poi sono stata ospite da lei dopo che mi sono laureata, finalmente potevo starci più tempo perché ero vincolata dagli esami, dovevo star risultante un mese ad agosto perché giustamente dovevo tornare per fare gli esami mentre poi ero più libera quindi sono stata più tempo. E facevo la scuola, andavo dopo le tre a questo corso che durava tre ore, dicevo dalle dodici alle tre poi fino alla sera tardi lavoravo al ristorante. E posso?
PAUSE
Però io ho fatto dei lavori part-time pure qua, non...
Cosa facevi?
Lavoravo come promoter dalla Martini. Conosci Martini?
Le bibite?
Si. Nei supermercati. E lavoravo nel periodo fine settimana, Natale, Pasqua, perché in questo periodo di feste poi pagavano abbastanza bene
E questo a Castellammare o a Palermo?

No, l'ho fatto più che altro a Palermo, e poi a Natale l'ho fatto ad Alcamo, che è qua vicino. Però sempre così diciamo, quando non avevo impegni di studio particolari o avevo bisogno di più soldi insomma.
E le esperienze in Inghilterra, la prima volta in questa famiglia hai pagato, poi la seconda volta, la terza...
No, no, poi sono stata sempre... Sono ritornata perché per quel rapporto andavo ospite...
Pause
E poi sono stata – ora non mi ricordo quante volte ci sono stata.
Ma sempre nella stessa città che sarebbe Londra
Si, sono stata a Londra, però poi un anno sono stata a Liverpool, sono stata pure in Scozia, e poi io comunque non sono stata solo in Inghilterra. Io sono stata in America due volte, perché ho molti parenti là, sono stata due volte – tre anni fa e cinque anni fa. Dovrei fare un elenco. E poi sono stata in Olanda, sono stata in Francia, da Londra sono stata in Francia, sono passata sotto il tunnel, lo sai che ... Poi sono stata a Praga due volte...
Ma sempre per lavoro?
No, non sempre per lavoro.
Ma l'America per esempio?
No, in America sono stata a vedere i miei parenti. No, non sono stati motivi di lavoro. Motivi di lavoro da quando mi sono laureata in poi mi sono trasferita.
E Liverpool per esempio?
Liverpool sono stata perché ero a Londra. Siccome sono stata a Londra, non ci andavo mai con l'autobus siamo andati a Liverpool. E lo stesso in Scozia con il treno, perché poi il mio ragazzo ha fatto il progetto Erasmus in Inghilterra a Londra, sono andata a trovargli e abbiamo girato un po'
Ma questo sempre come turista.
Si, come turista.
Cioè le esperienze di lavoro sono state sempre a Londra?
Si, ho fatto queste esperienze di lavoro a Londra... Gli altri no, perché ci sono stata poco tempo, sono stata a Praga una settimana, poi l'anno scorso sono stato a Budapest, però diciamo per piacere. Le mie vacanze, diciamo... Mi piace tanto girare. Come lavori io ho fatto, quello a Londra, dove io ho lavorato due volte: una volta in un ristorante italiano, l'ultima volta in un ristorante inglese, sempre per imparare meglio la lingua. Poi ho lavorato come promoter durante il periodo universitario. Poi una volta ho lavorato pure un cinque anni fa come... proponevo dei corsi di computer e facevo delle interviste come li fai tu per vedere se erano interessati: Chi era interessato parlava con una persona responsabile e poi queste persone se volevano facevano un corso che durava tre mesi per prendere un attestato. Ci ho lavorato un estate fa.
Un corso di formazione?
Si, una cosa del genere. Poi niente. Se vogliamo parlare delle esperienze lavorative, non appena mi sono tornata in Inghilterra ho fatto l'esame di abilitazione., nel
Scusa, dopo la laurea, sei andata in Inghilterra trovare il tuo fidanzato?
No, allora ricominciamo. Io con le date ormai mi sono perse. Allora: nel 98 mi sono laureata, nel 97 un anno prima, il mio ragazzo è stato a Londra da febbraio fino a luglio. Io studiavo, qua dovevo dare le ultime materie però un mese sono stata la, sono andata a trovarlo. Abbiamo, anche perché abbiamo girato un poco, poi sono tornata, lui si è laureata a novembre, io invece continuavo a dare le ultime materie, ho cominciato a fare la tesi, e poi a luglio 98, dopo, mi sono laureata. Si è fatta estate e poi sono partita.
Dopo l'estate?
Dopo l'estate. Sono stata fino a fine novembre del 98, sono stata settembre, ottobre il 20 novembre sono tornata, sono stata a Londra, ho lavorato
In quel ristorante inglese
Ho trovato il lavoro tramite job-center quella volta e sono stata a... sono tornata perché dovevo fare esami di abilitazione. Noi facciamo un esame finale. Ho fatto l'esame di abilitazione e ho fatto pure l'orale, ho finito a febbraio – fine gennaio, primi di febbraio, questa volta nel 99, poi ho fatto un... ho iniziato un corso fatto dall'unione europea per diventare promoter del turismo culturale che mi interessava tanto come argomento.
Dove l'hai fatto questo corso?
Palermo, io mi sono trasferita a Palermo fino a luglio, però nello stesso tempo ho iniziato a lavorare per la certificazione di bontà.
Che cos'è questo?
ISO 9000, conosci? Standard di qualità
Per che cosa?
E una cosa in retta con la mia laurea, pure. Oggi tutte le aziende devono ottenere una certificazione, devono avere un manuale dove dicono come lavorano, cosa fanno, devono avere delle procedure di come creano un prodotto, un servizio, e per ottenere questa certificazione devono fare tutt'una documentazione particolare, poi viene un ente, che controlla, per la certificazione per un anno. E poi ci devono essere tutti i controlli. È una normativa dell'Unione Europea quindi penso che... E ho lavorato per... con altre persone per aiutare le aziende ottenere la certificazione, preparare la documentazione però ero sfruttata... perché non pagata bene. Allora ho mandato curriculum a tutte le aziende in tutta l'Italia, ho fatto dei colloqui, poi ho deciso nel novembre, no ottobre, i primi di novembre del 99 di trasferirmi e di cercare a Roma direttamente il lavoro.
Perché la ricerca del lavoro da qui, e i colloqui che avevi fatto non...?

Allora, io... siccome tu lavori con la statistica... ho lavorato per la tesi pure con la statistica, ti posso fare un'analisi statistica. Io ho mandato tantissimi curriculum da qua, non appena laureata. E di risposte ne ho avute poche. Ho fatto soltanto un colloquio – che ti posso dire su cento, 400 curriculum mandati.
Tanti
Si, ne ho mandati tantissimi.
Via email o via posta, come si fa?
Allora io ho mandati tanti via posta all'inizio. Poi dopo visto ne ho mandato via e-mail, però io ho visto che ci è stato più riscontro, più risposte. Ma comunque ho avuto moltissime risposte quando già mi sono trasferita a Roma, e dicevo che avevo la residenza... no la residenza, il domicilio a Roma, e ho avuto tantissime risposte di persone che erano interessate, che mi chiamavano... e figurati che io certe volte ho detto no, perché magari non erano cose che effettivamente mi interessavano tantissimo, perché all'inizio tu mandi a tutti, poi magari fai una scelta dopo. E ho notato che da quando, da quando mi sono trasferita ho avuto più possibilità. Comunque
Lo stesso curriculum, con l'indirizzo diverso?
Sì. In pratica... pure mio ragazzo abbiamo notato, abbiamo fatto questa confrontazione, perché è troppo strano. Io penso che un'azienda che deve assumere una persona e pensa questa persona si deve spostare, che devi contare determinate difficoltà sia meno propensa a farli questi sacrifici, mentre una persona che si è già trasferita ha già l'idea di cosa significa trasferirsi e di stare in un'altra città, che non è facile, di stare da solo in una città, vivere comunque in una realtà diversa. E abbiamo fatto questa costatazione e effettivamente e stato cosi. Io immagino che mi sono trasferita non avevo niente, non ero stata assunta da nessun'azienda, e ho iniziato a fare un corso, un corso di form... un corso che faceva un'azienda perché poi alla fine poteva decidere di assumerti. Però mi offrivano alla fine come stipendio uno stipendio abbastanza basso.
Che sarebbe quanto più o meno?
Mi davano un milione, un milione e mezzo per un mese e poi avevo diciamo la clausola che dovevo rimanere comunque con loro un anno. Che era una cosa che mi limitava tanto. Per cui ho fatto questo corso fino a dicembre, poi quando sono ritornata a Roma, sono ritornata i primi di gennaio perché sono ritornata qua per Natale e ho fatto un altro colloquio con un'azienda che invece mi faceva un corso di formazione, nel campo dell'information technology – tipo come programmatore – e non so tipo, visual basic, java, java script, insomma queste lingue qua di cui io non avevo nessun tipo di conoscenza dall'università, allora mi hanno presa per fare questo corso, un corso che è durato circa due mesi molto diciamo pesante con degli esami ogni settimana, ogni due settimane, e l'ho superato e mi hanno assunto. E infatti io
Questo già a Roma?
Si, tutto a Roma. Infatti sono stata assunta, poi mi hanno fatto una borsa, comunque durante il corso venivo pagato tramite borse di studio e poi ora mi hanno assunto dal 10 aprile, cioè proprio da poco ho iniziato e quindi... perciò mi sono trasferita principalmente perché... per problemi di lavoro, perché non si è trovato.
A Roma
Si, ho scelto Roma perché il mio ragazzo già si era iscritto a Roma. Siccome mi dovevo trasferire comunque in una città, una grande città o Milano o Roma e tra l'altro preferisco Roma a Milano. Milano è troppo... (Lachen)... troppo cupa, cioè io sono il tipo che mi faccio influenzare anche dal tempo
"Cupa", che significa?
E una città dove c'è poco sole, molta nebbia e solo lavoro, capito? Quindi, se potevo scegliere... certo se trovavo lavoro là
Sei mai stata a Milano?
Sì, ci sono stata. No, a me piace [Milano]... perché è una città... comunque europea, che ha molto... però non mi piace l'idea di... certo Milano è bella proprio, però sarei comunque nei dintorni di Milano perché si tratta di questo, con il tempo sempre un po' brutto, un po' con la nebbia un po'... mi intristiva. Però, se avevo la possibilità di scegliere tra l'una e l'altra... se non capitava Roma, capitava Milano, mi trasferivo a Milano e questo è qua...
La scelta principale sarebbe stato Palermo o Roma? Se... mettiamo il caso che...
No guarda, se trovavo lavoro qua, un lavoro buono qua, io rimanevo qua, perché io adoro la mia terra, cioè mi piace proprio... però... ma infatti la mia intenzione è quella di comunque un po' di esperienza...
... a Roma...
poi di capire tipo... cercare di ritornare qua.
E il tuo fidanzato invece ha lo stesso programma?
Sì. Si perché poi siamo stati delle persone che hanno sempre viaggiato, siamo stati sempre fuori, comunque non siamo rimasti chiusi in quest'ambito, però poi tu sei fuori e comunque... capisci che la tua vita può comunque rimanendo fuori e... lontana dalla tua terra, dalle tue origini, anche della famiglia, ti rendi conto che poi c'è questa possibilità hai voglia di ritornare comunque. Perché... e poi, noi siamo assunti con un contratto di formazione, contratto di formazione significa un milione otto al mese poi duecentomila lire in ticket per mangiare e per il pranzo, no? Per cui è uno stipendio diciamo minimo e basso per poter stare in una grande città com'è Roma, dove i prezzi specialmente un questo periodo del Giubileo sono veramente elevati, per cui ci si tratta di fare pure dei sacrifici. Con un milione otto qua a Palermo si sta bene.
Benissimo, sì
Cioè non c'è paragone, per cui anche da un punto di vista economico, cioè non dico che rimarrò tutta la mia vita con un milione otto al mese ma ... lo stesso stipendio in un'altra città, in un'altra ... ti puoi vedere la differenza che

c'è, effettivamente, per cui diciamo sarebbe anche una scelta di questo tipo, e poi voglio dire, una questione di doversi fare una famiglia e di seguito... cioè stare soli, perché poi essere soli in una città, pensare di avere die figli comunque non poterli lasciare a nessuno in caso di bisogno... sono tante cose che magari non ho mai considerato, non mi interessava più di tanto, hai...[?] di determinate scelte e di seguito, la mia ispirazione è quella di ritornare però non so se si è possibile, se si può fare. Non è quella di rimanere sempre fuori. Poi dipende, se ho delle possibilità a livello di carriera veramente di emergere, di avere chissà quale possibilità allora lì sarà una scelta augurata... verificare cos'è più importante, cosa conviene. Per il momento la mia idea è quella di tornare. Anche perché mi piace poter fare qualcosa qua, qualcosa per il Sud che è sempre lasciato...

Ma secondo te, queste esperienze all'estero, fuori a Roma ti aiuteranno a trovare lavoro qui oppure può essere anche uno svantaggio perdendo un po' i contatti qui, stando a Roma?

Ah, è stato sempre un mio dubbio questo, nel senso che abbandonare la realtà che c'è qua , quindi di staccarmi di questa realtà diciamo che in un certo senso non mi permetteva di comunque ritornare e di seguito, però non so, forse è un rischio, ma io penso che se poi mi propongo qualcosa in più cioè economicamente delle conoscenze veramente buone in determinati campi penso che posso avere più sbocchi. Perché qua manca, purtroppo manca la possibilità di... manca una certa... si lavora in una certa maniera...maniera con certi standard di qualità. Però il dubbio mio rimane sempre uno, cioè se poi effettivamente qua vantaggiano le persone per merito, perché sono bravi perché comunque hanno delle conoscenze, cioè delle conoscenze tecniche oppure perché hanno delle conoscenze a livello di persone. Il dubbio rimane sempre, però comunque ... io vorrei pure cercare di... di creare qualche cosa ex novo, cioè ho delle idee imprenditoriali che vorrei mettere in pratica al più presto. Quindi, se l'idea è buona e se va avanti non ho bisogno di nessun tipo di aiuto diciamo tra virgolette. Spero di potercela fare, però sono tutte cose così, dei punti interrogativi.

Adesso ci sono questi programmi dell'imprenditorialità giovanile...

Sì, io ho fatto la richiesta per potere ottenere dei finanziamenti però li ho fatti sempre nell'ambito della qualità per come mi ero organizzato l'anno scorso, però in ogni caso io penso che ... per creare un'impresa o per creare qualcosa al livello di imprenditorialità alla fine non sono necessari tantissimi soldi. Io posso farcela da sola, non perché non ci credo... cioè se possono essere di aiuto nel momento in cui tu già hai proprio l'idea, vuoi partire, allora ti possono aiutare. Però comunque se io decido di farla non voglio nemmeno avere bisogno di questi finanziamenti, voglio proprio avere la possibilità a partire. Per l'idea che ho io, non ho nemmeno bisogno di grandi... voglio fare un'azienda di servizi per cui non ho bisogno di grandi capitali, però non appena... diciamo per ora sono in un periodo un po' di transizione, un nuovo lavoro mi devo ambientare, però è una cosa che comunque all'inizio posso gestire anche da Roma quindi la devo mettere in pratica. La devo mettere in pratica già da ora, cioè da Pasqua però non è stato possibile, quindi per l'estate comunque mi preparerò per l'anno prossimo.

E questo contratto di formazione in che cosa consiste, che stai facendo adesso a Roma? E a tempo determinato, no?

Il contratto di formazione dura due anni, é a tempo determinato per due anni, però poi in genere scatta l'assunzione dopo due anni, cioè quasi mai non ti assumono tranne che l'azienda non è in crisi o fallisce, allora che ci sono dei problemi obiettivi. Però in genere si viene assunti. E questo contratto di formazione e diciamo buono perché mentre lavori, loro ti formano. Cioè impari da quelli che già sanno lavorare lo so fare. E in più ti fanno fare durante questi anni dei corsi di perfezionamento, di aggiornamento... tramite sempre... o altre aziende cioè che poi si occupano poi della formazione o all'interno dell'azienda stessa con altre persone dell'azienda che per una settimana si dedicano a fare formazione. Comunque, io, l'azienda in cui mi trovo in questo momento, mi trovo bene perché comunque ho fatto un corso e ho imparato tantissimo prima di essere assunta. E comunque ci sono buone prospettive per farne altre e per imparare molto. Anche con altri colleghi chi sono comunque tutti giovani, il mio capo progetto per il momento ha solo sui trentatré anni per cui c'ho un rapporto pure diverso, cioè non è il capo... cioè certo è una persona che comunque si fa rispettare dico io un po' autoritaria, però nello stesso tempo c'è un rapporto umano molto valido per cui se uno ha problemi può anche dirlo e gli altri ti vengono incontro per cui... per ora mi trovo abbastanza bene.

[...]

C'era un'altra cosa, la formazione che avevi fatto qui nell'ambito del turismo

Infatti il progetto che ho in mente sul turismo, quello che ti ho detto, la mia idea imprenditoriale... Sì è stato un corso interessante finanziato anche dall'Unione europea e un po' ho imparato alcune tecniche. Non tecniche proprio turistiche cioè come valutare la Sicilia da un punto di vista turistico proponendo degli orari particolari più che altro culturali, non il sole, mare e di seguito, ma anche... cioè qualcosa di diverso dal turista che dovrebbe scegliere la Sicilia invece di altri posti. Ed é stato molto interessante e infatti farò gli esami il due maggio di questo corso.

Ah, perché questo corso ancora non é finito?

No, il corso è finito, però gli esami non sono stati ancora fatti. Come funzionano qua le cose. Per cui li faremo il 2 maggio. E io ci tengo perché voglio l'attestato, con questo attestato attualmente potrei anche lavorare in un comune per... come consulente per il turismo, proprio fare... insomma proporre cose nuove, però non so fino a che punto è facile, fino a che punto si riesce ad entrare in questi ambiti, però... comunque è un attestato che mi interessa. Cioè io sono molto poli-etica cioè non sono l'ingegnere che ti può fare una cosa invece pure ... forse mi sto confondendo [Lachen] sono ingegnere gestionale, ho fatto qualità, ho interesse nel turismo, cioè sono diversi aspetti che forse se tu metti tutti insieme io un giorno... però per il momento...

Il tuo scopo non è per forza il posto, il famoso posto...

Ehm... no io, il posto di lavoro fisso, diciamo che non l'ho avuto mai in testa perché mi rendo conto che ormai è impossibile

Non hai mai fatto concorsi?

Volevo fare il concorso per l'insegnamento però poi siccome erano cose così assurde, che queste persone si mettessero lì a fare questo concorso a copiare i compiti e tutto il resto. Io non avevo nemmeno studiato tanto perché non è una cosa qui ambiguo, mi piacerebbe insegnare, è bello insegnare però comunque vedo che ci sono i presupposti, dovevo fare questo concorso, dove c'erano tantissime persone, non ero nemmeno preparata, allora per il momento ho deciso di non farlo. Però per il momento non ci credo nei concorsi, perché ormai ci hanno fatto capire che il posto fisso o il posto diciamo di una volta non esiste più quindi il lavoro bisogna inventarselo, bisogna riciclarsi, bisogna essere flessibili capito? Quindi ormai sono in quest'ottica, ormai nemmeno ho l'idea di fare diciamo un lavoro per tutta la vita, ma capisco che magari cambierò, farò una cosa poi ne farò un'altra e via di seguito, il che diciamo non mi dispiace tanto, perché l'idea di fare una cosa diciamo per tutta la vita, mi avrebbe stancato per il tipo che sono. Certo, non ho l'idea della sicurezza, della cosa sicura economicamente, però penso che così facendo delle esperienze comunque che posso rivendere, non dovrei avere problemi insomma di finire senza fare niente. Che sono stato sempre un tipo che mi sono adattata, mi sono trasferita per trovare lavoro, mi trasferirei in un altro posto se mi dà delle possibilità migliori, cioè non ho questi vincoli di rimanere per forza. Il mio sogno è pure di ritornare, però non ho questi vincoli per il momento. Poi certo, dopo magari può essere anche un po' diverso, però il posto fisso, non ce l'ho, me lo sono levato della testa.

Va bene, ti ringrazio!

Beispielinterview 3

> Der 38jährige Agrarwissenschaftler B. lebt in Caccamo, einem kleinen Ort etwa 30 km östlich von Palermo. Er ist offiziell seit etwa 20 Jahren beim *ufficio di collocamento* arbeitslos gemeldet und nimmt seit 10 Jahren am Beschäftigungsprogramm *lsu* teil. B. repräsentiert das alte Modell eines Hochschulabsolventen, der sein Studium lediglich mit dem Ziel abgeschlossen hat, um einen *posto* im öffentlichen Dienst zu bekommen. Hierbei ist er nicht wählerisch und der Tatsache bewusst, dass ihm eine solche Tätigkeit keine berufliche Befriedigung bringen würde. Die Vorteile eines gesicherten, unbefristeten Arbeitsplatzes mit einer guten Bezahlung wiegen jedoch die damit verbundenen Nachteile für ihn eindeutig auf, so dass sich fast alle seine Aktivitäten auf das Ziel des *posto* konzentrieren.
>
> Denn obwohl B. formal arbeitslos ist und sich auch selbst als solcher versteht, ist er ein viel beschäftigter Mann: Als Freiberufler arbeitet er im agrarwissenschaftlichen Gutachterbüro seines Bruders mit, und betreibt mit diesem zusammen den landwirtschaftlichen Familienbetrieb, der jedoch weniger eine Existenzgrundlage als einen angenehmen Zeitvertreib darstellt. Für seine berufliche Zukunft möchte er um jeden Preis eine Stelle im öffentlichen Dienst bekommen, wobei er sich bemüht alle in Frage kommenden Möglichkeiten zu nutzen. Er hält auch nach 10 Jahren an seinem Status als *lsu* fest, weil für ihn die Hoffnung verbunden ist, eines Tages übernommen zu werden. Er nimmt an *concorsi* in allen Verwaltungsbehörden teil, die sich inhaltlich mit einem agrarwissenschaftlichen Studium verbinden lassen. Beim letzten *concorso* hat er sein Ziel nur knapp verfehlt und möchte nun versuchen, auf gerichtlichem Wege die Stelle einzuklagen, die ihm nach eigenem Verständnis auch zusteht.
>
> Gleichzeitig arbeitet er unregelmäßig als Aushilfslehrer, um auf diese Weise Punkte für den nächsten Lehrer-Einstellungswettbewerb zu sammeln und sich somit eine weitere Option für eine Anstellung zu schaffen. Hierfür hat er auch in EU-finanzierten Projekten für Lernbehinderte mitgearbeitet, wobei auch hier nicht das inhaltliche, sondern ausschließlich das finanzielle Interesse im Vordergrund steht. Die möglichen Qualifikationen, die er während seines Studiums erworben hat, spielen für ihn keine Rolle. Für B. steht hinter dem Begriff Arbeit lediglich der *posto* im öffentlichen Dienst, so dass er sich selbst - trotz seiner zahlreichen Erwerbsaktivitäten und eines regelmäßigen Einkommens - immer als Arbeitsloser versteht.
>
> Bei alledem hält B. an Sizilien fest, scheut auch das Risiko, an *concorsi* außerhalb Siziliens teilzunehmen, um später auf eine Versetzung nach Sizilien zu hoffen. Nach seiner Vorstellung hat er nach den langen Jahren des Wartens und der Bemühungen inzwischen einen Anspruch auf einen *posto* erworben. Umgekehrt empfindet er es sogar als Betrug, wenn es Freunden von ihm gelingt, über den Umweg der Versetzung eine feste Stelle in Sizilien zu bekommen.

Hai fatto durante gli studi qualche esperienza fuori, qualche esperienza di lavoro anche lavori cosi
No prima che mi sono laureato in particolare no, diciamo
e invece dopo
Dopo si, anche se non esattamente legati alla laurea. [...]
[...]
Come esperienze professionali, ho fatti dei lavori per l'AIMA [...] un'azienda per il mercato agricolo sulla rilevazione dei dati, delle aziende ecc... E ne ho fatti di due tipi anche in dei momenti molto diversi: sia dopo la laurea, sia tre anni dopo e oggi ne sto facendo un altro. [...] sto facendo rilievi per il catastro agricolo: quindi rilievi in campo, rilievi in azienda, incontri con i produttori ecc. Sempre però con pagamenti che sono ad incontro o a particella o diciamo al lavoro, diciamo. Senza partita IVA diciamo. C'ho questo lavoro per questo tempo, sono libero di farlo quando voglio e come voglio, sono responsabile di quello che faccio però il pagamento e a particelle [...] tot particelle a tredici mila lire a particella rilevata e il totale quello che faccio. Di solito questo si fa sempre sotto società di grande dimensione che hanno apparti [?] diretti con LAIMA nell'ambito siciliano. Comunque ho fatto anche un lavoro a proposito di mobilità e Gode Latte Sondrio, Sondrio vicino Milano fattellina
Vicino Milano?
Si, si. Sondrio e..., la Provincia di Sondrio, Lago di di di Como
[...] E li quanto tempo ci sei stato?
Quindici giorni. Abbiamo concentrato tutto in due settimane
Pochissimo
Si, è stato un bel lavoro da questo punto di vista, diciamo perché avevamo determinate spese già pagate poi la tutto il lavoro che abbiamo fatto, poi la tutto concentrare al massimo perché. Cioè un lavoro che si poteva fare in un mese, noi siamo riusciti a farlo in quindici giorni, perché giustamente eravamo lontani ecc... Per niente...
E questa e stata l'unica esperienza fuori
No, si, di fuori si, da questo punto di vista. E niente... Poi altre
Poi continuando questa cronologia diciamo
Continuando questa cronologia ho saltato un poco perché era lo stesso argomento diciamo. Mi è capitato di fare quattro anni consecutivi insegnamento, uno specie di insegnamento, sono delle attività parascolastiche che si

svolgono nelle scuole medie ed elementari, però con un profilo un po' particolare, nel senso che si chiamano, questi qua si chiamano "tempo d'estate". sono dei progetti in cui si svolge in generale con i ragazzi e poi con i bambini inferiore ai tredici anni attività complementari tipo teatro, giardinaggio e pittura di, pittura su tela o su stoffa, animazione di vario genere. Quindi io avevo il mio progetto con i miei due turni di ragazzi e un collega, facevamo un corso [...] di giardinaggio pratico e teorico nel giardino che c'è nella scuola. Per quattro anni consecutivamente.
[...]
Il comune ha dato la possibilità per chi vuole avesse delle attività supplementari. Mi sono trovato casualmente con un collega che diceva „Facciamolo" ed era una cosa cosi, e il progetto alla fine...
E questo era un lavoro ufficiale?
Si, sempre a prestazione occasionale [?] con il comune di Palermo. [...]
Palermo?
Si per me, Palermo è..., non lo considero, non lo posso considerare fuori sede, no. Non lo posso... neanche in Sicilia. Già in Sicilia non lo considero fuori sede perché diciamo ho un'attività... un agronomo si muove nel territorio. [...] Non posso dire lavoro a Palermo che sono fuori
[...]
E poi per due anni consecutivamente, l'ultimo anno è stato questo di qua e un altro progetto, però per persone adulte invece che si trovano in problemi di carattere psicologico, di carattere sociale si trovano in particolari condizioni diciamo precari o di difficoltà. Soprattutto di difficoltà di inserimento nel mondo di lavoro. Le ragazzi madri, persone che hanno avuto problemi con la giustizia e persone in qualche modo vengono considerate anche sotto un profilo psicologico subamginate [?] cioè con qualche problema di inserimento, di socializzazione ecc. E qui ci sono una serie di attività rivolte alla professionalizzazzione, cioè ad indirizzare queste persone a eventuali possibilità di lavoro ma anche manuali, che so ...il restauro edilizia, restauro di mobili, tipo rebanista [?], c'è un corso di rebanista [?] e un corso nostro di esperto nel gestione del verde quindi parchi, giardini pubblici ecc. e c'erano altri più specificamente femminile... Comunque, sono progetti finanziati della CEE e sempre per il Comune di Palermo.
Sono finanziamenti della CEE?
Si, CEE che finanzia un grande progetto con il Comune di Palermo e che poi per un certo numero di anni, sono tre anni consecutivi che l'hanno fatto attiva questi corsi. E questa è stata pure un'altra possibilità. Penso che nel mio campo ne fanno tantissimi di questi corsi. E io l'ho fatto per il Comune di Palermo, ma ci sono tante società che invece attivano questi corsi della CEE per dare attività chi partecipa a questo ha un attestato. Ci sono corsi di ottocento ore che i ragazzi vengono pagati 1.200 Lire all'ora a qualcosa del genere. Io invece come docente venivo pagato se può interessare [...] 100.000 Lire all'ora lorde [...] però comprende la registrazione completa. Io con questo devo pagare [...] preparazione, diapositive, fotografie e tutto quelle che hanno i ragazzi io lo devo [...] ammonte. Certo una volta che ho fatto il primo ho avuto il vantaggio di fare corsi con la stessa ditta, allora va bene. Invece se cambiavo corso, cambiavo attività dovevo andare in... Infatti il primo anno è stato il più duro per questo motivo. Cioè, si tratta di improvvisare una cosa nuova, non è un'attività di docenza specifica sapendo di quello che si va a fare. Si va a braccio, quello che viene come...
Ma ti è piaciuta come esperienza?
Si sicuramente, anche se ci possono essere sempre... Giustamente eravamo predisposti in situazioni in cui potevamo avere persone che neanche avevano la quinta elementare per esempio. Due casi mi sono capitati del genere. Quindi insieme a persone diplomati sono venuti la. Anche se avevano la precedenza gli altri, cioè nel senso che le relatori avevano preferiti coloro che avevano quei titoli poi se c'era spazio accettano anche persone per riempire i corsi diciamo. Quindi immaginati di dover parlare con chiunque... basandoci sul pratico alla fine e sempre facile, da questo punto di vista, infatti [...]
I ragazzi che venivano al corso, venivano pagati anche loro?
Si, con una dia di orario. Mi sembra che sono 2.000 Lire l'oro

[spiegazioni sui corsi di formazione]
Invece altre esperienze di lavoro?
Ah, sì, ho partecipato anche con lavori con mio fratello anche per attività di agronomo in generale. Quindi in pratica ho dato una mano, poi gestiva tutto lui [...] Mio fratello c'ha uno studio quindi sono andato tante volte anche senza dire sto per un mese. è capitato tante volte andare in campagna far rilevare [...] studi anche di grossa dimensione, studi per la forestale per esempio [...] Si questi sono lavori particolari diciamo. Per riuscire a avere uno di questi qua ci vuole avere la mano giusta soprattutto, avere appoggi giusti, ...
E altri lavori di questo tipo...in famiglia magari...
Ah, si . C'ho l'azienda agricola. Da cinque anni a questa parte, più in particolare gestiamo un'azienda agricola, un'azienda ulivicola...
Voi come famiglia?
Si, si quindi...
Anche tuo padre
Mio padre ha avuto il ... mio padre l'ha avuto anche per il passatempo questi dieci ettari di terreno e ad un certo punto dice „Ah, la cambiamo", visto che siamo agronomi mio fratello fa tutto un impianto di oliveto di sette ettari rotto... una buon'azienda, potrebbe essere anche un'azienda autonoma nel senso di... potrebbe dare lavoro anche a più di una famiglia da questo punto di vista, però noi siamo impegnati a altre cose e finiamo a quasi quasi tendiamo

mai. E comunque abbiamo fatto dall'impianto nel settimo anno e facciamo produzione ecocompattibile quindi abbiamo pure gestione da questo punto di vista comunitaria che conoscerai e stanno crescendo quindi, magari fra quattro cinque anni già ci sarà diciamo un ... dedicare del tempo perché giustamente [...?] però stanno crescendo.

Ma questo richiede molto tempo avere un'azienda propria. Come
siamo già molto specializzata, cioè non e un'azienda zootecnica, cioè non e un'azienda dove ogni giorno devi andare la e non è neanche un'azienda di seminativi come quello che ha mio padre che ci andava là per tre volte all'anno e si facevano tutte cose. Già la azienda ulivicola prevede la potatura... alcune cose oggi sono semplici da fare perché sono piccole. noi invece in quattro cinque giorni noi riusciamo a pulire queste piante anche se a pezzettini, diciamo in generale. Quindi richiede si tempo, ne richiederebbe molto di più, molte cose vanno a finire... le fanno gli operai perché non ...abbiamo nemmeno l'attrezzo equivoco [?] ecc... Mio padre si prende l'operaio per fare questo e quello. Noi gestiamo più anche la potatura e [...?] che devono dare forme, dimensione ecc. rispetto all'intenzione che sia produttiva, no? Allora tante volte. le facciamo noi, anche se ci sono piante grandi che già avevamo da bimba le facciamo fare agli operai perché la già c'è veramente da tagliare [...] lavoro strettamente manuale, giusto?

Che fa l'operaio
poi il resto del lavoro si svolge tutto durante la raccolta si devono ci sono persone ce raccolgono si devono coordinare i lavoratori, si devono trasportare queste cose ecc. frantolio, queste persone che li porta c'è chi prende l'olio, c'è chi la distribuisce quindi diciamo

questo non lo fate voi stessi
Si, no diciamo noi facciamo la vendita in linea di massima abbiamo una serie di clienti ecc. che da molti anni vengono da noi, quindi addirittura molti vengono direttamente a prenderlo qua quindi risparmiamo... Cioè sono cose che non si possono dare a fare ad altri. Comunque sia quello che dobbiamo non fare a fare a loro, lo facciamo noi. Tutto il resto lo facciamo fare in qualche modo. Voglio dire se io non ho niente da fare mi sarebbe anche grazioso farlo cioè mi piacerebbe farlo anche mettermi sul trattore e ...quando mi capita anche a mio fratello in questi giorni è stato due giorni la, si è fatto col trattore tutto un pezzo a coltivare che c'era l'erba ecc... Purtroppo non lo posso fare. Spero un giorno anche avere un po' di tempo libero e andarlo a fare.

Invece, sei iscritto al collocamento
Si

E fai parte degli LSU
Si infatti io non lo considero un lavoro anche per questo motivo. Anche se professionalmente svolgo molte attività però sono sospeso anzi ... da due anni da questa parte faccio docenza a scuola superiore. Quindi sono stato periodicamente sospeso dalle attività dei lavori socialmente utili

Questo a Caccamo, la scuola
No, questo qua a scuola sempre al livello provinciale. C'ho insegnato a Ciminna, a Prizzi, A Corleone. [...] però io c'ho nove ore di docenza a part-time di 50% perché sono diciotto ore quelle di professionale, essendo in due scuole: una scuola un'ora e mezza da qua e l'altra a Palermo, un'ora circa, giusto per capire... tutto questo per che cosa? per una graduatoria nella possibilità di... siccome ci sono i concorsi a cattedra ti danno la possibilità sia di prendere il posto direttamente. Ma per coloro che non ci arrivano di abilitarsi se si è abilitati si ha la professione di insegnamento di scienze o all'insegnamento di... giusto? E quindi queste persone anche se sono abilitate anche se non prendono il poso direttamente possono usufruire delle supplenze ecc. Ora io non sono abilitato, faccio solo supplenze perché e da otto anni che non fanno il concorso. Ora ci è stato il concorso ho fatto gli scritti, devo ancora fare gli orali. Se non supero questo concorso, io dico scuola chiudo. Nel senso che non mi interessa perdere più tempo con la scuola, capisci? Perché comunque sia non posso aspettare altre otto anni per cominciare a chiamarmi, capisci? Ora dopo anni mi sono trovato a chiamare me in due anni consecutivamente ma... allora infatti questo è un momento un poco particolare... Ti ripeto che il discorso di perdere tempo perché faccio tutto questo, faccio andare di benzina sulle 350.000 Lire oltre al tempo che ho perso per avere indietro non meno di 900.000 Lire. Cioè io riempio pienamente quattro giorni alla settimana per un totale mensile di 400.000 Lire - 500.000 Lire. Perché il resto faccio andare di benzina e a tempo ... però in questa maniera c'ho almeno già un anno di servizio, il punteggio per un anno di servizio. Se io supero il concorso, sono abilitato con un anno di servizio, tutto questo, tutto il gioco, niente di particolare. Quindi sto lavorando per la gloria, come si dice, lavoro per la gloria, lavoro non per soldi, ma per avere un'altra strada aperta. Io c'ho tante strade aperte, c'ho... a mia moglie sempre dico, sono disoccupato però non ... non...non...non c'è niente di sicuro però cerco di tenere più cose possibili, per avere più strade possibili. Sarebbe deprimenti cioè, non ho fatto mai un giorno di disoccupato, non l'ho fatto mai - per fortuna ...e la mia capacità anche perché mi do da fare comunque però dico e... questo e il particolare. Cercare di tenere più porte aperte possibili. C'ho concorsi con ricorsi vari aspetto ancora sentenze in tribunale ancora ecc. per situazioni vari in due posti diversi... Sono cose di cui io non posso essere sicuro fino a quando non ho vinto il ricorso, non ho superato il concorso, non sono la...

Senza concorso, uno non può entrare a scuola, cioè l'unica strada per entrare a insegnare a scuola e tramite il concorso
Per entrare ufficialmente è il concorso, per lavorare no. Fino a ora, però ora è cambiato, nel senso oggi per lavorare già bisogna avere o due anni di specializzazione postuniversitaria per l'insegnamento che sono cominciati ora per la prima volta e sono iniziati quest'anno oppure avere già, avere l'abilitazione. L'abilitazione si può prendere, si prende soltanto per quest'anno per l'ultima volta l'abilitazione si può prendere con questo concorso che è un concorso per le cattedre, per affidare le cattedre alle persone che vincono, però ora che non sono fra i primi chi riuscono a avere il

posto fanno l'abilitazione. I prossimi concorsi non ci sarò più. Ai prossimi concorsi lo possano fare soltanto coloro che fanno i due anni di specializzazione post-universitaria Quindi penso che sarà...

Tutto un cambiamento

Si, diciamo che fra l'altro i concorsi si facevano ogni due anni, questa volta si sono fatto dopo otto anni quindi c'è un sacco di persone che è nell'ambito della precarietà, persone che hanno fatto tre quattro anni già di supplenza, si sono fatti il concorso, e si potrà dire „ho fatto tre anni di supplenza, ho guadagnato quello che ho guadagnato relativamente perché sono posti un po' scomodi come giustamente chi è l'ultimo non può scegliere e gli restano dei posti molti scomodi però dopo quattro anni di servizio alla fine si possono trovare con qualcosa tra le mani perché se non hanno superato il concorso non potranno insegnare, comunque sia. Almeno di, dico...

Invece per LSU, quanto tempo ci impieghi?

Ah, per ora sono sospeso. Si diciamo che quando, quando entro certi limiti c'è la possibilità di essere sospesi anche per evitare incompatibilità ecc... Del resto è un assegno di disoccupazione e di conseguenza non è legato almeno. Quello che davano a me lo faccio al comune diciamo e al comune nei periodi in cui non sono impegnato in scuole ecc. siamo impegnati per 80 ore settimanali , 20 ore settimanali e vengono settanta, ottanta ore mensili [...]

E fai lavori socialmente utili

Io faccio lavori socialmente utili nel senso che diciamo prendo 800.000 lire ma almeno mi dovrebbero dare 1.600.000 Lire per quello che faccio io. E sono, e quello che faccio io lo fa pure... tutto che ho sono 800.000 Lire cioè è un assegno mensile ovviamente nient'altro, giusto? Sono le mucchie, 800.000 prendo io, 800.000 prende quello che ha la terza media. 800.000 prendo io che va a finire che mi metto sempre in posti di responsabilità e che ... c'è da lavorare anche perché me lo creo io, cioè io sono molto disponibile da questo punto di vista. non mi imbosco, come si può dire no. E 800.000 Lire prende pure chi riesce a avere... diciamo a non fare niente completamente. Diciamo che questi Lavori socialmente utili ne stiamo parlando alla fine perché è l'ultima cosa della mia vita. Purtroppo ho avuto una grande possibilità offerto dai lavori socialmente utili, che è una riserva per mi pare non più di 25% dei posti messi nella regione siciliana diciamo che è una possibilità diciamo per l'inserimento di queste persone, che hanno lavorato, hanno fatto un...e quello purtroppo i concorsi per agronomi quanti ce ne sono? Diciamo che siamo in una fase in cui già le stanze si sono riempite tutte dico quando io vado in un ufficio pubblico specialmente all'assessorato di agricoltura e foreste e diciamo [...?] dove un agronomo prima va a lavorare là poi ci sono altri campi al limite ma come lavoro pubblico l'assessorato e questo di agricoltura giustamente. La devo spingere fuori qualche dipendente per riuscire ad entrare io perché non c'è posto neanche per i clienti, non c'è posto per l'utente. Perché già hanno riempito tutti i buchi possibili.

A già come posto geografico, diciamo spaziale

Si, si, si no, nel senso che cioè io ci vado per una pratica, per una cosa, no. Al lato devo buttare fuori qualche dipendente per uscire ad entrare e esprimere il mio problema. Perché nel passato questi posti sono stati riempiti in una maniera incredibile

Ma questo e a Palermo o qui a Caccamo?

No, a Caccamo non ce n'è assessorato, neanche di agricoltura. Caccamo e un territorio di 80.000 ettari ...[...] comunque ha un territorio quanto saranno dieci comuni messi insieme. [...]

[...] Non ti è mai venuto in mente di andare fuori al Nord, vicino Milano?

No io non l'ho cercato. Mi è arrivato fino a qua. E una società di Palermo, e ci siamo messi in un gruppo e siamo andati la perché di là hanno preso questo pacchetto. Era un pacchetto di lavoro da fare in quel posto. Come capita di fare altri lavori che vengono a fare qua. Io mio lavoro era di fare rilevazioni in campo, quindi diciamo che è stato per questo. No io, no io andare via no. E ti dico ti racconto la situazione giusto in generale. Io ho studiato sempre con un collega. Questo collega ad un certo punto ha avuto, abbiamo avuto la possibilità di fare un concorso per la Sardegna, di educatore agricolo in Sardegna. E una figura molto legata al territorio e all'origine - anche per farti capire come vanno le leggi - all'origine questo chi vince il concorso vince un anno e mezzo di corso di diventare esperto dell'agricoltura sarda. Con tutti gli aspetti della coltura sarda. Cioè lo stato pagava un anno e mezzo di corso, pagava uno stipendio più tutto quello che ci voleva per fare esperti giusto, poi venivano inseriti nella [...?] della regione sarda e poi distribuiti nelle varie località dove si riteneva di voler spingere l'agricoltura ecc. La Sardegna ha un agricoltura molto in espansione, il carico delle persone e molto basso c'è molta... può crescere molto la Sardegna da questo punto di vista. Niente io neanche ho fatto il concorso perché io, io già ero fidanzato, facevo già qualche altra cosa qua, sono sempre stato un po' più legato di lui perché lui era libero di questo punto di vista. Io avevo la ragazza che già lavorava e già lavorava sul territorio. Mia moglie, ora e mia moglie e consulente di lavoro e c'aveva già la sua vita. Cioè non poteva andarsene da là, capisci, allora è stato una scelta. Non ho fatto... non ho perso neanche tempo per andare la col traghetto perché c'era da fare il concorso la. C'erano 100 partecipanti e 50 posti, no 50 partecipanti e 25 posti erano. Quindi era una buona probabilità. Non dico che l'avrei vinta però voglio dire come l'ha vinto il collega mio, l'avrei vinto proprio io

E se ne andato la

Se n'è andato là, ha fatto un anno e mezzo di corso, dopo ha fatto altri sei mesi si e no e poi in Sicilia. E cambiata la legge

E tornato

ed è tornato. La fregatura, sai qual'è? Che hanno riempito ancora di più. Vedi quelle stanze che ti dicevo, con tutti i dipendenti e assessorati, le hanno riempite ancora di più giusto perché giustamente queste persone che lavoravano in Sardegna, in Puglia, in Basilicata, in Campania, molti siciliani che avevano attività in questo... giustamente si è aperta la porta e sono stati buttati subito in Sicilia. Quindi sono riusciti a creare, sono riusciti a creare... non c'erano questi posti, a creare i posti per riuscire a sistemare queste persone e che c'era qualcuno a svantaggiare alla fine tutti hanno usufruito dai vantaggi a dare a qualcuno [...] Ritornando al concorso. Quando è che ti capita un concorso, c'è un concorso per dirigente tecnico forestale che mi sono fatto, con la riserva hanno fatto brutte le situazioni ...ritengo poco chiare sicuramente non legali, in conclusione ho ... abbiamo un quattro persone, ci siamo riunite abbiamo fatto quattro ricorsi diversi per una diecina di motivazioni diversi in totale. Ora ci sarà sentenza, la prima c'è stata però ...a una persona che aveva ricorso avverso al nostro comunque c'è una situazione in cui teoreticamente io sarei per ora dipendente regionale e sarei nove su 14 persone che devono prendere quindi sarei no l'ultimo, sarei a metà graduatoria delle persone che sono entrate. E ci sono persone che già da un anno e mezzo collaborano la. Persone che dovrebbero essere fuori. E siamo... siamo nei ricorsi ecc. ecc. ...che era previsto nei termini di legge ecc. però già da un anno e mezzo ... ci sarà da aspettare chi sa quanto perché già e poi a questo ricorso e le persone che eventualmente vanno fuori potrebbero fare un ricorso e poi un appello sarebbe ...in appello significa chissà quanto tempo perdere e non credo che li fanno uscire di là se non prima hanno superato l'appello giusto? Dopo che già lavorano da un anno e mezzo. Quindi per me è una cosa molto a lungo tempo, no posso stare là a aspettare questo posto. Che dici?

Lo scopo qual'è? L'insegnamento?

Scusa, sto raccontando ...

Lo scopo della vita, diciamo? C'è la possibilità di questo posto che dicevi tu adesso, alla regione?

Questo di qua sarebbe un buon posto. Non dico che professionalmente potrebbe dare moltissimo perché siamo nell'ambito del pubblico, e il pubblico difficilmente, difficilmente da un lavoro soddisfacente. Nel senso che anche ti trovi troppi vincoli. Trovi persone che possibilmente per non fare loro non fanno far niente neanche a te e oppure fai cioè alla fine vai a muovere carte capisci. Quando un professionista del genere potrebbe lavorare molto sul territorio ma con progetti di di di ...

e anche affascinante come lavoro

Si, perché andremmo a volgere questo nell'ambito dell'attività della forestale che è controllo, promozione, sviluppo e tutto quello che vogliamo nei parchi naturali, ecc. ecc. andare a coordinare le attività di questi e del gruppo territorio di questo punto di vista. Sicuramente potrebbe essere una... ma è una figura che e nata ...questi posti, questo concorso si e fatto perché c'è una legge che dice che ci devono essere tante pers... tante di gente tecniche per sviluppare le attività forestale ecc. e questo sarebbe sicuramente positivo. Però poi in effetti si sa come vanno le cose. Non è detto che poi alla fine vengono utilizzato strettamente per questo e quindi alla fine vado ad analizzare pratiche magari di [...?] oppure di rimboschimento forestale produttivo o qualche altra cosa nell'ambito dell'agricoltura, no? Però diciamo che nell'ambito del pubblico, la regione da qualche cosa in più, sono 2.400.000 Lire al mese una cosa del genere perché c'è indennita del corpo, perché siamo forze di pubblica sicurezza ecc. quindi diciamo in generale quindi può dare un riconoscimento economico migliore nell'ambito del pubblico stiamo parlando.

Invece la tua azienda...

...la mia azienda...

... non ti permette di viverci.

...non a tempo pieno. Comunque siamo io e mio fratello, non potrei disporre di tutta l'azienda. Diciamo è un... sarebbe un bel passatempo, sicuramente un bel passatempo che potrebbe ripagare anche le spese che ci si fanno. Potrebbe essere un'azienda autonoma di questo punto di vista però diciamo che... Certo se di dimensioni maggiore potrebbe svilupparsi con una cooperativa, con una cooperativa di trasformazione per esempio e quindi trasformazione come c'è prodotto biologico ecc. ecc. potrebbe avere uno [?] da questo punto di vista ma non con l'olio nostro solo, ma con l'olio anche di altre persone. C'è che siamo sempre la. uno non può riuscire a fare quello che... Cioè magari se uno a tempo a disposizione, potrebbe spendere un po' di tempo anche per questo. Ci sono per ora grandi possibilità con Azienda 2000 di sviluppare una situazione del genere. Qualcuno forse sta facendo qualche cosa. Ho cercato anche diciamo da questo punto di vista dicendo tu hai un azienda con cui potresti partecipare... Si ma non come promotore. Io lo potrei fare veramente, con la qualifica mia potrei farlo, sia per il marketing, sia per le attività proprio di produzione e trasformazione. però non riesco a trovare tempo anche per questo. E ti dicevo quindi ho fatto l'articolo 23 ed è legato alla possibilità che mi da... e legato non per quello che mi pagano ne la possibilità di lavorare con [?] assolutamente

E come fai a vivere economicamente. C'hai la casa allora non paghi affitto. Ci sono questi soldi del LSU o delle supplenze, e poi anche la tua famiglia ti darà un po' di soldi

No, no, no non è che non me li danno, no, no no non mi servono, non c'è bisogno. C'è mia moglie che lavora pure siamo in due, diciamo che riesco, cioè faccio cosi tante cose guarda che ... infatti il fatto di avere il cosiddetto posto fisso non e perché guadagnerei di più di quello che guadagno ora. Non li guadagnerei, sarebbe... il fatto di dover svegliarmi la mattina e pensare. Ah devo fare questo, a quest'altro devo telefonare, capisci? È una situazione. Sono comunque cose e faccio libera professione e quindi e questo il mio lavoro di libera professione. Faccio tante cose, tutte diverse e quindi capisci. Non è ne libera professione, neanche pubblico impiego, è una situazione troppo in area per ora. Un ora e mezzo di strada, guarda, alzarsi alle sei per andare a fare lezione alle otto guarda che è una cosa ... per questo ti dico. Per ora è una situazione non mi preoccupo diciamo da un punto di vista economico, ho la fortuna di darmi da fare comunque e riesco a completare un pochettino la situazione

E quest'esperienza al nord che hai fatto una volta ti ha attirato come modo di vivere anche se è stato un esperienza di due settimane soltanto
Ho ritrovato, ho ritrovato, ho ritrovato una situazione anche più indietro della Sicilia, perché eravamo in montagna. Un'agricoltura...[...] Comunque quello che facevo qua, la l'avrei potuto fare anche con il grano, quindi non sono andato a fare qualche cosa diverso da quello che conosco.

Berliner Geographische Arbeiten

Heft 79	1993	B. NITZ, L. SCHIRRMEISTER und R. KLEßEN (Hrsg.) - 18. Tagung des Deutschen Arbeitskreises für Geomorphologie Gosen bei Berlin, 05.-08.10.1992
Heft 80	1994	S. BUSSEMER - Geomorphologische und bodenkundliche Untersuchungen an periglaziären Deckserien des mittleren und östlichen Barnim
Heft 81	1994	M. SCHULZ (Hrsg.) - Transformationsprozesse im Bereich des Wohnens in Berlin-Ost
Heft 82	1995	H. VIETINGHOFF - Beiträge zur Hydrographie und Limnologie ausgewählter Seen in Ostbrandenburg sowie zum Wasserhaushalt stehender Gewässer
Heft 83	1996	O. GEWAND, J. PETERS und M. SCHULZ (Hrsg.) - Aktuelle Entwicklungen in den Städten Amsterdam und Berlin - Soziologisch-geographische Betrachtungen, Beiträge zur 4. interdisziplinären Konferenz "Amsterdam-Berlin"
Heft 84 (x)	1995	W. M. DE BOER - Äolische Prozesse und Landschaftsformen im mittleren Baruther Urstromtal seit dem Hochglazial der Weichselkaltzeit
Heft 84	1997	B. NITZ und A. NAß (Hrsg.) - Beiträge zu ausgewählten Fragen des Quartärs in Ost- und Mitteleuropa
Heft 85	1998	G. PEYKE und T. SCHNEIDER (Hrsg.) - Mendoza - Stadt und Oase am Fuße der Anden: Beiträge zur regionalen Geographie des argentinischen Westens
Heft 86	1998	F.-J. KEMPER und P. GANS (Hrsg.) - Ethnische Minoritäten in Europa und Amerika - Geographische Perspektiven und empirische Fallstudien
Heft 87	1999	M. SCHULZ und G. UTERMARK - Komplexe Wohnumfeldanalyse ausgewählter Wohngebiete im Bezirk Mitte und die Erarbeitung von Vorschlägen zur Wohnumfeldverbesserung
Heft 88	1999	M. HÄUßER - Entwicklungsdynamik und Raummuster unternehmens-orientierter Dienstleistungen in West-Malaysia
Heft 89	1999	O. GEWAND und M. SCHULZ (Hrsg.) - Märkte und Strukturen im Wandel
Heft 90	1999	H.-D. SCHULTZ (Hrsg.) - Quodlibet Geographicum - Einblicke in unsere Arbeit
Heft 91	2001	B. FREUND und H. JAHNKE (Hrsg.) - Der Mediterrane Raum an der Schwelle des 21. Jahrhunderts
Heft 92	2001	M. HARSCHE - Standortverhalten bei grenzüberschreitenden Direkt-investitionen im Ausland - untersucht am Beispiel deutscher Unternehmen des verarbeitenden Gewerbes in Spanien
Heft 93	2002	U. LUIG und H.-D. SCHULTZ (Hrsg.) - Natur in der Moderne - Interdisziplinäre Ansichten
Heft 94	2002	K. ADELHOF, H. PETHE, M. SCHULZ – Amsterdam und Berlin: Konzepte, Strukturen und städtische Quartiere
Heft 95	2003	O. JUSCHUS – Das Jungmoränenland südlich von Berlin - Untersuchungen zur jungquartären Landschaftsentwicklung zwischen Unterspreewald und Nuthe
Heft 96	2004	U. EIDAM , H. SCHRÖDER , A. NASS – Probleme neuer Methoden in der Geomorphologie , Bodengeographie und Quartärforschung

Heft 97	2004	W. ENDLICHER, D. LEHMANN, R. KLEßEN (Hrsg.) - Tagungsband, 29. Deutscher Schulgeographentag, 25.09. bis 01.10.2004 in Berlin
Heft 98	2004	K. ADELHOF, S. FRANK, H. PETHE, M. SCHULZ (Hrsg.) – Amsterdam und Berlin : Menschen, Märkte und Räume
Heft 99	2005	S. HENSCHEL (Hrsg.) – Potentielle Standortwirkungen von Innovationen der Informations – und Kommunikationstechnologien im Lebensmitteleinzelhandel
Heft 100	2005	U. EIDAM, H. SCHRÖDER, S. WINTER (Hrsg.) – Hochgebirge und ihr Umland